Java für Teetrinker

Sven Eric Panitz

Java für Teetrinker

Ein funktionaler Zugang zur
Programmierung mit Java

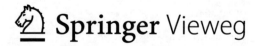 Springer Vieweg

Sven Eric Panitz
Design Informatik Medien
Hochschule RheinMain
Wiesbaden, Deutschland

ISBN 978-3-662-69320-9   ISBN 978-3-662-69321-6   (eBook)
https://doi.org/10.1007/978-3-662-69321-6

Die Deutsche Nationalbibliothek verzeichnet diese Publikation in der Deutschen Nationalbibliografie; detaillierte bibliografische Daten sind im Internet über https://portal.dnb.de abrufbar.

Planung/Lektorat: Leonardo Milla
Springer Vieweg ist ein Imprint der eingetragenen Gesellschaft Springer-Verlag GmbH, DE und ist ein Teil von Springer Nature.
Die Anschrift der Gesellschaft ist: Heidelberger Platz 3, 14197 Berlin, Germany

Vorwort

Es gibt nichts Neues unter der Sonne!

Prediger 1.9

Java ist mittlerweile mit bald 30 Jahren eine alte Programmiersprache. Seit der ersten offiziellen Vorstellung von Java am 23. Mai 1995 in den »San Jose Mercury News« ist viel passiert.

Ursprünglich war Java konsequent als eine rein objektorientierte Sprache definiert. Alles fand in Klassen statt. Somit habe ich auch beim Einsatz in der Lehre konsequent die Programmierung über das objektorientierte Paradigma gezeigt und in der ersten Vorlesung mit dem Konzept der Objekte begonnen.

In diesem objektorientierten Rahmen hat sich Java langsam weiterentwickelt. Die größten Sprünge stellten 2004 Java 5 mit generischen Typen, Aufzählungstypen und der Für-alle-Schleife dar.

Der zweite große Schritt war die Einführung von Funktionen als Bürger erster Klasse und Lambda-Ausdrücken. Von Version 9 an geht Java andere Schritte in der Entwicklung. Statt alle 10 Jahre einen großen Wurf zu veröffentlichen, kommen halbjährlich neue Versionen mit neuen Leistungsmerkmalen.

Seither wird Java behutsam, aber konsequent weiterentwickelt, ohne zu sehr seine ursprünglichen Geist zu verlieren.

Neuere Programmiersprachen versuchen aus den Erfahrungen von Java zu profitieren und haben den Vorteil, dass sie sich nicht auf die alten Versionen aufbauend entwickeln mussten, sondern eine neue, in sich stimmige Sprache entwickeln konnten.

Hier zu nennen wäre Scala, Kotlin, Dart.

Aber Java wurde immer schon wieder neu gedacht. Schon sehr früh haben sich Informatiker Gedanken darüber gemacht, wie man Java neu denken und insbesondere aus der funktionalen Programmierung etablierte Programmiermuster in die Sprache integrieren kann. Einer der radikalsten und frühesten dieser Ansätze war bereits 1997 die Sprache *Pizza*[18]. Diese erweiterte Java um eine Vielzahl von Programmierkonzepten, die teilweise heute noch nicht in der Sprache enthalten sind. Dem Pizza-Papier stand auch das Zitat *There is nothing new beneath the sun.* als Leitspruch voran.

Immerhin führte *Pizza* zur Sprache *GJ*[3], die wiederum Grundlage für die generischen Typen von Java 5 waren.

Mit Martin Odersky ist einer der Autoren von Pizza der Erfinder und Entwickler von Scala[17].

Der Wandel, den Java unterliegt, fordert aber auch neue Wege im Unterricht. Alte Lehrbücher kennen neue Java Konstrukte oft nur als weitergehende Konzepte, anstatt sie von Anfang an als integralen Bestandteil der Sprache zu verwenden. So kennt ein Standardwerk die Lambda-Ausdrücke erst in Kapitel 12 auf Seite 785.

2023 hat die Version Java 21 einen Stand erreicht, der es erlaubt, nicht nur den rein objektorientierten Ansatz der Programmierung zu verfolgen.

Dieses Lehrbuch verfolgt konsequent den Weg, von Anfang an die aktuelleren Konstrukte von Java einzubeziehen und damit einen dem heutigen Stand der Technik passenden Kurs anzubieten, der allen wichtigen Programmierparadigmen gerecht wird.

Dieses Lehrbuch verwendet die wichtigsten Datenstrukturen und Klassiker der Informatik. So begegnen uns Mengen in Form von Suchbäumen genauso wie durch Hashwerte organisiert. Wir werden Klassiker wie den Chatbot *Eliza* oder die Simulation *Game of Life* implementieren. Die Alpha-Beta-Suche für den besten Spielzug eines Strategiespiels und kleine visuelle Spiele im zweidimensionalen Raum sind vertreten, wie die Generierung von Code für Datenbank und Web Zugriff auf Objekte. Zu guter Letzt werden wir für eine eigene kleine Programmiersprache Assembler-Code generieren.

Wir sparen in diesem Buch bewusst alle Aspekte der Softwaretechnik aus. Für Fragen der Modellierung mit UML, Testen von Software und Projektmanagement sei der Leser an entsprechende Literatur verwiesen. Wir konzentrieren uns ganz auf die Struktur und Interpretation von Programmen.

Oft werden wir dabei natürlich das Rad neu erfinden, denn nur, wenn man eine Sache selbst noch einmal erfunden hat, hat man wirklich verstanden, wie sie funktioniert.

Konventionen in diesem Buch

In diesem Buch taucht Quelltext in unterschiedlichen Formen auf.

Zunächst gibt es direkte Verbatim Eingabe-/Ausgabe-Sitzungen in der JShell:

```
|  Welcome to JShell -- Version 22.0.1.1
|  For an introduction type: /help intro

jshell> 2*2
$1 ==> 4

jshell> /vars
|    int $1 = 4

jshell>
```

Dann gibt es etwas kompaktere Darstellungen der Ein- und Ausgabe der JShell. Im oberen Teil findet sich die Eingabe im unteren Teil die Ausgabe der JShell:

```
1+2
```
```
2
```

Schließlich gibt den Quelltext einer Javadatei in folgender Form:

HelloIntro.java
```java
class HelloIntro{
  //some source code
  String x = "hello";
}
```

Die Überschrift gibt hierbei den Dateinamen an, unter dem der Quelltext gespeichert ist.

Alle Quelltexte zu diesem Buch können von der Webseite:

teetrinker.panitz.name

In diesen Kästen sind wichtige Inhalte zum Merken kurz zusammengefasst.

 In solchen Kästen finden sich zusätzliche Informationen. Oft Hinweisen auf andere Programmiersprachen oder kurze kleine Exkurse.

geladen werden.

Des Weiteren verwenden wir zwei Arten von Zusatzboxen, die freifliegend für sich stehen: Merk Boxen mit wichtigen Inhalten und Infoboxen mit zusätzlichen Informationen, die über die Programmiersprache Java hinausgehen. Diese Boxen stehen außerhalb des Fließtextes.

Beispiel 0.0.1 Beispiele

Beispiele sind kapitelweise durchnummeriert und enden mit einem kleinen rechtsbündigen Kasten.   □

Aufgabe 0.1

Es gibt durchnummerierte Aufgaben. Auch das Ende von Aufgaben wird mit einem kleinen rechtsbündigen Kasten angezeigt. Die Lösungen zu den Aufgaben können von:

teetrinker.panitz.name

geladen werden.   □

Danksagung

Ein erster Dank gilt meinem Doktorvater Manfred Schmidt-Schauß, der mich 1992 mit funktionaler Programmierung vertraut gemacht hat und bei dem ich 1992 einen Erstsemesterkurs nach dem Buch »Structure and Interpretation of Computer Programs« [1][2] als wissenschaftlicher Mitarbeiter betreuen durfte.

Auch meinem Vater Willy Panitz will ich danken. In seinem Bücherregal hat sich einige frühe Literatur zur Informatik gefunden, obwohl ihm selbst ein Hochschulstudium verwehrt geblieben ist.

Ein weiterer wichtiger Input für dieses Buch, dem Dank gebührt, waren die vielen Studenten, die in den letzten 20 Jahren mit ihren falschen bis genialen Lösungen zu Aufgaben und den Fragen, die sie gestellt haben, viel dazu beigetragen haben, dass ich die Schwierigkeiten mancher Konzepte und deren Missverständlichkeiten verstehen konnte.

Auch ohne die Liebe meiner Frau Sabine wäre dieses Buch nie entstanden. Sie hat die Aufgabe übernommen, das Manuskript Korrektur zu lesen und viele sprachliche Verbesserungen eingebracht. Verbleibende Fehler gehen auf meine Kappe.

Frankfurt am Main, April 2024

Sven Eric Panitz

Inhaltsverzeichnis

Teil I
Funktionale Programmierung

Kapitel 1
Ausdrücke

Zusammenfassung In diesem Kapitel geht es um Ausdrücke, die sich zu einem Ergebnis ausrechnen lassen. Ausdrücke können einfache arithmetische Berechnungen und Operatoren enthalten und kennen Fallunterscheidungen aufgrund von Werten. Die acht primitiven Typen in Java werden eingeführt. Funktionsdefinitionen, die in einem Ausdruck unter Verwendung der Funktionsargumente das Funktionsergebnis definieren, werden behandelt. In Ausdrücken können zuvor definierte Funktionen aufgerufen werden. Funktionen können rekursiv sein. Es werden unterschiedliche Formen der Rekursion gezeigt und die schrittweise manuelle Auswertung von Ausdrücken. Ergebnisse von Ausdrücken werden in Variablen gespeichert.

1.1 Arbeiten mit der JShell

Java hat einen interaktiven Modus, die *JShell*. Die JShell ist ein Interpreter für Java. Sie erwartet eine Eingabe, wertet diese zu einem Ergebnis aus und zeigt dieses Ergebnis als Ausgabe an. Man spricht dabei auch von einer *Read-Eval-Print-Loop*, kurz REPL. Manche Programmiersprachen arbeiten allein mit einem solchen Interpreter, der einen direkten interaktiven Modus darstellt. Die Programmiersprache Python ist hierfür ein Beispiel. Manche Programmiersprachen bieten nur einen Kompilator an, der den Quelltext in ein ausführbares Programm übersetzt. Die Programmiersprache C ist ein Beispiel hierfür. Und manche Programmiersprachen bieten beides an: eine interaktive REPL und einen Kompilator. Hierzu zählen Java sowie fast alle anderen modernen Programmiersprachen auch.

© Der/die Autor(en), exklusiv lizenziert an
Springer-Verlag GmbH, DE, ein Teil von Springer Nature 2024
S. E. Panitz, *Java für Teetrinker*, https://doi.org/10.1007/978-3-662-69321-6_1

Die REPL von Java kann auf der Kommandozeile geöffnet werden mit dem Aufruf von **jshell**. Es öffnet sich die REPL, die eine Eingabe erwartet. Die einfachste Eingabe ist dabei wahrscheinlich eine Zahl:

```
panitz@panitz-ThinkPad-T430:~$ jshell
|  Welcome to JShell -- Version 22-0.1.1
|  For an introduction type: /help intro

jshell> 1
$1 ==> 1
```

Das Ergebnis der Eingabe der Zahl 1 ist eben der Wert 1.

Als zweiten Schritt können wir anfangen, Rechnungen durchführen zu lassen.

Eine einfache Addition:

```
jshell> 1+1
$2 ==> 2
```

Oder ein Ausdruck bestehend aus Addition und Multiplikation:

```
jshell> 17+4*2
$3 ==> 25
```

Auf diese Art und Weise können wir spielerisch die ersten Schritte in Java machen und ein paar Java-Konstrukte kennenlernen. Bevor wir schrittweise systematisch die unterschiedlichen Konstrukte von Java kennenlernen, wollen wir zunächst einen intuitiven schnellen Einstieg mit der JShell wagen. Öffnen Sie also die JShell und spielen die folgenden Beispiele nach und spielen Sie weitere eigene Eingaben durch.

1.2 Ausdrücke auf Zahlen

Wir haben bereits mit den ersten einfachen Rechnungen auf Zahlen begonnen. Die einfachste Rechnung ist die, in der nur eine konstante Zahl berechnet wird.

```
jshell> 42
$1 ==> 42
```

Das Ergebnis jeder Rechnung, die in der JShell durchgeführt wird, wird in einer Variablen gespeichert. Die Variablen werden durchnummeriert und beginnen mit dem Symbol $.

Neben der Eingabe von Java Ausdrücken, die zu einem Ergebnis ausgewertet werden, können in der JShell Bedienungskommandos für das Arbeiten mit der JShell eingegeben werden. Diese beginnen alle mit einem Schrägstrich / gefolgt von einem Wort. Da kein Java Ausdruck mit einem Schrägstrich beginnen kann, ist mit dem ersten

Alle zweistelligen Operatoren, wie die arithmetischen Operatoren werden in Java infix verwendet, d.h. sie stehen zwischen den Operanden. Es gibt Programmiersprachen die schreiben den Operator vor die Operanden. Lisp ist hierfür ein Beispiel. Dort schreibt man: (* (17 4) 2)+. Man nennt dieses eine Präfixnotation. Andere Programmiersprache, wie zum Beispiel Forth, schreiben erste die Operanden und dann den Operator also 17 4 2 * .+

Zeichen einer Eingabe klar, ob ein Java Ausdruck ausgewertet werden soll, oder ein Kommando für die Steuerung der JShell auszuführen ist.

Das Kommando **/help** führt zu einer Übersicht aller Kommandos der JShell. Das wahrscheinlich wichtigste Kommando ist **/exit** zum Beenden der JShell.

Die JShell hat die Anweisung **/vars**, mit der sich alle Variablen und deren gespeicherte Werte anzeigen lassen:

```
jshell> /vars
   |    int $1 = 42
```

Wie man sieht, gibt es jetzt die Variable **$1** mit dem Wert 42.

Geben wir eine Rechnung mit Addition und Multiplikation ein, so wird diese ausgewertet und das Ergebnis der Auswertung angezeigt:

```
jshell> 17+4*2
$2 ==> 25
```

Und das Ergebnis in einer weiteren Variablen gespeichert:

```
jshell> /vars
   |    int $1 = 42
   |    int $2 = 25
```

Offensichtlich wird bei der Auswertung der arithmetischen Ausdrücke die Regel ›Punktrechnung vor der Strichrechnung‹ berücksichtigt.

Wir können in der JShell die Werte von gespeicherten Variablen wieder abfragen. Hierzu wird nur der Variablenname angegeben:

```
jshell> $1
$1 ==> 42
```

Ausdrücke, die ausgerechnet werden, können durch Klammern gruppiert sein. Damit lässt sich die Punkt- vor Strichrechnungsregel aus vorigen Beispiel umgehen:

```
jshell> (17+4)*2
$3 ==> 42
```

Wir haben bisher nur mit ganzen Zahlen gerechnet. Um eine Rechnung auf Kommazahlen zu machen, muss eine beteiligte Zahl eine Kommazahl sein. Dabei wird das

> Eine Programmiersprache wie Java hat einen Satz fest eingebauter Wörter mit einer festen
> Bedeutung in der Struktur der Sprache. Diese reservierten Wörter werden auch als Schlüs-
> selwörter bezeichnet. Schlüsselwörter können nicht für Variablennamen verwendet werden.
> In Java sind auch die Namen der eingebauten Typen wie int Schlüsselwörter. Namen wie
> für Variablen oder später Funktionen und Klassen, die ein Programmierer selbst ausdenken
> kann, werden *Bezeichner* genannt.

Dezimalkomma allerdings wie im angelsächsischen Raum üblich durch ein Punktsymbol bezeichnet:

```
jshell> (17+4)*2.0
$4 ==> 42.0
```

Wenn wir uns jetzt die gespeicherten Variablen anschauen, erkennen wir, dass es zwei
Arten von Zahlen zu geben scheint:

```
jshell> /vars
|    int $1 = 42
|    int $2 = 25
|    int $3 = 42
|    double $4 = 42.0
```

Die mit **int** markierten Variablen speichern ganze Zahlen, die mit **double** markierten
Variablen speichern eine Kommazahl. Das sind die ersten beiden Datentypen, die Sie
sehen. In Java hat jede Variable einen fest definierten Datentyp, der nicht verändert
werden darf und von Anfang an feststeht. Man sagt: Java ist statisch getypt. Andere
Programmiersprachen wie z.B. Python oder Javascript haben diese Eigenschaft nicht.
Beides sind Beispiele für dynamisch getypte Sprachen.

1.2.1 Arbeiten mit Variablen

Das Ergebnis jeder Rechnung wird in der JShell in einer Variablen gespeichert. Diese
Variablen werden automatisch durchnummeriert. Sie können aber auch explizit eigene
Variablen für das Ergebnis anlegen.

Hierzu nutzt man das reservierte Wort **var** gefolgt von einem beliebigen Variablennamen.

```
jshell> var x = 42
x ==> 42
```

Variablen können in weiteren Rechnungen verwendet werden:

```
jshell> var x2 = 2*x+17
x2 ==> 101
```

Bestehende Variablen können auch einen neuen Wert bekommen:

```
jshell> x = -1
x ==> -1
```

Und wer will kann den Wert einer Variablen in einer Rechnung verwenden und anschließend das Ergebnis als neuen Wert für dieselbe Variable verwenden:

```
jshell> x = -x*17
x ==> 17
```

Man kann statt des Schlüsselworts **var** bei der Deklaration einer Variablen auch direkt ihren Typ angeben.

```
jshell> double x2 = 17
x2 ==> 17.0
```

Der Unterschied ist, dass bei Verwendung des Schlüsselworts **var** der statische Typcheck einen Typ für die Variable ableitet aus dem Ausdruck, dessen Wert in der Variablen gespeichert wird. So führt **var x = 17** zu einer Variablen des Typs **int**. Diesen Teil des Typcheckers nennt man auch Typinferenz. Der Typ der Variablen **x** wird inferiert, also hergeleitet.

Schreibt man statt des Schlüsselworts **var** einen konkreten Typ vor die neue Variable, so wird dieser genommen. Dann können aber auch nur Daten von diesem vorgegebenen Typ in der Variablen gespeichert werden.

1.2.2 Fehler

Es gibt in Java zwei Arten von Fehlern, die auftreten können. Es gibt statische Fehler und dynamische Fehler. In der JShell sind die beiden Arten gar nicht so leicht auseinanderzuhalten. Bevor ein Programm ausgewertet wird, werden Prüfungen anhand des Programmtextes gemacht. Insbesondere, ob das Programm korrekt mit den Typen formuliert wurde. Will man in eine Variable von Typ **int** einen Wert einer Kommazahl speichern, dann wird im Vorfeld das Programm bereits zurückgewiesen und gar nicht mit der Auswertung angefangen. Dieses ist ein statischer Fehler:

```
jshell> int x = 1.0/0
|  Error:
|  incompatible types: possible lossy conversion from double to int
|  int x = 1.0/0;
|          ^---^
```

Ein typisches Beispiel für einen dynamischen Fehler ist der Fehler, der auftritt, wenn man versucht, durch eine 0 zu dividieren.

```
jshell> int x = 1/0
|   Exception java.lang.ArithmeticException: / by zero
|         at (#1:1)
```

Erst wenn versucht wird die Rechnung durchzuführen und der Ausdruck ausgewertet werden soll, zeigt sich, dass die Rechnung einer Division mit 0 zu einem Fehler führt.

Wenn man Java als kompilierte Sprache verwendet, zeigt sich der Unterschied offensichtlicher. Fehlermeldung während des Kompiliervorgangs auftreten sind statische Fehler. Fehler, die beim Programmablauf auftreten, sind dynamische Fehler. Da die JShell in der REPL beides direkt nacheinander macht, ist hier der Unterschied nicht ganz so offensichtlich.

1.2.3 Divisionsoperationen

Die Unterscheidung von ganzen Zahlen und Kommazahlen wird bei der Division relevant:

```
jshell> 17/4
$5 ==> 4
```

Wie man sieht, erhält man eine ganze Zahl als Ergebnis. Erst wenn ein beteiligter Operand eine Kommazahl ist, erhalten wir das Ergebnis mit der Nachkommazahl.

```
jshell> 17/4.0
$6 ==> 4.25
```

Wenn man an den Rest einer Division interessiert ist, dann kann man sich diesen mit dem Operanden % errechnen lassen:

```
jshell> 17%4
$7 ==> 1
```

Die 4 passt viermal in die 17 und es bleibt dann ein Rest von 1. Diese Rest-Operation der Division wird als Modulo-Operation bezeichnet.

Sie funktioniert auch mit Kommazahlen, auch wenn sie da weniger sinnvoll ist:

```
jshell> 17%4.0
$8 ==> 1.0
```

Mit diesen beiden Divisions-Operation lassen sich zum Beispiel die ersten und die letzten Stellen einer Zahl in Dezimalschreibweise leicht ermitteln.

Die Rechnung %100 ergibt die Zahl aus den letzten beiden Ziffern:

```
jshell> 1967%100
$9 ==> 67
```

Die Rechnung /100 ergibt die Zahl ohne den letzten beiden Ziffern:

```
jshell> 1967/100
$10 ==> 19
```

1.3 Ausdrücke in Baumdarstellung

Wir haben schon gesehen, dass die Klammerung bei Ausdrücken entscheidend sein kann. Statt dem Setzen von Klammern kann man sich Ausdrücke auch in Form von Bäumen visualisieren. Das entspricht auch der internen Verarbeitung von Ausdrücken in einer Programmiersprache.

Ein Baumknoten ist dabei markiert mit der auszuführenden Operation, die Kinderknoten eines Baumknotens, die mit einem Strich unterhalb eines Knotens notiert werden, sind die Operanden. An den Blättern stehen Zahlen oder Variablen.

Der Ausdruck **2** * **x** ist somit in seiner Baumdarstellung:

Abb. 1.1: Baumdarstellung einer Multiplikation.

In dieser Baumdarstellung kann man auch ohne Klammern, die die Teilausdrücke gruppieren, erkennen, in welcher Reihenfolge die Teilausdrücke zu berechnen sind. Die beiden Ausdrücke 17 4 * 2+ und (17 4) * 2+ haben die beiden Baumdarstellungen aus Abbildung 1.2 .

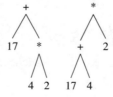

Abb. 1.2: Zwei unterschiedlich geklammerte arithmetische Berechnungen als Baum.

1.4 Primitive Typen

Bisher haben wir Berechnungen im klassischen Sinne als das Rechnen mit Zahlen kennengelernt. Java stellt Typen zur Repräsentation von Zahlen zur Verfügung. Davon haben wir bereits zwei gesehen: `int` und `double`.

Solche Typen nennt man primitive Typen. Sie sind fest von Java vorgegeben. Im Gegensatz zu Referenztypen, die der Programmierer selbst definieren kann, können keine neuen primitiven Typen definiert werden. Um primitive Typnamen von Referenztypen leicht textuell unterscheiden zu können, sind primitive Typen in Kleinschreibung definiert worden.

Betrachten wir die primitiven Zahlentypen von Java nun im Detail.

1.4.1 Zahlenmengen in der Mathematik

In der Mathematik sind wir gewohnt, mit verschiedenen Mengen von Zahlen zu arbeiten:

- **natürliche Zahlen** $\mathbb{N}$: Eine induktiv definierbare Menge mit einer kleinsten Zahl, sodass es für jede Zahl eine eindeutige Nachfolgerzahl gibt.

- **ganze Zahlen** $\mathbb{Z}$: Die natürlichen Zahlen erweitert um die mit negativen Vorzeichen behafteten Zahlen, die sich ergeben, wenn man eine größere Zahl von einer natürlichen Zahl abzieht.

- **rationale Zahlen** $\mathbb{Q}$: Die ganzen Zahlen erweitert um Brüche, die sich ergeben, wenn man eine Zahl durch eine Zahl teilt, von der sie kein Vielfaches ist.

- **reelle Zahlen** $\mathbb{R}$: Die ganzen Zahlen erweitert um irrationale Zahlen, die sich z.B. aus der Quadratwurzel von Zahlen ergeben, die nicht das Quadrat einer rationalen Zahl sind.

- **komplexe Zahlen** $\mathbb{C}$: Die reellen Zahlen erweitert um imaginäre Zahlen, wie sie benötigt werden, um einen Wurzelwert für negative Zahlen darzustellen.

Es gilt folgende Mengeninklusion zwischen diesen Mengen:

$$\mathbb{N} \subset \mathbb{Z} \subset \mathbb{Q} \subset \mathbb{R} \subset \mathbb{C}$$

Da bereits $\mathbb{N}$ nicht endlich ist, ist keine dieser Mengen endlich.

1.4.2 Zahlenmengen im Rechner

Da wir nur von einer endlich großen Speicherkapazität ausgehen können, lassen sich für keine der aus der Mathematik bekannten Zahlenmengen alle Werte in einem Rechner darstellen. Wir können also nur Teilmengen der Zahlenmengen darstellen.

Von der Hardware Seite stellt sich heute zumeist die folgende Situation dar. Der Computer hat einen linearen Speicher, der in Speicheradressen unterteilt ist. Eine Speicheradresse bezeichnet einen Bereich von 64 Bit. Die Einheit von 8 Bit wird als Byte bezeichnet [1]. Heutige Rechner verwalten also in der Regel Dateneinheiten von 64 Bit. Hieraus ergibt sich die Kardinalität der Zahlenmengen, mit denen ein Rechner als primitive Typen rechnen kann. Soll mit größeren Zahlenmengen gerechnet werden, muss hierzu eine Softwarelösung genutzt werden.

1.4.2.1 Ganzzahl Typen in Java

In vielen Programmiersprachen wie z.B. Java gibt es keinen primitiven Typen, der eine Teilmenge der natürlichen Zahlen darstellt. Alle Zahlentypen enthalten auch negative Zahlen.[2] Meistens wird der Typ **int** zur Darstellung ganzer Zahlen benutzt. Hierzu bedarf es einer Darstellung vorzeichenbehafteter Zahlen in den Speicherzellen des Rechners. Ein Bit des Speicherbereichs für eine Zahl wird dafür genutzt, anzuzeigen, ob es sich um eine positive oder eine negative Zahl handelt. Es sind mehrere Verfahren denkbar, wie in einem dualen System vorzeichenbehaftete Zahlen dargestellt werden können.

Vorzeichen und Betrag

Die einfachste Methode ist, von den n für die Zahlendarstellung zur Verfügung stehenden Bits eines zur Darstellung des Vorzeichens und die übrigen $n-1$ Bits für eine Darstellung im Dualsystem zu nutzen.

Beispiel 1.4.1 Vorzeichen und Betrag

In der Darstellung durch Vorzeichen und Betrag werden bei einer Wortlänge von 8 Bit die Zahlen 10 und −10 durch folgende Bitmuster repräsentiert: 00001010 und 10001010.   □

Wenn das linke Bit das Vorzeichen bezeichnet, ergibt sich daraus, dass es zwei Bitmuster für die Darstellung der Zahl 0 gibt: 10000000 und 00000000.

---

[1] ein anderes selten gebrauchtes Wort aus dem Französischen ist: Oktett

[2] Wobei wir großzügig den Typ **char** ignorieren.

In dieser Darstellung lassen sich bei einer Wortlänge n die Zahlen von $-2^{n-1} - 1$ bis $2^{n-1} - 1$ darstellen.

Die Lösung der Darstellung mit Vorzeichen und Betrag erschwert das Rechnen. Wir müssen zwei Verfahren bereitstellen. Ein Verfahren wird zum Addieren benötigt und eines zum Subtrahieren (so wie wir in der Schule schriftliches Addieren und Subtrahieren getrennt gelernt haben).

Beispiel 1.4.2 Addition in Vorzeichendarstellung

Versuchen wir, das gängige Additionsverfahren für 10 und -10 in der Vorzeichendarstellung anzuwenden, so erhalten wir:

$$
\begin{array}{r}
0\,0\,0\,0\,1\,0\,1\,0 \\
1\,0\,0\,0\,1\,0\,1\,0 \\
\hline
1\,0\,0\,1\,0\,1\,0\,0
\end{array}
$$

Das Ergebnis stellt keinesfalls die Zahl 0 dar, sondern die Zahl -20.   □

Es lässt sich kein einheitlicher Algorithmus für die Addition in dieser Darstellung finden.

Einerkomplement

Ausgehend von der Idee, dass man eine Zahlendarstellung sucht, in der allein durch das bekannte Additionsverfahren auch mit negativen Zahlen korrekt gerechnet wird, kann man das Verfahren des Einerkomplements wählen. Die Idee des Einerkomplements ist, dass für jede Zahl die entsprechende negative Zahl so dargestellt wird, indem jedes Bit gerade andersherum gesetzt ist.

Beispiel 1.4.3 Einerkomplement

Bei einer Wortlänge von 8 Bit werden die Zahlen 10 und -10 durch folgende Bitmuster dargestellt: 00001010 und 11110101.

Jetzt können auch negative Zahlen mit dem gängigen Additionsverfahren addiert werden, also kann die Subtraktion durch ein Additionsverfahren durchgeführt werden.

$$
\begin{array}{r}
0\,0\,0\,0\,1\,0\,1\,0 \\
1\,1\,1\,1\,0\,1\,0\,1 \\
\hline
1\,1\,1\,1\,1\,1\,1\,1
\end{array}
$$

Das errechnete Bitmuster stellt die *negative* Null dar.   □

In der Einerkomplementdarstellung lässt sich zwar fein rechnen, wir haben aber immer noch zwei Bitmuster zur Darstellung der 0. Für eine Wortlänge n lassen sich auch wieder die Zahlen von $-2^{n-1} - 1$ bis $2^{n-1} - 1$ darstellen.

Ebenso wie in der Darstellung mit Vorzeichen und Betrag erkennt man in der Einerkomplementdarstellung am Bit ganz links, ob es sich um eine negative oder um eine positive Zahl handelt.

Zweierkomplement

Die Zweierkomplementdarstellung verfeinert die Einerkomplementdarstellung, insofern, dass es nur noch ein Bitmuster für die Null gibt. Im Zweierkomplement wird für eine Zahl die negative Zahl gebildet, indem zu ihrer Einerkomplementdarstellung noch 1 hinzu addiert wird.

Beispiel 1.4.4 Zweierkomplement

Bei einer Wortlänge von 8 Bit werden die Zahlen 10 und −10 durch folgende Bitmuster dargestellt: 00001010 und 11110110.

Jetzt können weiterhin auch negative Zahlen mit dem gängigen Additionsverfahren addiert werden, also kann die Subtraktion durch ein Additionsverfahren durchgeführt werden.

$$
\begin{array}{r}
0\ 0\ 0\ 0\ 1\ 0\ 1\ 0 \\
1\ 1\ 1\ 1\ 0\ 1\ 1\ 0 \\
\hline
0\ 0\ 0\ 0\ 0\ 0\ 0\ 0
\end{array}
$$

Das errechnete Bitmuster stellt die Null dar.   □

Die *negative* Null aus dem Einerkomplement stellt im Zweierkomplement keine Null dar, sondern die Zahl −1.

Das Zweierkomplement ist die in heutigen Rechenanlagen gebräuchlichste Form der Zahlendarstellung für ganze Zahlen. In modernen Programmiersprachen spiegelt sich das in den Wertebereichen primitiver Zahlentypen wider. So kennt Java 4 Typen zur Darstellung ganzer Zahlen, die sich lediglich in der Anzahl der Ziffern unterscheiden. Die Zahlen werden intern als Zweierkomplement dargestellt.

Typ	Länge	Wertebereich
byte	8 Bit	$-128 = -2^7$ bis $127 = 2^7 - 1$
short	16 Bit	$-32768 = -2^{15}$ bis $32767 = 2^{15} - 1$
int	32 Bit	$-2147483648 = -2^{31}$ bis $2147483647 = 2^{32} - 1$
long	64 Bit	-9223372036854775808 bis 9223372036854775807

In der Programmiersprache Java sind die konkreten Wertebereiche für die einzelnen primitiven Typen in der Spezifikation festgelegt.

Aufgabe 1.1

Betrachten Sie die Auswertung folgender Java Ausdrücke:

```
jshell> 2147483647+1
$27 ==> -2147483648

jshell> -2147483648-1
$28 ==> 2147483647
```

Erklären Sie die Ausgabe.

□

Nach diesen technisch-theoretischen Überlegungen wird es Zeit, sich auch in der JShell mit den anderen drei Typen für ganze Zahlen vertraut zu machen.

1.4.2.2 Längere Zahlen

Zahlen sind nicht beliebig groß oder klein, sondern beschränkt auf die Anzahl der Zahlen, die sich mit 32 Bit darstellen lassen:

```
jshell> 576545476478
| Error:
| integer number too large
| 576545476478
|
```

Man kann größere Zahlen als die Standardzahlen erzielen, wenn man der ganzen Zahl direkt das Zeichen *L* anhängt:

```
jshell> 576545476478L
$11 ==> 576545476478
```

Lassen wir uns von einer mit so einer Zahl belegten Variablen die Information anzeigen, stellen wir fest, dass diese mit **long** markiert ist. Das ist nun der dritte Datentyp für Zahlen. Der Unterschied sind die Bytes, die im Speicher für die Darstellung verwendet werden:

```
jshell> /vars $11
|    long $11 = 576545476478
```

1.4.2.3 Kürzere Zahlen

Es gibt auch Typen für Zahlen, die weniger Bytes im Speichern belegen. Für diese gibt es aber in Java keine Kurznotation wie für die **long** Zahlen durch Anhängen eines einzelnen Buchstabens.

Zahlen vom Typ short

Stattdessen ist in runden Klammern voranzustellen, dass man mit einer kürzeren Zahl arbeiten möchte:

```
jshell> (short)1025
$12 ==> 1025
```

Man kann aber Zahlen-Literale, die im Bereich der kurzen Zahlen liegen, einer direkt solchen Variablen zur Initialisierung geben:

```
jshell> short s1 = 17
s1 ==> 17
```

Versucht man es mit einer zu großen Zahl, kommt es zu einer Fehlermeldung:

```
jshell> short s3 = 446533
|  Error:
|  incompatible types: possible lossy conversion from int
|  to short
|  short s1 = 446533;
```

Rechnungen auf Zahlen werden nicht auf kurzen Zahlen durchgeführt, sondern auf Zahlen des Typs **int**:

```
jshell> var r = s1+s1
r ==> 34
```

Die Addition zweier Zahlen von Typ **short** ergibt ein Ergebnis vom Typ **int**:

```
jshell> /vars r
|    int r = 34
```

Will man dieses Ergebnis wieder in einer Variablen vom Typ **short** speichern, so ist die Notation mit den runden Klammern zu verwenden:

```
shell> var rb = (short) r
rb ==> 34
```

So lässt der der Wert auf den kürzeren Typ konvertieren:

Hexadezimal ist ein seltsames Mischwort aus einem griechischen Zahlwort und einem lateinischen Zahlwort. Wahrscheinlich sprachlich sauberer wäre eine rein lateinische Bezeichnung als *sedezimal* oder eine rein griechische Bezeichnung als *hexadekadisch*, aber in der Informatik hat sich *hexadezimal* durchgesetzt.

```
jshell> /vars rb
|    short rb = 34
```

Der Zahlenbereich für kurze Zahlen ist kleiner als der für **int**-Zahlen. Wenn für eine zu große **int**-Zahl der **short**-Wert gewünscht ist, kann es zu überraschenden Effekten kommen:

```
jshell> (short)102556757
$13 ==> -7083
```

Diesem Effekt liegt offensichtlich die Codierung im Zweierkomplement zu Grunde.

Zahlen vom Typ byte

Es geht noch kürzer. Der kürzeste Zahlentyp heißt **byte**.

```
jshell> (byte)100
$14 ==> 100
```

Hier gelten die gleichen Prinzipien wie beim Typ **short**. Es werden auch keine Rechnungen auf dem Typ **byte** durchgeführt, sondern dann immer auf **int**-Zahlen.

Die Zahlen **short** und **byte** sind weniger zum Rechnen gedacht, als um Information bitweise effizient zu codieren. Die meisten Anwendungsprogrammierer werden sehr selten mit diesen Typen in Kontakt kommen.

Binäre, oktale und hexadezimale Zahlenliterale

Binäre Literale

Wir schreiben meistens Zahlen in dem bei uns gängigen Dezimalsystem, bei dem jede weitere Stelle einer Zahl eine weitere Zehnerpotenz bedeutet. Man kann in Java aber Zahlen auch in binärer Darstellung notieren. Die entsprechenden Literale beginnen mit den Zeichen **0b**.

So lässt sich die die Zahl 42 auch notieren als:

```
0b101010
```
```
42
```

Will man eine Zahl im binär Zweierkomplement notieren, so muss man allerdings alle 32 Bits angeben:

```
0b11111111111111111111111111010110
```
```
-42
```

Hat das binäre Literal weniger als 32 Bits, dann werden die fehlenden vorangehenden Bits als 0 angenommen und man erhält damit eine positive Zahl:

```
0b1111111111111111111111111010110
```
```
2147483606
```

Oktale Literale

Man kann Zahlen in Java auch oktal notieren, also zur Basis 8. Hierzu beginnt das Zahlen-Literal mit der Ziffer 0:

```
052
```
```
42
```

Hier ist Vorsicht geboten. Man darf nicht beliebig vor eine Zahl die Ziffer 0 schreiben, weil es vielleicht in der Optik besser gefällt. Die Zahl wird dann nicht mehr dezimal interpretiert. Wenn das Zahlen-Literal zudem eine Ziffer größer als 7 enthält, kommt es zu einen statischen Fehler, da das Literal nicht korrekt gebildet wurde.

Hexadezimale Literale

Die vierte Möglichkeit, Zahlen in Java zu notieren, ist in der hexadezimalen Schreibweise also zur Basis 16.

So lässt sich eine Zahl mit den 16 Ziffern des Hexadezimalsystems notieren, indem ihr die Zeichenfolge **0x** vorangestellt wird:

```
0xCAFE
```
```
51966
```

Die Zahl 3405691582 oder in hexadezimaler Schreibweise **CAFEBABE** steht in den ersten 8 Bytes einer jeden Bytecode Datei die Java erzeugt. Es ist sozusagen das Erkennungsmerkmal der Java `.class`-Dateien.

Für alle hier vorgestellten Schreibweisen gibt es auch die entsprechenden Literale für die 64-Bit Zahlen des Typs **long**. Diesen ist dann ein Buchstaben 'L' anzuhängen.

So ergibt mitunter die gleiche Ziffernfolge unterschiedliche Ergebnisse. Was für 32-Bit bereits eine negative Zahl ist:

```
0xCAFEBABE

$42 ==> -889275714
```

Das ist für eine 64-Bit Zahl noch eine positive Zahl.

```
0xCAFEBABEL

3405691582
```

1.4.2.4 Fließkommazahlen in Java

Eine Alternative zu der Festkommadarstellung von Zahlen ist die Fließkommadarstellung. Während die Festkommadarstellung einen Zahlenbereich der rationalen Zahlen in einem festen Intervall durch diskrete, äquidistant verteilte Werte darstellen kann, sind die diskreten Werte in der Fließkommadarstellung nicht gleich verteilt.

In der Fließkommadarstellung wird eine Zahl durch zwei Zahlen charakterisiert und ist bezüglich einer Basis b:

- die Mantisse für die darstellbaren Ziffern. Die Mantisse charakterisiert die Genauigkeit der Fließkommazahl und
- der Exponent, der angibt, wie weit die Mantisse hinter bzw. vor dem Komma liegt.

Aus Mantisse m, Basis b und Exponent exp ergibt sich die dargestellte Zahl durch folgende Formel:

$$z = m * b^{exp}$$

Damit lassen sich mit Fließkommazahlen sehr große und sehr kleine Zahlen darstellen. Je größer jedoch die Zahlen werden, desto weiter liegen sie von der nächsten Zahl entfernt.

Für die Fließkommadarstellung gibt es in Java zwei Zahlentypen, die nach der Spezifikation des IEEE 754-1985[3] gebildet werden:

- **float**: 32 Bit Fließkommazahl nach IEEE 754. Kleinste positive Zahl: 2^{-149}. Größte positive Zahl: $(1 - 2^{-24}) * 2^{128}$

- **double**: 64 Bit Fließkommazahl nach IEEE 754. Kleinste positive Zahl: 2^{-149}. Größte positive Zahl: $(1 - 2^{-24}) * 2^{128}$.

Im Format für **double** steht das erste Bit für das Vorzeichen, die nächsten 11 Bit markieren den Exponenten und die restlichen 52 Bit kodieren die Mantisse.

Im Format für **float** steht das erste Bit für das Vorzeichen, die nächsten 8 Bit markieren den Exponenten und die restlichen 23 Bit kodieren die Mantisse.

Beispiel 1.4.5 Addition von Fließkommazahlen

Der folgende Test zeigt, dass bei einer Addition von zwei Fließkommazahlen die kleinere Zahl das Nachsehen hat:

```
jshell> double x = 325e200
x ==> 3.25E202

jshell> double y = 325e-200
y ==> 3.25E-198

jshell> x+y
$11 ==> 3.25E202

jshell> x+100000
$12 ==> 3.25E202
```

Wie man an der Ausgabe erkennen kann, bewirkt selbst die Addition der Zahl **100000** keine Veränderung auf einer großen Fließkommazahl.   □

Literale des Typs **float** unterscheiden sich von Literalen des Typs **double** indem ihnen ein **f** angehängt wird.

Beispiel 1.4.6 Rundungen bei Fließkommazahloperationen

Das folgende kleine Beispiel zeigt, inwieweit und für den Anwender oft auf überraschende Weise die Fließkommadarstellung zu Rundungen führt:

```
jshell> 1f+1000000000000f-1000000000000f
$25 ==> 0.0
```

---

[3] Das ›Institute of Electrical and Electronics Engineers‹ (IEEE) ist ein Verband von Ingenieuren, der u.a. Gremien für Standardisierungen bildet.

Bei der Auswertung des letzten Ausdrucks fällt auf, dass Addition und anschließende
Subtraktion ein und derselben Zahl nicht die Identität ist. Für Fließkommazahlen gilt
nicht: $x + y - y = x$.

Man vergleiche es hierzu noch einmal mit folgender Auswertung:

```
jshell> 1f+(1000000000000f-1000000000000f)
$26 ==> 1.0
```

□

Es gibt in Java auf Fließkommazahlen ein paar Werte, die keine Zahl, sondern eigentlich einen Fehlerzustand darstellen. Das sind zunächst die Werte, die ausdrücken, dass
eine Berechnung keine endliche Zahl ergibt:

```
jshell> 1.0/0
$20 ==> Infinity

jshell> -1.0/0
$21 ==> -Infinity
```

Es gibt also zwei Werte, die nicht endliche Zahlenwerte darstellen sollen. Einmal im
Positiven und einmal im Negativen.

Ein weiterer Wert zeigt noch allgemeiner an, dass über ein Ergebnis einer Rechnung
keine Angaben mehr gemacht werden können:

```
jshell> 0*(-1.0/0)
$22 ==> NaN
```

Der Wert **NaN** steht wir *not a number*.

1.5 Bitweise Operationen

Wir haben bisher mit den bekannten arithmetischen Operationen +, -, *, / und %
gerechnet.

Java kennt weitere Operatoren auf Zahlen. Diese rechnen mit den einzelnen Bits, die
im Speicher die Zahl darstellen.

1.5.1 Bitweise Und

So gibt es einen Operator, der für zwei ganze Zahlen bitweise die Zahlen miteinander
verknüpft wie ein logisches *Und*. Nur wenn das Bit an entsprechender Stelle bei beiden
Zahlen mit einer 1 gesetzt ist, ist auch das Bit im Ergebnis gesetzt:

```
jshell> 11&21
$32 ==> 1
```

Wenn wir uns die beiden Zahlen als 6-Bit Zahlen im Speicher notieren und die Bits mit dem logischen Und verknüpfen, sehen wir, wie es zu dem Ergebnis kommt.

$$0\ 0\ 0\ 0\ 1\ 0\ 1\ 1 = 11$$
$$\underline{0\ 0\ 0\ 1\ 0\ 1\ 0\ 1 = 21}$$
$$0\ 0\ 0\ 0\ 0\ 0\ 0\ 1 = 1$$

1.5.2 Bitweise Oder

Auch für die Veroderung der einzelnen Bits steht ein eigener Operator zur Verfügung:

```
jshell> 11|21
$33 ==> 31
```

Auch dessen Funktionsweise können wir uns an einem Beispiel veranschaulichen:

$$0\ 0\ 0\ 0\ 1\ 0\ 1\ 1 = 11$$
$$\underline{0\ 0\ 0\ 1\ 0\ 1\ 0\ 1 = 21}$$
$$0\ 0\ 0\ 1\ 1\ 1\ 1\ 1 = 31$$

1.5.3 Bitweise Exklusives Oder

Als *exklusives Oder* wird ein Entweder-Oder bezeichnet. Auf Ziffern des Binärsystems bedeutet es, wenn genau eine Ziffer 1 ist, dann ist auch das Ergebnis 1. Wenn beide Operanden die Ziffer 0 oder beide die Ziffer 1 sind, dann ist das Ergebnis 0.

Java verwendet hierzu den Operation mit dem Dachsymbol ^[4]:

```
jshell> 100^11
$9 ==> 111
```

Es gilt naturgemäß für jede Zahl x: $x\hat{\ }x == 0$:

```
jshell> -42^-42
$49 ==> 0
```

Mit dieser Operation lässt sich etwas Erstaunliches für zwei Variablen machen.

---

[4] Andere Programmiersprachen, zum Beispiel Haskell, bezeichnet mit diesem Symbol die Potenzfunktion.

Wir setzen zwei Variablen:

```
jshell> var a = 17
a ==> 17

jshell> var b = 4
b ==> 4
```

Nun schreiben wir in die erste Variable das Ergebnis des exklusiven Oders beider Variablen:

```
jshell> a = a^b
a ==> 21
```

Anschließend schreiben wir in die zweite Variable wieder das Ergebnis des exklusiven Oders beider Variablen:

```
jshell> b = b^a
b ==> 17
```

Und schließlich machen wir das Ganze noch ein drittes Mal.

```
jshell> a = a^b
a ==> 4
```

Wir sehen, dass die Variablen ihre Werte getauscht haben, ohne dass wir eine dritte Variable benötigt haben, in der wir das Ergebnis einer der drei Variablen zwischengespeichert haben.

1.5.4 Bits Negieren

Es gibt einen einstelligen Operator, mit dem jedes einzelne Bit einer Zahl in ihrer Speicherdarstellung negiert wird. Hierzu dient der Tilde-Operator:

```
jshell> ~42
$11 ==> -43
```

Damit bildet der Operator   das Einerkomplement einer Zahl. Somit lässt sich für das Zweierkomplement eine Zahl x negieren durch ~x 1+.

1.5.5 Bits Verschieben

Man kann die Bits einer Zahl nach links und nach rechts verschieben. Hierzu gibt es drei Operatoren: <<, >> und >>>.

Zum Verschieben nach links wird der Operator « verwendet. Die Bits des linken Operanden werden um die Anzahl der Positionen des rechten Operanden nach links verschoben. Die dabei rechts neu entstehenden Bits werden mit 0 belegt.

Betrachten wir das an einem Beispiel in der Binärdarstellung:

$$
\begin{array}{r}
0\ 0\ 0\ 1\ 0\ 1\ 0\ 1\ =\ 21 \\
\ll 1 \\
\hline
0\ 0\ 1\ 0\ 1\ 0\ 1\ 0\ =\ 42
\end{array}
$$

Mit dieser Operation kann man also Zahlen mit einer Zweierpotenz multiplizieren:

```
jshell> 21<<1
$21 ==> 42
```

Es gilt: $x \ll n = x * 2^n$.

Die analoge Verschiebeoperation nach rechts verwendet den Operator >>:

```
jshell> 10>>2
$22 ==> 2
```

Hier werden allerdings nicht die freiwerdenden Bits am linken Rand mit einer 0 aufgefüllt, sondern mit der Ziffer, die ursprünglich ganz links stand. Damit bleiben negative Zahlen negativ und positive Zahlen positiv:

```
jshell> -10 >> 1
$22 ==> -5
```

Auf Bitebene betrachtet für eine 8 Bit Zahl:

$$
\begin{array}{r}
1\ 1\ 1\ 1\ 0\ 1\ 1\ 0\ =\ -10 \\
\gg 1 \\
\hline
1\ 1\ 1\ 1\ 1\ 0\ 1\ 1\ =\ -5
\end{array}
$$

Damit lassen sich mit der Verschiebung auch negative Zahlen durch eine Zweierpotenz dividieren.

Es gilt: $x \gg n = \frac{x}{2^n}$.

Mit den Verschiebeoperatoren kann man zum Beispiel testen, ob das n-te Bit einer Zahl x auf 1 gesetzt ist.

(x ∧ 1<<(n-1))>>(n-1)

```
jshell> (42 & 1<<4)>>4
$56 ==> 0

jshell> (42 & 1<<5)>>5
$57 ==> 1
```

Es gibt eine zweite Variante der Verschiebung nach rechts, der Operator **>>>**. Hier wird nicht das Vorzeichenbit belassen, sondern nur mit Nullen am linken Rand aufgefüllt. Damit ist das Ergebnis dann immer eine positive Zahl:

```
jshell> -10 >>> 1
$23 ==> 2147483643
```

Die meisten Entwickler werden in der Programmiersprache Java nur ganz selten die Bitoperationen verwenden. Man benötigt diese zumeist nur bei sehr technischen, hardwarenahen Anwendungen. Diese werden aber in der Regel in der Programmiersprache C entwickelt.

1.6 Vergleiche und Wahrheitswerte

Wir können Zahlenwerte über ihre Größe vergleichen. Die folgende Berechnung vergleicht, ob der in x gespeicherte Wert größer oder gleich dem in x2 gespeicherten Wert ist:

```
jshell> x >= x2
$17 ==> false
```

Wenn wir uns in der JShell den Wert der Variablen **$17** anzeigen lassen, lernen wir einen dritten Datentyp kennen:

```
jshell> /var $17
|    boolean $17 = false
```

Der Typ **boolean** steht für Wahrheitswerte. Es gibt die beiden Wahrheitswerte **true** und **false**:

```
jshell> x < x2
$18 ==> true
```

Insgesamt gibt es die folgenden 6 Vergleichsoperatoren:

Java	Bezeichnung	math. Symbol
<	kleiner	<
<=	kleiner oder gleich	≤
>	größer	>
>=	größer oder gleich	≥
==	gleich	=
!=	nicht gleich	≠

1.7 Logische Operatoren

Wir können auch mit Wahrheitswerten rechnen. Hierzu gibt es drei logische Operationen.

- **Das logische Oder, Disjunktion genannt.**

  In der Logik wird die Disjunktion zweier Wahrheitswerte A und B notiert als: $A \vee B$.

  In Java gibt es dafür den Operator | |:

  ```
  jshell> $18 || $17
  $19 ==> true
  ```

- **Das logische Und, Konjunktion genannt.**

  In der Logik wird die Konjunktion zweier Wahrheitswerte A und B notiert als: $A \wedge B$.

  In Java gibt es dafür den Operator $\wedge\wedge$:

  ```
  jshell> $18 && $17
  $20 ==> false
  ```

- **Und das logische Nicht, Negation genannt.**

  In der Logik wird es mit dem Symbol $\neg$ bezeichnet. In Java wird hierfür das Ausrufezeichen verwendet:

  ```
  jshell> !$20
  $21 ==> true
  ```

Aufgabe 1.2

In der Aussagenlogik kennt man auch die logische Implikation $A \rightarrow B$. Für diese gibt es in Java wie auch sonst in kaum einer Programmiersprache keinen Operator. Wie können Sie in Java schreiben, dass Sie das Ergebnis der Implikation zweier Wahrheitswerte x und y benötigen?

□

1.8 Operator Präzedenzen

Wir haben schon gesehen, dass Java die etablierte Regel beherzigt, dass die Punktrechnung stärker bindet und vor der Strichrechnung auszuwerten ist. Auch für die

weiteren Operatoren sind solche Präzedenzregeln definiert. Damit wird eine übermä-
ßige Klammerung vermieden.

Bezeichnung	Operatoren
Punktrechnung	* / %
Strichrechnung	+ -
Bits schieben	« » »>
Vergleich	< > <= >= instanceof
Gleichheit	== !=
Bitweise Und	∧
Bitweise exklusives Oder	^
Bitweise Oder	|
Logisches Und	∧∧
Logisches Oder	||
Bedingungsoperator	? :

Abb. 1.3: Operator Präzedenzen

1.9 Zeichen und Buchstaben

Bisher haben wir nur mit numerischen Daten gearbeitet. Viele Applikationen verarbeiten Texte aus Zeichen.

1.9.1 Schriftzeichen

Für einzelne Zeichen gibt es einen primitiven Datentyp. Einzelne Zeichen werden in
einfachen Anführungszeichen notiert:

```
jshell> 'a'
$1 ==> 'a'

jshell> /var $1
|    char $1 = 'a'
```

Der entsprechende primitive Typ heißt **char**.

Für manche besondere Zeichen gibt es sogenannte Fluchtsequenzen. Das sind z.B. das
Zeilenende oder der Tabulator. Einen Überblick dieser Fluchtsequenzen findet sich in
Abbildung 1.4 .

Es lassen sich nicht Zeichen nur der für uns gängigen westeuropäischen Schriften
darstellen sondern für beliebige gängige Schriften weltweit. Hierzu wird der interna-
tionale Standard Unicode verwendet, der für jedes Schriftzeichen aller Schriftkulturen

Sequenz	Bedeutung
\t	Tabulatorzeichen
\b	Rückwärtsschritt
\n	Zeilenende
\r	Wagenrücklauf
\f	Seitenvorschub
\'	Einfaches Anführungszeichen
\"	Doppeltes Anführungszeichen
\\	Rückwärtiger Schrägstrich

Abb. 1.4: Fluchtsequenzen für Zeichen.

einen Code festlegt. Wenn Sie im Java-Quelltext ein Zeichen nicht direkt eingeben können, weil Sie zum Beispiel keine Taste für ein chinesisches Schriftzeichen haben, dann
können Sie in dem char-Literal die entsprechende Nummer der Unicode-Codierung
angeben. Hierzu wird \u der hexadezimal codierten Unicode-Nummer vorangestellt.

So lassen sich auch exotische Zeichen in einem **char** schreiben:

```
jshell> '\u0163'
$3 ==> 'ţ'
```

Das klappt auch mit chinesischen Zeichen:

```
jshell> '\u6587'
```

Das ergibt das Zeichen: 文

Und folgende Unicode-Nummer:

```
jshell> '\u7AE0'
```

Diese ergibt das recht schöne Zeichen: 章 (Was auch immer das auch heißen mag.)

Der primitive Typ **char** wird in 16-Bit im Speicher abgelegt. In Unicode gibt es aber
mittlerweile noch mehr verschiedene Zeichen, als in 16-Bit dargestellt werden können
(z.B. die ägyptischen Hieroglyphen). Diese können dann nicht mehr in einem **char**
gespeichert werden.

Man kann die Werte des Typs **char** auch als Zahlen speichern. Dann wird die Nummer
aus dem Unicode-Standard hierfür verwendet:

```
jshell> int x = 'a'
x ==> 97
```

Damit lassen sich mit Werten des Typs **char** auch Vergleiche durchführen. Zum
Beispiel kann man leicht testen, ob ein bestimmtes Zeichen in einem bestimmten
Zeichenbereich liegt:

In Java gibt es exakt die folgenden acht primitiven Typen: `boolean`, `char`, `byte`, `short`, `int`, `long`, `float` und `double`. Alle anderen Typen werden als Referenztypen bezeichnet.

```
jshell> var c = 'D'
c ==> 'D'
```

Ob es sich bei der Variablen um einen lateinischen Großbuchstaben handelt, zeigt folgender Ausdruck:

```
jshell> (c>='A' && c<='Z')
$11 ==> true
```

Das kann man zum Beispiel verwenden, um für das Zeichen, das in der Variable **c** gespeichert ist, den entsprechenden Kleinbuchstaben zu erhalten.

```
jshell> (c>='A' && c<='Z') ? (char) (c-('A'-'a')) : c
$35 ==> 'd'
```

Obiger Ausdruck berechnet für alle Großbuchstaben der lateinischen Schrift den entsprechenden Kleinbuchstaben. Ansonsten ist die Funktion die Identität.

In der Standardklasse **Character** finden sich eine Vielzahl nützlicher Funktionen, die auf **char**-Werten arbeiten:

```
jshell> Character.isDigit('9')
$26 ==> true

jshell> Character.isAlphabetic('9')
$27 ==> false
```

1.9.2 Zeichenketten

Häufig bearbeiten Computerprogramme Texte, die aus Zeichen eines Alphabets bestehen. Solche Zeichenketten lassen sich in Anführungszeichen angeben:

```
jshell> "Es ist noch etwas zu retten"
$15 ==> "Es ist noch etwas zu retten"
```

Der Datentyp, den Java hierzu verwendet heißt **String**:

```
jshell> /vars
|    String $15 = "Es ist noch etwas zu retten"
```

Zeichenketten sind Folgen von **chars**.

Der Typ **String** gehört in Java nicht zu den primitiven Typen, sondern stellt unseren ersten Referenztypen dar. [5]

1.9.2.1 Literale

Auch in Literalen für Zeichenketten können die Fluchtsequenzen für einzelne Zeichen verwendet werden. Am häufigsten ist hier hierbei das Zeilenendezeichen:

```
jshell> "eine einfache Zeichenkette\nmite Zeilenumbruch"
$85 ==> "eine einfache Zeichenkette\nmite Zeilenumbruch"
```

In einem String-Literal können Sie auch wie in **char**-Literalen die Zeichen mit ihrer Unicode-Nummer angeben. So lassen sich zum Beispiel auch chinesische Zeichen auf einer herkömmlichen Tastatur eingeben.

```
jshell> "\u6587\u7AE0\u5185\u5bb9"
```

Damit wird folgende Zeichenkette erzeugt: "文章容"

Java kennt ein spezielles Literal zur Codierung mehrzeiliger Zeichenketten ohne die Verwendung der Fluchtsequenz \n für das Zeilenende. Statt eines doppelten Anführungszeichen wird die Folge von drei solchen verwendet.

```
jshell> """
   ...> Zeile 1
   ...> Zeile 2
   ...> Zeile 3"""
$83 ==> "Zeile 1\nZeile 2\nZeile 3"]
```

Diese Notation ist in Quelltexten hilfreich, in denen sehr lange Texte als Zeichenkette benötigt werden.

1.9.2.2 Ausdrücke für Zeichenketten

Auch auf Daten des Typs **String** können wir in Java die Operation + durchführen. Dann wird eine neue Zeichenkette errechnet, die die beiden Teilketten aneinanderhängt:

```
jshell> $15+". Handelt jetzt!"
$16 ==> "Es ist noch etwas zu retten. Handelt jetzt!"
```

---

[5] Das hat aber bisher kaum Auswirkungen für uns als Programmierer. null-Werte sind zu beachten und die Gleichheit wird ein Thema sein, das wir noch ansprechen werden.

Wir können auch eine Zahl mit dieser Operation an einem String anhängen. Dann wird die Zahl textuell als String umgewandelt und anschließend an den anderen String gehängt:

```
jshell> "Das Ergebnis von 17+4*2 ist: "+(17+4*2)
$17 ==> "Das Ergebnis von 17+4*2 ist: 25"
```

Ein wenig Vorsicht muss man dabei walten lassen. Betrachten Sie das folgende Beispiel:

```
jshell> "Das Ergebnis von 17+4*2 ist: "+17+4*2
$18 ==> "Das Ergebnis von 17+4*2 ist: 178"
```

Sehen Sie, was hier passiert ist?

Anders als einfache Zahlentypen, können wir Stringdaten nach ein paar Eigenschaften fragen. Zum Beispiel einen String nach der Anzahl der darin enthaltenen Buchstaben:

```
jshell> $17.length()
$19 ==> 31
```

Oder man kann für einen String einen neuen String berechnen lassen, der nur noch aus den entsprechenden Großbuchstaben besteht:

```
jshell> $17.toUpperCase()
$20 ==> "DAS ERGEBNIS VON 17+4*2 IST: 25"
```

Man kann nach dem Zeichen an einer bestimmten Position in einem String fragen:

```
jshell> $17.charAt(4)
$22 ==> 'E'
```

Das Ergebnis ist ein Wert des Datentyps **char**:

```
jshell> /var $22
|    char $22 = 'E'
```

Man kann auch einen neuen String errechnen lassen, indem bestimmte Teile durch andere Teilstrings ersetzt werden:

```
jshell> $17.replaceAll("i","IIIII")
$21 ==> "Das ErgebnIIIIIs von 17+4*2 IIIIIst: 25"
```

Man kann explizit einen Teilstring errechnen lassen:

```
jshell> $17.substring(4,10)
$23 ==> "Ergebn"
```

Wenn Sie in der JShell nach dem Punktsymbol die Tabulatortaste drücken, dann zeigt Ihnen die JShell an, was Sie alles aus dem String errechnen lassen können. Die komplette Ausgabe findet sich in Abbildung 1.5 .

```
jshell> $17.
charAt(                    chars()
codePointAt(               codePointBefore(
codePointCount(            codePoints()
compareTo(                 compareToIgnoreCase(
concat(                    contains(
contentEquals(             describeConstable()
endsWith(                  equals(
equalsIgnoreCase(          formatted(
getBytes(                  getChars(
getClass()                 hashCode()
indent(                    indexOf(
intern()                   isBlank()
isEmpty()                  lastIndexOf(
length()                   lines()
matches(                   notify()
notifyAll()                offsetByCodePoints(
regionMatches(             repeat(
replace(                   replaceAll(
replaceFirst(              resolveConstantDesc(
split(                     startsWith(
strip()                    stripIndent()
stripLeading()             stripTrailing()
subSequence(               substring(
toCharArray()              toLowerCase(
toString()                 toUpperCase(
transform(                 translateEscapes()
trim()                     wait(

jshell>
```

Abb. 1.5: Funktionen für Zeichenketten

1.9.2.3 Formulare für Zeichenketten

Es gibt einen Vorschlag, in Java Stringkonstanten als Formulare zu integrieren, in denen die Werte von Variablen eingesetzt werden können.[14]. Dieser Vorschlag ist in Version 21 von Java erstmals als Vorschaukonstrukt in die Sprache aufgenommen worden.

Beispiel 1.9.7 Formularstring

Stellen wir uns vor, für dieses Buch sind Titel und Autor in Variablen gespeichert:

```
var title = "Java für Teetrinker";
var author  = "Sven Eric Panitz";
```

Wenn eine lange Zeichenkette zu erzeugen ist, wie zum Beispiel eine Html-Quelltextseite, so soll es nach dem Vorschlag zukünftig möglich sein, einen mehrzeiliges String-Literal zu schreiben, in dem mit **{** eine Fluchtsequenz beginnt, in der eine Variable genannt werden kann. Deren Wert wird dann an dieser Stelle in die Zeichenkette eingefügt. Dafür ist nach dem Vorschlag dem String-Literal **STR.** voranzustellen:

```
var html = STR."""
<html>
  <head><title>\{title}</title></head>
  <body>
    <h1>\{title}</h1>
    <h2>von \{auhtor}</h2>
  </body>
</html>
""";
```

□

1.10 Fallunterscheidungen

1.10.1 Bedingungsoperator

Man kann auf Grund eines Wahrheitswerts eine Auswahl aus zwei Werten treffen:

```
jshell> $18 ? 900 : -42
$22 ==> 900
```

Hierzu nimmt man zunächst einen Ausdruck, der zu einen Wahrheitswert auswertet. Nach diesem wird ein Fragezeichen gesetzt. Dann folgen zwei Ausdrücke, die durch einen Doppelpunkt getrennt sind. Der Wert des gesamten Bedingungsausdruck errechnet sich, indem erst der Wahrheitswert ausgewertet wird. Ist das Ergebnis **true** so wird der Ausdruck vor dem Doppelpunkt als Gesamtergebnis genommen. Ist hingegen das Ergebnis **false** so wird der Ausdruck nach dem Doppelpunkt als Gesamtergebnis genommen.

Da der Wert in der Variablen **$18** hier **true** ist, ist das Ergebnis **900**:

> Das Layout des Quelltexts ist in Java ohne inhaltliche Bedeutung. Zwischenräume können beliebig lang sein und Zwischenraum in Form von Zeilenende oder auch Tabulator kann beliebig eingefügt werden. Java Entwickler halten sich aber an bestimmte Konventionen, um untereinander den Quelltext gleich zu formatieren und besser lesen zu können. Eine der wichtigsten Konventionen ist, dass die Zeilen innerhalb eines geschweiften Klammerpaars um eine festen Breite weiter eingerückt sind als die umgebenden Zeilen. Daher haben wir die `case` Zeilen um zwei Leerzeichen weiter eingerückt.
> In anderen Programmiersprachen, zum Beispiel Haskell oder Python, hat die Einrückung eine inhaltliche Bedeutung und ersetzt dafür Klammerpaare.

```
jshell> $17?900:-42
$23 ==> -42
```

Da der Wert in der Variablen **$17** hier **false** ist, ist das Ergebnis **-42**.

Man kann das Spiel weitertreiben und den Bedingungsoperator weiter verschachteln:

```
jshell> var x = 42
x ==> 42

jshell> x<0?-1:x>0?1:0
$6 ==> 1
```

Der letzte Ausdruck ist schwer zu lesen. Hier helfen ein Klammerpaar und Zwischenräume zum besseren Verständnis:

```
jshell> x<0 ? -1 : (x>0 ? 1 : 0)
$7 ==> 1
```

In diesem Ausdruck wird zunächst geprüft, ob die Zahl x negativ ist. Wenn das der Fall ist, ist das Ergebnis -1. Ansonsten wird geprüft, ob die Zahl positiv ist. Dann wird das Ergebnis 1 und im verbleibenden Fall, wenn x die Zahl 0 darstellt, ist das Ergebnis 0.

1.10.2 Fallunterscheidungen mit `switch`-Ausdrücken

Der Bedingungsoperator unterscheidet anhand eines Wahrheitswerts. Will man eine Fallunterscheidung über mehrere konstante Werte machen, dann kann man einen **switch**-Ausdruck mit mehreren Fällen verwenden. Die Fälle müssen dann jeweils einen Ausdruck vom gleichen Typ als Ergebnis haben. Schließlich braucht es auch noch einen Standardfall, der alle übrigen Fälle abdeckt. Für die unterschiedlichen Fälle gibt es das Schlüsselwort **case** und für den Standardfall das Schlüsselwort **default**.

Beispiel 1.10.8 `switch`*-Ausdruck*

Wenn wir für einen Ausdruck, der zu einer Zahl auswertet, Ziffernworten als Zeichenkette erzeugen wollen, können wir die 10 Ziffern als Einzelfälle verwenden und mit
einem Standardfall abschließen:

```
jshell> switch (2+3){
...>     case 0 -> "null";
...>     case 1 -> "eins";
...>     case 2 -> "zwei";
...>     case 3 -> "drei";
...>     case 4 -> "vier";
...>     case 5 -> "fünf";
...>     case 6 -> "sechs";
...>     case 7 -> "sieben";
...>     case 8 -> "acht";
...>     case 9 -> "neun";
...>     default-> "keine Ziffer";
...> }
$5 ==> "fünf"
```

Wie man sieht, wird das Ergebnis eines einzelnen Falles nach einem stilisierten Pfeil
-> geschrieben. Die einzelnen Fälle enden mit einem Semikolon.   □

Hier sehen wir einen ersten Ausdruck, der über mehrere Zeilen geht und sehr komplex
in der Syntax ist. Bei Ausdrücken, die über mehrere Zeilen gehen, markiert die JShell
die Zeilen, in denen der Ausdruck weitergeführt wird mit ...>. Das ist aber kein Teil
der Java-Syntax. In der Folge des Buches zeigen wir diese Markierungen nicht mehr
an, um einen klaren Blick auf den eigentlichen Java-Quelltext zu bekommen.

Von nun an wird ein Beispielcode wie der obige **switch**-Ausdruck in der JShell wie
folgt abgebildet:

```
switch (2+3){
    case 0 -> "null";
    case 1 -> "eins";
    case 2 -> "zwei";
    case 3 -> "drei";
    case 4 -> "vier";
    case 5 -> "fünf";
    case 6 -> "sechs";
    case 7 -> "sieben";
    case 8 -> "acht";
    case 9 -> "neun";
    default-> "keine Ziffer";
}
```

```
    "fünf"
```

Im oberen Teil ist die Anwendereingabe in der JShell dargestellt, im unteren Teil die
Ausgabe der JShell. Wenn letztere unerheblich ist, zum Beispiel bei Funktionsdefinitionen, wird dieser Teil weggelassen.

Die Fallunterscheidung kann nicht nur über konstante Zahlenwerte sondern auch über konstante Stringwerte erfolgen:

```
switch (str){
    case "null" -> 0;
    case "eins" -> 1;
    case "zwei" -> 2;
    case "drei" -> 3;
    case "vier" -> 4;
    case "fünf" -> 5;
    case "sechs" -> 6;
    case "sieben" -> 7;
    case "acht" -> 8;
    case "neun" -> 9;
    default -> -1;
}
```

switch-case-Ausdrücke haben noch viele weitere Ausdrucksmöglichkeiten für Fallunterscheidungen, die allerdings mit Referenztypen verbunden sind und erst in Kapitel 2.8 und 2.3.2 eingeführt werden.

Des Weiteren gibt es auch eine Variante des *switch-case*, die keinen Ausdruck, sondern eine Anweisung darstellt. Diese wird im Zuge von Anweisungen in Kapitel 5.7.2 erläutert.

1.11 Funktionen

1.11.1 Funktionsdefinitionen

Eine der wichtigsten Definitionen in der Mathematik dürfte die Definition des Begriffs Funktion sein. Viele Zweige der Mathematik beschäftigen sich mit nichts Anderem als Funktionen und in jedem Informatikstudium gibt es Module im Curriculum, die sich in der Analysis mit Funktionen beschäftigen. Zum Beispiel die Funktion, die für jede Zahl, das Quadrat der Zahl berechnet: $f(x) = x^2$

Wir wissen schon einmal, dass wir das Quadrat einer Zahl in Java durch die Multiplikation berechnen können.

```
1*1
```
```
1
```

Für die Zahl 2:

```
2*2
```
```
4
```

Für die Zahl 3 entsprechend.

```
3*3

9
```

Wir können eine Variable x zu Hilfe nehmen, in der wir erst den Wert speichern, der quadriert werden soll und das Quadrat der Variable x errechnen[6]:

```
var x=1; x*x;

x ==> 1
$4 ==> 1
```

Wenn wir die Variable nun auf 2 setzen, dann errechnet der Ausdruck $x*x$ das Quadrat von 2:

```
var x=2; x*x;

x ==> 2
$5 ==> 4
```

Vielleicht sind wir auch an der Quadratzahl von 3 interessiert:

```
var x=3; x*x;

x ==> 3
$6 ==> 9
```

Offensichtlich haben wir oft Bedarf, das Quadrat einer Zahl zu berechnen, also an der Funktion, die der Mathematiker definieren würde als:

$$f(x) = x^2$$

In der Mathematik wird gerne angegeben, für welche Definitionsmenge eine Funktion definiert ist. Damit ist die Menge gemeint, aus der das Argument stammen kann. Und es wird die Zielmenge angegeben. Dies entspricht dem Typ der Funktion. Für obige Funktion f schreibt man als Typ:

$$f :: \mathbb{Z} \to \mathbb{N}$$

Die Funktion bildet ganze Zahlen auf natürliche Zahlen ab.

Und ebenso wie in der Mathematik, lässt sich eine Funktion in Programmiersprachen definieren:

---

[6] Wir nutzen dabei die Möglichkeit mehrere Eingaben in der JShell mit einer Eingabe zu machen, indem diese mit einem Semikolon getrennt werden:

```
jshell> int f(int x){return x*x;}
|  created method f(int)
```

Auch hier wird nicht nur die Definition angegeben, wie das Ergebnis aus dem Argument berechnet wird (**x*x**), sondern auch die Typen der Definitions- und Zielmenge. Die Zielmenge steht vor dem Funktionsnamen (hier **f**), die Definitionsmenge vor dem Argument (hier **x**).

Diese Syntax hat Java von der Programmiersprache C übernommen. Neuere Programmiersprachen wie Scala, Kotlin oder Dart haben sich entschieden, nicht vor der Funktion bzw. die Argumente ihren Typ zu schreiben, sondern dahinter.

Jetzt gibt es die Funktion mit Namen **f**[7], die zum Rechnen für bestimmte Werte verwendet werden kann:

```
f(1)

$7 ==> 1
```

Oder wir übergeben die 2 als Argument an die Funktion:

```
f(2)

$8 ==> 4
```

Es lassen sich also beliebige ganze Zahlen zum Errechnen der Quadratzahl an f übergeben:

```
f(3)

$9 ==> 9
```

Natürlich auch für negative Zahlen:

```
f(-17)

$10 ==> 289
```

Das kann dann auch ein Ausdruck sein, der erst auszurechnen ist, bevor sein Ergebnis an f übergeben wird:

```
f(17+4*2)

$11 ==> 625
```

---

[7] Java sagt nicht Funktion sondern Methode, doch dazu später.

Es kann sogar das Ergebnis von einem Aufruf der Funktion f wieder als Argument
übergeben werden:

```
f(f(2))

$12 ==> 16
```

Werfen wir noch einmal einen Blick auf die Funktionsdefinition:

```
int f(int x){return x*x;}
```

In der Funktionsdefinition wird angegeben, von welchem Typ das Argument x (**int
x**) und von welchem Typ das Ergebnis sein soll (**int f**). Beides soll eine ganze Zahl
sein. Somit ist auch das Ergebnis der Rechnung immer eine ganze Zahl. Das lässt sich
auch an dem Typ der Ergebnisvariable erkennen:

```
/var $12

|    int $12 = 16
```

Die statische Typüberprüfung von Java verhindert, dass wir die Funktion für eine
Kommazahl anwenden:

```
jshell> f(1.23)
|  Error:
|  incompatible types: possible lossy conversion from double to int
|  f(1.23)
|    ^--^
```

Der Teil der Funktionsdefinition, der anzeigt, von welchem Typ die Argumente und
das Funktionsergebnis sind, hier also **int f(int x)**, wird als Signatur bezeichnet.
Der Teil, der dann in geschweiften Klammern folgt, dient als Rumpf der Funktionsdefinition. Sie enthält die eigentliche Implementierung. In unserem Fall **return x*x;**.
Das Wort **return** ist ein in Java reserviertes Wort mit einer besonderen Bedeutung.
Solche Worte nennt man Schlüsselwörter. Es zeigt in einer Funktion an, dass nun
der Ausdruck folgt, der unter Verwendung der Argumente das Funktionsergebnis
beschreibt.

Was in der Mathematik als die Argumente einer Funktion bezeichnet wird, nennt man
in Programmiersprachen auch Parameter.

Beispiel 1.11.9 Fallunterscheidung in Funktion

Im Rumpf einer Funktion können beliebige Ausdrücke stehen, also auch der Bedingungsausdruck. So lässt sich die mathematische Signumfunktion wie folgt definieren:

Groß- und Kleinschreibung ist in Java relevant. Alle Schlüsselwörter werden stets klein geschrieben. Funktionen und Variablen beginnen mit Kleinbuchstaben. Die primitiven Typen beginnen mit einem Kleinbuchstaben. Alle anderen Typnamen starten per Konvention immer mit einem Großbuchstaben.

```
int sig(int x){
  return
      x<0 ? -1
    : x>0 ? 1
    :       0;
}
```

□

1.11.2 Mathematische Standardfunktionen

Es gibt die Standardklasse **Math**, in der mathematische Konstanten und Standardfunktionen als Funktionen implementiert sind. Hier finden sich z.B. die trigonomischen Funktionen und vieles mehr. Um sie zu verwenden, ist jeweils der Name der Klasse **Math** mit einem Punkt separiert, den Funktionsnamen voranzustellen.

Betrachten wir ein paar Beispiele. Es existiert ein Funktion für die Potenz:

```
Math.pow(17,3)

$13 ==> 4913.0
```

Es gibt trigonomische Funktionen:

```
Math.cos(Math.PI); Math.cos(Math.PI); Math.atan(1.65657)

$14 ==> -1.0
$15 ==> -1.0
$16 ==> 1.0276922275770104
```

Oder auch eine Funktion, die von zwei Werten den größeren errechnet:

```
Math.max(17,4)

$17 ==> 17
```

Die JShell hat eine eingebaute Hilfe, mit der angezeigt werden kann, welche Funktionen eine Klasse beinhaltet. Hierzu kann man den Namen der Klassen gefolgt von einem Punkt eintippen. Auf Druck der Tabulatortaste zeigt die JShell dann an, wie es weitergehen könnte. In diesem Fall werden alle Funktionen angezeigt, die die Klasse **Math** enthälts:

```
jshell> Math.
E                    IEEEremainder(     PI
abs(                 absExact(          acos(
addExact(            asin(              atan(
atan2(               cbrt(              ceil(
class                copySign(          cos(
cosh(                decrementExact(    exp(
expm1(               floor(             floorDiv(
floorMod(            fma(               getExponent(
hypot(               incrementExact(    log(
log10(               log1p(             max(
min(                 multiplyExact(     multiplyFull(
multiplyHigh(        negateExact(       nextAfter(
nextDown(            nextUp(            pow(
random()             rint(             round(
scalb(               signum(            sin(
sinh(                sqrt(              subtractExact(
tan(                 tanh(              toDegrees(
toIntExact(          toRadians(         ulp(
```

Über die Tabulatortaste kann man immer weiter Hilfe auf der JShell erfragen. Hat man sich entschieden, von den obigen Funktionen die Cosinusfunktion zu verwenden, kann man nach Eintippen von **cos(** mit der Tabulatortaste die Signatur dieser Methode erhalten:

```
jshell> Math.cos(
Signatures:
double Math.cos(double a)

<press tab again to see documentation>
jshell> Math.cos(
```

Und wie die Ausgabe schon anzeigt, kann man durch nochmaliges Drücken der Tabulatortaste die komplette Dokumentation der Funktion **cos** bekommen. Es wird der Hilfetext aus Abbildung 1.6 angezeigt:

1.11.3 Lokale Variablen in Funktionen

Betrachten wir jetzt eine etwas komplexere Funktionsdefinition.

$$f(n) = \frac{(\frac{1+\sqrt{5}}{2})^n - (\frac{1-\sqrt{5}}{2})^n}{\sqrt{5}}$$

Mit Hilfe der Standardfunktion für die Quadratwurzel **Math.sqrt** können wir diese in Java implementieren.

```
<press tab again to see documentation>
jshell> Math.cos(
double Math.cos(double a)
Returns the trigonometric cosine of an angle.
Special cases:
  * If the argument is NaN or an infinity, then the result
    is NaN.
  * If the argument is zero, then the result is 1.0 .
The computed result must be within 1 ulp of the exact
result.
Results must be semi-monotonic.

Parameters:
a - an angle, in radians.

Returns:
the cosine of the argument.

<press tab again to see all possible completions; total
possible completions: 576>
jshell> Math.cos(
```

Abb. 1.6: Dokumentationstext für Math.cos

```
double f(int n) {
  return   ((Math.pow((1+Math.sqrt(5)) / 2, n)
              - Math.pow((1-Math.sqrt(5)) / 2, n))
          / Math.sqrt(5));
}
```

Es fällt auf, dass hier dreimal der Ausdruck **Math.sqrt(5)** verwendet wird. Damit wird auch dreimal dieser Ausdruck berechnet. Es wäre natürlich sinnvoller, diesen Ausdruck nur einmal zu berechnen, um sich das Ergebnis zu merken. Hierzu kann man innerhalb einer Funktion lokale Variablen definieren. Wir schreiben die Funktion um, indem erst eine lokale Variable **s5** definiert wird, in der das Ergebnis von **Math.sqrt(5)** gespeichert wird, um dann dieses Ergebnis in dem eigentlichen Ausdruck zu verwenden.

```
double f(int n) {
  var s5 = Math.sqrt(5);
  return ((Math.pow((1+s5) / 2, n) - Math.pow((1-s5) / 2, n))/s5);
}
```

Wir sehen, dass eine Funktion nicht nur direkt aus einer Anweisung mit dem Schlüsselwort **return** bestehen muss, sondern vorher noch weitere Anweisungen stehen können, in denen zum Beispiel Zwischenrechnungen in lokalen Variablen gespeichert werden.

Alle diese Anweisungen müssen mit einem Semikolon enden.

1.11.4 Überladen von Funktionen

1.11.4.1 Überladen nach Anzahl der Parameter

Es ist notwendig, dass die unterschiedlichen Funktionen unterschieden werden können. Deshalb ist den Funktionen ein Name zu geben. Es gibt aber auch die Möglichkeit,
zwei Funktionen mit gleichem Namen zu definieren und beide zu verwenden. Dann
muss es bei einem Aufruf einer Funktion mit diesem Namen ein anderes Unterscheidungsmerkmal geben, damit entschieden werden kann, welche der zwei Funktionen
mit gleichem Namen gemeint ist.

Dieses Unterscheidungsmerkmal kann die Anzahl der Argumente sein.

Wir können eine Funktion **f** mit zwei Argumenten definieren:

```
int f(int x, int y){return 2*x + y;}
```

Und gleichzeitig eine Funktion **f**, die nur ein Argument hat:

```
int f(int x){return 2*x + 5;}
```

Bei einem Aufruf der Funktion ist durch die Anzahl der Argumente eindeutig festgelegt, welche der zwei Versionen der Funktion zu verwenden ist:

```
f(2,3); f(2,5); f(2)

$6 ==> 7
$7 ==> 9
$8 ==> 9
```

Betrachten wir die Version mit einem Argument noch einmal genauer, dann ist diese
identisch mit der Version mit zwei Argumenten, wenn das Argument **y** mit 5 belegt
ist. Wir können das verwenden, indem die eine Funktion **f** die andere direkt aufruft
mit dem Wert 5:

```
int f(int x){return f(x,5);}
```

In den meisten Fällen ruft bei der Überladung mit unterschiedlicher Argumentanzahl
die Funktion mit weniger Argumenten die auf, die mehr Argumente hat. Dabei werden
für die fehlenden Argumente Standardwerte gesetzt.

Manche Programmiersprachen kennen die Möglichkeit, dieses mit einer Funktionsdefinition zu machen, bei der manche Argumente in der Signatur einen Standardwert
bekommen. Das ist in Java derzeit nicht vorgesehen.

1.11.4.2 Überladen nach Typ der Parameter

Die naheliegende Überladung von Funktionen geht über die Anzahl der Argumente. Wir können aber auch eine Funktion so überladen, dass sie mehrfach mit gleicher Argumentanzahl existiert, aber sich die Typen der Argumente unterscheiden.

Wir können zum Beispiel eine Funktion schreiben, die das Argument direkt unverändert wieder als Ergebnis nimmt, aber als Seiteneffekt vorher das Argument auf der Kommandozeile anzeigt:

```
int trace(int x){
  System.out.println(x);
  return x;
}
```

Damit können wir innerhalb einer Rechnung Zwischenergebnisse auf der Kommandozeile anzeigen lassen:

```
trace(17+4)*trace(2)

21
2
$41 ==> 42
```

Die Funktion **trace** ist nicht nur für Argumente des Typs **int** sinnvoll. Eigentlich ist sie für jeden erdenklichen Typ sinnvoll. Wir können sie für weitere Typen überladen, zum Beispiel für den Typ **String**:

```
String trace(String x){
  System.out.println(x);
  return x;
}
```

Damit lässt sich die Funktion auch auf Argumente vom Typ **String** anwenden und hat auch dann den Ergebnistyp **String**.

```
trace("hallo").toUpperCase()+" "+trace("Freunde!")

hallo
Freunde!
$43 ==> "HALLO Freunde!"
```

Java kennt jeweils bei einem Aufruf der Funktion **trace** den Typ des Arguments. Dafür sorgt das statische Typsystem. So kann Java entscheiden, welche der beiden überladenen Funktionen hier anzuwenden ist und weiß damit auch, welchen Typ der Ausdruck der Anwendung hat.

Dem aufmerksamen Leser wird aufgefallen sein, dass offensichtlich auch die Funktion **System.out.println** überladen ist, denn auch diese wird hier ja einmal mit einem Argument vom Typ **int** und einmal mit einem Argument vom Typ **String** aufgerufen.

Wir werden später noch einmal auf die Funktion **trace** zurückkommen, um sie allgemeiner zu definieren.

1.11.5 Rekursion

Sobald wir die Signatur einer Funktion definiert haben, dürfen wir sie benutzen, sprich aufrufen. Damit ergibt sich eine sehr mächtige Möglichkeit der Programmierung. Wir können Funktionen bereits in ihren eigenen Rumpf aufrufen. Solche Funktionen werden rekursiv genannt. *Recurrere* ist das lateinische Wort für zurücklaufen. Eine rekursive Funktion läuft während ihrer Auswertung wieder zu sich selbst zurück.

Damit lassen sich wiederholt Programmteile ausführen. Das folgende Programm wird z.B. nicht müde, uns mit dem Wort **young** zu erfreuen:

```
int foreverYoung(){
  System.out.println("young");
  return foreverYoung();
}
```

Versuchen Sie jetzt einmal diese Prozedur aufzurufen und schauen, was in der JShell passiert:

```
foreverYoung()

young
young
 ...
young
|   Exception java.lang.StackOverflowError
|      at UTF_8$Encoder.encodeLoop (UTF_8.java:564)
|      at CharsetEncoder.encode (CharsetEncoder.java:576)
|      at StreamEncoder.implWrite (StreamEncoder.java:292)
|
```

Der Aufruf der Funktion **foreverYoung** druckt einmal das Wort **young** auf die Konsole und ruft sich dann selbst wieder auf. Dadurch wird wieder **young** auf die Konsole geschrieben und so weiter. Wir haben ein endlos laufendes Programm. Tatsächlich endlos? Nein, es bricht nach kurzer Zeit mit einer Fehlermeldung ab.

Was zunächst wie eine Spielerei anmutet, kann verfeinert werden, indem mit Hilfe eines Arguments mitgezählt wird, wie oft die Prozedur bereits rekursiv aufgerufen wurde:

```
int halloZaehler(int i){
  System.out.println("hallo "+i);
  return halloZaehler(i+1);
}
```

Auch diese Methode läuft endlos.

Jetzt können wir über eine Bedingung dafür sorgen, dass der rekursive Aufruf nur unter bestimmten Umständen ausgeführt werden soll, sodass die Rekursion irgendwann einmal terminiert:

```java
int nMalHallo(int n) {
  System.out.println("hallo");
  return n>1 ? nMalHallo(n-1): n;
}
```

Jetzt wird nach endlich vielen Aufrufen die wiederholte Ausführung beendet:

```
nMalHallo(4)

hallo
hallo
hallo
hallo
$6 ==> 1
```

Jetzt wollen wir eine rekursive Funktion schreiben, die etwas Interessantes berechnet. Hierzu schreiben wir einmal die Fakultätsfunktion, die mathematisch definiert ist als:

$$fac(n) = \begin{cases} 1 & \text{für } n \leq 0 \\ n * fac(n-1) & \text{für } n > 0 \end{cases}$$

Diese Definition lässt sich direkt in ein Java Programm umsetzen:

```java
long fac(int n){
  return (n<=0) ? 1 : n*fac(n-1);
}
```

Wir können ein paar Funktionsaufrufe machen. Darin zeigt sich, wie schnell man für kleine Argumente sehr große Zahlen erhält. Insofern war es schon berechtigt, als Ergebnistyp den Typ **long** zu nehmen:

```
fac(5)

120
```

Schon für das Argument 10 erhalten wir mehrere Millionen als Ergebnis:

```
fac(10)

3628800
```

Das Argument 15 führt schon zu einer astronomisch hohen Zahl:

```
fac(15)

1307674368000
```

Allerdings zeigt sich schon bei einem Argumentwert von 21, dass auch der Typ **long** nicht mehr in der Lage ist, das Ergebnis zu speichern:

```
fac(21)

$7 ==> -4249290049419214848
```

Um zu verstehen, wie dieses Programm läuft, können wir es von Hand nachvollziehen, indem wir den Methodenaufruf von **fac** für einen konkreten Parameter **i** durch die für diesen Wert zutreffende Alternative der Bedingungsabfrage ersetzen. Wir kennzeichnen einen solchen Ersetzungsschritt durch einen Pfeil →:

fac(4)
→4*fac(**4-1**))
→4***fac(3)**
→4*(3*fac(**3-1**))
→4*(3***fac(2)**)
→4*(3*(2*fac(**2-1**)))
→4*(3*(2***fac(1)**))
→4*(3*(2*(1*fac(**1-1**))))
→4*(3*(2*(1***fac(0)**)))
→4*(3*(2*(**1*1**)))
→4*(3*(**2*1**))
→4*(**3*2**)
→**4*6**
→24

Man spricht davon, dass der Ausdruck $f(4)$ schrittweise reduziert wird auf den ausgewerteten Ausdruck 24. Dieses Ergebnis wird auch als Normalform bezeichnet.

Beispiel 1.11.10 Auswertung rekursiver Funktion

Betrachten wir ein weiteres Beispiel für eine mathematisch über die Rekursion definierte Funktion. Dieses Mal gibt es zwei Argumente und man spricht von einer zweistelligen Funktion.

$$f(x,n) = \begin{cases} 1 & \text{für } n \leq 0 \\ x * f(x, n-1) & \text{für } n > 0 \end{cases}$$

Auch hier können wir schrittweise einen Aufruf reduzieren:

f(2,4)
→2*f(2,**4-1**)
→2***f(2,3)**

$\rightarrow 2*(2*f(2,\mathbf{3\text{-}1}))$
$\rightarrow 2*(2*\mathbf{f(2,2)})$
$\rightarrow 2*(2*(2*f(2,\mathbf{2\text{-}1})))$
$\rightarrow 2*(2*(2*\mathbf{f(2,1)})))$
$\rightarrow 2*(2*(2*(2*f(2,\mathbf{1\text{-}1}))))$
$\rightarrow 2*(2*(2*(2*\mathbf{f(2,0)}))))$
$\rightarrow 2*(2*(2*(\mathbf{2*1})))$
$\rightarrow 2*(2*(\mathbf{2*2}))$
$\rightarrow 2*(\mathbf{2*4})$
$\rightarrow \mathbf{2*8}$
$\rightarrow 16$

Wie man nun erkennen kann, handelt es sich um die Potenzfunktion:

$$f(x, n) = x^n$$

Die rekursive Definition macht von folgender Gleichung für positive Zahlen n Gebrauch:

$$x^n = x * x^{n-1}$$

Die Implementierung in Java lässt sich mehr oder weniger direkt aus der Funktionsdefinition abschreiben:

```
int f(int x,int n){return n<=0 ? 1 : x*f(x,n-1);}
```

Als Beispielaufruf sei 2^{10} berechnet:

```
f(2,10)

$2 ==> 1024
```

□

Aufgabe 1.3

Gegeben sei folgende Funktionsdefinition:

$$f(x, n) = \begin{cases} 1 & \text{für } n \leq 0 \\ f(x, \frac{n}{2}) * f(x, \frac{n}{2}) & \text{für } n \text{ gerade} \\ x * f(x, \frac{n-1}{2}) * f(x, \frac{n-1}{2}) & \text{für } n \text{ ungerade} \end{cases}$$

a) Reduzieren Sie den Ausdruck: $f(2, 7)$.

b) Implementieren Sie die Funktion in Java und machen Sie Testaufrufe.

c) Was berechnet die Funktion?

d) Was ist bei einer direkten Umsetzung der Funktionsdefinition in Javacode problematisch? Wie kann man die Auswertung optimieren?

□

Aufgabe 1.4

Gegeben sei folgende Funktionsdefinition:

$$f(x) = \begin{cases} x & \text{für } x < 10 \\ f(x \bmod 10 + f(x \operatorname{div} 10)) & \text{sonst} \end{cases}$$

a) Reduzieren Sie den Ausdruck: $f(78)$.

b) Implementieren Sie die Funktion in Java und machen Sie Testaufrufe.

c) Was berechnet die Funktion?

□

Aufgabe 1.5

Implementieren Sie die Funktion **gcd** zur Berechnung des größten gemeinsamen Teilers. Verwenden Sie hierzu den Euklid Algorithmus in der rekursiven Form:

$$gcd(a, b) = \begin{cases} b & \text{für } 0 = a \\ abs(a) & \text{für } b = 0 \\ gcd(b, a \bmod b) & \text{sonst} \end{cases}$$

Das Ergebnis soll immer eine positive Zahl sein.

□

Aufgabe 1.6

Gegeben sei folgende Funktionsdefinition:

$$f(n) = \begin{cases} 0 & \text{für } n \leq 1 \\ n \cdot f(n - 1) + (-1)^n & \text{sonst} \end{cases}$$

Implementieren Sie die Funktion in Java und machen Sie Testaufrufe.

□

1.11.5.1 Baumrekursion

In einem Kapitel zur Rekursion dürfen die Fibonaccizahlen nicht fehlen, die zum Beispiel auch im Bestseller *Sakrileg (der Da Vinci Code)* eine Rolle spielen. Für eine natürliche Zahl n ist ihre Fibonaccizahl definiert durch:

$$\text{fib}(n) = \begin{cases} n & \text{für } n \leq 1 \\ \text{fib}(n-1) + \text{fib}(n-2) & \text{für } n > 1 \end{cases}$$

Wir können zunächst einmal den Ausdruck $fib(5)$ reduzieren:

fib(5)
$\rightarrow$**fib(3)**+fib(4)
$\rightarrow$(**fib(1)**+fib(2))+fib(4)
$\rightarrow$(1+(**fib(0)**+fib(1)))+fib(4)
$\rightarrow$(1+(0+**fib(1)**))+fib(4)
$\rightarrow$(1+(e**0**+**1**))+fib(4)
$\rightarrow$(**1+1**)+fib(4)
$\rightarrow$2+**fib(4)**
$\rightarrow$2+(**fib(2)**+fib(3))
$\rightarrow$2+((**fib(0)**+fib(1))+fib(3))
$\rightarrow$2+((0+**fib(1)**)+fib(3))
$\rightarrow$2+((**0+1**)+fib(3))
$\rightarrow$2+(1+**fib(3)**)
$\rightarrow$2+(1+(**fib(1)**+fib(2)))
$\rightarrow$2+(1+(1+**fib(2)**))
$\rightarrow$2+(1+(1+(**fib(0)**+fib(1)))
$\rightarrow$2+(1+(1+(0+**fib(1)**))
$\rightarrow$2+(1+(1+(**0+1**))
$\rightarrow$2+(1+(**1+1**))
$\rightarrow$2+(1+**2**))
$\rightarrow$2+(**1+2**)
$\rightarrow$**2+3**
$\rightarrow$5

Die Funktion lässt sich direkt in Java umsetzen:

```
long fib(int n){
  return n<=1 ? n : fib(n-2)+fib(n-1);
}
```

Das Besondere an dieser rekursiven Funktion ist, dass zwei rekursive Aufrufe nötig sind, um das Ergebnis zu berechnen. Eine Funktion, die direkt für einen Aufruf mehrere rekursive Aufrufe benötigt, wird als Baumrekursion bezeichnet. Das lässt sich besonders gut illustrieren, wenn man die Reduktion in der Baumdarstellung macht. In Abbildung 1.7 ist der Ausdruck **fib(5)** in Baumdarstellung reduziert. Man kann sehen, dass sich, solange noch kein terminierender Fall erreicht wird, die Anzahl der rekursiven Aufrufe in jeder Generation verdoppelt wird. Damit wächst die Anzahl der rekursiven Aufrufe in die Baumtiefe exponentiell. Das dieses für schon vergleichsweise kleine Zahlen ein Problem darstellen wird, ist spätestens seit der

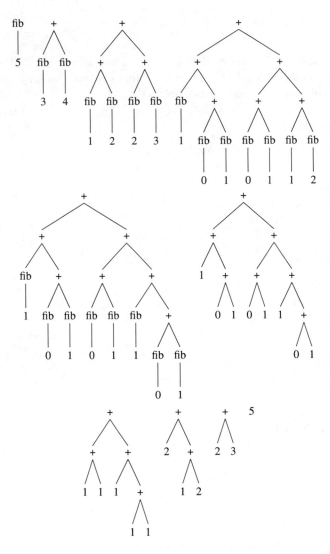

Abb. 1.7: Reduktion von fib(5) in Baumdarstellung.

Pandemie mit exponentiell wachsenden Infektionszahlen auch dem Nicht-Informatiker vertraut.

Wer einmal versucht, mit der obigen Implementierung der Funktion **fib** den Ausdruck **fib(50)** zu berechnen, wird feststellen, dass er dafür viel Geduld benötigt:

```
fib(50)

$19 ==> 12586269025
```

Teile-und-herrsche-Verfahren

Der letzte Abschnitt erweckt den Eindruck, als ob eine Baumrekursion prinzipiell eine schlechte Idee sei, weil sie zu einem exponentiellen Aufwand in der Auswertung führt.

Es gibt aber ein sehr effizientes Verfahren, Probleme zu lösen, das eben genau eine Baumrekursion ist.

Hierzu betrachten wir noch einmal eine Funktion, die das Produkt der Zahlen in einem Zahlenbereich darstellt:

```java
long product(int from, int to){
    return from==to ? from : from*product(from+1,to);
}
```

Wir können uns folgende Eigenschaft zunutze machen:

$$\prod_{i=n}^{m} i = \prod_{i=n}^{\frac{n+m}{2}} i * \prod_{i=1+\frac{n+m}{2}}^{m} i$$

Um das Produkt der Zahlen n bis m zu berechnen, kann man die Mitte der beiden Zahlen wählen, das Produkt der ersten Hälfte und das Produkt der zweiten Hälfte errechnen und die Teilergebnisse miteinander multiplizieren.

Eine entsprechende Formulierung sieht in Java wie folgt aus:

```java
long product2(int from, int to){
    var middle = (from+to)/2;
    return from==to ? from
                    : product2(from,middle)*product2(middle+1,to);
}
```

1.11.5.2 Iterative Rekursion

Betrachten Sie die folgende alternative Definition der Fakultät.

$$fac(result, n) = \begin{cases} result & \text{für } n \leq 0 \\ fac(result * n, n - 1) & \text{für } n > 0 \end{cases}$$

Diese Version hat zwei Argumente. Ein Argument, in dem nacheinander das Ergebnis berechnet werden soll, und eines, das das eigentliche Argument für die Fakultät darstellt:

```java
int fac(int result, int n){
    return n<=0 ? result : fac(result*n, n-1);
}
```

Um eine eigentliche Funktion zu erhalten, die für ein Argument die Fakultät berechnet, rufen wir die zweistellige Funktion mit dem Ergebniswert 1 auf. Das ist der Wert, den unsere ursprüngliche Version als terminierendes Ergebnis hatte:

```
int fac(int n){ return fac(1, n); }
```

Ein kleiner Aufruf, um zu sehen, das tatsächlich die Fakultät berechnet wird:

```
fac(5)

$8 ==> 120
```

Was ist jetzt also anders an dieser Definition der Fakultät? Das lässt sich beobachten, wenn wir die Funktion reduzieren.

fac(5)
→fac(1, 5)
→fac(1*5, 5-1)
→fac(5,4)
→fac(5*4, 4-1)
→fac(20, 3)
→fac(20*3, 3-1)
→fac(60, 2)
→fac(60*2, 2-1)
→fac(120, 1)
→fac(120*1, 1-1)
→fac(120, 0)
→120

Was hat sich gegenüber der ersten Fakultätsfunktion verändert? In jeder Zeile ist der auszuwertende Ausdruck genau ein Aufruf der Funktion **fac**. Das bedeutet, wenn dieser Aufruf ausgewertet wurde, dann ist sein Ergebnis direkt auch das Gesamtergebnis.

Man betrachte den Fall, wenn das Argument *n* den Wert 0 hat, in dieser Version:

fac(120, 0)

Nun vergleiche man ihn mit dem entsprechenden Fall in der ersten Version:

5*(4*(3*(2*(1*fac(0)))))

Hier muss, nachdem das Ergebnis von **fac(0)** zu 1 ausgewertet wurde, noch die komplette Rechnung durchgeführt werden. Zwischenzeitlich muss notiert werden, was zusätzlich zu rechnen ist.

Was man auch beobachten kann, ist, dass die beiden Versionen unterschiedlich geklammert arbeiten. Während die ursprüngliche Version folgende Rechnung macht:

5*(4*(3*(2*(1*1))))

Rechnet die neue Version:

(((((1*5)*4)*3)*2)*1)

Es ist also assoziativ andersherum geklammert und die neutrale Operation **1*** wird einmal ganz links und einmal ganz rechts angewendet.

Rekursive Funktionen, die nach ihrem rekursiven Aufruf keine weitere Rechnung machen müssen, werden als iterative Rekursion bezeichnet. Man nennt sie auch *endrekursiv*.

Endrekursive Funktionen können von einer Programmiersprache so optimiert werden, dass die Rekursion komplett verschwindet und durch eine Schleife und damit im Endeffekt durch einen Sprung realisiert wird. Dieses wird als Endrekursion Optimierung bezeichnet. Daher bezeichnet man Endrekursion auch als iterative Rekursion. In der Programmiersprache Java wird diese Optimierung allerdings derzeit nicht durchgeführt.[8]

Beispiel 1.11.11 Endrekursive Fibonaccifunktion

Auch die Funktion der Fibonaccizahlen können wir als eine endrekursive Funktion definieren. Das Problem dabei ist, dass die ursprüngliche Version zwei rekursive Aufrufe hat.

Deshalb sehen wir zwei Ergebnisvariablen vor:

```
long fib(long n0, long n1, int n){
  return n==0? n0 : fib(n1,n0+n1,n-1);
}
```

Zum Berechnen der n-ten Fibonaccizahl verwenden wir für die zwei Ergebnisvariablen die ersten beiden Zahlen der Fibonaccifolge: 0 und 1:

```
long fib(int n){return fib(0,1,n);}
```

Diese endrekursive Version der Fibonaccizahlen hat einen entscheidenden Vorteil gegenüber der ursprünglichen Version. Statt durch die doppelte Rekursion exponentiell immer mehr rekursive Aufrufe zu generieren, gibt es immer nur einen rekursiven Aufruf. Damit kann effizient die 10000. Fibonaccizahl berechnet werden:

```
fib(10000)

1242044891
```

Mit der ursprünglichen Version ist diese Rechnung nicht in kurzer Zeit durchzuführen.

Ohne es zu verraten, haben wir in Abschnitt 1.11.3 bereits eine weitere Funktion gesehen, die die Fibonaccizahlen berechnet. Es handelt sich dabei um das Beispiel, in dem in einer komplexen Formel mehrfach die Quadratwurzel von 5 zu berechnen war. Diese hatte nichts mit den rekursiven Versionen zu tun. Die dort verwendete Formel mit der Quadratwurzel von 5 lässt sich nicht aus den rekursiven Definitionen

---

[8] Anders als zum Beispiel der Kompilierer der Programmiersprache *Scala*.

ableiten. Hier wird ein mathematischer Beweis benötigt, um zu zeigen, dass auch sie die Fibonaccizahlen berechnet.

□

Aufgabe 1.7

Schreiben Sie eine endrekursive Funktion **log2** zur Berechnung des Logarithmus zur Basis 2. Es soll dabei gelten:

$$log_2(n) = \begin{cases} -1 & \text{für } n \leq 0 \\ 1 + log_2(n/2) & \text{für } n > 0 \end{cases}$$

Die Endrekursive Version soll von der folgenden überladenen Version aufgerufen werden:

```
long log2(long n){return log2(-1,n);}
```

Beispielaufruf:

```
log2(1024)

$1 ==> 10
```

□

1.12 Generische Funktionen

Betrachten wir folgende Funktion, die den Bedingungsoperator im Rumpf anwendet und dabei das erste Argument als die geprüfte Bedingung nimmt. Die beiden anderen Argumente werden als die zwei Alternativen genommen, für die die Bedingung unterscheidet. Wir kapseln also die Fallunterscheidung in eine Funktion, der wir den sinnigen Namen **wenn** geben:

```
int wenn(boolean b, int a1, int a2){
  return b?a1:a2;
}
```

Die beiden Alternativen **a1** und **a2** sind hier von demselben Typ und zwar vom Typ **int**.

Wir können diese Funktion nun überladen, sodass sie aus zwei Alternativen vom Typ **String** wählt:

```
int wenn(boolean b, String a1, String a2){
  return b?a1:a2;
}
```

Der Rumpf beider Funktionen ist komplett identisch.

Eigentlich wäre vorstellbar, dass die Funktion **f** für jeden Typ für die beiden Alternativen überladen wird.

Wir können in Java solche Funktionen durch Einführung einer Typvariablen generisch schreiben. Typvariablen werden per Konvention durch einen Großbuchstaben ausgedrückt. Für eine generische Funktion sind in spitzen Klammern die benötigten Typvariablen voranzustellen. Wir wollen einen Typ für die Alternativen variabel halten und führen zunächst mit **<A>** die Typvariable **A** ein. Sie steht für einen beliebigen, aber festen Typ.

Dann ist der generische Typ von **wenn**:

A wenn(boolean b, A a1, A a2)

Die generische Version von **wenn** lautet damit:

```
<A> A wenn(boolean b, A a1, A a2){
  return b?a1:a2;
}
```

Diese generische Version ist jetzt sowohl für zwei Alternativen vom Typ **String** anwendbar:

```
String s = wenn(1<9,"kleiner","größer")

"kleiner"
```

Ebenso können wir die Funktion für zwei Alternativen vom Typ Integer anwenden:

```
int i = wenn(1<9,17,4)

i ==> 17
```

In beiden Fällen ist der Ergebnistyp der Typ der beiden Alternativen.

Beispiel 1.12.12 Generische trace*-Funktion*

Sie erinnern sich an die überladene Funktion **trace** aus Abschnitt 1.11.4.2 ? Es lässt sich auch eine allgemeine einfache Funktion zum Nachvollziehen der Auswertung definieren. Diese Funktion ist eine Identitätsfunktion, die genau ihr Argument wieder

als Ergebnis zurückgibt. Vorher aber wird es auch noch auf der Kommandozeile
ausgegeben.

Jetzt können wir diese Funktion generisch für beliebige Typen definieren:

```
<A> A trace(A a){
  System.out.println(a);
  return a;
}
```

Damit lässt sich in einem Ausdruck jeder Unterausdruck während der Berechnung auf
der Kommandozeile ausgeben:

```
trace(trace(17)+trace(4)*trace(2))

17
4
2
25
$27 ==> 25
```

□

1.13 Auswertungsreihenfolge

Mit der Funktion **trace** des letzten Abschnitts haben wir schon ein kleines Werkzeug
entwickelt, mit dem wir die Zwischenergebnisse einer Berechnung ausgeben können.
Generell ist interessant, in welcher Reihenfolge die Unterausdrücke eines Ausdrucks
bei der Evaluation ausgewertet werden. Werden überhaupt immer alle Unterausdrücke
ausgewertet?

Um dieser Frage nachzugehen, definieren wir zunächst eine Funktion, die nie zu einem
Ergebnis auswertet. Wir nennen diese Funktion **bot**, was als Kürzel für *bottom* steht
und Shakespeare Freunde recht seltsam angezettelt erscheinen mag:

```
<A> A bot(){return bot();}
```

Es fällt auf, dass diese Funktion generisch ist, also für jeden beliebigen Typ funktioniert. Da das Ergebnis von dem variabel gehaltenen Typ **A** ist, kann ein Funktionsaufruf
bot() überall als Ausdruck verwendet werden. Er kann jeden Typ annehmen. So schön
das ist, so wird die Auswertung von **bot()** aber immer zu einem Fehler führen, denn
es ist eine rekursive Funktion, der ein terminierender Basisfall fehlt.

Wenn wir einen Ausdruck auswerten, in dem **bot()** ein Unterausdruck ist und die
Auswertung ein Ergebnis liefert, dann wurde der Unterausdruck **bot()** nicht ausgewertet, denn das hätte ja zu einem Fehler geführt.

> Der Hauptvertreter der nicht-strikt ausgewerteten Programmiersprachen ist die funktionale Sprache Haskell, benannt nach dem Mathematiker Haskell B. Curry. Fast alle andere Programmiersprachen werten die Argumente strikt aus und haben nur wenige eingebaute Operatoren, die nicht in allen Argumenten strikt sind.

Versuchen wir es zunächst mit der Multiplikation mit 0. Eigentlich braucht man, um für irgendeinen Unterausdruck *e* den Ausdruck $0 * e$ auszuwerten, gar nicht mit der Auswertung von *e* zu beginnen. Egal zu welchem Wert *e* auswertet, das Gesamtergebnis wird ja 0 sein.

Probieren wir es mit **bot()** für *e* aus.

```
0 * (int)bot()

|  Exception java.lang.StackOverflowError
|      at bot (#45:1)
|      at bot (#45:1)
...
```

Wir erhalten kein Ergebnis, sondern einen Abbruch mit einem Fehler. Daraus können wir schließen:

Bei der Multiplikation und allen arithmetischen Operatoren werden in Java immer beide Operanden ausgewertet, auch wenn ein Operand alleine schon das Ergebnis festlegen könnte.

Funktionen und Operatoren, die immer alle Argumente auswerten, werden als strikt bezeichnet. Programmiersprachen, bei denen generell alle Funktionen strikt sind, werden als strikte Programmiersprachen bezeichnet. Alle gängigen Programmiersprachen sind genau so wie Java strikt.

Ist Java überall strikt? Betrachten wir hierzu den Bedingungsoperator und rufen ihn mit einer nicht terminierenden Alternative auf:

```
21==17+4 ? 42 : bot()

$2 ==> 42
```

Hier wertet der Ausdruck zum Ergebnis 42 aus, obwohl der Unterausdruck **bot()** nicht ausgewertet werden kann. Der Bedingungsoperator ist offensichtlich nicht strikt. Er wertet erst die Bedingung aus und abhängig davon nur eine der beiden Alternativen.

Wenn wir den Bedingungsoperator in einer Funktion verwenden und die Funktion, die drei Operanden für den Operator als Argumente übergeben bekommen, wie es unsere Funktion **wenn** macht, so erzwingen wir die Auswertung aller drei Argumente. Der folgende Ausdruck führt zu einem Fehler:

```
wenn(21==17+4, 42, bot())

|  Exception java.lang.StackOverflowError
```

Es gibt noch zwei weitere Operatoren, die in Java nicht strikt sind. Dieses sind die beiden logischen Operatoren. Wenn der linke Operand einer logischen Disjunktion bereits zu **true** auswertet, dann wird der rechte Operand gar nicht betrachtet. Dieses zeigt der folgende Ausdruck:

```
21==17+4||bot()==""

$3 ==> true
```

Hier wird das Ergebnis **true** erzielt, obwohl der rechte Operand nicht ausgewertet werden kann. Da aber der linke Operand bereits zu **true** auswertet, wird der rechte gar nicht mehr angeschaut. Der Operator || ist also nicht strikt. Er wertet nicht immer beide Operanden aus.

Der rechte Operand wird nur ausgewertet, wenn der linke nicht zu **true** auswertet.

Andersherum verhält es sich mit der Konjunktionsoperator &&, dem logischen *Und*. Hier braucht der rechte Operand nicht ausgewertet zu werden, wenn der linke bereits zu **false** ausgewertet ist:

```
20==17+4 && bot()==""

$4 ==> false
```

Der folgende Aufruf zeigt, dass, wenn der erste Operand zu **true** auswertet, dass dann der zweite ausgewertet werden muss:

```
jshell> 21==17+4 && bot()==345/0
|  Exception java.lang.StackOverflowError
|        at bot (#1:1)
|...
```

Die beiden logischen Operatoren && und || stellen somit eine Sonderrolle dar.

Es gibt in Java auch die Möglichkeit die bitweisen Operatoren auf Werte des Typs **boolean** anzuwenden:

```
1==0|17+4*2==25

true
```

Das Ergebnis ist dann auch ein Wahrheitswert und keine Zahl.

Anders als die logischen Operatoren sind die bitweise Operatoren für Wahrheitswerte auch strikt und erzwingen die Auswertung beider Operanden. Das kann man an den entsprechenden Ausdrücken erkennen.

Die Funktionen, die wir bisher geschrieben haben bestehen immer nur aus einem Ausdruck nach dem Schlüsselwort **return**. Er berechnet das Ergebnis der Funktion. Es gibt einen Vorschlag, für solche Methoden eine einfachere Notation vorzusehen.[10]
Statt einer Funktionsdefinition zu notieren wie:

```
long fac(int n){return n<=0 ? 1 : n*fac(n-1);}
```

Soll es nach diesem Vorschlag möglich sein, dieses verkürzt zu schreiben als:

```
long fac(int n) -> n<=0 ? 1 : n*fac(n-1);
```

Programmiersprachen wie Scala, Kotlin oder C# bieten eine solche Notation bereits an. Die enstprechende Funktion lässt sich in Kotlin definieren als:

```
fun fac(n:Int):Int=if (n<=0) 1 else n*fac(n-1)
```

Das bitweise *Und* erzwingt die Auswertung beider Operanden:

```
20==17+4 & bot()==""

| Exception java.lang.StackOverflowError
|      at bot (#4:1)
|      at bot (#4:1)
|      at bot (#4:1)
```

Und ebenso erzwingt das bitweise *Oder* die Auswertung beider Operanden:

```
21==17+4 | bot()==""

| Exception java.lang.StackOverflowError
|      at bot (#4:1)
|      at bot (#4:1)
|      at bot (#4:1)
```

Kapitel 2

Referenz Datentypen

Zusammenfassung In diesem Kapitel werden einzelne Daten zu strukturierten Daten zusammengefasst. Auf diesen zusammengefassten Datenobjekten werden Funktionen in Form von Methoden definiert. Als allgemeinster Datentyp wird die Klasse Object eingeführt. Ausdrücke zur Unterscheidung von Daten über ihren Typ und zur Dekonstruktion der einzelnen Bestandteile werden vorgestellt. Schnittstellen werden zur Bildung von Summentypen aus mehreren unterschiedlichen strukturierten Datenklassem verwendet. Datenklassen werden mit Typvariablen generisch definiert. Datenklassen werden rekursiv definiert und als ausgiebiges Beispiel werden verkettete Listen behandelt. Als weitere Datentypen werden Aufzählungen eingeführt.

2.1 Daten strukturieren

Um mit Daten strukturiert zu arbeiten, muss man die Möglichkeit haben, Einzeldaten, die inhaltlich in einem Zusammenhang stehen, zu kombinieren. Hierfür kennt Java Objekte.

2.1.1 Datenklassen

Möchte man Daten in Java zusammenfassen, so bieten sich Datenklassen an.

Die Definition einer Datenklasse beginnt mit dem Schlüsselwort **record**, sodass man auch von Record-Klassen spricht.

Zum Beispiel für eine Zeichenkette, in der ein Ort angegeben wird, und eine Zahl für eine Temperaturmessung, lässt sich die Datenklasse **Wetter** definieren:

```
jshell> record Wetter(String ort, int temperatur){}
|  created record Wetter
```

Damit gibt es von nun an einen neuen Typ namens **Wetter**. Objekte von diesem Typ haben alle eine Ortsangabe und eine Temperaturangabe.

Es sieht fast wie eine Funktionsdefinition aus. Vor allen Dingen gibt es wie bei Funktionen Argumente. In diesem Fall zwei Argumente: **ort** und **temperatur**. Diese Argumente bezeichnen wir als Felder der Datenklasse.

Datenklassen mit mehreren Feldern bezeichnet man in der theoretischen Informatik als *Produkttypen*. Wenn wir **String** als die Menge alle Zeichenketten und **int** als die Menge aller 32-Bit Zahlen betrachten, dann ist der Typ **Wetter** das kartesische Produkt dieser beiden Mengen, nämlich die Menge aller Paare, die aus Elementen der beiden Mengen für die Felder gebildet werden können.

2.1.2 Objekte erzeugen

Um für eine bestimmte Datenklasse für Einzelwerte ein Objekt zu erzeugen, kennt Java das reservierte Wort **new**. Nach diesem wird der Name der Klasse geschrieben, für die ein Objekt erzeugt werden soll. Dann folgen die Einzelwerte als Argumente.

So lassen sich zwei Objekte der Datenklasse **Wetter** wie folgt erzeugen:

```
jshell> var w1 = new Wetter("Frankfurt", 20)
w1 ==> Wetter[ort=Frankfurt, temperatur=20]

jshell> var w2 = new Wetter("Offenbach", 18)
w2 ==> Wetter[ort=Offenbach, temperatur=18]
```

Man spricht davon, dass der Konstruktor der Datenklassen zum Erzeugen eines Objekts aufgerufen wird.

Der Aufruf eines Konstruktors ist ein Ausdruck, der ein neues Objekt der entsprechenden Klasse erzeugt und diese Klasse als seinen Typ hat.

Davon kann man sich in der JShell auch noch einmal überzeugen, indem man sich die beiden Variablen anzeigen lässt:

```
jshell> /vars w1 w2
|    Wetter w1 = Wetter[ort=Frankfurt, temperatur=20]
|    Wetter w2 = Wetter[ort=Offenbach, temperatur=18]
```

2.1.3 Zugriff auf die Felder eines Datenobjekts

Es geht im Prinzip bei strukturierten Daten zunächst einmal darum, Einzeldaten zu größeren Daten zusammenzufassen, um dann aus den zusammengefassten Objekten wieder die Einzeldaten zu selektieren.

Für einen Ausdruck, der von Typ einer Datenklasse ist, können wir mit einem Punkt und anschließend den Feldnamen mit leeren Argumentklammern wieder die Daten, die im Konstruktor für ein Feld übergeben wurden, selektieren.

Für die Variable **w1** vom Typ **Wetter** können wir mit **.temperatur()** den Wert der dort gespeicherten Temperatur erfragen:

```
w1.temperatur()

$73 ==> 20
```

Und mit **w1.ort()** erhalten wir wieder die bei der Objekterzeugung übergebene Zeichenkette für den Ort:

```
w1.ort()

$74 ==> "Frankfurt"
```

Verschiedene Objekte derselben Datenklasse haben auch verschiedene eigene Werte. Das Datenobjekt **w2** wurde mit einem anderen Temperaturwert erzeugt, der sich für dieses Objekt auch wieder selektieren lässt:

```
w2.temperatur()

$75 ==> 18
```

temperatur() und **ort()** werden auch als Selektorfunktionen der Datenklasse bezeichnet.

2.1.4 Funktionen für strukturierte Daten

Oft will man Funktionen definieren, die mit den Daten eines Datenobjekts rechnen und neue Daten erzeugen wollen.

Hierzu kann man Funktionen schreiben, die das Datenobjekt einer Datenklasse als Argument erhalten und dann mit Hilfe der Selektorfunktionen zu neuen Daten verrechnen.

Ein typisches Beispiel ist, wenn man für die Datenklasse **Wetter** die Temperatur in Fahrenheit und nicht in Grad Celsius berechnen möchte. Dafür kann man sich eine Funktion schreiben, die ein Argument vom Typ Wetter erhält.

```
double temperaturInFahrenheit(Wetter w){
  return w.temperatur() * 1.8 + 32;
}
```

Diese Funktion kann jetzt wie jede andere Funktion aufgerufen werden, wenn das Argument vom korrekten Typ der Funktion ist.

```
temperaturInFahrenheit(w1)

$37 ==> 68.0
```

2.1.5 Funktionen als Methoden der Datenklasse

Eine der grundlegenden Ideen der Objektorientierung ist, die Funktionen, die mit den Objekten von strukturierten Daten arbeiten, in die Klassen zu schreiben, die die Struktur der Objekte definieren. In der objektorientierten Umsetzung würde man also nicht die obige Funktion **temperaturInFahrenheit** mit einem Argument vom Typ **Wetter** definieren, sondern diese Funktion innerhalb der Datenklasse schreiben:

```
record Wetter(String ort, int temperatur){
  double temperaturInFahrenheit(){
    return temperatur() * 1.8 + 32;
  }
}
```

Jetzt erkennt man auch, warum am Ende der Definition der Datenklasse ein Paar geschweifter Klammern folgte. Innerhalb dieses Klammerpaares lassen sich Funktionen definieren, die mit den Daten der Datenklasse arbeiten.

Die Funktionen einer Klasse werden als Methoden bezeichnet. Um zu betonen, dass es sich um Methoden handelt, die auf den Daten eines konkreten Objekts arbeiten, werden sie als Objektmethoden bezeichnet.

Innerhalb der Methoden einer Klasse können die Felder der Klasse verwendet werden, ohne dass man davor das Objekt schreiben muss, für das man dieses Feld selektieren soll.

Das liegt daran, dass Methoden immer für ein bestimmtes Objekt aufgerufen werden. Statt wie eben der Funktion das Wetterobjekt als Argument zu übergeben, wird jetzt das Objekt dem Methodenaufruf vorangestellt. Die Methode selbst hat aber keine Argumente:

```
w1.temperaturInFahrenheit()

$4 ==> 68.0
```

Damit ist bei jedem Methodenaufruf klar, wie die einzelnen Werte innerhalb der Methode sind. Die dort selektierte Temperatur ist die vom Objekt in der Variablen **w1**.

Damit werden solche Methoden, die wir definieren können, genauso aufgerufen, wie die Selektorfunktionen:

```
w1.temperatur()

$5 ==> 20
```

2.1.5.1 this-Referenz

Es gibt die Möglichkeit innerhalb von Objektmethoden auch direkt auf das Objekt, für das die Methode aufgerufen wurde, Bezug zu nehmen. Hierzu dient das Schlüsselwort **this**.

Im vorherigen Beispiel können wir noch einmal explizit beim Aufruf der Selektorfunktion **temperatur()** die Referenz auf das Objekt, für das die Methode **temperaturInFahrenheit()** aufgerufen wurde, mit dem Schlüsselwort **this** spezifizieren:

```
record Wetter(String ort, int temperatur){
  double temperaturInFahrenheit(){
    return this.temperatur() * 1.8 + 32;
  }
}
```

Meistens ist in diesen Fällen die Verwendung der **this**-Referenz aber nicht notwendig. Sie ist der Standardfall, wenn auf andere Objektmethoden oder Feldern zugegriffen wird. Wenn also nicht explizit **this.** vorangestellt ist, so steht es dann implizit dort.

2.1.6 Gleichheit auf Datenklassen

In der deutschen Sprache gibt es die subtile Unterscheidung zwischen der Identität und einer Gleichheit. Meinen wir eine Gleichheit benutzen wir den Ausdruck ›das Gleiche‹, wollen wir die Identität von einem Objekt ausdrücken, so sprechen wir von ›dasselbe‹. Man kann das an einer Alltagssituation gut verdeutlichen. Wenn Sie in einem Restaurant dem Kellner sagen, Sie wollen das gleiche Gericht wie die Dame am Nebentisch, so wird der Kellner in die Küche gehen und dort einen frischen Teller mit eben dem Gericht, das die Dame am Nebentisch bekommen hat, zubereiten lassen. Es gibt also zwei Teller mit zweimal dem gleichen Gericht. Verlangen Sie hingegen dasselbe wie die Dame am Nebentisch, so muss der Kellner streng genommen der Dame den Teller wegnehmen und Ihnen hinstellen. Es gibt also nur ein einziges Objekt.

Diese Unterscheidung kann man auch in Java treffen. Hierzu machen wir uns zwei Datenobjekte mit den gleichen Werten:

```
jshell> var w1 = new Wetter("Frankfurt", 20)
w1 ==> Wetter[ort=Frankfurt, temperatur=20]

jshell> var w2 = new Wetter("Frankfurt", 20)
w2 ==> Wetter[ort=Frankfurt, temperatur=20]
```

Wir kennen schon für primitive Typen,den Gleichheitsoperator ==. Diesen können wir auch auf Referenztypen anwenden:

```
jshell> w1==w2
$79 ==> false
```

Die Prüfung mit dem Operator == auf zwei inhaltlich gleichen Objekten wertet zu **false** aus. Auch wenn sie gleiche Werte haben, handelt es sich um zwei unterschiedlichen Objekte, die getrennt voneinander erzeugt wurden und die im Speicher an unterschiedlichen Speicheradressen liegen. Der Operator == vergleicht direkt die Referenzen im Sinne der Speicheradressen, an denen die Objekte liegen.

Damit entspricht der Operator == der Formulierung **dasselbe** in der deutschen Sprache.

Geht es hingegen um eine inhaltliche Gleichheit, so ist eine Funktion für das Objekt aufzurufen. Diese Funktion heißt **equals** und steht für alle Datenobjekte zur Verfügung.

Vergleichen wir die zwei Objekte mit der Funktion **equals**, so werden die einzelnen Felder inhaltlich verglichen:

```
jshell> w1.equals(w2)
$80 ==> true
```

Damit entspricht die Funktion **equals** der Formulierung **das Gleiche** in der deutschen Sprache.

Um es noch einmal zu verdeutlichen, ändern wir das Szenario um. Wir legen wieder zwei Variablen vom Typ **Wetter** an.

Anstatt aber für die zweite Variable ein neues Objekt mit **new** zu erzeugen, übernehmen wir die Referenz auf das Objekt, das für die erste Variable erzeugt wurde:

```
jshell> var w1 = new Wetter("Frankfurt", 20)
w1 ==> Wetter[ort=Frankfurt, temperatur=20]

jshell> var w2 = w1
w2 ==> Wetter[ort=Frankfurt, temperatur=20]
```

Wenn wir jetzt den Gleichheitsoperator == auf die beiden Variablen anwenden, dann wertet es zu **true** aus. Beide Variablen zeigen auf ein und dasselbe Objekt, das einmal erzeugt wurde:

Bei einem Vergleich von Zeichenketten ist in den meisten Fällen die Methode `equals` zu verwenden und nicht der Operator ==.

```
jshell> w1==w2
$79 ==> true
```

Nur bei primitiven Typen gibt es keinen Unterschied zwischen das Gleiche und dasselbe. Dort stellen die Daten nämlich gar keine Objekte dar.

Besonders wichtig ist die Unterscheidung für die Klasse **String**. Sie ist kein primitiver Typ, sondern ein Referenztyp. Deshalb ist in der Regel zum Vergleichen von zwei String-Objekten die Methode **equals** aufzurufen und nicht der Operator == zu verwenden.

Beispiel 2.1.1 Strings sind Referenztypen

Um zu verdeutlichen, dass es sich beim Typ **String** um einen Referenztyp handelt, erzeugen wir zwei Zeichenketten, die aus der gleichen Zeichenfolge bestehen:

```
jshell> var s1 = "HaLlo".toUpperCase()
s1 ==> "HALLO"

jshell> var s2 = "Hallo".toUpperCase()
s2 ==> "HALLO"
```

Dass es sich um zwei Objekte im Speicher handelt, erkennt man an dem Ausdruck, der beide Objekte mit dem Operator == vergleicht:

```
jshell> s1==s2
$35 ==> false
```

Inhaltlich bestehen beide Zeichenketten aus den gleichen Zeichen, weshalb der Vergleich mit der Funktion **equals** auch zu **true** auswertet:

```
jshell> s1.equals(s2)
$36 ==> true
```

Eine häufige Fehlerquelle in Javaprogrammen ist die versehentliche Verwendung von == statt der Funktion **equals** auf Referenztypen, insbesondere bei Zeichenketten. □

2.1.7 Textuelle Darstellung

Wenn ein Objekt einer Datenklasse angezeigt werden soll, so haben die Objekte eine festgelegte Art, wie sie sich textuell repräsentieren. Diese verwendet zunächst den Namen der Datenklasse, und dann folgen in eckigen Klammern die Felder mit ihren Werten:

```
jshell> var w1 = new Wetter("Frankfurt", 20)
w1 ==> Wetter[ort=Frankfurt, temperatur=20]
```

Oft ist diese Darstellung nicht gut lesbar, zu technisch oder gefällt aus anderen Gründen nicht.

Bei der Definition einer Datenklasse kann man dieses Verhalten neu definieren. Wenn man für eine Datenklasse eine andere textuelle Darstellung als die im Standardfall Generierte haben möchte, kann man das in einer Objektfunktion definieren. Hierzu ist die Funktion **toString()** zu definieren, die zu einer Zeichenkette auswertet:

```
record Wetter(String ort, int temperatur){
  public String toString(){
    return  "Es wurden in "+ort+" "
          + temperatur+" Grad Celsius gemessen.";
  }
}
```

Zusätzlich ist zu beachten, dass dieser Funktion das Attribut **public** voranzustellen ist.

Nun wurde die textuelle Darstellung neu definiert und Java nutzt diese Definition, wann immer ein entsprechendes Datenobjekt anzuzeigen ist:

```
jshell> var w1 = new Wetter("Frankfurt",21)
w1 ==> Es wurden in Frankfurt 21 Grad Celsius gemessen.
```

2.1.8 Zusätzliche Checks im Konstruktor

Wir haben gesehen, dass Java keinen Datentyp für die Menge der rationalen Zahlen als Basistyp kennt. Diesen können wir aber leicht als eine Datenklasse definieren.

Eigentlich ist es eine einfache Datenklasse aus Objekten mit einem Zähler und einem Nenner.

```
record Ratio(long zaehler, long nenner){}
```

Wir wollen aber nur Objekte von **Ratio** erzeugen, bei denen Zähler und Nenner keinen gemeinsamen Teiler mehr haben, die also gekürzt sind.

Hier kann man für die Konstruktion eines Objekts noch zusätzlichen Code definieren, der bei der Erzeugung mit ausgeführt wird. In unserem Fall lassen wir mit der bereits in der Aufgabe 1.11.5 implementierten Funktion **gcd** den größten gemeinsamen Teiler von Zähler und Nenner berechnen. Dann kürzen wir den Bruch um diesen und setzen die Fehler **zaehler** und **nenner** entsprechend.

Zusätzlich normalisieren wir so, dass bei negativen Brüchen der Zähler die negative Zahl ist:

```
record Ratio(long zaehler, long nenner){
  public Ratio{
    var gcd = gcd(zaehler,nenner);
    zaehler = zaehler/gcd;
    nenner = nenner/gcd;
    zaehler = (nenner < 0 ) ? -zaehler : zaehler;
    nenner = (nenner < 0 ) ? -nenner : nenner;
  }
}
```

Damit werden alle Objekte der Datenklasse **Ratio** direkt bei der Konstruktion gekürzt:

```
jshell> new Ratio(51,34)
$33 ==> Ratio[zaehler=3, nenner=2]
```

2.1.9 Weitere Konstruktoren überladen

Wir sind bisher gezwungen, bei der Konstruktion einer rationalen Zahl immer je einen Wert für Zähler und Nenner anzugeben. Wenn wir rationale Zahlen haben, die keinen Bruch darstellen, weil der Nenner 1 ist, wäre es schön, wenn wir auf die Angabe für den Nenner verzichten könnten und der Standardwert 1 gesetzt wird.

Was wir suchen, ist die Möglichkeit, auch Konstruktoren zu überladen. Dieses ist in Java möglich. Innerhalb der Datenklasse können weitere Konstruktoren definiert werden.

Der eigentliche Hauptkonstruktor der Datenklassen, der direkt im Kopf steht und die Felder mit ihren Selektorfunktionen definiert, wird als der kanonische Konstruktor bezeichnet. Zusätzlich können weitere Konstruktoren definiert werden.

Für die Datenklasse **Ratio** mit dem kanonischen Konstruktor
Ratio(long zaehler, long nenner)
können wir innerhalb der Klasse noch einen Konstruktor mit nur einem Argument vorsehen:
Ratio(long z).

Wie bereits bei überladenen Funktionen ruft meist der Konstruktor mit weniger Argumenten einen anderen Konstruktor auf, der mehr Argumente hat. Dabei werden für die fehlenden Argumente Standardwerte übergeben.

> Das Schlüsselwort `this` hat in Java zwei leicht unterschiedliche Anwendungen. Zum einen beschreibt es innerhalb einer Objektmethode das Objekt, für das die Methode aufgerufen wurde. Es kann dem `this` dann ein Punkt folgen, um auf weitere Eigenschaften dieses Objekts zuzugreifen.
> Zum anderen bezeichnet es den Aufruf eines anderen Konstruktors derselben Klasse, wenn der Konstruktor überladen wurde. Dann folgt dem Wort `this` immer eine öffnende Klammer für die Argumente.

Der Aufruf eines anderen Konstruktors geht mit dem Schlüsselwort **this**.

In unserem Beispiel wird der Wert für den Nenner standardmäßig auf 1 gesetzt:

```
record Ratio(long zaehler, long nenner){
  Ratio(long z){
    this(z,1);
  }
}
```

Der Aufruf eines überladenen Konstruktors mit **this** kann nur innerhalb eines Konstruktors und dort nur als allererstes geschehen.

Schließlich können wir in der Datenklasse noch Funktionen für die gängigen arithmetischen Operationen definieren. Hier nun die komplette Klasse **Ratio**:

```
record Ratio(long zaehler, long nenner){
  public Ratio{
    var gcd = gcd(zaehler,nenner);
    zaehler = zaehler/gcd;
    nenner = nenner/gcd;
    zaehler = (nenner < 0 ) ? -zaehler : zaehler;
    nenner = (nenner < 0 ) ? -nenner : nenner;
  }
  public Ratio(long zaehler){
    this(zaehler,1);
  }
  Ratio mult(Ratio that){
    return
      new Ratio(this.zaehler*that.zaehler,this.nenner*that.nenner);
  }

  Ratio div(Ratio that){
    return mult(new Ratio(that.nenner,that.zaehler));
  }

  Ratio add(Ratio that){
    return
      new Ratio(this.zaehler*that.nenner+that.zaehler*this.nenner
            ,this.nenner*that.nenner);
  }
  double toDouble(){
    return (double)zaehler/nenner;
  }
}
```

> Was wir in Java nicht machen können, ist die eingebauten Operatoren +, -, *, / und % für unsere Datenklasse zu definieren. Das wäre ein Überladen der Operatoren für eigene Klassen. Das ist in Java bisher nicht vorgesehen, dabei hat bereits 1998 Guy Steele, einer der ersten Entwickler von Java in einem sehr interessanten Vortrag dafür plädiert, Operatorüberladung in die Sprache Java zu integrieren [13]. Der Vortrag ist insofern interessant gestaltet, da Herr Steele zunächst nur einsilbige englische Wörter verwendet und mehrsilbige Wörter über einsilbige definiert bevor er sie benutzt. Damit wollte er demonstrieren, dass es wichtig für eine Programmiersprache ist, komplexere Dinge aus einfacheren Bausteinen definieren zu können.

Jetzt können wir mit rationalen Zahlen rechnen:

```
new Ratio(51,34).add(new Ratio(15,6)).mult(new Ratio(4,2))

$37 ==> Ratio[zaehler=8, nenner=1]
```

Aufgabe 2.1

Wir haben gesehen, dass Java keinen Datentypen für die Menge der komplexen Zahlen als Basistypen kennt. Schreiben Sie eine Datenklasse für komplexe Zahlen mit wichtigen Operationen auf diesen.

□

2.2 Nullreferenzen

Wenn man eine Variable von einem Referenztyp anlegt, ohne dieser Variablen ein Objekt zuzuweisen, dann entsteht eine Nullreferenz:

```
Wetter w3

w3 ==> null
```

Hierzu kennt Java den Spezialwert für Referenzen, die **null**. Die Variable **w3** wertet zu diesen Wert **null** aus.

Da die Variable **w3** so noch kein Objekt referenziert, können wir auch noch nicht mit dem Objekt arbeiten. Jeder Versuch, eine Methode auf diese Referenz auszuführen, führt zu einen Fehler, der **NullPointerException**.

Versuchen wir einmal die Selektorfunktion **temperatur()** auf die Variable **w3** aufzurufen:

```
w3.temperatur()
```

```
|  Exception java.lang.NullPointerException:
   Cannot invoke "REPL.$JShell$46$Wetter.temperatur()"
   because "REPL.$JShell$50.w3" is null
```

Versucht man also mit einer Variablen, die eine Nullreferenz enthält, zu arbeiten, bricht das Programm mit einem Fehler ab. Das gilt natürlich auch für die Argumente einer Funktion.

Wir definieren eine kleine Funktion, die für ein Wetterobjekt den Ort selektiert:

```
String ort(Wetter w){return w.ort();}
```

Eine Anwendung dieser Funktion auf eine Nullreferenz bricht auch bei der Auswertung mit einem Fehler ab:

```
ort(w3)
```

```
|  Exception java.lang.NullPointerException:
   Cannot invoke "REPL.$JShell$46$Wetter.ort()"
   because "<parameter1>" is null
```

Nullreferenzen können oft zu Fehlern führen. Java bietet als Programmiersprache derzeit keine Konstrukte an, die garantieren können, dass bestimmte Variablen keine Nullreferenzen enthalten können. Anders als die Programmiersprachen Kotlin, Dart oder Swift, die für Referenztypen zwei Varianten kennen: eine die Nullreferenzen erlaubt und eine, die es nicht erlaubt. Zum sicheren Konvertieren zwischen diesen beiden Varianten gibt es dann Operatoren, bei denen man einen Standardwert für den Fall **null** angeben kann.

Aufgabe 2.2

Überlegen Sie, ob man einen Typ für die Nullreferenz **null** allgemein angeben kann. Welchen Typ gibt die JShell für eine Variable an, die mit **null** initialisiert wird?

□

2.3 Der Typ Object

Es gibt in Java einen Typen, der nur allgemein sagt, dass es sich um eine Referenz auf ein Objekt eines beliebigen Referenztypen handelt. Das ist der Typ **Object**. Es ist der allgemeinste denkbare Typ.

Wenn man für eine Variable oder für ein Funktionsargument Daten beliebiger Referenztypen zulassen will, so kann man diese mit dem Typ **Object** deklarieren.

Wir können zum Beispiel eine Variable vom Typ **Object** anlegen, um darin eine Zeichenkette zu speichern:

```
Object o = "hallo"

o ==> "hallo"
```

Anschließend können wir die Variable aber auch verwenden, um darin ein Wetterobjekt zu speichern.

```
o = new Wetter("Frankfurt",20)

o ==> Es wurden in Frankfurt 20 Grad Celsius gemessen.
```

So flexibel die Variable ist, welche Daten dort gespeichert werden können, desto eingeschränkter sind wir in den Möglichkeiten, diese Daten zu verarbeiten.

Möchten wir auf der Variablen nun auf Objektmethoden zugreifen, können wir hier auf keine für irgendeine Datenklasse spezifische Methode zugreifen. Wenn wir in der JS-hell nach dem Variablennamen einen Punkt setzen, bekommen wir durch Drücken der Tabulatortaste genau sieben Methoden angezeigt, die wir für dieses Objekt aufrufen können:

```
jshell> o.
equals(     getClass()   hashCode()   notify()
notifyAll() toString()   wait(
```

Das sind genau die Methoden, die auf einem beliebigen Objekt aufgerufen werden können, egal von welcher Klasse die Referenz ist.

Zwei dieser Methoden kennen wir bereits. Die Methode **equals**, die einen inhaltlichen Gleichheitscheck macht und die Methode **toString**, mit der ein Objekt nach seiner textuellen Darstellung gefragt wird.

Diese beiden Methoden sind für Objekte eine wichtige und oft benötigte Funktionalität. Für Objekte der Datenklassen, die wir bisher kennen, werden diese automatisch bereitgestellt. Wie wir im Falle von **toString** festgestellt haben, können wir dafür aber auch eigene spezifische Versionen definieren.

Werfen wir jetzt einmal ein Augenmerk auf die Methode **getClass()**, die auch für jedes Objekt bereit steht. Wir rufen sie einmal für die Referenzvariable **o** auf:

```
o.getClass()

$6 ==> class Wetter
```

An der Anzeige des Auswertungsergebnisses erkennen wir, dass es die Information darüber ist, von welcher Klasse das Objekt der Referenz ist. Das Objekt **o** weiß offensichtlich, dass es von der Klasse **Wetter** ist.

Interessant ist der Typ des Ergebnisses der Auswertung eines **getClass()** Aufrufs:

```
/var $6

|    Class<?> $6 = class Wetter
```

Es gibt offensichtlich eine Klasse mit dem Namen **Class**, die Informationen über den Typ, den ein Objekt hat, enthält.

Eine kleine Gegenprobe. Wir speichern in der Variablen wieder eine Zeichenkette:

```
o = "Hallo"
```

Und nun bekommen wir auch die Information, dass es sich bei der Referenz nun um eine Referenz auf eine Zeichenkette handelt:

```
o.getClass()

$8 ==> class java.lang.String
```

2.3.1 Das instanceof-Muster

Wenn wir eine Objektreferenz haben, sind wir bei der entsprechenden Variablen im Aufruf der Methoden sehr eingeschränkt. Betrachten wir hierzu obige Variable **Object o**. Wollen wir für sie eine andere Methode als eine der sieben für die Klasse **Object** definierte Methode aufrufen, müssen wir angeben, von welcher Klasse wir glauben, dass dieses Objekt ist. Und wenn man eigentlich sagt ›Glauben gehört in die Kirche.‹ so trifft das hier doch recht genau zu. Vielleicht glauben wir, dass dort ein Objekt der Klasse **Wetter** gespeichert ist. Wir als Programmierer können vielleicht nicht beweisen, dass das Objekt von der Klasse **Wetter** ist, aber glauben uns zu erinnern, ein solches dort gespeichert zu haben. Diesen Glauben kann man in Java mit dem Wort **instanceof** ausdrücken.

Es ist ein Operator. Vor dem Wort steht ein Ausdruck, der zu einer Referenz auswertet. Nach dem Wort steht eine Variablendeklaration mit einem konkreten Referenztypen. Das Ergebnis ist ein Wahrheitswert.

Fragen wir die Referenzvariable **o** ob sie aktuell ein Wetterobjekt referenziert, so erhalten wir den Wert **false**:

```
o instanceof Wetter w

$14 ==> false
```

Die Bedingung, die nach einer Stringreferenz prüft, ist aktuell wahr:

```
o instanceof String s

$15 ==> true
```

Ein Ausdruck **e instanceof Object o** wertet immer zu dem Wert **true** aus, denn jede Referenz ist auch immer eine Objektreferenz.

Die mit dem **instanceof**-Muster eingeführte Variable kann, wird die Abfrage in einer Bedingung gemacht, im positiven Fall der Bedingung verwendet werden:

```
(o instanceof String s) ? s.toUpperCase() : o.toString()

$9 ==> "HALLO"
```

Wenn also in diesem Fall das mit **o** referenzierte Objekt eine Zeichenkette ist, dann können wir im positiven Fall auf die neue Variable **s**, die dieses Objekt als **String** referenziert, zugreifen und darauf alle Methoden der Klasse **String** aufrufen. Im negativen Fall können wir nur mit der Objektreferenz **o** arbeiten.

Zur Abwechslung speichern wir noch einmal eine Wetterobjekt in der Variablen **o**:

```
o = new Wetter("Frankfurt",20)
```

Jetzt sieht man bei demselben Aufruf, dass nur die Methode **toString** des Objekts aufgerufen wird:

```
(o instanceof String s)?s.toUpperCase() : o.toString()

$11 ==> "Es wurden in Frankfurt 20 Grad Celsius gemessen."
```

Mit folgendem Ausdruck sieht man, wie man jetzt spezifisch einen Fall für Wetterobjekte ausdrücken kann:

```
(o instanceof Wetter w) ? w.ort() : o.toString()

$12 ==> "Frankfurt"
```

Falls wir zwar nach der konkreten Klasse der Objektreferenz unterscheiden wollen, aber keine konkrete Methode für die Klasse, nach der wir fragen, aufrufen wollen, dann können wir den Namen einer neuen Variablen auch weglassen.

Der folgende Aufruf unterscheidet nur nach Wetterobjekten und anderen Objekten, macht aber nichts Konkretes für Wetterobjekte. Deshalb führen wir gar keine Variable für den Typ **Wetter** ein:

```
(o instanceof Wetter) ? "Wetter" : "Kein Wetter"
```

```
$12 ==> "Wetter"
```

Erstaunlicherweise war die Version über Jahrzehnte die einzige Art, wie man den **instanceof** Ausdruck verwenden konnte.

2.3.2 Das case-Muster

Manchmal will man nicht nur nach einer konkreten Klasse eine Fallunterscheidung für eine Objektreferenz durchführen, sondern mehrere Fälle unterscheiden, für die etwas anderes zu tun ist. Dann gibt es die Möglichkeit, dieses in unterschiedlichen Fällen eines switch-Ausdrucks zu tun:

```
switch (o){
    case Wetter w -> w.ort();
    case String s -> s.toUpperCase();
    default        -> o.toString();
}
```

2.3.2.1 Zusätzliche logische Ausdrücke in when-Klauseln

Switch-Ausdrücken können konstante Zahlen-, String- und Aufzählungswerte unterscheiden, sowie durch das **case**-Muster auf einem Typ. Beliebige Wahrheitswerte als Bedingung sind allgemein nicht Teil von **switch**-Ausdrücken. Man kann aber zusammen mit dem **case**-Muster eine weitere boolesche Bedingung an die einzelnen Fälle knüpfen. Hierzu dient die **when**-Klausel, die einem **case**-Pattern folgen kann:

```
Object x = 42;
switch (x){
  case Integer i when i<0             -> 0;
  case String s  when s.charAt(0)== 'h' -> 42;
  case String s  when s.charAt(0)== 'H' -> 4;
  default                             -> 17;
}

17
```

Beispiel 2.3.2 `case`*-Pattern und konstante Fälle*

Interessant wird es, wenn wir die **case**-Pattern und konstante Fälle mischen. Die konstanten Fälle legen den Typ des Ausdrucks, für den die Fälle unterschieden werden, bereits fest. Betrachten wir hierzu ein Beispiel, bei dem zunächst geprüft wird, ob eine Variable gleich der konstanten Zeichenkette "Ernst" ist. In zwei weiteren Fällen soll geprüft werden, ob die Variable ein String-Objekt enthält. Dabei wird zusätzlich geschaut, ob die Zeichenkette mit dem kleinen Buchstaben ›h‹ oder dem großen Buchstaben ›H‹ beginnt:

```
switch (x){
  case "Ernst"                          -> 0;
  case String s when x.charAt(0)== 'h' -> 42;
  case String s when x.charAt(0)== 'H' -> 4;
  default                               -> 17;
}
```

Wie man sieht, wird das **case**-Muster benötigt, um in der **when**-Klausel den Typ abzufragen, auf dem man weitere Prüfungen machen will. Nur Zeichenketten haben die Methode **charAt**.

Wenn allerdings im obigen Beispiel die Variable **x** vom Typ **String** ist, bräuchte es die Prüfung **case String** gar nicht. Man könnte direkt die **when**-Klausel ohne ein **case** verwenden. Dieses ist allerdings in Java nicht vorgesehen.

In diesem Fall ist aber schon statisch geprüft worden, dass die Variable **x** vom Typ **String** ist. Das wird von dem konstanten Fall "Ernst" festgelegt. Trotzdem verlangt Java derzeit vor den **when**-Klauseln ein **case**-Pattern, in dem auch eine neue Variable eingeführt wird.[1]

Im obigen Fall ist wahrscheinlich sinnvoller, der Bedingungsoperator anzuwenden und wir erhalten folgende Sequenz von Bedingungen:

```
 x.equals("Ernst") ? 0
:x.charAt(0)== 'h' ? 42
:x.charAt(0)== 'H' ? 4
:17;
```

□

---

[1] Da es sich bei den **when**-Klauseln noch um ein Vorabkonstrukt handelt, ist nicht unwahrscheinlich, dass sich diese Limitierung hier noch ändern wird.

Das Datenklasse-Muster greift ein volles *Pattern-Matching* auf, wie es seit den 80er Jahren in funktionalen Programmiersprachen bekannt ist und in der Programmiersprache Haskell verankert ist. Auch in der Sprache Scala ist es von Anfang an für Datenklassen (dort *case*-Klassen) realisiert. Es erlaubt Algorithmen insbesondere für komplexe Baumstrukturen abstrakt und übersichtlich zu notieren. In Kapitel 15 werden wir davon umfassend Gebrauch machen.

2.3.3 Dekonstruktionsmuster für Datenklassen

Bisher kennen wir nur Datenklassen. Für diese Datenklassen gibt es seit Java 19 als Vorabkonstrukt, die Möglichkeit, nicht nur nach der Klasse zu unterscheiden, sondern direkt auch nach den Argumenten des Konstruktors der Datenklasse zu dekonstruieren.

Das geht sowohl mit dem **instanceof**-Muster als auch mit dem **case**-Muster.

Wenn wir für eine beliebige Objektreferenz im Fall eines Wetterobjekts direkt die bei der Konstruktion des Objekts im Konstruktor übergebenen Werte für die Felder verwenden wollen, dann können wir statt eine Variable für das Wetterobjekt direkt Variablen für die Felder **ort** und **temperatur** dieses Objekts einführen:

```
(o instanceof Wetter(var wo,var temp)) ? wo : o.toString()

$12 ==> "Frankfurt"
```

Statt also eine neue Variable vom Typ Wetter, führen wir eine Variable **wo** vom Typ **String** und eine Variable **temp** vom Typ **int** ein. Dieses stehen dann für die Felder **ort** und **temperatur** des Wetterobjekts.

Diese Notation wird auch als Dekonstruktionsmuster bezeichnet. Man kann so ein Muster entsprechend auch in einem **switch**-Ausdruck anwenden:

```
switch (o){
   case Wetter(var wo, var t) -> wo;
   case String s              -> s.toUpperCase();
   default                    -> o.toString();
}
```

2.3.4 Dynamische Typzusicherung

Es gibt auch eine Möglichkeit, eine Objektreferenz ohne vorherige Prüfung auf die eigentliche Klasse des Objekts, als ein Objekt einer bestimmten Klasse anzusehen.

Obwohl hier etwas ganz anderes geschieht, wird dieselbe Syntax verwendet, die man auf primitiven Zahlentypen kennt. Wenn man dort zum Beispiel aus einem Wert vom Typ **double** einen Wert vom Typ **int** machen will, schreibt man vor ihn den gewünschten Typ **int** in runden Klammern.

Anders verhält sich diese Syntax bei Referenztypen. Wenn wir uns sicher sind, dass eine beliebige Objektreferenz auf ein Wetterobjekt referenziert, dann können wir das in runden Klammern vor die Referenz schreiben:

```
((Wetter)o).ort()

$15 ==> "Frankfurt"
```

Dann lassen sich konkrete Eigenschaften der Datenklasse **Wetter** aufrufen.

Das bezeichnet man als dynamische Typzusicherung. Man sagt im Programm, dass man sich ganz sicher ist, dass die Variable **o** garantiert ein Wetterobjekt und nichts anderes referenziert.

Diese Zusicherung wird aber überprüft, wenn das Programm läuft. Sollte sich dabei herausstellen, dass die Referenz gar nicht auf ein Objekt der gewünschten Klasse ist, dann kommt es zu einem Laufzeitfehler.

Wenn wir jetzt der Meinung sind, dass die Variable **o** bestimmt eine Zeichenkette referenziert, dann bekommen wir einen Fehler:

```
((String)o).toUpperCase()

|   Exception java.lang.ClassCastException: class Wetter
|   cannot be cast to class java.lang.String....
|   ...         at (#16:1)
```

Es wird die Auswertung mit der Meldung **ClassCastException** abgebrochen.

Somit sollte die Typzusicherung nur in ganz seltenen und bestimmten Fällen angewendet werden. Besser sollte das **instanceof**-Muster verwendet werden, um auch den Fall mit abzudecken, wenn eine Referenz eben nicht von der vermuteten Klasse ist.

2.4   Boxen für primitive Typen

Javas Typsystem ist etwas zweigeteilt. Es gibt Objekttypen (auch Referenztypen genant) und primitive Typen. Die Daten der primitiven Typen stellen keine Objekte dar. Für jeden primitiven Typen gibt es allerdings eine Klasse, die es erlaubt, Daten eines primitiven Typs als Objekt zu speichern. Dieses sind die Klassen **Byte**, **Short**, **Integer**, **Long**, **Float**, **Double**, **Boolean** und **Character**. Objekte dieser Klassen sind nicht modifizierbar. Einmal ein Integer-Objekt mit einer bestimmten Zahl erzeugt, lässt sich die in diesem Objekt erzeugte Zahl nicht mehr verändern.

Will man in einer Referenzvariablen Daten eines primitiven Typen speichern, so muss man es in einem Objekt der entsprechenden Klasse kapseln. Man spricht von *boxing*. Es kommt zu Konstruktoraufrufen dieser Klassen. Sollen später mit Operatoren auf den Zahlen, die durch solche gekapselten Objekte ausgedrückt wurden, gerechnet werden, so ist der primitive Wert mit einem Methodenaufruf aus dem Objekt wieder zu extrahieren, dem sogenannten *unboxing*. Es kommt zu Aufrufen von Methoden wie **intValue()** im Code.

Beispiel 2.4.3 Boxing und Unboxing

In diesem Beispiel sieht man das manuelle Verpacken und Auspacken primitiver Daten.

Wir beginnen mit einer Variablen des Typs **int**:

```
jshell> int i1 = 42
i1 ==> 42
```

Diese kann in ein Objekt des Typs **Integer** verpackt werden durch den Aufruf:

```
jshell> Integer i = Integer.valueOf(i1)
i ==> 42
```

Will man aus einem **Integer**-Objekt die verpackte **int** Zahl wieder auspacken, so kann man die Funktion **intValue()** auf diese aufrufen:

```
jshell> int i2 = i.intValue();
i2 ==> 12
```

□

Dieses *boxing* und *unboxing* ist nicht manuell notwendig. In Java können die primitiven Typen mit ihren entsprechenden Klassen synonym verwendet werden. Nach außen hin werden die primitiven Typen auch zu Objekttypen. Der Übersetzer fügt die notwendigen *boxing*- und *unboxing*-Operationen ein.

Beispiel 2.4.4 Implizites Unboxing

Jetzt das vorherige kleine Programm ohne explizite *boxing*- und *unboxing*-Aufrufe.

Wir beginnen mit der **int** Variablen:

```
int i1 = 42
```

Diese können wir direkt einer Referenzvariablen vom Typ **Integer** zuweisen:

```
Integer i = i1
```

Und die **Integer** Variable wieder direkt einer **int**-Variablen zuweisen:

Zu den acht primitiven Typen gibt es Klassen, die diese Typen als Referenzen verpacken. Sie lauten: `Boolean`, `Character`, `Byte`, `Short`, `Integer`, `Long`, `Float` und `Double`. Die Klassen enthalten auch relevante Funktionen und Konstanten für die Typen.

```
int i2 = i
```

Die drei Variablen haben zwar teilweise eine Referenz auf Zahlenobjekte, teilweise primitive Zahlenwerte, sind aber untereinander austauschbar:

```
/vars

|   int i1 = 42
|   Integer i = 42
|   int i2 = 42
```

Die Aufrufe von **`intValue`** und **`valueOf`** brauchen nicht explizit vorgenommen werden. Sie werden von Java unter der Hand gemacht. □

2.5 Summentypen aus Datenklassen

Wir starten damit, dass wir drei Datenklassen definieren. Zunächst eine Datenklasse, die einen Kreis beschreibt. Ein Kreis sei dabei definiert durch seinen Radius:

```
record Kreis(double radius){}
```

Die zweite Datenklasse soll ein Rechteck definieren, das durch die Weite und die Höhe charakterisiert wird:

```
record Rechteck(double weite, double hoehe){}
```

Die dritte Klasse soll ein gleichschenkliges Dreieck beschreiben, das durch die Länge der beiden Schenkel und den Winkel zwischen diesen charakterisiert ist:

```
record GleichschenkligesDreieck(double schenkel, double winkel){}
```

2.5.1 Summentypen mit Schnittstellen

Alle diese drei Klassen beschreiben eine geometrische Figur. Es liegt nahe, die drei Typen dieser Klassen in einem Typ zusammenzufassen.

Hierzu kann man in Java Schnittstellen verwenden. Wir können eine Schnittstelle für allgemeine geometrische Figuren definieren:

```
interface GeometrischeFigur{}
```

Jetzt können wir für jede der drei Datenklassen zusätzlich angeben, dass sie zu dieser Schnittstelle gehören sollen. Hierzu verwendet man das Schlüsselwort **implements** gefolgt von dem Namen der gewünschten Schnittstelle.

Für den Kreis erhalten wir:

```
record Kreis(double radius)
    implements GeometrischeFigur{}
```

Für das Rechteck entsprechend:

```
record Rechteck(double weite, double hoehe)
    implements GeometrischeFigur{}
```

Und schließlich für das Dreieck:

```
record GleichschenkligesDreieck(double schenkel, double winkel)
    implements GeometrischeFigur{
  public int winkelInGrad(){
    return (int)Math.round(winkel*180/Math.PI);
  }
}
```

Mit **GeometrischeFigur** haben wir einen neuen Typ definiert.

Er vereinigt nun die drei Typen:
Kreis, **Rechteck** und **GleichschenkligesDreieck**.

Man spricht von einem Summentypen.

Nun kann man eine Variable vom Typ **GeometrischeFigur** anlegen und darin Objekte der drei Datenklassen, die die Schnittstelle implementieren, speichern:

```
jshell> GeometrischeFigur geo = new Kreis(10)
geo ==> Kreis[radius=10.0]

jshell> geo = new GleichschenkligesDreieck(10,Math.PI)
geo ==> GleichschenkligesDreieck[schenkel=10.0, winkel=3.141592653589793]

jshell> geo = new Rechteck(100,200)
geo ==> Rechteck[weite=100.0, hoehe=200.0]
```

Die Schnittstelle **GeometrischeFigur** vereinigt die drei Datenklassen zu einem gemeinsamen Typ. Es wird die Summe der drei Klassen gebildet.

2.5.2 Methoden für Summentypen

Wir haben eben die Variable **geo** angelegt. Diese kann nun Objekte von drei verschiedenen Klassen enthalten. Was können wir mit dieser Variable machen? Was haben ihre Objekte für Methoden, die wir aufrufen können?

Bisher noch keine spezifischen, die für geometrische Figuren definiert sind. Hierzu müssen wir in einer Schnittstelle die Methodensignaturen schreiben, die alle Objekte, die vom **Typ** dieser Schnittstelle sind, beinhalten sollen.

Wenn wir zum Beispiel wollen, dass eine geometrische Figur nach einer Weite gefragt werden kann, so müssen wir das in der Schnittstelle definieren:

```
interface GeometrischeFigur {
   double weite();
}
```

Es wird also eine Methode ohne Rumpf definiert. Es fehlt die Implementierung. Diese ist in den Klassen vorzunehmen, die diese Schnittstelle implementieren.

In der Klasse Rechteck ist hierzu gar nichts zu tun, denn ein Rechteck enthält ja bereits ein Feld mit Namen **weite** und damit die in der Schnittstelle gewünschte Selektormethode:

```
record Rechteck(double weite, double hoehe)
    implements GeometrischeFigur{}
```

Anders verhält es sich beim Kreis und beim Dreieck. Diese haben kein Feld mit Namen **weite** und entsprechend auch keine Selektorfunktion **weite()**.

Deshalb kommt es jetzt auch zur Fehlermeldung, wenn wir die Datenklassen **Kreis** die Schnittstelle implementieren lassen:

```
record Kreis(double radius) implements GeometrischeFigur{}

Error:
   Kreis is not abstract and does not override abstract
   method weite() in GeometrischeFigur
   record Kreis(double radius)
   ^-------------------------...
```

Was in der Datenklasse **Kreis** fehlt, ist eine eigene Methode **weite()**. Diese ist also zu implementieren:

```
record Kreis(double radius) implements GeometrischeFigur{
   public double weite(){return 2*radius;}
}
```

Das Gleiche gilt für die Datenklasse des Dreiecks. Hier brauchen wir ein wenig Mathematik, um an die Weite zu kommen:

```
record GleichschenkligesDreieck(double schenkel, double winkel)
    implements GeometrischeFigur{
  public double weite(){
    var alpha = (Math.PI - winkel)/2;
    return 2*schenkel*Math.cos(alpha);
  }
}
```

Jetzt haben alle Datenklassen die Methode **weite()** wie in der Schnittstelle versprochen, sodass man die Methode auf Variablen vom Typ der Schnittstelle aufrufen kann:

```
geo.weite()

17
```

2.5.3 Standardmethoden für Schnittstellen

Im letzten Abschnitt haben wir der Schnittstelle die Methode **weite()** hinzugefügt. Diese Methode hat keinen Rumpf, der sie implementiert. Solche Methoden werden auch als abstrakte Methoden bezeichnet. Die konkreten Implementierungen finden sich spezifisch in den Datenklassen, die die Schnittstelle implementieren.

Man kann aber auch in einer Schnittstelle bereits konkrete Methoden mit einer Implementierung definieren. Diese Methoden werden als Standardmethoden bezeichnet. Sie funktionieren standardmäßig für alle Datenklassen, die die Schnittstelle implementieren. Innerhalb einer Standardmethode können die abstrakten Methoden der Schnittstelle bereits verwendet werden.

Beispiel 2.5.5

Als Beispiel nehmen wir unsere Schnittstelle und fügen ihr die Standardschnittstelle hinzu, die testet, ob die geometrische Figur breiter ist, als die einer als Argument übergebenen zweiten Figur:

```
interface GeometrischeFigur {
  double weite();
  default boolean isBreiter(GeometrischeFigur that){
    return this.weite() > that.weite();
  }
}
```

Standardmethoden sind in Java mit dem Schlüsselwort **default** zu markieren. Die Standardmethode **istBreiter** hat einen Rumpf und damit eine Implementierung.

Von nun an kann diese Methode für jedes Objekt der Schnittstelle verwendet werden, egal ob Kreis, Rechteck oder Dreieck. Sie steht standardmäßig für jede implementierende Klasse bereits zur Verfügung.

□

2.5.4 Versiegelte Schnittstellen

Wir können zusätzlich festlegen, dass der Summentyp **GeometrischeFigur** genau aus diesen drei Datenklassen und keiner weiteren besteht. Dafür versiegeln wir die Schnittstelle mit dem Schlüsselwort **sealed** und listen nach dem Schlüsselwort **permits** die drei Klassen auf, die nur zu dieser Schnittstelle gehören dürfen:

```
sealed interface GeometrischeFigur
    permits Kreis, Rechteck, GleichschenkligesDreieck{}
```

Versuchen wir nun mit einer weiteren Klasse die Schnittstelle zu implementieren, so meldet uns Java einen Fehler:

```
record Ellipse(double weite, double hoehe)
    implements GeometrischeFigur{}

Error:
class is not allowed to extend sealed class: GeometrischeFigur
(as it is not listed in its permits clause)
record Ellipse(double weite, double hoehe)
    implements GeometrischeFigur{}
```

Wir können also verhindern, das weitere Klassen unsere Schnittstelle implementieren. Dafür erhalten wir aber auch eine zusätzliche Möglichkeit, die wir im nächsten Abschnitt betrachten.

2.5.5 Fallunterscheidungen für Summentypen

Stellen wir uns vor, wir wollen geometrische Figuren nach ihrer Anzahl der Ecken erfragen. Dann können wir so vorgehen wie bei anderen Methoden. Wir deklarieren die abstrakte Methode in der Schnittstelle:

```
sealed interface GeometrischeFigur
    permits Kreis, Rechteck, GleichschenkligesDreieck{
  int anzahlEcken();
}
```

Dann müssen wir in jeder implementierenden Datenklasse diese Methode umsetzen. Also für Rechtecke mit dem Ergebnis 4:

```
record Rechteck(double weite, double hoehe)
    implements GeometrischeFigur{
  public int anzahlEcken(){return 4;}
}
```

Für das Dreieck mit dem Ergebnis 3:

```
record GleichschenkligesDreieck(double schenkel, double winkel)
    implements GeometrischeFigur{
  public int anzahlEcken(){return 3;}
}
```

Und für den Kreis, der keine Ecken hat:

```
record Kreis(double radius)
    implements GeometrischeFigur{
  public int anzahlEcken(){return 0;}
}
```

Das ist die objektorientierte Umsetzung. Jedes Objekt weiß für sich, wie es seine Eigenschaften errechnet. Die Methode ist jeweils in der spezifischen Datenklasse für einen spezifischen Fall umgesetzt.

Stattdessen können wir es aber auch gebündelt in der Schnittstelle als Standardmethode umsetzen. Hierzu ist es möglich mitt einem **switch**-Ausdruck die Fallunterscheidung zwischen den drei verschiedenen geometrischen Formen zu machen. Die drei Fälle werden mit je einem **case** unterschieden:

```
sealed interface GeometrischeFigur
    permits Kreis, Rechteck, GleichschenkligesDreieck{
  default int anzahlEcken(){
    return switch (this){
      case Kreis k                    -> 0;
      case Rechteck r                 -> 4;
      case GleichschenkligesDreieck d -> 3;
    };
  }
}
```

Wir brauchen keinen Standardfall und müssen also nicht mit einem abschließenden **default** alle anderen Fälle abdecken, wie es sonst bei der Fallunterscheidung notwendig ist. Grund dafür ist, dass die Schnittstelle versiegelt ist. Damit ist sichergestellt, dass es nur die drei unterschiedlichen Fälle geben kann. Es gibt keinen weiteren Fall, der abzudecken ist.

Diese Umsetzung entspricht eher den funktionalen Programmierparadigma. Es gibt eine Funktion, die selbst die Fälle unterscheidet, statt die einzelnen Objekte die Entscheidung treffen zu lassen.

Man hat also die Möglichkeit einen Algorithmus für einen Summentyp eher funktional oder eher objektorientiert umzusetzen. Nun mag man insbesonders als Anfänger fragen: Was ist jetzt besser?

Die Antwort ist pauschal nicht zu geben und hängt immer am speziellen Anwendungsfall.

Als kleine Faustregel kann man sich Folgendes merken:

Wenn es sich um eine Summentyp handelt, der wenige Klassen vereinigt und davon auszugehen ist, dass im Laufe des Entwicklungsprozesses die Anzahl der Klassen in diesem Summentypen recht stabil ist, dann sollte man die Schnittstelle versiegeln und komplexe Methoden auf der Datenstruktur als Standardmethoden mit einer Fallunterscheidung umsetzen.

Wenn im Entwicklungsprozess noch gar nicht abzusehen ist, wie viele Klassen einmal die Schnittstelle implementieren und man den Blick algorithmisch lieber geschlossen auf die Objekte der unterschiedlichen Klassen legen will, dann ist besser, eine abstrakte Methode in der Schnittstelle vorzusehen, und diese in den einzelnen Klassen mit ihren spezifischen Verhalten zu implementieren.

Ein Beispiel für das erste Szenario sind klassische gut definierte Datenstrukturen wie Listen oder Bäume, die uns in Kürze begegnen.

Ein Beispiel für das zweite Szenario sind Komponenten einer grafischen Benutzerführung mit zum Beispiel unterschiedlichen Knöpfen.

Oft liegt der konkrete Anwendungsfall zwischen den beiden Szenarien. Dann kann es auch einfach die Neigung und Vorerfahrung des Entwicklers sein, ob lieber die funktionale oder die objektorientierte Umsetzung gewählt wird.

2.6 Generische Datenklassen

Wir kennen schon generische Funktionen. Das sind Funktionen, die auch über Typen parametrisiert sind. Für sie werden Typvariablen eingeführt, sodass dann die Funktionen generisch für beliebige, aber feste Typen für die Typvariable definiert sind.

Datenklassen können auch generisch sein. Dieses ist besonders bei sogenannten Behälterklassen gut zu verstehen.

Hier hilft wie so oft eine Analogie aus dem täglichen Leben. Wenn wir Dinge aufbewahren, dann tun wir sie hierzu meistens in Schachteln. Oft dürften Schuhkartons dafür herhalten. Schachteln sind einfache Beispiele für Behälter. Das Tolle an ihnen ist, dass wir beliebige Dinge hinein tun können. Wir können in eine Schachtel unsere Steuerunterlagen legen, in eine zweite eine seltene Actionfigur und in eine dritte vielleicht tatsächlich auch ein paar Schuhe. Schachteln sind sehr universell und können beliebig Objekte beinhaltet.[2]

---

[2] Zugegeben, wir sind ein wenig in der Größe der Objekte beschränkt.

Die Schachteln mit den unterschiedlichen Inhalten können wir stapeln, in den Keller oder auf den Dachboden stellen und irgendwann wieder hervorkramen, um die darin enthaltenen Objekte wieder herauszuholen.

Da es in Java den Referenztypen **Object** gibt, können wir auch in Java eine einfache Behälterklasse für beliebige Objekte als Inhalt definieren:

```
record Box(Object inhalt){}
```

In Objekte dieser Datenklasse können nun die unterschiedlichsten Objekte verpackt sein.

Wir können Objekte beliebiger Art in eine Box stecken. Vielleicht eine Zeichenkette:

```
var b1 = new Box("21")
```

Oder einfach ein Objekt der Klasse **Integer**, im Endeffekt also eine Zahl:

```
var b2 = new Box(21)
```

Und natürlich auch ein Objekt einer beliebigen Datenklasse wie zum Beispiel unserer Klasse für Kreise:

```
var b3 = new Box(new Kreis(17))
```

So universell das Verpacken klappt, so problematisch ist das Wieder-Auspacken.

Gehen wir nach zwei Jahren in den Keller und finden dort viele Schachteln vor, so müssen wir uns sehr genau erinnern, in welcher Schachtel mal welches Objekt verpackt wurde. Wenn wir das nicht mehr wissen, wird es kompliziert, denn die Selektorfunktion **inhalt()** hat als Ergebnistyp nur den allgemeinsten Typ **Object**.

Wenn wir zum Beispiel aus der Box in Variable **b2** den Inhalt holen, so können wir nicht sicher sein, was dieses Objekt ist:

```
var in2 = b2.inhalt()

in2 ==> 21
```

Die Anzeige des Inhalts lässt vermuten, dass es eine Zahl ist, aber wenn wir fragen, welchen Typ die Variable in2 hat, stellen wir fest, dass es nur als beliebiges **Object** bekannt ist.

```
/var in2

Object in2 = 21
```

Das bedeutet insbesondere, dass wir nicht mit der Zahl, die eigentlich dort steht, rechnen dürfen:

```
in2*2
```

```
| Error:
| bad operand types for binary operator '*'
|   first type:  java.lang.Object
|   second type: int
| in2*2
| ^---^
```

Wenn wir das tun wollen, müssen wir uns erst davon überzeugen, dass es sich um ein Objekt der Klasse **Integer** handelt:

```
((Integer)in2)*2
```

```
$40 ==> 42
```

Hierzu braucht man eine Typzusicherung. Wir sichern zu, dass das Objekt in der Variablen **in2** ein Objekt des Typs **Integer** ist. Hierzu schreiben wir vor die Variable in runden Klammern den Typ **Integer**.

Typzusicherungen werden erst beim Auswerten eines Ausdrucks geprüft. Erst dann wird überprüft, ob das Objekt, für das die Typzusicherung durchgeführt wird, auch tatsächlich von dem zugesicherten Typ ist. Wenn das nicht der Fall ist, bricht die Auswertung des Ausdrucks ab.

Das können wir zum Beispiel sehen, wenn wir uns aus der ersten Box den Inhalt holen:

```
var in1 = b1.inhalt()
```

```
in1 ==> "21"
```

Wenn wir unsere Schachteln aus Versehen vertauscht haben und fest der Meinung sind, in der ersten Schachtel war doch eine Zahl und die entsprechende Typzusicherung durchführen, bekommen wir den Fehler in der Auswertung des Ausdrucks:

```
((Integer)in1)*2
```

```
| Exception java.lang.ClassCastException:
| class java.lang.String cannot be cast to class java.lang.Integer
| (java.lang.String and java.lang.Integer are in module java.base
| of loader 'bootstrap')
|       at (#42:1)
```

Die Situation ist ungefähr die, als wenn wir die falsche Kiste aus dem Keller geholt haben, fest davon überzeugt waren, dass darin die Steuerunterlagen sind, und nun auf einem Paar Schuhe versuchen unsere Steuererklärung zu machen.

In unserem Alltag haben wir eine einfache Lösung, dieses Problem zu vermeiden. Wir beschriften unsere Schachteln. Wir schreiben drauf, was drin ist und stecken nur rein, was drauf steht. Hierzu braucht die Schachtel ein Label, das wir beschriften wollen.

Bei Klassen ist dieses Label eine Typvariable. Nach dem Namen des Datenklasse führen wir diese Typvariable ein. Hierbei werden wie bei generischen Funktionen die spitzen Klammern verwendet. Für unsere Box brauchen wir einen Typ, der beliebig aber fest sein soll. Wir führen die Typvariable **A** ein. Der Typ des Inhalts soll dann dieser variable gehaltene Typ sein:

```
record Box<A>(A inhalt){}
```

Wenn wir jetzt eine Schachtel haben, soll auf der immer drauf stehen, welchen Inhalt sie hat.

Stellen wir noch einmal direkt die nicht generische Klasse dagegen:

```
record Box(Object inhalt){}
```

Die Typvariable **A** ist quasi ein Label auf der Schachtel, auf dem geschrieben werden kann, was in der Schachtel für ein Objekt reingelegt werden darf. Dieses Label ist zu beschriften, bevor etwas in die Box gelegt wird. Das können wir beim Konstruieren der Box-Objekte angeben. Wenn wir eine Zeichenkette in eine Box legen, dann erzeugen wir eine neue **Box<String>**:

```
var b1 = new Box<String>("21")
```

Es wird also auf der Box die Variable **A** durch den konkreten Typ **String** ersetzt.

Für die Zahl können wir eine **Box<Integer>** erzeugen:

```
var b2 = new Box<Integer>(42)
```

Und für den Kreis entsprechend eine **Box<Kreis>**:

```
var b3 = new Box<Kreis>(new Kreis(17))
```

Die drei so initialisierten Variablen haben jetzt nicht mehr nur den Typ **Box**, sondern den spezifischen Typ mit einem konkreten Typ für die Typvariable **A**.

Die Variable **b1** hat also nun auch den Typ **Box<String>**:

```
/vars b1

 |     Box<String> b1 = Box[inhalt=21]
```

Die Variable **b2** hat also nun auch den Typ **Box<Integer>**:

```
/vars b2

|    Box<Integer> b2 = Box[inhalt=42]
```

Und schließlich die Variable **b3** den Typ **Box<Kreis>**:

```
/vars b3

|    Box<Kreis> b3 = Box[inhalt=Kreis[radius=17.0]]
```

Das sind unterschiedliche Typen und können nicht gegenseitig zugewiesen werden. Versuchen wir die Box mit einer Zeichenkette als Inhalt einer Variablen für eine Box mit Zahlen als Inhalt zuzuweisen, gibt es einen Typfehler:

```
b1 = b2

|    Error:
|    incompatible types: Box<java.lang.Integer>
|    cannot be converted to Box<java.lang.String>
|    b1 = b2
|        ^^
```

Boxen unterschiedlichen Inhalts können nicht vertauscht werden.

Bisher mussten wir ein bisschen *mehr tippen*. Wir erhalten aber auch etwas dafür, nämlich *mehr Typen*. Kurz gesagt: mehr Typen durch mehr Tippen.

Wenn wir jetzt die einzelnen Box-Variablen nach ihren Inhalt fragen, bekommen wir genau den dort gespeicherten Typ.

Für **b1** ist der Inhalt also vom Typ **String**, sodass wir direkt zum Beispiel die Funktion **charAt** dafür aufrufen können:

```
b1.inhalt().charAt(1)

$55 ==> '1'
```

Für **b2** erhalten wir als Ergebnis der Selektorfunktion direkt ein Objekt vom Typ **Integer**, mit dem wir dann weiterrechnen können:

```
b2.inhalt()*2

$56 ==> 84
```

Und den Inhalt der Box **b3** können wir, da es ein Kreis ist, nach seiner Weite fragen.

```
b3.inhalt().weite()

$57 ==> 34.0
```

Es ist keine Typzusicherung mehr nötig. Es kommt nicht mehr zu Fehlern bei der Auswertung, denn schon bei der Typübeprüfung werden Programmierfehler erkannt.

Wem der Aufruf des Konstruktors zu viel Arbeit ist, für den gibt es eine Kurznotation, die Karonotation. Hier lässt man den Inhalt der spitzen Klammern des Konstruktors leer. Damit sehen die direkt öffnende und wieder schließende spitze Klammern ein wenig wie das Karo in einem Spielkartenblatt aus. Dieses leere Klammerpaar sagt: ich weiß, hier muss ich für die Typvariable einen konkreten Typ hinschreiben, aber ich bin zu faul. Wahrscheinlich kannst du es aber aus dem Argument des Konstruktors erschließen:

```
var b2 = new Box<>(42)
```

Der Typcheck schließt aus dem Argument, das im Konstruktor übergeben wird, dass es sich nur um eine Box für Integer-Objekte handeln kann. Die Variable bekommt daher den vollständigen Typ **Box\<Integer\>**:

```
/var b2

|    Box<Integer> b2 = Box[inhalt=42]
```

Die Karonotation dient also nur der Bequemlichkeit. Man muss allerdings aufpassen. Wenn man aus den Argumenten, die dem Konstruktor übergeben werden, auf keinen Typ für die Typvariable schließen kann, dann wird für sie nur der Typ **Object** eingesetzt.

Wir übergeben dem Konstruktor als Argument die Null-Referenz:

```
jshell> var b42 = new Box<>(null)
```

Damit kann nur hergeleitet werden, dass es eine Box mit einem beliebigen Object ist:

```
/var b42

|    Box<Object> b42 = Box[inhalt=null]
```

Die Behälterklasse **Box** ist der einfachste denkbare Behälter, denn er hat nur Platz für ein Objekt. Die nächstgrößere Behälterklasse hat Platz für zwei Objekte von eventuell unterschiedlichen Typen. Ein solches Datenobjekt nennt man ein Paar. Wir können generisch eine Datenklasse vorsehen, die Paare von zwei Objekten realisiert:

```
record Pair<A,B>(A fst,B snd){}
```

Es gibt zwei Felder: **fst** für das erste der zwei Objekte *(first)* und **snd** für das zweite *(second)*.

Beim Konstruieren neuer Objekte können wir wieder die Karonatation verwenden:

```
var p1 = new Pair<>("hallo", 42)

p1 ==> Pair[fst=hallo, snd=42]
```

Der Typcheck hat dann beide Typvariablen mit dem korrekten Typ ersetzt:

```
/var p1

|    Pair<String,Integer> p1 = Pair[fst=hallo, snd=42]
```

Man könne jetzt weitere solche Datenklassen für Tripel, 4-Tupel, 5-Tupel etc. definieren.

Für Tripel zum Beispiel:

```
record Tripel<A,B,C>(A fst, B snd,C thrd){}
```

Solche Klassen nennt man Tupelklassen. Java hat derzeit keine Tupelklassen vordefiniert. Manche Programmiersprachen wie zum Beispiel Scala bieten eine eigene eingebaute Syntax für Tupel an. Das ist zwar hin und wieder auch für Java im Gespräch, aber bisher immer abgelehnt worden.

2.6.1 Generische Schnittstellen

Ebenso wie Klassen können Schnittstellen über weitere Typen generisch gehalten werden. Syntaktisch geschieht das genauso wie bei Klassen. Es wird in spitzen Klammern nach dem Schnittstellennamen eine Liste von Typvariablen angegeben.

Bleiben wir bei Behälterklassen, die einen Inhalt haben. Eine allgemeine Behälterklasse mit einem beliebigen aber festen Inhaltstyp lässt sich durch folgende Schnittstelle darstellen:

```
interface Container<A>{
  A get(int index);
  int size();
}
```

Objekte von Klassen, die diese Schnittstelle implementieren, sollen Objekte eines variablen Typs **A** enthalten. Zusätzlich sollen sie angeben können, wie viele solche Objekte in ihnen enthalten sind und diese über einen Index angesprochen werden. Damit wird bereits die typische Funktionalität einer Liste von Objekten erwartet. Die Objekte sind in einem Container gebündelt, haben eine indizierbare Reihenfolge und die Gesamtanzahl der vorhandenen Objekte kann erfragt werden.

Wenn wir eine Klasse schreiben, die diese Schnittstelle implementiert, ist anzugeben, welchen Typ man für den variablen Typ **A** der Schnittstelle einsetzen möchte. In einem ersten Beispiel implementieren wir die Schnittstelle so, dass in der Klasse genau eine Zeichenkette enthalten ist. Hierfür wird die Schnittstelle als **Container<String>** implementiert. Damit erhält die Methode **get** den Rückgabetyp **String**, da ja die Typvariable **A** durch den Typ **String** ersetzt wird. Es führt zu folgender Definition:

```
record S1(String a1) implements Container<String>{
  public String get(int index){
    return index==0?a1:null;
  }
  public int size(){return 1;}
}
```

Objekte dieser Klasse haben auch den Typ **Container<String>**:

```
Container<String> c1 = new S1("Hallo")
```

Holt man das in diesem Container verpackte Objekt mit der Methode **get**, so erhält man eine Zeichenkette:

```
String s = c1.get(0)

s ==> "Hallo"
```

Wir können aber auch die implementierende Klasse weiterhin generisch halten. Dann ist es möglich, dass die Schnittstelle generisch implementiert wird. Die obige Klasse **S1** verallgemeinert sich damit zu:

```
record B1<A>(A a1) implements Container<A>{
  public A get(int index){
    return index==0?a1:null;
  }
  public int size(){return 1;}
}
```

Auch diese Klasse kann genutzt werden, um ein Objekt des Typs **Container<String>** zu erzeugen:

```
Container<String> c = new C1<>("Hallo")
```

Auch hier ist eine Zeichenkette drin verpackt:

```
String s = c.get(0)

s ==> "Hallo"
```

Wir können die Klasse aber auch nutzen, um ein Objekt zu erzeugen, das den Typ **Container<Integer>** hat:

```
Container<Integer> ci = new C1<>(42)
```

In diesem Objekt ist eine Zahl verpackt:

```
int i = c.get(0)

i ==> 42
```

Wir können auf diese Weise die Schnittstelle **Container** auch generisch implementieren, um mehr als ein Objekt zu verpacken. Zum Beispiel für zwei Objekte eines variabel gehaltenen Typs:

```
record B2<A>(A a1, A a2) implements Container<A>{
  public A get(int index){
    return switch(index){
      case 0 -> a1;
      case 1 -> a2;
      default -> null;
    };
  }
  public int size(){return 2;}
}
```

Ein Beispielaufruf, der ein Objekt dieser Klasse erzeugt:

```
Container<Integer> c = new C2<>(39,3)
```

Auch hier können die verpackten Objekte wieder selektiert werden:

```
int i = c.get(1)

i ==> 3
```

Wir könnten jetzt in einer Fleißarbeit ganz viele Klassen schreiben, die immer mehr Objekte verpacken, also Klassen **C3**, **C4** usw. Dann hätten wir bis zu einer Maximalanzahl die Möglichkeit, Objekte als Listen zu gruppieren.

Wir können auch Methoden schreiben, die alle Elemente, die in einem Container als Liste gespeichert sind, verknüpfen. Zum Beispiel für Container, in denen Zahlen enthalten sind, die Summe dieser Zahlen bilden:

```
int summe(int r, int i, Container<Integer> is){
  return i>=is.size() ? r : summe(r+is.get(i),i+1,is);
}
```

Dabei sind die Zahl **r** das bisherige Zwischenergebnis und die Zahl **i** der Index, dessen Zahl als nächstes auf das Ergebnis addiert werden soll. Die Funktion lässt sich mit dem Startergebnis und Startindex auf 0 gesetzt überladen:

```
int summe(Container<Integer> is){return summe(0,0,is);}
```

2.7 Rekursive Strukturen

2.7.1 Listen

Im letzten Abschnitt haben wir allgemeine Behälterklassen entwickelt. Diese enthalten immer eine feste Anzahl von Elementen.

Eine der häufigsten Datenstrukturen in der Programmierung sind Sammlungstypen. Das sind Behälterklassen, die eine beliebige Anzahl von Elementen enthalten können. In fast jedem nichttrivialen Programm wird es Punkte geben, an denen eine Sammlung mehrerer Daten gleichen Typs anzulegen sind. Eine der einfachsten Strukturen, um Sammlungen anzulegen, sind Listen. Da Sammlungstypen oft gebraucht werden, stellt Java entsprechende Klassen als Standardklassen zur Verfügung.

Wir wollen aber hier selbst eine solche Klasse für Listen definieren.

2.7.1.1 Informeller Einstieg als Saalexperiment

In einem Klassenzimmer oder Hörsaal kann man zum Einstieg für eine rekursive Listenstruktur ein kleines Saalexperiment durchführen. Hier braucht man etwa 5 Freiwillige aus dem Auditorium. Ein zusätzliches Hilfsmittel sind Kekse in Buchstabenform.

Die fünf Freiwilligen sollen dann eine Liste von Buchstaben bilden. Hierzu nimmt man den ersten Freiwilligen. Dieser bekommt aber keinen Keks sondern soll mit leeren Händen dastehen. Am besten mit verschränkten Händen oder mit den Händen zur Merkelraute geformt.

Die zweite Person aus dem Auditorium bekommt einen Keks, der einen Buchstaben darstellt. Diesen soll sie in die rechte Hand nehmen. Dann soll sie sich so stellen, dass ihre linke Hand auf die rechte Schulter des ersten Freiwilligen zu liegen kommt. Ebenso wird mir den weiteren Freiwilligen verfahren, sodass man die Personen wie in Abbildung 2.1 skizziert gruppiert hat.

Jede Person stellt ein Listenglied dar. Listenglieder haben zwei Hände. In der rechten Hand halten sie einen Buchstabenkeks mit der linken verweisen sie auf eine weitere Person, die ein Listenglied darstellt. Nur eine Person hat leere Hände. Diese repräsentiert eine leere Liste und damit auch das Ende der Liste.

Nun wird den Freiwilligen der Algorithmus für die Länge ausgegeben:

Abb. 2.1: 5 Personen bilden eine Liste.

Algorithmus für die Listenlänge

Wenn dich jemand fragt, wie lang Du bist, dann:

- Wenn Du leere Hände hast, dann antworte: 0.
- Wenn Du etwas in Händen hast, dann:

  – Frage die Person an deiner linken Hand, wie lang sie ist.
  – Warte auf die Antwort.
  – Addiere 1 zur Antwort.
  – Nehme das Ergebnis als Deine Antwort.

Nun stellt man der ersten Person, die in unserem Bild den Buchstaben ›O‹ in der rechten Hand hat, die Frage, wie lang sie ist. Im besten Fall wandert die Frage jetzt durch die Liste, bis die fünfte Person gefragt wird, wie lang sie ist. Abbildung 2.2 zeigt, wie die Frage weitergereicht wird.

Wenn alle Teilnehmer den Algorithmus richtig verstanden haben, dann wandert schließlich die Antwort wieder zurück von der hinteren zur vorderen Person, wobei jede Person eine 1 zu der Antwort des Vorgängers hinzuaddiert. Abbildung 2.3 zeigt wie die Antwort schrittweise wieder zurück wandert.[3]

---

[3] Das Saalexperiment klappt übrigens am besten bei 10 bis 12 jährigen Kindern auf dem Mädchentag, sodass ich mich manchmal frage, was zwischen den Altern von 10 und 20 passiert. Wieso haben Teilnehmer im höheren Alter mehr Schwierigkeiten, den Algorithmus gemeinsam auszuführen, als Kinder?

Abb. 2.2: Die Frage nach der Länge wandert durch die Liste.

Man sieht, dass zwar fünf Personen die Liste bilden, dass sie aber nur eine Länge von 4 hat. Es wird die Anzahl der Kekse gezählt. Diese ist vier, denn die letzte Person steht mit leeren Händen da. Daher antwortet Sie auch mit der 0.

Man sieht auch schön, wie sich der rekursive Abstieg illustrieren lässt. Die Funktion steigt in die Liste ab bis zum letzten Glied und die Antwort steigt dann wieder auf bis zum Anfang.

2.7.1.2 Formale Spezifikation

Wir spezifizieren Listen nun formal als abstrakten Datentyp. Ein abstrakter Datentyp (ADT) wird spezifiziert über eine endliche Menge von Funktionen, die auf den Typen anwendbar sind.

Hierzu wird spezifiziert, auf welche Weise Daten eines ADT konstruiert werden können. Dazu werden entsprechende Konstruktormethoden spezifiziert. Dann wird eine Menge von Funktionen definiert, die wieder Teile aus den konstruierten Daten selektieren können. Schließlich werden noch Testmethoden spezifiziert, die angeben, mit welchem Konstruktor ein Datum erzeugt wurde.

Der Zusammenhang zwischen Konstruktoren und Selektoren sowie zwischen den Konstruktoren und den Testmethoden wird in Form von Gleichungen spezifiziert.

Abb. 2.3: Die Antwort nach der Länge wandert durch die Liste zurück.

Der Trick, um abstrakte Datentypen wie Listen zu spezifizieren, ist die Rekursion. Das Hinzufügen eines weiteren Elements zu einer Liste wird dabei als das Konstruieren einer neuen Liste aus der Ursprungsliste und einem weiteren Element betrachtet. Mit dieser Betrachtungsweise haben Listen eine rekursive Struktur. Eine Liste besteht aus dem zuletzt vorne angehängten neuen Element, dem sogenannten Kopf der Liste, und aus der alten Teilliste, an die dieses Element angehängt wurde, dem Rest der Liste, dem sogenannten *Tail*. Wie bei jeder rekursiven Struktur bedarf es eines Anfangs der Definition. Im Falle von Listen wird dieses durch die Konstruktion einer leeren Liste spezifiziert.[4]

Konstruktoren

Abstrakte Datentypen wie Listen lassen sich durch ihre Konstruktoren spezifizieren. Die Konstruktoren geben an, wie Daten des entsprechenden Typs konstruiert werden können. In dem Fall von Listen bedarf es nach den obigen Überlegungen zweier Konstruktoren:

- einem Konstruktor für neue Listen, die noch leer sind.

---

[4] Man vergleiche es mit der Definition der natürlichen Zahlen: die 0 entspricht der leeren Liste, der Schritt von n nach $n + 1$ dem Hinzufügen eines neuen Elements zu einer Liste.

- einem Konstruktor, der aus einem Element und einer bereits bestehenden Liste eine neue Liste konstruiert, indem an die Ursprungsliste das Element angehängt wird.

Wir benutzen in der Spezifikation eine mathematische Notation der Typen von Konstruktoren. Dem Namen des Konstruktors folgt dabei. mit einem Doppelpunkt abgetrennt, der Typ. Der Ergebnistyp wird von den Parametertypen mit einem Pfeil getrennt. Typvariablen werden mit einem griechischen Buchstaben bezeichnet. Für generische Typen verwenden wir die aus Java bekannte Notation in spitzen Klammern.

Es lassen sich die Typen der zwei Konstruktoren für Listen wie folgt spezifizieren:

- Nil: () $\rightarrow$ **List**<α>
- Cons: (α, **List**<α>) $\rightarrow$ **List**<α>

Mit diesen zwei Funktionen lassen sich nun Listen erzeugen. Die Liste der Zahlen 1 bis 4 lässt sich schreiben als:

```
Cons(1, Cons(2 , Cons(3 , Cons(4, Nil()))))
```

Selektoren

Die Selektoren können wieder auf die einzelnen Bestandteile der Konstruktion zurückgreifen. Der Konstruktor **Cons** hat zwei Parameter. Für **Cons**-Listen werden zwei Selektoren spezifiziert, die jeweils einen dieser beiden Parameter wieder aus der Liste selektieren. Die Namen dieser beiden Selektoren sind traditioneller Weise *head* und *tail*.

- head: **List**<α>$\rightarrow$$\alpha$
- tail: **List**<α>$\rightarrow$**List**<α>

Der funktionale Zusammenhang von Selektoren und Konstruktoren lässt sich durch folgende Gleichungen spezifizieren:

$$head(Cons(x, xs)) = x$$
$$tail(Cons(x, xs)) = xs$$

Wie man sieht, gibt es keine Gleichungen für Listen, die mit **Nil** konstruiert wurden. Diese Fälle sind unspezifiziert und werden in einer Implementierung zu einem Fehler führen.

Damit gilt zum Beispiel:

```
head(tail(Cons(1, Cons(2 , Cons(3 , Cons(4, Nil())))))
```
$= 2$

Testmethoden

Um für Listen Algorithmen umzusetzen, ist es notwendig, unterscheiden zu können, welche Art der beiden Listen vorliegt: die leere Liste oder eine **Cons**-Liste. Hierzu bedarf es noch einer Testmethode, die mit einem booleschen Wert als Ergebnis angibt, ob es sich bei der Eingabeliste um die leere Liste handelt oder nicht. Wir wollen diese Testmethode *isEmpty* nennen. Sie hat folgenden Typ:

- isEmpty: **List<α>→boolean**

Das funktionale Verhalten der Testmethode lässt sich durch folgende zwei Gleichungen spezifizieren:

$$isEmpty(Nil()) = true$$
$$isEmpty(Cons(x, xs)) = false$$

Somit ist alles spezifiziert, was eine Listenstruktur ausmacht. Listen können konstruiert werden, die Bestandteile einer Liste wieder einzeln selektiert und nach der Art ihrer Konstruktion unterschieden werden.

Listenalgorithmen

Allein diese fünf Funktionen beschreiben den ADT der Listen. Wir können aufgrund dieser Spezifikation Algorithmen für Listen schreiben.

Länge

Es lässt sich durch zwei Gleichungen spezifizieren, was die Länge einer Liste ist:

$$length(Nil()) = 0$$
$$length(Cons(x, xs)) = 1 + length(xs)$$

Mit Hilfe dieser Gleichungen lässt sich jetzt schrittweise die Berechnung der Länge auf Listen durchführen. Hierzu benutzen wir die Gleichungen als Ersetzungsregeln. Wenn ein Unterausdruck in der Form der linken Seite einer Gleichung gefunden wird, so kann diese durch die entsprechende rechte Seite ersetzt werden. Man spricht bei so einem Ersetzungsschritt von einem Reduktionsschritt.

Beispiel 2.7.6 Reduktiontion eines Aufrufs der Längenfunktion

Wir errechnen in diesem Beispiel die Länge einer Liste, indem wir die obigen Gleichungen zum Reduzieren auf die Liste anwenden:

length(Cons(a,Cons(b,Cons(c,Nil()))))
→1+**length(Cons(b,Cons(c,Nil())))**
→1+(1+**length(Cons(c, Nil())))**
→1+(1+(1+**length(Nil())))**
→1+(1+(**1+0**))
→1+(**1+1**)
→**1+2**
→3

□

Letztes Listenelement

Wir können mit einfachen Gleichungen spezifizieren, was wir unter dem letzten Element einer Liste verstehen.

$$last(Cons(x, Nil()))) = x$$
$$last(Cons(x, xs))) = last(xs)$$

Beispiel 2.7.7 Reduktion von last

Auch die Funktion **last** können wir von Hand auf einer Beispielliste einmal per Reduktion ausprobieren:

last(Cons(a,Cons(b,Cons(c,Nil()))))
→**last(Cons(b,Cons(c,Nil())))**
→**last(Cons(c,Nil()))**
→c

□

Listenkonkatenation

Die folgenden Gleichungen spezifizieren, wie zwei Listen aneinander gehängt werden:

$$concat(Nil(), ys) = ys$$
$$concat(Cons(x, xs), ys) = Cons(x, concat(xs, ys))$$

Beispiel 2.7.8 Reduktion von concat

Auch diese Funktion lässt sich beispielhaft mit der Reduktion einmal durchrechnen:

concat(Cons(i,Cons(j,Nil())),Cons(a,Cons(b,Cons(c,Nil())))))
→Cons(i,**concat(Cons(j,Nil()),Cons(a,Cons(b,Cons(c,Nil()))))))**
→Cons(i,Cons(j,**concat(Nil(),Cons(a,Cons(b,Cons(c,Nil())))))))**
→Cons(i,Cons(j,Cons(a,Cons(b,Cons(c,Nil())))))))

□

Schachtel- und Zeiger-Darstellung

Listen lassen sich auch sehr schön grafisch visualisieren. Hierzu wird jede Liste durch eine Schachtel mit zwei Feldern dargestellt. Von diesen beiden Feldern gehen Pfeile aus. Der erste Pfeil zeigt auf das erste Element der Liste, den *head*, der zweite Pfeil zeigt auf die Schachtel, die für den Restliste steht den *tail*. Wenn eine Liste leer ist, gehen keine Pfeile von der Schachtel aus, die sie repräsentiert.

Die Liste **Cons(a,Cons(b,Cons(c,Nil())))** hat somit die Schachtel- und Zeiger-Darstellung aus Abbildung 2.4 .

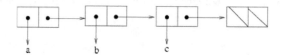

Abb. 2.4: Schachtel- und Zeiger Darstellung einer dreielementigen Liste.

Diese Darstellung abstrahiert ziemlich genau Personen im zuvor vorgestellten Saalexperiment. Die Pfeile sind die Hände der Personen, die auf eine andere Person verwiesen oder einen Buchstabenkeks in Händen hielten.

Auch in der Schachtel- und Zeiger-Darstellung lässt sich sehr gut verfolgen, wie bestimmte Algorithmen auf Listen dynamisch arbeiten. Wir können die schrittweise Reduktion der Methode **concat** in der Schachtel- und Zeiger-Darstellung gut nachvollziehen:

Abbildung 2.5 zeigt die Ausgangssituation. Zwei Listen sind dargestellt. Von einer Schachtel, die wir als die Schachtel der Funktionsanwendung von **concat** markiert haben, gehen zwei Zeiger aus. Der erste auf das erste Argument, der zweite auf das zweite Argument der Funktionsanwendung.

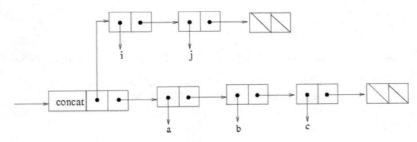

Abb. 2.5: Schachtel- und Zeiger Darstellung der Funktionsanwendung von concat auf zwei Listen.

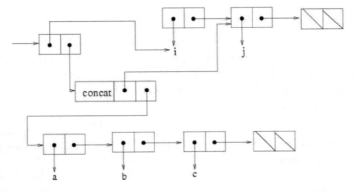

Abb. 2.6: Schachtel- und Zeiger-Darstellung nach dem ersten Reduktionsschritt.

Abbildung 2.6 zeigt die Situation, nachdem die Funktion **concat** einmal reduziert wurde. Ein neuer Listenknoten wurde erzeugt. Dieser zeigt auf das erste Element der ursprünglich ersten Argumentliste. Der zweite zeigt auf den rekursiven Aufruf der Funktion **concat**, diesmal mit der Restliste des ursprünglich ersten Arguments.

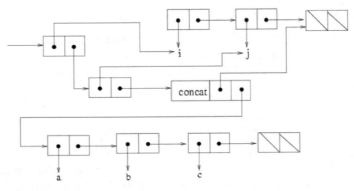

Abb. 2.7: Schachtel und Zeiger-Darstellung nach dem zweiten Reduktionsschritt.

Abbildung 2.7 zeigt die Situation nach dem zweiten Reduktionsschritt. Ein weiterer neuer Listenknoten ist entstanden und ein neuer Knoten für den rekursiven Aufruf ist entstanden.

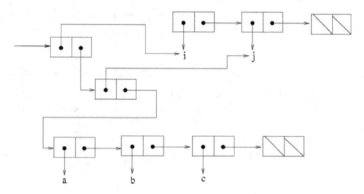

Abb. 2.8: Schachtel- und Zeiger Darstellung des Ergebnisses nach der Reduktion.

Abbildung 2.8 zeigt die endgültige Situation. Der letzte rekursive Aufruf von **concat** hatte als erstes Argument eine leere Liste. Deshalb wurde kein neuer Listenknoten erzeugt, sondern lediglich der Knoten für die Funktionsanwendung gelöscht. Man beachte, dass die beiden ursprünglichen Listen noch vollständig erhalten sind. Sie wurden nicht gelöscht. Die erste Argumentliste wurde quasi kopiert. Die zweite Argumentliste teilen sich gewissermaßen die neue Ergebnisliste der Funktionsanwendung und die zweite ursprüngliche Argumentliste.

Listen in Lisp

Die hier spezifizierten Listen wurden in dieser Weise in der Programmiersprache Lisp als fundamentale ursprünglich fast einzige strukturierte Form von Daten umgesetzt. Die beiden Konstruktorfunktionen heißen in Lisp ebenso wie bei uns *cons* und *nil*. Die Selektorfunktionen *head* und *tail* heißen in Lisp *car* bzw. *cdr*. Diese beiden Namen gehen ursprünglich auf die Maschinenregister zurück, in denen die beiden Zeiger gespeichert wurden. Die Testfunktion, die wir als *isEmpty* bezeichnet haben, heißt in Lisp *null*.

Die leere Liste *nil* repräsentiert in Lisp auch den Wahrheitswert *false*.

Wer den Texteditor *emacs* verwendet, kann direkt die Lisplisten ausprobieren, denn *emacs* ist nicht nur in Lisp geschrieben, sondern enthält auch einen integrierten Lisp-Interpreter, der mit der Tastenkombination **M-x ielm** gestartet werden kann.

Dann kann man Ausdrücke eingeben, deren Auswertungsergebnis direkt angezeigt wird. So wie wir es aus der JShell kennen.

Eine syntaktische Besonderheit in List ist, dass Funktionsaufrufe statt **f(x,y)** als **(f x y)** notiert werden.

Öffnen wir also den Lisp-Interpreter des Emacs und tippen eine erste Liste ein:

```
*** Welcome to IELM ***  Type (describe-mode) for help.
ELISP> (cons 1 (cons 2 (cons 3 nil)))
(1 2 3)
```

Mit der Funktion **null**, lässt sich testen ob eine Liste leer ist:

```
ELISP> (null nil)
t
ELISP> (null (cons 1 nil))
nil
```

Mit **car** und **cdr** lässt sich jeweils auf erstes Listenelement und die Restliste zugreifen:

```
ELISP> (car (cons 1 (cons 2 (cons 3 nil))))
1
ELISP> (cdr (cons 1 (cons 2 (cons 3 nil))))
(2 3)
```

Die von uns spezifizierten Funktionen *last* und *length* sind auch in Lisp implementiert:

```
ELISP> (last (cons 1 (cons 2 (cons 3 nil))))
(3)

ELISP> (length (cons 1 (cons 2 (cons 3 nil))))
3
```

Auch die Funktion zum Aneinanderhängen von Listen ist in Lisp vordefiniert und heißt dort *append*:

```
ELISP> (append (cons 1 (cons 2 (cons 3 nil))) (cons 4 (cons 5 6
↪  nil)))
(1 2 3 4 5)
```

Etwas gewöhnungsbedürftig ist in Lisp die Definition von Funktionen. Als Beispiel hier die Funktion *drop*, die von einer Liste die ersten n Elemente absplittet:

```
ELISP> (defun drop (xs n)
    (if (null xs) xs
      (if (= n 0) xs
        (drop (cdr xs) (- n 1))
      )
    )
  )
drop
ELISP> (drop (cons 1(cons 2(cons 3(cons 4 nil)))) 2)
(3 4)
```

Einfach verkettete Liste als *sealed* interface

Es wird nun wieder Zeit, das Erlernte auf Java umzusetzen. Eine generische Schnitt-stelle soll uns dienen, die hier spezifizierte Form der einfach verketteten Liste in Java umzusetzen. Die Typvariable steht dabei für den Typ der Elemente, die in der Liste gespeichert werden sollen:

```
interface LL<E>{}
```

Es gibt zwei Ausprägungen der verketteten Liste.

Die leere Liste, für die wir eine Datenklasse definieren:

```
record Nil<E>() implements LL<E>{}
```

Und die Liste, die durch Erweitern einer bestehenden Liste mit einem weiteren vor-deren Element entsteht:

```
record Cons<E>(E hd,LL<E> tl) implements LL<E>{}
```

Der Typ **LL** (für *linked list*) ist die Summe aus genau diesen zwei Datenklassen, den wir jetzt so versiegeln, dass garantiert ist, dass Listenobjekte nur aus genau einem dieser zwei Typen bestehen können:

```
sealed interface LL<E> permits Nil, Cons{}
```

Wir können damit schon Listen erzeugen, zum Beispiel eine Liste aus zwei Wörtern:

```
new Cons<>("Hallo",new Cons<>("Listen!",new Nil<>()))
```

```
Cons[hd=Hallo, tl=Cons[hd=Listen!, tl=Nil[]]]
```

Allerdings ist das etwas umständlich und auch die Anzeige der Listen ist schwer zu lesen, wie man auch bei der folgenden Liste aus den Zahlen 1 bis 4 erkennt:

```
new Cons<>(1,new Cons<>(2,new Cons<>(3,new Cons<>(4,new Nil<>()))))
```

```
Cons[hd=1, tl=Cons[hd=2, tl=Cons[hd=3, tl=Cons[hd=4, tl=Nil[]]]]]
```

Textuelle Darstellung

Bringen wir unsere Listenimplementierung also zunächst dazu, eine schönere textuelle Darstellung zu haben. Hierzu ist die Funktion **toString** in den Datenklassen zu definieren.

Ziel soll es sein, bei der textuellen Darstellung die Listenelement durch Kommata getrennt in einem eckigen Klammerpaar einzuschließen.

Für die Klasse der leeren Listen ergibt das ein leeres Klammerpaar:

```
record Nil<E>() implements LL<E>{
  public String toString(){return "[]";}
}
```

Für Listen, die ein erstes Element haben, gibt es das Problem, dass nicht vor jedem einzelnen Listenelement oder nach jedem einzelnen Listenelement ein Komma stehen soll, sondern nur zwischen den Elementen. Wir wollen vor jedem Element einer Liste außer vor dem ersten ein Komma setzen.

So definieren wir eine Hilfsmethode, die als Argument einen Wert erhält, der angibt, ob es der Anfang der Liste ist. Die Funktion **toString** ruft diese initial mit dem Wert **true** auf:

```
record Cons<E>(E hd,LL<E> tl) implements LL<E>{
  public String toString(){return show(true);}
}
```

Die Funktion **show** sei als Standardfunktion in der Schnittstelle **LL** definiert:

```
sealed interface LL<E> permits Nil, Cons{
  default String show(boolean first){
    return switch(this){
      case Nil<E> n  -> (first?"[":"")   +"]";
      case Cons<E> c -> (first?"[":", ") +c.hd()+c.tl().show(false);
    };
  }
}
```

Damit haben wir schon einmal eine schöne Darstellung für Listenobjekte gefunden:

```
new Cons<>("Hallo",new Cons<>("Listen!",new Nil<>()))
```

```
[Hallo, Listen!]
```

Konstruktorfunktionen

Wir können natürlich mit **new** die einzelnen Listenglieder einer Liste erzeugen, haben aber schon weiter oben gesehen, dass das recht umständlich sein kann. Deshalb machen wir zwei Funktionen, die neue Listenobjekte erzeugen.

Zunächst die Funktion für die Erzeugung leerer Listen:

```
<E> LL<E> nil(){return new Nil<>();}
```

Ebenso kapseln wir die Konstruktion einer Liste mit einem Kopfelement in einer Funktion:

```
<E> LL<E> cons(E e, LL<E> es){return new Cons<>(e,es);}
```

Damit können wir uns eine Liste der Zahlen 1 bis 10 einfach erzeugen.

Sie soll uns fortan als Beispieldaten dienen:

```
var xs = cons(1,cons(2,cons(3,cons(4,cons(5,cons(6,cons(7,cons(8,
    cons(9,cons(10,nil()))))))))))

xs ==> [1, 2, 3, 4, 5, 6, 7, 8, 9, 10]
```

Testfunktion

Unsere formale Listendefinition beinhaltet fünf Funktionen. Nach den Konstruktorfunktionen ein Test, ob eine Liste leer ist oder nicht. Hierzu können wir die Überprüfung auf eine Typzugehörigkeit mit **instanceof** nutzen:

```
<E> boolean empty(LL<E> xs){
  return (xs instanceof Nil<E> c);
}
```

Selektorfunktionen

Um die formale Spezifikation vollständig umzusetzen, fehlen noch die Selektorfunktionen. Diese sind für leere Listen nicht spezifiziert. Wir geben vorerst **null** als Ergebniswert zurück.

Für nichtleere Listen können die Felder der Datenobjekte der Klasse **Cons** zur Selektion genommen werden.

Zunächst für das Kopfelement:

```
<E> E head(LL<E> xs){
    return (xs instanceof Cons<E> c)?c.hd():null;
}
```

Und für die Restliste:

```
<E> LL<E> tail(LL<E> xs){
    return (xs instanceof Cons<E> c)?c.tl():null;
}
```

Damit sind die fünf Funktionen der formalen Spezifikation umgesetzt. Jetzt lassen sich alle Funktionalitäten auf Listen umsetzen.

Allgemeine Listenfunktionen

Als erstes können wir nun die drei zuvor spezifizierten Listenfunktionen umsetzen.

Länge einer Liste

Am einfachsten ist die Funktion **length**. Sie hat die leere Liste als terminierenden Fall mit dem Ergebnis 0 und addiert 1 auf das Ergebnis des rekursiven Aufrufs:

```
<E> int length(LL<E> xs){
    return empty(xs) ? 0 : 1+length(tail(xs));
}
```

Alternativ können wir auch auf die Funktion **empty** zur Fallunterscheidung verzichten und mit den Pattern in switch-Audrücken arbeiten:

```
<E> int length(LL<E> xs){
    return switch(xs){
        case Nil<E>  n -> 0;
        case Cons<e> c -> 1+length(c.tl());
    };
}
```

Und eine weitere alternative Formulierung nutzt das Dekonstruktionsmuster. Das ist noch näher an die Patterngleichungen der Spezifikation angelehnt:

```
<E> int length(LL<E> xs){
    return switch(xs){
        case Nil<E>()                -> 0;
        case Cons<E>(E y, LL<E> ys) -> 1+length(ys);
    };
}
```

Im zweitem **case** dieser Lösung, wird die Variable **y**, die den *head* der Liste bindet,
auf der rechten Seite nicht verwendet. Seit Java 22 kann man hier einen Unterstrich
verwenden. Der Unterstrich zeigt an, dass dieser Parameter des Musters nicht benötigt
wird:

```
<E> int length(LL<E> xs){
  return switch(xs){
    case Nil<E>()                -> 0;
    case Cons<E>(_, LL<E> ys) -> 1+length(ys);
  };
}
```

Welche Formulierung man bevorzugt, ist Geschmackssache. Die Pattern erinnern
mehr an die Gleichungen, die wir aufgestellt haben. Die Bedingung mit der Funktion
empty zu prüfen ist kürzer und leichter in andere Programmiersprachen übertragbar,
die keine Pattern in den Fällen eines switch-Asudrucks kennen.

Aufgabe 2.3

Keine der Versionen für die Umsetzung der Länge ist endrekursiv.

Schreiben Sie eine endrekursive Version, die durch folgende überladene Version aufgerufen werden kann:

```
<E> int length(LL<E> xs){
  return length(0,xs);
}
```

□

Letztes Listenelement

Die Funktion für das letzte Element hat die einelementige Liste als terminierenden
Fall. Ansonsten wird direkt das Ergebnis des rekursiven Aufrufs übernommen. Damit
ist die Funktion endrekursiv:

```
<E> E last(LL<E> xs){
  return empty(tail(xs)) ? head(xs) : last(tail(xs));
}
```

Das Pattern in der Gleichung schaut etwas tiefer in die Liste. Es schaut nicht nur, ob
es eine Nil- oder Cons-Liste ist, sondern unterscheidet, ob bei einer Cons-Liste der
tail eine Nil-Liste ist. Hier kann man zeigen, dass bei einer Umsetzung mit Pattern
auch tiefere Pattern erlaubt sind. Im ersten Fall, wird nicht nur das Pattern direkt für
das Argument xs aufgestellt, sondern auch für seine Restliste, die in dem Fall leer sein
soll:

```
<E> E last(LL<E> xs){
  return switch(xs){
    case Cons<E>(var x, Nil<E>()) -> x;
    case Cons<E>(var x, var xs_)  -> last(xs_);
    case Nil<E>()                 -> null;
  };
}
```

Verknüpfen von Listen

Beim Aneinanderhängen zweier Liste wird als terminierender Fall die zweite Liste genommen, sofern die erste Liste leer ist:

```
<E> LL<E> concat(LL<E> xs, LL<E> ys){
  return empty(xs) ? ys : cons(head(xs),concat(tail(xs),ys));
}
```

Alternativ auch hier die Implementierung mit Pattern in den Fällen:

```
<E> LL<E> concat(LL<E> xs, LL<E> ys){
  return switch(xs){
    case Nil<E>()              -> ys;
    case Cons<E>(E x, LL<E> xs_) -> cons(x,concat(xs_,ys));
  };
}
```

Ein kleiner Beispielaufruf:

```
concat(xs,cons(42,cons(43,nil())))

[1, 2, 3, 4, 5, 6, 7, 8, 9, 10, 42, 43]
```

Das waren die drei schon zuvor spezifizierten Funktionen.

Wir spezifizieren weitere Funktionen, um sie in Java umzusetzen.

Mehrere Listen aneinanderhängen

Die Elemente einer Liste können wiederum Listen sein. Dann haben wir eine Liste von Listen. Das ist gar nicht unüblich. Manchmal möchte man eine solche Liste von Listen aber wieder flach klopfen. Aus einer Liste von Listen von Elementen soll nur noch eine Liste von all den Elementen, die in den inneren Listen stehen, erzeugt werden. Das leistet folgende Funktion:

```
<E> LL<E> flatten(LL<LL<E>> ess){
  return empty(ess) ? nil() : concat(head(ess),flatten(tail(ess)));
}
```

Die inneren Listen werden dabei alle mit der Funktion *concat* verknüpft.

Teilliste ohne Anfang

Die Funktion **drop** soll die vorderen Elemente einer Liste fallen lassen und die Restliste ab einem bestimmten Index als Ergebnis haben.

Die folgenden zwei Gleichungen spezifizieren diese Funktion:

$$drop(xs, 0) = xs$$
$$drop(Nil(), n) = Nil()$$
$$drop(Cons(x, xs), n) = drop(xs, n - 1)$$

Die Javaimplementierung hat zwei terminierende Eigenschaften: die leere Liste und die Zahl 0 für die noch fallenzulassenen Elemente:

```
<E> LL<E> drop(LL<E> xs, int n){
  return n<=0 || empty(xs) ? xs : drop(tail(xs),n-1);
}
```

Alternativ auch hier die Implementierung mit Patterns in den Fällen. Der Fall, wenn das n keine positive Zahl mehr ist, kann mit einer when-Klausel abgedeckt werden.

```
<E> LL<E> drop(LL<E> xs, int n){
  return switch(xs){
    case LL<E> ll when n<=0    -> xs;
    case Nil<E>()              -> xs;
    case Cons<E>(E x, LL<E> xs_) -> drop(xs_,n-1);
  };
}
```

Ein Beispielaufruf:

```
var ys = drop(xs,2))
```

```
ys ==> [3, 4, 5, 6, 7, 8, 9, 10]
```

Teilliste vom Anfang

Quasi das Gegenteil der Funktion **drop** ist die Funktion **take** die genau die Teilliste,
die **drop** fallen lässt, als Ergebnisliste übernimmt.

$$take(xs, 0) = Nil()$$
$$take(Nil(), n) = Nil()$$
$$take(Cons(x, xs), n) = Cons(head(xs), take(tail(xs), n - 1))$$

Hier ist im terminierenden Fall die Ergebnisliste leer:

```
<E> LL<E> take(LL<E> xs, int n){
  return empty(xs)||n<=0 ? nil() : cons(head(xs),take(tail(xs),n-1));
}
```

Alternativ auch hier die Implementierung mit Pattern in den Fällen. Der Fall, wenn
das *n* keine positive Zahl mehr ist, kann mit einer when-Klausel abgedeckt werden:

```
<E> LL<E> take(LL<E> xs, int n){
  return switch(xs){
    case LL<E> ll   when n<=0     -> nil();
    case Nil<E>()                 -> nil();
    case Cons<E>(E x, LL<E> xs_) -> cons(x,take(xs_,n-1));
  };
}
```

Ein Beispielaufruf:

```
var zs = take(ys,2))

zs ==> [3, 4, 5]
```

Test ob Element enthalten ist

Eine häufig gewünschte Funktionalität auf Listenobjekte ist ein Test, ob ein bestimmtes
Element bereits enthalten ist. Die entsprechende Funktion lässt sich durch folgende
Gleichungen spezifizieren:

$$contains(Nil(), x) = false$$
$$contains(Cons(x, xs), e) = x = e \lor contains(xs, e)$$

Daraus ergibt sich die folgende Javaimplementierung:

```
<E> boolean contains(LL<E> xs, E x) {
  return !empty(xs) && (head(xs)).equals(x)||contains(tail(xs),e);
}
```

Alternativ auch hier die Implementierung mit Pattern in den Fällen:

```
<E> boolean contains(LL<E> xs, E e){
  return switch(xs){
    case Nil<E>()                -> false;
    case Cons<E>(E x, LL<E> xs_)
      when x.equals(e)           -> true;
    case Cons<E>(E x, LL<E> xs_) -> contains(xs_,e);
  };
}
```

Jetzt sind Sie dran, viele kleine Funktionen zu schreiben, die auf unserer Listenimplementierung arbeiten.

Dabei dürfen und sollen Sie jeweils bereits implementierte Funktionen verwenden.

Aufgabe 2.4

a) Schreiben Sie die Funktion, die eine Teilliste erzeugt, die mit dem Element an dem angegebenen Index startet und die angegebene Länge hat. Sollten nicht genug Elemente in der Liste sein, so wird die maximale Anzahl der von dem Index an kommenden Elemente genommen.

Ein Beispielaufruf:

```
sublist(xs,3,4)

[4, 5, 6, 7]
```

b) Schreiben Sie eine Funktion, die eine Liste mit den Elementen in umgekehrter Reihenfolge erzeugt.

Ein Beispielaufruf:

```
reverse(zs)

[5, 4, 3]
```

c) Schreiben Sie eine Funktion, die eine neue Liste erzeugt, in der zwischen den Elementen der this-Liste das übergebene Element steht.

Ein Beispielaufruf:

```
intersperse(zs,42)
```

```
[3, 42, 4, 42, 5]
```

d) Schreiben Sie eine Funktion, die prüft, ob eine Liste xs der Anfang einer Liste ys ist.

Ein Beispielaufruf:

```
isPrefixOf(zs,ys)
```

true

Ein Aufruf, bei dem der Aufruf zu **false** auswertet:

```
isPrefixOf(zs,xs)
```

false

Beachten Sie, dass die leere Liste ein Präfix von jeder Liste ist.

e) Schreiben Sie eine Funktion, die prüft, ob eine Liste xs das Ende einer Liste ys ist.

Ein Beispielaufruf:

```
isSuffixOf(ys,xs)
```

true

f) Schreiben Sie eine Funktion, die prüft, ob eine Liste xs in einer Liste ys enthalten ist.

Ein Beispielaufruf:

```
isInfixOf(zs,xs)
```

true

g) Schreiben Sie eine Funktion, die das Element am Index i zurück gibt. Bei einem illegalen Index wird **null** als Ergebnis zurück gegeben.

Ein Beispielaufruf:

```
get(6,xs)
```

7

h) Schreiben Sie eine Funktion, die eine neue Liste erzeugt, bei der das ursprüngliche Kopfelement an die letzte Stelle wandert.

Ein Beispielaufruf:

```
rotate(take(ys,3))

[2, 3, 4, 5, 6, 7, 8, 9, 10, 1]
```

i) Schreiben Sie eine Funktion, die die Liste aller Listen erzeugt, mit der die Liste xs endet.

Ein Beispielaufruf:

```
tails(zs)

[[3, 4, 5], [4, 5], [5], []]
```

□

2.7.1.3 Innere Klassen

Die beiden Datenklassen **Nil** und **Cons** sind inhaltlich eng mit der Schnittstelle **LL** verbunden. Sie sollen eigentlich nur ein Implementierungsdetail des eigentlichen Summentyps **LL** sein. Java ermöglicht es, innerhalb von Schnittstellen die Datenklassen zu definieren.

Damit lässt sich gut die Datenstruktur in der ganzen Zusammengehörigkeit ausdrücken. Die Datenklassen werden dann als innere Klasse bezeichnet. So lässt sich die ganze Datenstruktur im Zusammenhang überblicken.

```java
sealed interface LL<E> permits LL.Nil, LL.Cons{
  record Cons<E>(E hd,LL<E> tl) implements LL<E>{
    public String toString(){return show(true);}
  }
  record Nil<E>() implements LL<E>{
    public String toString(){return "[]";}
  }

  default String show(boolean first){
    return
      switch(this){
        case Nil n -> (first?"[":"")+"]";
        case Cons c ->(first?"[":", ") + c.hd()+c.tl().show(false);
      };
  }
}
```

Die inneren Klassen, man sieht es schon an der **permits** Klausel der Schnittstelle, haben nun als kompletten Namen nicht allein den Klassennamen, sondern den Namen der äußeren Schnittstelle mit einem Punkt voran gestellt. Sie heißen also nicht mehr nur **Nil** und **Cons** sondern heißen jetzt: **LL.Nil** und **LL.Cons**.

Das ist beim Schreiben der Funktionen zu berücksichtigen.

Die Konstruktorfunktionen lauten nun also:

```
<E> LL<E> cons(E e, LL<E> es){return new LL.Cons<>(e,es);}
<E> LL<E> nil(){return new LL.Nil<>();}
```

Auch in der Testfunktion muss es jetzt entsprechend heißen:

```
<E> boolean empty(LL<E> xs){
  return (xs instanceof LL.Nil<E> c);
}
```

Und schließlich sind die beiden Selektorfunktionen entsprechend anzupassen:

```
<E> E head(LL<E> xs){
   return (xs instanceof LL.Cons<E> c)?c.hd():null;
}
<E> LL<E> tail(LL<E> xs){
  return (xs instanceof LL.Cons<E> c)?c.tl():null;
}
```

Wenn wir uns bei allen anderen Funktionen auf diese fünf Funktionen beschränkt haben, so brauchen sie nicht geändert zu werden.

2.7.1.4 Statische Methoden

Funktionen, die nicht an ein Objekt gebunden sind, also keine Methoden sind, sondern alle Daten zur Verarbeitung als Argumente erhalten, haben wir bisher immer direkt innerhalb der JShell definiert.

Wenn man nicht mit der JShell arbeitet, dann gibt es keine Möglichkeit, Funktionen außerhalb eines anderen Konstrukts zu schreiben. Jede Funktion muss dann innerhalb einer Datenklasse oder Schnittstelle oder einer allgemeinen Klasse definiert sein. Um die Funktionen innerhalb einer Klasse von den Methoden zu unterscheiden, sind sie dann mit dem Attribut **static** zu markieren. Sie werden auch als *statische Methoden* bezeichnet, wobei es wahrscheinlich geschickter ist, sie als Funktionen zu bezeichnen, um sie von den Methoden, die mit den Daten in Bezug auf ein konkretes Objekt rechnen, auch namentlich zu unterscheiden.

Es bietet sich an, in unserer Listenklasse die beiden Konstruktorfunktionen **nil()** und **cons**, die die eigentlichen Konstruktoren aufrufen, als statische Methoden innerhalb der Schnittstelle **LL** zu definieren.

Eine Schnittstelle kann drei verschiedene Arten von Methoden enthalten:

- *abstrakte Methoden*: dieses sind die Methoden, die nur eine Typsignatur haben, aber keinen Rumpf, der sie implementiert. Jede Datenklasse, die die Schnittstelle implementiert, muss eine konkrete Version aller abstrakter Methoden der Schnittstelle enthalten. Bei der Implementierung einer anstrakten Methode in einer Datenklasse ist die Methode als **public** zu kennzeichnen. Abstrakte Methoden sind Objektmethoden, die immer in Bezug auf ein konkretes Datenobjekt aufgerufen werden.
- *Standardmethoden*: diese Methoden haben einen Rumpf mit einer Implementierung. Sie sind mit dem Attribut **default** zu kennzeichnen. Im Rumpf einer Standardmethode können beliebige Methoden der Schnittstelle aufgerufen werden, auch die abstrakten Methoden. Auch Standardmethoden sind Objektmethoden, die in Bezug auf ein konkretes Datenobjekt aufgerufen werden.
- *statische Methoden*: dieses sind normale Funktionen mit Signatur und Implementierung. Sie sind nur aus organisatorischen Gründen in der Schnittstelle. Sie können wie jede normale Funktion ohne ein konkretes Objekt nur mit den passednen Argumenten aufgerufen werden. Um sie aufzurufen, muss man außerhalb der Schnittstelle den Schnittstellennamen mit einem Punkt voranstellen.

```
sealed interface LL<E> permits LL.Nil, LL.Cons{
  record Cons<E>(E hd,LL<E> tl) implements LL<E>{}
  record Nil<E>() implements LL<E>{}

  static <E> LL<E> cons(E e, LL<E> es){return new Cons<>(e,es);}
  static <E> LL<E> nil(){return new Nil<>();}

  default boolean empty(){ return (this instanceof Nil<E> c);}
  default E head(){
    return (this instanceof LL.Cons<E> c)?c.hd():null;
  }
  default LL<E> tail(){
    return (this instanceof LL.Cons<E> c)?c.tl():null;
  }
}}
```

Beim Aufruf einer statischen Methode ist jetzt die Schnittstelle oder Klasse jeweils mit anzugeben, in der sich die Methode befindet:

```
LL.cons(1,LL.cons(2,LL.nil()))

Cons[hd=1, tl=Cons[hd=2, tl=Nil[]]]
```

Diese Art des Aufrufs kennen wir bereits von den mathematischen Standardfunktionen, die mit dem Vorsatz des Namens der Klasse **Math** aufgerufen werden müssen.

2.7.1.5 Listen als Mengen

Ein häufiger Anwendungsfall ist, dass man eine Sammlung von Objekten benötigt, darin aber keine Doppelten vorkommen sollen. Zusätzlich ist die Reihenfolge der

Objekte irrelevant. Eine solche Datenstruktur wird als Menge bezeichnet. Die Listenimplementierung können wir für Mengen verwenden, indem wir eine spezielle Funktion vorsehen, die ein neues Element in die Liste einfügt. Diese schaut mit der Funktion **contains**, ob das Element schon enthalten ist. Nur wenn das nicht der Fall ist, wird mit dem Konstruktor **cons** das Element hinzugefügt, ansonsten die Liste unverändert als Ergebnis genommen.

```
<E> LL<E> add(LL<E> xs, E x){
  return contains(xs,x) ? xs : cons(x,xs);
}
```

Wenn wir die Konstruktorfunktion **cons** nicht direkt verwenden, sondern nur mit dieser Funktion **add** die Elemente hinzufügen, dann bekommen wir keine doppelten Elemente in der Liste:

```
add(add(add(add(add(add(add(add(add(add(nil(),5),10)
,3),7),5),9),7),8),9),10)
```

```
[5, 10, 3, 7, 9, 8]
```

Aufgabe 2.5

Implementieren Sie eine alternative Version von **add**, die ohne einen Aufruf von der Funktion **contains** auskommt.

□

Wir können für Elemente, die eine Ordnungsrelation haben, eine kleine optimierte Version für Listen, die Mengen realisieren, umsetzen.

Hier sorgen wir dafür, dass die Funktion **add** nur aufsteigend sortierte Listen erzeugt. Der Vorteil ist, dass wir nicht unbedingt die ganze Liste durchlaufen müssen, um zu wissen, ob das Element schon enthalten war oder nicht. Es reicht bis zum ersten Element, das größer oder gleich des einzufügenden ist, zu laufen.

```
LL<Integer> add(LL<Integer> xs, Integer x){
  return empty(xs)        ? cons(x,xs):
         head(xs)==x      ? xs
         head(xs)>x       ? cons(x,xs)
                          : cons(head(xs),add(tail(xs),e));
}
```

Wenn die einzufügenden Elemente halbwegs zufällig gewählt sind, dann braucht man im Schnitt nur die Hälfte der Elemente anzuschauen, bis man merkt, dass das Element nicht in der Liste enthalten ist, weil jetzt nur noch größere Elemente kommen.

Nur wenn die Elemente in aufsteigender Größe hinzugefügt werden, muss man immer bis zum Ende der Liste schauen. Es war ja noch kein größeres eingefügt worden.

> In der Java Standardbibliothek gibt es eine verkettete Listenklasse, die aber nicht ganz nach
> dem hier vorgestellten Prinzip sondern als eine modifizierbare Liste realisiert ist. Erstaun-
> licher Weise haben die Entwickler von Java aber im Quelltext des Javakompilators eine
> Listenimplementierung, die ganz nach der hier vorgestellten Weise umgesetzt ist. Sie wird
> aber dem Anwendungsprogrammierer nicht in einer Bibliothek zur Verfügung gestellt. Die
> Klasse hat dort den voll qualifizierten Namen:
> `com.sun.tools.javac.util.List`.

2.7.2 Binäre Suchbäume

Im letzten Abschnitt haben wir die rekursiven Listen verwendet, um damit Mengen zu
realisieren. Das war insofern problematisch, weil beim Einfügen eines neuen Elements
jeweils potentiell alle Elemente der Liste zu durchlaufen sind, um zu prüfen, ob das
Element bereits enthalten ist oder nicht.

Eine Möglichkeit bietet sich, wenn für die in einer Menge einzufügenden Elemente
eine Ordnungsrelation haben, d.h. einen größer-kleiner Vergleich. Dann kann man
die Daten der Menge nämlich entsprechend dieser Ordnungsrelation strukturieren,
sodass eine Prüfung darauf, ob ein Element enthalten ist, im besten Fall gezielt nur
sehr wenige Elemente der Menge anzuschauen braucht. Diese Struktur wird als binärer
Suchbaum bezeichnet und ist unsere zweite rekursive Datenstruktur.

Da wir eine Ordnungsrelation auf den Elementen benötigen, entwickeln wir die Struktur zunächst nicht generisch für beliebige Elementtypen, sondern nur für ganze Zahlen
als Elemente.

Ein Binärbaum verallgemeinert die Listenstruktur. Während es in der nichtleeren
Liste zum Kopfelement genau eine Restliste gibt, gibt es bei einem Baumknoten im
Binärbaum zwei Unterbäume, die als Kinder des Baumknotens bezeichnet werden.

Ein Baumknoten hat ein linkes und ein rechtes Kind und eine Zahl als Knotenmarkie-
rung. Das führt direkt zu folgender Datenklasse:

```
record BT(BT left, int i, BT right){}
```

Anders als bei den Listen sehen wir keinen eigenen Fall für einen leeren Baum vor.
Stattdessen verwenden wir für leere Bäume die Nullreferenz **null**.

So ist ein Blatt ein Baumknoten, bei dem beide Kinder auf den Wert **null** gesetzt
wurden:

```
BT blatt(int i){return new BT(null,i,null);}
```

Aufgabe 2.6

Schreiben Sie eine Funktion **size**, die für einen Binärbaum des Typs **BT** die Anzahl
der Knoten berechnet.

□

Die Idee eines binären Suchbaumes ist nun, dass für jeden Baumknoten gilt: alle
Zahlen im linken Teilbaum sind kleiner und alle im rechten Teilbaum sind größer als
die Zahl am Baumknoten.

In Abbildung 2.9 ist ein Beispiel für einen binären Suchbaum angegeben.

Abb. 2.9: Beispiel eines binären Suchbaums.

Zum Einfügen in einen Suchbaum sind vier Fälle zu unterscheiden:

- Ist der Baum eine Nullreferenz, so ist das Ergebnis ein Baum aus dem einzigen
  Blattknoten mit dem einzufügenden Element.

- Ist das einzufügende Element kleiner als das Wurzelelement, dann ist für das linke
  Kind das Element einzufügen und mit dem neuen linken Teilbaum der Baum neu
  zu bauen.

- Ist das einzufügende Element größer als das Wurzelelement, dann ist für das
  rechte Kind das Element einzufügen und mit dem neuen rechten Teilbaum der
  Baum neu zu bauen.

- Steht das einzufügende Element an der Wurzel, so ist der Baum unverändert
  zurückzugeben.

Die vier Fälle unterscheidet folgende Umsetzung:

```
BT add(BT t, int n){
  return switch(t){
    case null          -> blatt(n):
    case BT(var l, var i, var r)
      when (n < i)     -> new BT(add(l,n),i,r);
      when (n > i)     -> new BT(l,i,add(r,n));
    default            -> t;
  };
}
```

Auch hier geben wir alternativ eine Version an, die ohne die Patternfälle in einer Fall-unterscheidung auskommt, sondern komplett mit dem Bedingungsoperator formuliert ist. Die vier Fälle sind dabei genauso deutlich zu unterscheiden:

```
BT add(BT t, int n){
  return
    t == null ? blatt(n):
    (n<t.i()) ? new BT(add(t.left(),n),t.i(),t.right()):
    (n>t.i()) ? new BT(t.left(),t.i(),add(t.right(),n)):
              t;
}
```

Jetzt können wir nacheinander einem Baum eine Reihe von Zahlen hinzufügen und erhalten eine Menge gespeichert in dem binären Suchbaum:

```
var b1 = add(add(add(add(add(add(add(add(blatt(5),10)
,3),7),5),9),7),8),9),10)

b1 ==> BT[left=BT[left=null, i=3, right=null], i=5, right=
BT[left=BT[left=null,i=7, right=BT[left=BT[left=null, i=8,
right=null], i=9, right=null]], i=10, right=null]]
```

Die Anzeige des Baums ist für uns schwer zu lesen, sodass eine eigene Darstellung als Text wünschenswert ist:

```
record BT(BT left, int i, BT right){
  public String toString(){
    var l = left()==null ? "[]" : left.toString();
    var r = right()==null ? "[]" : right.toString();
    return "["+l+" "+i+" "+r+"]";
  }
}
```

Wir behandeln für die beiden Kinderbäume die Nullreferenz als Sonderfall eines leeren Baumes. Insgesamt zeigen wir erst den linken Teilbaum, dann die Wurzelmarkierung und dann den rechten Teilbaum an. Damit tauchen in der Anzeige die Elemente automatisch in aufsteigender Reihenfolge auf:

```
var b1 = add(add(add(add(add(add(add(add(blatt(5),10)
,3),7),5),9),7),8),9),10)

b1 ==> [[[] 3 []] 5 [[[] 7 [[[] 8 []] 9 []]] 10 []]]
```

Neben dem Hinzufügen eines neuen Elements ist eine Grundfunktionalität für Mengen der Test, ob ein bestimmtes Element in einer Menge enthalten ist. Hier erkennt man nun den Vorteil der Umsetzung als binären Suchbaum. Durch einen größer/kleiner-Vergleich weiß man, in welchem Teilbaum das gesuchte Element zu finden sein müsste:

```
boolean contains(BT t, int n){
  return
    t == null ? false:
    (n<t.i()) ? contains(t.left(),n):
    (n>t.i()) ? contains(t.right(),n):
               true;
}
```

Was haben wir durch die Baumdarstellung gegenüber der Liste gewonnen? Im besten Fall hat jeder Baumknoten gleich viele Knoten im linken wie auch im rechten Teilbaum. Dann wird bei der Suche nach einem Element im Baum an jedem Knoten die Menge der noch in Frage kommenden Elemente halbiert. In derselben Weise, wie eine Verdoppelung der Arbeit schnell unkontrollierbar wächst, wie wir es bei der Baumrekursion für die Fibonaccizahlen gesehen haben, was wir als exponentielles Wachstum bezeichnen, so ist eine Halbierung der Arbeit eine radikale Verringerung. Wenn bei jedem Baumknoten in der Suche der Suchraum halbiert wird, müssen bei einer Menge von einer guten Million im besten Fall nur 20 Knoten betrachtet werden, um zu schauen, ob ein gesuchtes Element in der Menge ist.

2.8 Aufzählungstypen

Als Aufzählungstyp bezeichnet man einen Typ mit einer festen endlichen Anzahl verschiedener Werte. Ein typisches Beispiel hierfür sind die Wochentage.

Mit Hilfe einer Schnittstelle für Wochentage können wir einen Summentypen aus sieben Wochentagsdatenklassen bilden.

Hierzu können wir also die Schnittstelle definieren:

```
interface Wochentag{}
```

Und sieben Datenklassen, die alle diese Schnittstelle implementieren.

Angefangen beim Montag:

```
record Montag() implements Wochentag{}
```

Dann für den Dienstag:

```
record Dienstag() implements Wochentag{}
```

Und für alle weiteren Wochentage:

```
record Mittwoch() implements Wochentag{}
```

```
record Donnerstag() implements Wochentag{}
```

```
record Freitag() implements Wochentag{}
```

```
record Sonnabend() implements Wochentag{}
```

```
record Sonntag() implements Wochentag{}
```

Und es ließe sich auch über die Wochentage eine Fallunterscheidung machen, wie wir es allgemein für Summentypen bereits gesehen haben:

```
interface Wochentag{}
  default boolean istWochenende(){
    return switch (this){
      case Sonnabend s-> true;
      case Sonntag s -> true;
      default -> false;
    };
  }
}
```

Auch wenn es also andere Möglichkeiten gibt, um Aufzählungsklassen in Java zu realisieren, hat Java dafür ein eingebautes Konstrukt. Aufzählungsklassen beginnen mit dem Schlüsselwort **enum**, das für *enumeration* steht. Dann kommt der Typname, und im Rumpf die Aufzählung der erlaubten Werte. Diese sind durch Kommata getrennt und die Aufzählung wird mit einem Semikolon beendet.

Die Aufzählungsklasse der Wochentage ist also:

```
enum Wochentag{
  Montag, Dienstag, Mittwoch, Donnerstag,
  Freitag, Sonnabend, Sonntag;
}
```

Damit wird eine ganz spezielle Klasse erzeugt, von der es genau sieben Objekte gibt, d.h. für jeden Wochentag gibt es auch nur genau ein Objekt. Es gibt also keine zwei Objekte für den Freitag.

Die Aufzählungswerte sind über den Namen der Aufzählungsklasse anzusprechen:

```
Wochentag.Donnerstag

Donnerstag
```

Über die Werte von Aufzählungsklassen kann man eine Fallunterscheidung machen. Dabei ist es nicht notwendig den Namen der Aufzählungsklassen in den einzelnen Fällen dem Aufzählungswert voranzustellen:

```
boolean istWochenende(Wochentag tag){
  return switch (tag){
    case Sonnabend -> true;
    case Sonntag -> true;
    default -> false;
  };
}
```

Die Funktion erhält nun als Argument ein Objekt der Aufzählungsklasse:

```
istWochenende(Wochentag.Donnerstag)
```

```
false
```

2.8.1 Methoden für Aufzählungsklassen

Aufzählungsklassen können wie andere Klassen auch Methoden enthalten:

```
enum Wochentag{
  Montag, Dienstag, Mittwoch, Donnerstag,
  Freitag, Sonnabend, Sonntag;

  boolean istWochenende(){
    return switch (this){
      case Sonnabend -> true;
      case Sonntag -> true;
      default -> false;
    };
  }

}
```

So lässt sich auf den Werten der Aufzählung die entprechende Methode aufrufen.

```
Wochentag.Montag.istWochenende()
```

```
false
```

```
Wochentag.Sonnabend.istWochenende()
```

```
true
```

2.8.2 Zusatzfelder und Konstruktoren für Aufzählungsklassen

Möchte man mit den endlich vielen Werten einer Aufzählung jeweils noch weitere Informationen verbinden, so kann man das in zusätzlichen Feldern der Aufzählungsklasse.

Beispiel 2.8.9 Münzwerte

Wir benötigen eine Aufzählung aller Münzen im Euroraum. Zusätzlich soll für ein Aufzählungswert noch gespeichert sein, welchen Wert in Cent die entsprechende Münze hat.

Hierzu sehen wir ein zusätzliches Feld **centBetrag** innerhalb der Aufzählungsklasse vor. Da, anders als Datenklassen, eine Aufzählungsklasse keinen kanonischen Konstruktor hat[5], ist ein Konstruktor zu schreiben, der dieses Feld mit einem übergebenen Wert initialisiert. In der Aufzählung der einzelnen Werte ist wie bei einem Konstruktoraufruf das Argument für diesen Konstruktor zu übergeben.

Insgesamt ergibt das folgende Aufzählungsklasse:

```
enum Muenze{
   ein(1), zwei(2),fuenf(5), zehn(10), zwanzig(20), fuenfzig(50),
   einEuro(100),zweiEuro(200);

   int centBetrag;

   Muenze(int c){
     centBetrag=c;
   }
}
```

□

Auch wenn eine Aufzählungsklasse einen Konstruktor hat, kann man nicht mit **new** ein Objekt der Klasse erzeugen. Sonst wäre ja nicht gewährleistet, dass es nur eine ganz feste Anzahl von Objekten der Klasse gibt:

```
new Muenze(42)

|  Error:
|  enum classes may not be instantiated
|  new Muenze(42)
|  ^------------^
```

---

[5] Was erstaunlich ist, dass den Entwicklergruppen der Sprache Java, das noch nicht aufgefallen ist, dass es sinnvoll wäre und ohne Probleme realisierbar, auch Aufzählungsklassen einen kanonischen Konstruktor zu gönnen.

Kapitel 3
Funktionsdaten

Zusammenfassung Funktionen werden als Daten behandelt. Funktionstypen über funktionale Schnittstellen definiert und mit Lambda-Ausdrücken Funktionen erzeugt. Damit lässt sich Programmieren höherer Ordnung realisieren, indem Funktionen als Parameter Funktionsobjekte übergeben werden. Beispiele zur Messung der Ausführungszeit mit Hilfe von nullstelligen Funktionsobjekten werden gegeben und eine verzögert ausgewertete Datenstruktur entwickelt.

3.1 Funktionsvariablen

Es ist in Java auch möglich, eine Funktion in einer Variablen zu speichern. Der Typ der Variable muss hierfür als **Function** markiert sein. Zusätzlich ist an dem Typ **Function** zu notieren, von welchem Typ das Argument und von welchem Typ das Ergebnis der Funktion ist. Dieses wird in einem spitzen Klammerpaar dem Typ **Function** nachgestellt. Soll eine Funktion mit einem ganzzahligen Argument und einer ganzen Zahl als Ergebnis gespeichert werden, so beschreibt das der Typ **Function<Integer,Integer>**.

Es ist dabei zu beachten, dass Argumenttyp und Ergebnistyp einer Funktionsvariablen nur Referenztypen sein dürfen.

Ein Typ **Function<int,int>**, wie man eigentlich vermutet hätte, ist nicht erlaubt. Stattdessen ist die Klasse **Integer** zu verwenden.

> **i** Die Bezeichnung Lambda-Ausdruck geht zurück auf ein Berechenbarkeitskalkül, das der amerikanische Mathematiker Alonzo Church in der 30er Jahren entwickelt hat.[4] Dort wird eine namenlose Funktionen mit dem griechischen Buchstaben Lambda λ eingeleitet, z.B. $\lambda x.2 * x$.
> Zur gleichen Zeit entwickelte in England Alan Turing ein komplett anderes Berechenbarkeitsmodell, das wir heute als Turing Machine bezeichnen.[21]
> Während der Lambda-Kalkül ein theoretisches Modell der funktionalen Programmierung ist, abstrahiert die Turing Maschine heutige Rechenmaschinen.
> Turing hat zeigen können, dass ihre beiden sehr unterschiedlichen Ansätze die gleiche Menge berechenbarer Funktionen definieren.[22]

Es gibt nun eine Kurznotation, um eine Funktion zu schreiben. Die Argumente der Funktion werden dabei in runden Klammern geschrieben. Es folgt ein aus einem Minus- und Größerzeichen stilisierter Pfeil, der von dem Ausdruck für das Ergebnis gefolgt wird.

Die Funktion, die ein Argument mit 2 multipliziert lässt sich also schreiben als: **(x) -> 2*x**.

Insgesamt können wir also folgende Funktionsvariable anlegen:

```
jshell> Function<Integer,Integer> f1 = (x) -> 2*x
f1 ==> $Lambda$20/0x0000000800c09a08@34a245ab
```

Die Pfeilnotation als Kurznotation für eine Funktion wird als Lambda-Ausdruck bezeichnet.

Das Wesen eines Lambda-Ausdrucks ist, dass eine Funktion definiert wird, ohne ihr einen spezifischen Namen zu geben. Man spricht auch von anonymen Funktionen.

Eine der ersten Programmiersprachen, die Lambda-Ausdrücke aufgenommen hat, war Lisp. Heutzutage haben fast alle höheren Programmiersprachen in irgendeiner Weise Lambda-Ausdrücke integriert. In Java haben sie mit Version 1.8 Einzug gehalten.

Eine Funktionsvariable enthält die Funktion, die aufzurufen ist. Hierzu verwendet man den Aufruf mit **apply**:

```
f1.apply(17+4)

$2 ==> 42
```

3.2 Funktionsargumente

In der gleichen Weise, in der nun Funktionen als Variablen gespeichert werden können, können sie auch anderen Funktionen als Argument übergeben werden. Man spricht dann auch von Funktionen höherer Ordnung.

Eine Funktion höherer Ordnung ist folgende Funktion **twice**. Sie bekommt eine Funktion als Argument, sowie einen Parameter für diese Funktion. Die übergebene Funktion wird auf den Parameter angewendet und anschließend noch einmal auf das Ergebnis dieser Anwendung. Sie wird also zweimal hintereinander angewendet:

```
int twice(Function<Integer,Integer> f, int i){
    return f.apply(f.apply(i));
}
```

Die Funktion **f1** zum Verdoppeln zweimal angewendet, vervierfacht also entsprechend das Argument:

```
twice(f1,5)

$4 ==> 20
```

Wir können die Funktion nicht nur als Funktionsvariable, sondern auch direkt als Lambda-Ausdruck übergeben:

```
twice((x) -> x*x,2)

$3 ==> 16
```

Beispiel 3.2.1 Funktionen als Argumente

Funktionsargumente können hilfreich sein, wenn für eine Sammlung von Elementen eine Funktion auf alle Elemente dieser Sammlung anzuwenden ist.

Folgende Funktion erzeugt für eine Liste von Zahlen eine neue ebenso lange Liste von Zahlen, indem eine Funktion der Reihe nach auf jedes Listenelement angewendet wird:

```
LL<Integer> aufAlle(LL<Integer> xs, Function<Integer,Integer> f){
    return
        empty(xs)? nil()
                : cons(f.apply(head(xs)), aufAlle(tail(xs), f));
}
```

Auf unsere Beispielliste der Zahlen 1 bis 10 angewendet, können wir so zum Beispiel eine Liste von Quadratzahlen erhalten:

```
aufAlle(xs, (x) -> x*x);

$41 ==> [1, 4, 9, 16, 25, 36, 49, 64, 81, 100]
```

□

3.3 Generische Funktionen höherer Ordnung

Die eben gesehene Funktion **twice**, die eine Funktion doppelt anwendet, ist inhaltlich nicht auf den Typ von ganzen Zahlen beschränkt. Jede einstellige Funktion, deren Argument- und Ergebnistyp gleich sind, kann mehrfach angewendet werden.

Wir haben schon gesehen, dass wir Funktionen über einen Typ abstrahieren können. Das lässt sich auch mit Funktionen höherer Ordnung machen. Wir können die Funktion **twice** verallgemeinern, sodass sie für einen beliebigen aber festen Typ **A**, eine Funktion mit Argument- und Ergebnistyp **A** doppelt anwendet:

```
<A> A twice(Function<A,A> f, A i){
  return f.apply(f.apply(i));
}
```

Diese allgemeinere Version lässt sich weiterhin auf eine Funktion, die mit ganzen Zahlen rechnet, anwenden:

```
twice((x)->x*x,5)
```
```
$68 ==> 625
```

Aber jetzt können wir auch eine Funktion, die auf Zeichenketten arbeitet, doppelt anwenden. Zum Beispiel, die Funktion, die das erste Auftreten der Ziffer **0** durch den Buchstaben **A** ersetzt:

```
twice((x)->x.replaceFirst("0","A"),"012304567890")
```
```
$6 ==> "A123A4567890"
```

Zweimal angewendet, werden so die ersten beiden Ziffern **0** ersetzt:

Beispiel 3.3.2 Funktionen verkettet

In diesem Beispiel soll nicht eine Funktion doppelt angewendet werden, sondern zwei übergebene Funktionen nacheinander. Also für zwei Funktionen f_1 und f_2 soll $f_2(f_1(x))$ gerechnet werden.

Jetzt sind drei Typen involviert. Ein beliebiger Argumenttyp **A** für die Funktion f_1, der Ergebnistyp **B** der Funktion f_1, der gleichzeitig Argumenttyp von f_2 ist und schließlich der Ergebnistyp **C** der Funktion f_1.

So ist die Funktion über drei Typen generisch zu halten: **<A, B, C>**.

Wir können die Funktion somit definieren als:

```
<A,B,C> C nacheinander(Function<A,B> f1,Function<B,C> f2, A a){
  return f2.apply(f1.apply(a));
}
```

Soll ein Argument erst quadriert und dann verdoppelt werden, dann kann folgender Ausdruck verwendet werden:

```
nacheinander((x)->x*x, (x)->2*x, 5)

$2 ==> 50
```

In diesem Fall sind alle drei Typen **A**, **B** und **C** vom konkreten Typ **Integer**.

Wir können aber auch Aufrufe machen, in denen alle drei Typen unterschiedlich sind:

```
nacheinander((x)->x.length(),(x)->Math.pow(2,x),"hallo")

$8 ==> 32.0
```

Hier ist der Typ **A** eine Zeichenkette vom Typ **String**. Von dieser wird die Länge berechnet. Wir erhalten für **B** den Typ **Integer**. Die Funktion **pow** schließlich berechnet eine Zahl vom Typ **Double**, womit der Typ **C** in diesem Beispiel ein **Double** ist.   □

Aufgabe 3.1

Schreiben Sie jetzt eine generische Version von **aufAlle**, bei der eine generisch gehaltene Funktion des Typs **Function<A,B>** auf alle Elemente einer Liste des Typs **LL<A>** anwendet, um eine Liste des Typs **LL<B>** zu erzeugen. Nennen Sie die Funktion **map**.

Beispielaufruf:

```
map(cons("Freunde",cons("Römer",cons("Landsleute",nil()))))
  ,(x)->x.length())

$601 ==> [7, 5, 10]
```

□

3.4 Funktionen als Ergebnistyp

Genauso, wie eine Funktion andere Funktionen als Argument erhalten kann, kann eine Funktion auch eine Funktion als Ergebnis berechnen.

So lässt sich der aus der Mathematik bekannte Operator ∘ zur Verknüpfung zweier Funktionen in Java definieren.

$$(f_2 \circ f_1)(x) = f_2(f_1(x))$$

Der Operator ∘ verknüpft zwei Funktionen zu einer neuen. Er wird gerne als *nach* gelesen. $f_2 \circ f_1$ heißt also, wende f_2 nach f_1 an.

Wir erhalten folgende Umsetzung in Java:

```
<A,B,C> Function<A,C> nach(Function<B,C> f2,Function<A,B> f1){
    return (x)->f2.apply(f1.apply(x));
}
```

Jetzt können wir eine neue Funktion erzeugen, indem wir zwei Funktionen zu einer konkatenieren:

```
Function<Integer,Integer> f = nach((x)->x*x, (x)->2*x)

f ==> $Lambda$24/0x0000000800c0aad0@506e1b77
```

Und getrennt davon die neu berechnete Funktion anwenden.

```
f.apply(5)

$5 ==> 100
```

Aufgabe 3.2

Betrachten Sie folgende Funktionsdefinition der Funktion, die nicht wie **twice** eine Funktion zweimal anwendet, sondern n mal.

$$\text{nTimes}(f, n, x) = \begin{cases} x & \text{für } n \leq 0 \\ \text{nTimes}(f, n-1, f(x)) & \text{für } n > 0 \end{cases}$$

Implementieren Sie die Funktion als generische Funktion in Java.

□

3.5 Weitere Funktionsargumente

3.5.1 Binäre Funktionen

Die Funktionenobjekte, die wir bisher gesehen haben, hatten alle genau ein Argument. Für zweistellige Funktionen verwendet Java den Typnamen **BiFunction**.[1]

Hier müssen drei Typen angegeben werden: Die beiden Argumenttypen und als drittes der Ergebnistyp.

Ein kleines Beispiel für eine zweistellige Funktion:

```
BiFunction<String,Integer,Integer> f
  = (String x,Integer y) -> x.length()+y
```

Sie addiert zur Länge einer Zeichenkette eine Zahl:

```
f.apply("hallo",3)

$8 ==> 8
```

Beispiel 3.5.3 Liste von Paaren bilden

Wir geben eine Funktion **zipWith** an, die die Elemente zweier Listen paarweise verrechnet und in einer Ergebnisliste erzeugt:

```
<A,B,C> LL<C> zipWith(BiFunction<A,B,C> f, LL<A> as, LL<B> bs){
  return
      empty(as)||empty(bs)
    ? nil()
    : cons(f.apply(head(as),head(bs)),zipWith(f, tail(as),tail(bs)));
}
```

□

3.5.2 Binäre Operatoren

Ein Spezialfall binärer Funktionen sind solche, in denen beide Argumente vom gleichen Typ sind wie der Ergebnistyp. Eine solche binäre Funktion wird auch als Operator bezeichnet. Für diese kennt Java einen eigenen Typ: **BinaryOperator**.

---

[1] Es gibt in Java bisher noch keinen allgemeinen Typ für beliebig stellige Funktionen. Die Typen von Funktionsobjekten und ihre Namen legen die Anwenderschnittstellen fest.

Für eine Liste von Zahlen lässt sich mit Hilfe eines binären Operators eine sehr nützliche Funktion schreiben. Alle Elemente der Reihung sollen mit einem Operator verknüpft werden:

```
int verknuepfe(LL<Integer> xs, int r, BinaryOperator<Integer> op){
  return empty(xs)? r
                 : verknuepfe(tail(xs), op.apply(r,head(xs)), op);
}
```

Die Summe aller Elemente der Liste lässt sich mit folgendem Ausdruck berechnen:

```
verknuepfe(xs,0,(x,y) -> x+y)

$4 ==> 55
```

Das Produkt aller Elemente der Liste lässt sich mit folgendem Ausdruck berechnen:

```
verknuepfe(is,1,(x,y) -> x*y)

$5 ==> 3628800
```

Und folgender Aufruf berechnet das größte Element einer Liste:

```
verknuepfe(is,Integer.MIN_VALUE,(x,y) -> Math.max(x,y))

$6 ==> 10
```

Die Funktion **verknuepfe** begegnet einem in der ein oder anderen Form in sehr vielen Programmiersprachen. Sie heißt dann oft **fold** oder **reduce**. In Java gibt es mehrere Funktionen **reduce**, die nach diesem Prinzip arbeiten. Wir werden sie später kennenlernen.

3.5.3 Prädikate

Prädikate kennt man aus der Prädikatenlogik. Sie beschreiben dort eine Eigenschaft für Elemente auf einer Grundmenge. Ein Prädikat ist dann die Teilmenge, für die eine Eigenschaft gilt. Die Eigenschaft selbst kann man als eine Testfunktion verstehen. Die Testfunktion prüft, ob die Eigenschaft für ein bestimmtes Element gilt und wertet zu einem entsprechenden Wahrheitswert aus. Insofern kann ein Prädikat über diese Testfunktion charakterisiert werden. Somit ließe sich ein Prädikat auf der Menge A als Funktion des Typs: **Function<A,Boolean>** darstellen.

Java sieht hierfür eine spezialisierte Funktion vor mit dem Namen **Predicate**.

Diese ist generisch über dem Elementtyp, für den das Prädikat getestet wird. Die eigentlich anzuwendende Funktion heißt hier nicht **apply** sondern passender Weise **test**.

Beispiel 3.5.4 Existenzquantor

Als Beispiel können wir quasi den Existenzquantor der Prädikatenlogik auf Listen als Funktion umsetzen. In der Prädikatenlogik ist eine Formel $\exists x.P(x)$ wahr, wenn mindestens ein Element der Grundmenge die Eigenschaft P hat.

Als Grundmenge nehmen wir eine Liste von Elementen und wollen wissen, ob ein Element der Liste das Prädikat erfüllt:

```
<A> boolean exists(LL<A> xs, Predicate<A> p){
  return !empty(xs) && ( p.test(head(xs)) || exists(tail(xs),p));
}
```

Existiert in den Zahlen von 1 bis 10 eine durch 5 teilbare Zahl?

```
exists(xs, (x) -> x%5==0)

$613 ==> true
```

Existiert in den Zahlen von 1 bis 10 eine Zahl über 1000?

```
exists(xs, (x) -> x>1000)

$612 ==> false
```

Naheliegenderweise will man vielleicht auch eine Entsprechung des Allquantors für die Elemente einer Liste implementieren.

Das kann man mit der Bedingung, dass sowohl der Test auf den Kopf der Liste als auch der rekursive Aufruf zu **true** auswerten muss:

```
<A> boolean all(LL<A> xs, Predicate<A> p){
  return empty(xs) || ( p.test(head(xs)) && all(tail(xs),p));
}
```

Mann kann sich aber auch einer logischen Äquivalenz bedienen, die den Allquantor über den Existenzquantor ausdrücken kann:

$$\forall x.P(x) \equiv \neg\exists x.\neg P(x)$$

Diese Äquivalenz lässt sich umgangssprachlich ausdrücken. Wenn es kein Element gibt, das die Eigenschaft verletzt, dann müssen wohl alle die Eigenschaft haben.

Da auf den Funktionsobjekten des Typs **Predicate** eine Methode zum Negieren eines Prädikats existiert, kann diese Äquivalenz auch direkt in Java ausgedrückt werden:

```
<A> boolean all(LL<A> xs, Predicate<A> p){
  return !exists(xs, p.negate());
}
```

□

Aufgabe 3.3

Schreiben Sie eine generische Funktion **filter**, die für eine Liste eine Ergebnisliste von all den Elementen der Liste erzeugt, für die ein übergebenes Prädikat gilt.

Beispielaufruf, der nach allen durch 3 teilbaren Zahlen filtert:

```
filter(xs,(x)->x%3==0)

$617 ==> [3, 6, 9]
```

□

3.5.4 Vergleiche

Eine häufig benötigte Funktion ist der Vergleich von zwei Objekten gleichen Typs in Bezug auf eine Ordnungsrelation. Die Frage also, welches von zwei Objekten als größer bzw. kleiner angesehen wird oder ob die beiden Objekte als gleich betrachtet werden. Eine Ordnungsrelation hat bereits eine entscheidende Rolle bei unserer Umsetzung von Mengen als binären Suchbaum gespielt. Da wir keinen Ordnungsvergleich auf beliebige Menge kennen, haben wir auf diese Weise bisher nur Mengen von Zahlen umgesetzt. Wollen wir diese Umsetzung verallgemeinern für Mengen beliebiger, aber fester Typen, so erhalten wir folgende generische Datenklasse:

```
record BT<E>(BT<E> left, E e, BT<E> right){}
```

Die Funktion, die ein Blatt erzeugt, also eine einelementige Menge, können wir aus der bisherigen Implementierung übernehmen, müssen sie nur generisch über den Elementtypen der Menge machen:

```
<E> BT<E> blatt(E e){return new BT<>(null,e,null);}
```

Auch die Größe einer Menge bleibt vom Typ der Elemente unberührt:

```
<E> long size(BT<E> t){
  return t == null ? 0 : 1+size(t.left())+size(t.right());
}
```

Interessant wird die Funktion, die ein neues Element in die Menge einfügen soll. Hier gilt die Regel: ist das einzufügende Element kleiner als das Wurzelelement, ist es im linken Teilbaum einzufügen, ist es größer, dann im rechten Teilbaum. Aber was heißt für einen beliebigen aber festen Typen **E**, der variabel gehalten ist, größer bzw. kleiner?

Das können wir nicht erraten und diese Entscheidung muss eine zusätzliche Funktion treffen, die zwei Objekte vergleichen kann.

Die Funktion zum Vergleich zweier Objekte in Java heißt **Comparator**. Sie ist generisch über den Typ der Elemente, die verglichen werden sollen. Der Funktionsname lautet **compare**. Sie hat zwei Argumente des Elementtyps, der zu vergleichenden Elemente. Das Ergebnis ist vom Typ **int**. Stellt das Ergebnis eine negative Zahl dar, so ist das erste Element als kleiner anzusehen, bei einer positiven Zahl als größer und beim Ergebnis 0 sind beide Elemente als gleich groß zu betrachten.

Um das mit Leben zu füllen, definieren wir eine kleine Klasse für Punkte im zweidimensionalen Raum:

```
record Punkt(double x, double y){}
```

Für Objekte dieser Klasse können wir eine Vergleichsfunktion definieren. Das wird eine Funktion des Typs **Comparator<Punkt>**. Diese lässt sich durch einen Lambda-Ausdruck definieren:

```
Comparator<Punkt> pc = (p1,p2) ->
  (p1.x()<p2.x() ? -1 :
   p1.x()>p2.x() ? 1  :
   p1.y()<p2.y() ? -1 :
   p1.y()>p2.y() ? 1  :
   0);
```

Beim Vergleich zweier Punkte sortieren wir mit dieser Funktion erst nach der x-Koordinate. Bei gleicher x-Koordinate nach der y-Koordinate und erst wenn beide gleich sind, sehen wir die beiden Punkte auch als gleich an.

Nun zurück zu unserem binären Suchbaum. Die Funktion **add** benötigt einen Vergleich auf die Elemente der Menge. Deshalb bekommt die Funktion zum Vergleichen zweier Elemente ein zusätzliches Argument:

```
<E> BT<E> add(BT<E> t, E e, Comparator<E> comp){
  return
    t == null ? blatt(e):
```

Ist das einzufügende Element in dem mitgegebenen Vergleich kleiner als das Wurzelelement, so ist es dem linken Kind zuzufügen:

```
        comp.compare(e,t.e())<0
                 ? new BT<>(add(t.left(),e,comp),t.e(),t.right()):
```

Wenn es größer ist, so ist es dem rechten Kind zuzufügen:

```
        comp.compare(e,t.e())>0
                 ? new BT<>(t.left(),t.e(),add(t.right(),e,comp)):
```

Ist es gleich dem Element an der Wurzel, braucht es nicht ein weiteres Mal eingeführt werden:

```
    t;
 }
```

Wenn es sich bei den Elementen der Menge um Objekte der Klasse **Punkt** handelt, dann überladen wir die Funktion **add** am besten so, dass die obige Vergleichsfunktion **pc** verwendet wird:

```
BT<Punkt> add(BT<Punkt> t, Punkt e){return add(t,e,pc);}
```

Ebenso verfahren wir bei der Funktion zum Testen, ob ein Element in der Menge enthalten ist. Auch diese benötigt die Vergleichsfunktion für die Elemente als zusätzliches Argument:

```
<E> boolean contains(BT<E> t, E e, Comparator<E> comp){
  return
    t == null ? false:
    comp.compare(e,t.e())<0 ? contains(t.left(),e,comp):
    comp.compare(e,t.e())>0 ? contains(t.right(),e,comp):
              true;
}
```

Um auch hier für den Vergleich zweier Objekte der Klasse **Punkt** die stets gleiche Funktion zum Vergleichen zu verwenden, kann man auch diese Funktion für die Menge von Punktobjekten überladen:

```
boolean contains(BT<Punkt> t, Punkt e){return contains(t,e,pc);}
```

3.6 Eigene Funktionstypen

Bisher haben wir vordefinierte Funktionstypen verwendet. Wir können aber auch eigene Funktionstypen definieren, die einen eigenen Namen haben und auch mit einem eigenen Namen für die eigentliche Anwendung der Funktion ausgestattet sind.

Der Weg dahin geht über die Schnittstellen. Funktionstypen sind in Java-Schnittstellen mit genau einer abstrakten Methode.

Ein Typ für binäre Operatoren auf Wahrheitswerten lässt sich definieren als:

```
interface BooleanOp{
  boolean eval(boolean b1, boolean b2);
}
```

Wenn eine Schnittstelle nur eine abstrakte Methode definiert, dann können wir mit Lambda definierte Funktionen für diese Schnittstelle schreiben:

```
BooleanOp implication = (b1,b2) -> !b1||b2

implication ==> $Lambda$22/0x0000000800c0e610@484b61fc
```

Diese kann nun mit dem Methodennamen **eval** aufgerufen werden:

```
implication.eval(false,true)

$31 ==> true
```

```
implication.eval(true,false)

$32 ==> false
```

Die Lambda-Ausdrücke sind nur eine sehr abkürzende Schreibweise dafür, dass eine Datenklasse erzeugt wird, die die Schnittstelle implementiert:

```
record Implication() implements BooleanOp{
  public boolean eval(boolean b1, boolean b2){
    return !b1||b2;
  }
}
```

Anschließend kann von dieser Datenklasse ein Objekt erzeugt werden:

```
BooleanOp implication = new Implication()

implication ==> Implication[]
```

Wie man sieht, ist die Lambda-Notation wesentlich kompakter. Es braucht nicht die zwei getrennten Schritte, erst eine Datenklasse zu definieren und dann von dieser ein Objekt zu erzeugen. Der Lambda-Ausdruck macht beides in einem. So braucht auch kein Name für die Datenklasse, von der ja nur ein Objekt erzeugt werden soll, ausgedacht werden. Man muss beim Schreiben des Lambda-Ausdrucks noch nicht einmal wissen, wie die abstrakte Methode der Schnittstelle heißt. Statt eines Funktionsnamens schreibt man nur den stilisierten Pfeil **->**.

3.6.1 Annotation für Funktionsschnittstellen

Man kann Funktionsschnittstellen noch zusätzlich mit einer sogenannten Annotation als Funktion markieren. Annotationen beginnen in Java mit dem Klammeraffensymbol **@**. Sie können Programmteile mit zusätzlichen Informationen versehen. Die Annotation für Funktionsschnittstellen lautet: **@FunctionalInterface**.

Mit dieser zusätzlichen Annotation erhält man keine zusätzliche Funktionalität im Sinne der Auswertung des Programms. Man erhält aber eine vorherige statische Prüfung, die noch einmal checkt, ob die Schnittstelle tatsächlich nur eine abstrakte Methode hat und somit genau eine Funktion repräsentiert, deren Namen und Signatur sich dann automatisch aus dem Kontext ergeben können. Wird diese Eigenschaft verletzt, weist Java das Programm im Vorfeld mit einer entsprechenden Fehlermeldung zurück:

```
@FunctionalInterface interface A{
   int apply1(int i);
   String apply2(int i);
}
```
```
| Error:
| Unexpected @FunctionalInterface annotation
|   A is not a functional interface
|     multiple non-overriding abstract methods found in interface A
| @FunctionalInterface interface A{
| ^-------------------^
```

3.6.2 Generische Funktionsschnittstellen

Es ist natürlich auch möglich, eine Funktionsschnittstelle generisch zu gestalten. Im Falle des Summentypen **LL** haben wir bereits eine generische Schnittstelle definiert. Das geht in gleicher Weise bei Funktionsschnittstellen.

Beispiel 3.6.5 Dreistellige Funktion als Schnittstelle

Hier ist zum Beispiel eine beliebige dreistellige Funktion generisch umgesetzt:

```
@FunctionalInterface interface Fun3<A,B,C,R>{
   R apply(A a,B b,C c);
}
```

Diese lässt sich jetzt für unterschiedliche Typen der Typvariablen mit Lambda ausdrücken instanzieren.

Vielleicht mit drei ganzen Zahlen und einem ganzzahligen Ergebnis:

```
Fun3<Integer,Integer,Integer,Integer> f1 = (x,y,z)->x+y*z
```

Das entsprechend anzuwenden ist.

```
f1.apply(21,3,7)

$15 ==> 42
```

Oder aber mit einem Argument als Zeichenkette und einer Zeichenkette als Ergebnis:

```
Fun3<String,Integer,Integer,String> f2 = (x,y,z)->x+y+"*"+z+"="+y*z
```

Damit lassen sich dann entsprechende Berechnungen durchführen:

```
f2.apply("Die Rechnung lautet:",3,17)

$17 ==> "Die Rechnung lautet:3*17=51"
```

□

3.7 Anwendungen von Funktionsdaten

In diesem Abschnitt zeigen wir an ein paar kleinen Beispielen, wie mächtig das Prinzip der Funktionsdaten ist.

3.7.1 Evaluationszeit Messen

Beginnen wir damit, dass wir an der Ausführungszeit einer Auswertung interessiert sind.

Hierzu müssen wir in der JShell erstmals ein Paket importieren, das nicht standard-mäßig importiert ist. Es ist das Paket mit Funktionen und Objekten zur Zeitmessung:

```
import java.time.*
```

Mit dem Ausdruck **Instant.now()** lässt sich ein aktueller Zeitstempel ermitteln:

```
var z1 = Instant.now()

z1 ==> 2022-12-25T11:32:03.208354646Z
```

Der gleiche Aufruf eine knappe Minute später ergibt natürlich einen späteren Zeitpunkt:

```
var z2 = Instant.now()

z2 ==> 2022-12-25T11:32:57.348488191Z
```

Mit der Funktion **Duration.between** lässt sich die Zeitspanne zwischen zwei Zeitpunkten errechnen:

```
var d = Duration.between(z1,z2)

d ==> PT54.140133545S
```

Jetzt haben wir soweit alles, was wir brauchen, um zu messen, wie lange die Auswertung eines Ausdrucks benötigt.

Jetzt können wir versuchen. eine Funktion zu schreiben, die einen Ausdruck erhält, der auszuwerten ist. So soll ein Paar errechnen, das aus dem Ergebnis der Auswertung und der Auswertungszeitdauer besteht. Hierzu sei wieder die generische Paarklasse verwendet:

```
record Pair<A,B>(A e1,B e2){}
```

Angenommen, wir haben einen Ausdruck **e** von einem generisch gehaltene Typen **A**. Dann wollen wir **e** auswerten, und die Zeitdauer von vor und nach der Auswertung messen. Das soll in einer Funktion **timeMeasure** geschehen mit dem Rückgabetyp: **Pair<A,Duration>**.

Die Funktion kann nicht den Ausdruck **e** als Parameter bekommen. Dann wäre der Ausdruck bei Übergabe an die Funktion ausgewertet und würde nicht erst in der Funktion ausgewertet. Wir können aber eine funktionale Schnittstelle vorsehen, die ausdrückt, dass eine Methode aufgerufen werden muss, um an das Ergebnis zu kommen:

```
@FunctionalInterface interface Getter<A> {
  A get();
}
```

Diese Schnittstelle stellt eine konstante Funktion für die Auswertung eines Ausdrucks dar. Der Ergebnistyp ist der variabel gehaltenen Typ **A**. Ein Objekt des Typs **Getter<A>** lässt sich durch einen Lambda-Ausdruck leicht erstellen:

```
Getter<Long> gl = () -> fib(5)
```

Damit haben wir die Möglichkeit, nicht den Wert eines Ausdrucks zu übergeben, sondern die Funktion, die diesen Ausdruck erst berechnet, wenn die Methode **get** aufgerufen wird.

So lässt sich eine Funktion, die einen beliebigen Ausdruck auswertet und zusätzlich die Auswertungsdauer misst, definieren. Es wird ein Zeitstempel erzeugt, die Berechnung des Ausdrucks angestoßen und anschließend ein zweiter Zeitstempel erzeugt. Zeitdauer und Auswertungsergebnis werden in einem Paarobjekt zusammengefasst:

```java
<A> Pair<A,Duration> timeMeasure(Getter<A> c){
  var start = Instant.now();
  A r = c.get();
  var end = Instant.now();
  return new Pair<>(r, Duration.between(start, end));
}
```

Betrachten wir als Beispiel wieder die Fibonaccifunktion:

```java
long fib(int n){
  return n<=1 ? n : fib(n-2)+fib(n-1);
}
```

Nun können wir nicht nur die Funktion aufrufen, sondern zusätzlich die Auswertungszeit messen:

```java
timeMeasure( () -> fib(50) )

$40 ==> Pair[e1=12586269025, e2=PT46.255992979S]
```

3.7.2 Eine Funktion zur parallelen Auswertung

Wir haben bereits das Teile-und-Herrsche-Verfahren als algorithmisches Prinzip betrachtet. Ein Beispiel war dabei die Funktion, die das Produkt der Zahlen aus einem Zahlenbereich errechnet:

```java
long prod(int from, int to){
  var middle = (from+to)/2;
  return from==to ? from
                  : prod(from,middle) * prod(middle+1,to);
}
```

Das Teile-und-Herrsche-Prinzip kann seine Stärke nur ausspielen, wenn die beiden Teilaufgaben auch unabhängig und parallel voneinander stattfinden. In unserem Fall sind das die Berechnung von **prod(from,middle)** und **prod(middle+1,to)**. Auch hierzu müssen die beiden parallel auszuwertenden Ausdrücke in unausgewerteter Form übergeben werden und auch hier kann man sich eines konstanten Funktionsobjektes bedienen.

In Java gibt es das Paket **java.util.concurrent** mit Funktionalität zur parallelen Auswertung. Unserer Schnittstelle **Getter** entsprechend gibt es in diesem API eine funktionale Schnittstelle **Callable**.

Mit Hilfe der dort angebotenen Klassen lässt sich eine Funktion definieren, die zwei unausgewertete Ausdrücke erhält, die je ein Teilergebnis berechnen, so wie eine zweistellige Funktion, die diese Teilergebnisse zu einem Gesamtergebnis zusammenführt. Die beiden Teilaufgaben werden dann parallel ausgeführt und anschließend zusammengeführt.

So lässt sich eine Funktion **par** definieren:

```
<A,B,C> C par(Callable<A> pA, Callable<B> pB, BiFunction<A,B,C> comb){
  try (var executor  = Executors.newFixedThreadPool(2)){
    var p1 = executor.submit(pA);
    var p2 = executor.submit(pB);
    var r  = comb.apply(p1.get(),p2.get());
    executor.shutdown();
    return  r;
  } catch (Exception e) {
    throw new RuntimeException(e);
  }
}
```

Mit dieser Funktion, lässt sich jetzt die Berechnung des Produkts parallelisiert als Funktion **prodP** durchführen:

```
long prodP(int from, int to){
  var middle = (from+to)/2;
  return from==to
    ? from
    : par( () -> prod(from,middle)
         , () -> prod(middle+1,to)
         , (x,y) -> x*y);
}
```

Wir übergeben der Funktion **par** die beiden rekursiven Aufrufe als unausgewertete Ausdrücke des Typs **Callable**. Zusätzlich die Multiplikationsfunktion, die die beiden Teilergebnisse verrechnen soll. Im rekursiven Aufruf verwenden wir nicht die parallele Version, sondern die ursprüngliche sequentielle Version.

Nun stellt sich die Frage, ob wir durch die Parallelisierung der beiden rekursiven Aufrufe tatsächlich die Ausführungszeit verkürzen können. Potentiell ist fast eine Halbierung der Auswertungszeit möglich.

Zunächst ein Aufruf der nicht parallelisierten Version:

```
timeMeasure( ()->prod(1,25) )

Pair[e1=7034535277573963776, e2=PT0.000030443S]
```

Und nun die parallelisierte Version:

```
timeMeasure( ()->prodP(1,25) )

Pair[e1=7034535277573963776, e2=PT0.002682844S]
```

Die Parallelisierung macht es nicht schneller, sondern ein Vielfaches langsamer. Das liegt daran, dass das Verteilen der Arbeit auf parallele Ausführung nicht umsonst ist. Eine Parallelisierung lohnt erst dann, wenn die parallel ausgeführten Teile aufwändiger sind, als der Zusatzaufwand der Parallelisierung.

Betrachten wir jetzt eine teilweise parallelisierte Version der Baumrekursion zur Berechnung einer Fibonaccizahl. Hier sehen wir einen zusätzlichen Parameter, der angibt bis zu welcher Baumtiefe noch parallelisiert werden soll, bevor auf die komplett sequentielle Variante zurückgegriffen wird:

```
long fibP(int n,int d){
  return d<=0 || n<=1
       ? fib(n)
       : par( () -> fibP(n-2,d-1)
            , () -> fibP(n-1,d-1)
            , (x,y)->x+y);
}
```

Jetzt lässt sich eine deutliche Verkürzung der Auswertungszeit auch messen. Zunächst die parallele Version:

```
timeMeasure(() -> fibP(45,3))

Pair[e1=1134903170, e2=PT2.202314362S]
```

Im Vergleich dazu die nicht parallelisierte Version:

```
timeMeasure(() -> fib(45))

Pair[e1=1134903170, e2=PT6.72789178S]
```

Es wird in diesem Fall nur noch ein Drittel der sequentiellen Auswertungszeit benötigt.

3.7.3 Nicht-strikte Funktion mit Funktionsargumenten

Wir haben bereits festgestellt, dass Java eine strikte Auswertungsstrategie verfolgt. Jedes Argument wird erst komplett ausgewertet, bevor es der Funktion übergeben wird.

Wir können mit Funktionsargumenten eine nicht-strikte Auswertung simulieren. Statt den eigentlichen Argumenten übergeben wir eine nullstellige Funktion, die das Argument nach Bedarf auswerten kann.

Hierzu können wir wieder eine generische Funktionsschnittstelle definieren, in der eine Funktion zum Auswerten des Ergebnisses vorgesehen ist:

```
interface Lazy<A> {
  A eval();
}
```

Unser Beispiel für die Striktheit von Funktionen war die Funktion **wenn**, die die Fallunterscheidung macht. Diese muss nur nach Bedarf eines der beiden Argumente für die Alternativen auswerten. Statt jetzt Argumente des generischen Typs für diese vorzusehen, sehen wir Funktionen des Typs **Lazy** für diese vor.

Wir übergeben also Funktionen, die durch Aufruf der Methode **eval** die Argumente erst auswerten.

Diese können nun dem Bedingungsoperator übergeben werden. Erst dort wird die Auswertung nach Bedarf mit dem Aufruf von **eval()** angestoßen:

```
<A> A wenn(boolean b, Lazy<A> a1, Lazy<A> a2) {
  return b ? a1.eval() : a2.eval();
}
```

Wir können uns wieder der nichtterminierenden Fehlerfunktion **bot()** bedienen, um zu zeigen, dass nun die Argumente erst nach Bedarf ausgewertet werden. Hierzu sind statt der Argumente direkt Lambda-Ausdrücke zu übergeben. Ein Lambda-Ausdruck für eine Funktion des Typs **Lazy** beginnt stets mit: **()->**. Es handelt sich ja um eine Funktion ohne Argumente.

Der Aufruf zu **wenn** wird also:

```
wenn(2+17==24, ()->bot(), ()->"Nein")

$629 ==> "Nein"
```

Und wie man sieht, terminiert seine Auswertung, obwohl im zweiten Argument ein Aufruf der nichtterminierenden Funktion **bot()** steht.

Wir können die Funktion **wenn** auch so überladen, dass sie strikt und nicht-strikt aufgerufen werden kann:

```
<A> A wenn(boolean b, A a1, A a2) {
  return wenn(b, ()->a1, ()->a2);
}
```

In der Java Standardbibliothek gibt es eine Funktionsschnittstelle, die unserer Schnittstelle **Lazy** entspricht. Dort heißt sie **Supplier**. Sie ist ebenso generisch: Dort heißt die Methode nicht **eval**, sondern **get**.

3.7.3.1 Verzögerte Listen

Mit der Funktionsschnittstelle **Lazy** können auch verzögert ausgewertete Listen definiert werden. Damit sind Listen gemeint, die zunächst gar nicht fertig im Speicher liegen, sondern für die lediglich gespeichert ist, wie sie bei Bedarf zu errechnen sind. Erst wenn wir ein bestimmtes Element aus einer solchen Liste benötigen, wird die Liste bis zu diesem Element ausgewertet. Damit lassen sich dann auch potentiell unendliche Listen definieren.

Der Haupttrick dabei ist, dass das Feld **tl** der Cons-Liste keine Liste ist, sondern eine nullstellige Funktion, die die Restliste auf Bedarf generiert:

```
record Cons<E>(E hd, Lazy<VL<E>> tl) implements VL<E>{}
```

Die leere Liste bleibt wie in der strikten Umsetzung:

```
record Nil<E>() implements VL<E>{}
```

Und beide werden wieder in einem Summentyp zusammengefasst:

```
sealed interface VL<E> permits Nil, Cons{}
```

Wir schreiben eine Funktion, die den Konstruktor **Cons** aufruft:

```
<E> VL<E> cons(E e, Lazy<VL<E>> es){return new Cons<>(e,es);}
```

Ein zweiter Konstruktor nimmt eine bereits ausgewertete Restliste und macht die zu einer **Lazy**-Funktion:

```
<E> VL<E> cons(E e, VL<E> es){return new Cons<>(e,()->es);}
```

Damit können wir schon eine potentiell unendliche Liste erzeugen. Die Funktion **from** erzeugt eine Liste mit einer Startzahl als erstes Element und als Restliste aller aufsteigenden Zahlen:

```
Lazy<VL<Integer>> from(int i){return ()->cons(i,from(i+1));}
```

So lässt sich schnell eine unendliche Liste aller Zahlen von 1 aufwärts erzeugen:

```
var nat = from(1)
```

Die Testfunktion muss für eine verzögerte Liste die Auswertung des vordersten Listenglieds erzwingen:

```
<E> boolean empty(Lazy<VL<E>> xs){
  return (xs.eval() instanceof Nil<E> c);
}
```

Auch um das Kopfelement zu erhalten, muss die Auswertung angestoßen werden:

```
<E> E head(Lazy<VL<E>> xs){
    return (xs.eval() instanceof Cons<E> c)?c.hd():null;
}
```

Ebenso auch für die Restliste:

```
<E> Lazy<VL<E>> tail(Lazy<VL<E>> xs){
    return (xs.eval() instanceof Cons<E> c)?c.tl():null;
}
```

Jetzt lassen sich die Listenfunktionen, die wir zuvor implementiert haben, auch für verzögerte Listen umsetzen.

Eine Funktion, um das Element am Index i zu erhalten:

```
<E> E get(Lazy<VL<E>> xs, int i){
    return i==0 ? head(xs) : get(tail(xs),i-1);
}
```

Die Teilliste aus den ersten i Elementen:

```
<E> Lazy<VL<E>> take(Lazy<VL<E>> xs, int i){
    return
        i==0 || empty(xs)? ()->new Nil<>()
                         : ()->cons(head(xs),take(tail(xs),i-1));
}
```

Die Teilliste ohne die ersten i Elemente:

```
<E> Lazy<VL<E>> drop(Lazy<VL<E>> xs, int i){
    return i==0 || empty(xs)? xs : drop(tail(xs),i-1);
}
```

Jetzt lässt sich mit der eigentlich unendlichen Liste arbeiten und aus ihr Daten selektieren:

```
get(take(drop(nat,10000),100),10)

$22 ==> 10011
```

Das Sieb des Eratosthenes

Als kleine Übung dieser verzögerten Listen, können wir die Liste aller Primzahlen nach dem sogenannten *Sieb des Eratosthenes* definieren[2].

Das Prinzip dieses Verfahrens geht wie folgt:

• Man definiert zunächst die Liste aller Zahlen beginnend mit 2.

---

[2] Dabei vernachlässigen wir allerdings, dass wir nicht unendlich große Zahlen im Typ Integer speichern können.

- Man filtert dann aus dieser Liste alle Zahlen heraus, die kein Vielfaches der ersten Zahl sind. Oder anders herum ausgedrückt, streicht man aus der Liste alle ohne Rest durch die erste Zahl teilbaren Zahlen.

- Dieses wird jeweils auf dem Rest der gefilterten Liste durchgeführt.

Man beginnt also mit den natürlichen Zahlen ab 2. Die 2 ist die erste Primzahl. Man löscht alle Vielfachen von 2. Nun hat man die Liste aller ungeraden Zahlen beginnend mit 3. Die 3 ist die zweite Primzahl. Jetzt filtert man die durch 3 teilbaren Zahlen heraus usw..

Hier die Zahlenfolge, wie sie schrittweise bei den ersten drei Filterschritten entsteht. Wir beginnen mit den Zahlen ab 2:

2, 3, 4, 5, 6, 7, 8, 9, 10, 11, 12, 13, 14, 15, 16, 17, 18, 19, 20, 21, 22, 23, 24, 25...

Aus dieser werden alle Vielfachen von zwei gelöscht:

2, 3, 5, 7, 9, 11, 13, 15, 17, 19, 21, 23, 25...

Jetzt werden alle Vielfachen von 3 gelöscht:

2, 3, 5, 7, 11, 13, 17, 19, 23, 25...

Im nächsten Filterschritt sind alle Vielfachen von 5 zu löschen:

2, 3, 5, 7, 11, 13, 17, 19, 23...

Die Hauptfunktion, die benötigt wird, ist die Funktion **filter**, die wir bereits für die nicht verzögerten Listen als Aufgabe umgesetzt haben:

```
<E> Lazy<VL<E>> filter(Lazy<VL<E>> lxs, Predicate<E> p){
  var xs = lxs.eval();
  return switch (xs){
    case Nil<E>() -> ()->xs;
    case Cons<E>(var x,var lys) when p.test(x) ->
      ()->cons(x,filter(lys,p));
    case Cons<E>(var x,var lys) ->
      filter(lys,p);
  };
}
```

Mit der Funktion **filter** kann jetzt das eigentliche Sieb definiert werden. Interessant sind nur Listen, die nicht leer sind. Das erste Element wird übernommen, die Restliste gefiltert, sodass die Vielfachen des ersten Elements gelöscht sind. Dann wird auf die gefilterte Liste wieder das Sieb angewendet:

```
Lazy<VL<Integer>> sieb(Lazy<VL<Integer>> lxs){
  VL<Integer> xs = lxs.eval();
  return switch (xs){
    case Nil<Integer>()             -> ()->xs;
    case Cons<Integer>(var x,var lys) ->
      () -> cons(x,sieb(filter(lys,y->y%x!=0)));
    default->throw new RuntimeException("internal error");
  };
}
```

Und nun ist die Liste aller Primzahlen definiert, als das Sieb angewendet auf die Zahlen beginnend mit 2:

```
var primes = sieb(from(2))
```

Erst wenn wir eine bestimmte Primzahl haben wollen, wird die Auswertung dieser Liste bis zur gewünschten Stelle angestoßen. So können wir uns die 5000. Primzahl errechnen lassen:

```
get(primes,5000)

48619
```

Die hier vorgestellten verzögerten Listen haben noch ein Problem in der Umsetzung, das wir mit dem bisher vorgestellten Javakonstrukten noch nicht lösen können. Die Funktionen vom Typ **Lazy**, die mit den Lambda-Ausdrücken erzeugt werden, speichern nicht ihr Ergebnis zwischen, wenn sie einmal zur Auswertung gezwungen wurden. Wenn wir das Ergebnis eines Funktion **Lazy** ein zweites Mal benötigen, wird die Rechnung auch ein zweites Mal durchgeführt, anstatt beim ersten Mal das Ergebnis zu speichern und dann direkt zu nehmen. Das ist auch der Grund, weshalb wir in den Funktionen **sieb** und **filter** zumindest das Ergebnis des Aufrufs der Funktion **eval()** in einer lokalen Variablen speichern.

Kapitel 4

Ein Klassiker: Psychotherapiesimulation *Eliza*

Zusammenfassung Die zuvor eingeführten Konzepte werden genutzt, um das Programm Eliza, das eine Therapiesitzung simuliert, zu implementieren. dabei werden die verketteten Listen für die Datenhaltung des Programms verwendet.

4.1 Das Programm ›Eliza‹

Zum Abschluss des ersten Teils des Kurses, der sich bis hierhin allein auf Konzepte der funktionalen Programmierung gestützt hat, soll ein Klassiker der KI stehen. 1966 wurde das Programm Eliza vorgestellt[23]. Es simuliert auf einfache Weise eine psychotherapeutische Sitzung, indem es die Sätze des Patienten nach bestimmten Satzmustern absucht und für diese vorgefertigte Gegenfragen bereit hält. Dabei werden Teile des Ausgangssatzes wieder in die Gegenfrage eingebaut.

Sagt der Patient zum Beispiel: ›*I am a bit frustrated*‹, so hat das Programm für Satzfragmente mit ›I am‹ vorgefertigte Antworten zum Beispiel ›*How long have you been*‹. Dieser Antwort wird der Rest des Patientensatzes angehängt, der dem ›I am‹ folgt. In diesem Fall also: ›*a bit frustrated*‹. Die ganze Gegenfrage lautet dann also: ›*How long have you been a bit frustrated?*‹.

Bei diesem einfachen Verfahren muss man darauf achten, dass man ja den Sprecher wechselt. Sagt der Patient: ›*I am not very comfortable in your presence.*‹, reicht es für die Gegenfrage nicht aus, den Satzteil nach dem Schlüssel ›*I am*‹ in die Gegenfrage aufzunehmen, dann erhielte man: ›How long have you been not very comfortable in

S. E. Panitz, *Java für Teetrinker*, https://doi.org/10.1007/978-3-662-69321-6_4

your presence.‹ Es sind zusätzlich die Pronomen der ersten in die zweite Person und umgekehrt umzuwandeln, sodass die Gegenfrage dann lautet: ›How long have you been not very comfortable in my presence.‹

Im folgenden werden wir den Eliza-Chatbot in Java auf funktionale Art und Weise umsetzen. [1]

4.2 Daten

Grundlagen für einen guten Dialog mit dem Programm *Eliza* sind möglichst viele vorgefertigte Antworten auf Satzfragmente. Diese sind in Listen notiert. So gibt es eine Liste mit vorgefertigten Antworte auf Sätze, die ein ›*I am*‹ enthalten:

```
var iAm =
    cons( "?Did you come to me because you are",
    cons( "?How long have you been",
    cons( "?Do you believe it is normal to be",
    cons( "?Do you enjoy being" ,
    nil()))));
```

Es gibt vier mögliche Antworten. In diesem Fall beginnen alle mit einem Fragezeichen als erstes Zeichen. Dieses soll anzeigen, dass es sich bei der Antwort um eine Frage handelt, in der der Rest der Antwort nach dem Schlüssel angehängt wird.

Es gibt aber auch vorgefertigte Antworten, die mit einem Punkt beginnen. Zum Beispiel bei den Antworten für Sätzen, die ›I want‹ enthalten:

```
var iWant =
    cons( "?Why do you want",
    cons( "?What would it mean to you if you got",
    cons( "?Suppose you got",
    cons( "?What if you never got",
    cons( ".I sometimes also want" ,
    nil())))));
```

Solche Antworten sind keine Gegenfragen, sondern Aussagen des Therapeuten.

Als drittes kann man ausdrücken, dass man zwar auf ein Wort reagiert, aber nicht den anschließenden Kontext für die Antwort oder Gegenfrage verwenden möchte,

---

[1] Die hier vorgestellte Umsetzung basiert ursprünglich auf ein Beispielprogramm, dass Mark P. Jones für seine Programmiersprache Gofer entwickelt hat.[12] Sie lag dem Gofer System als Demo bei. Gofer war ein früher, sehr einflussreicher Dialekt der Sprache Haskell und Anfang der 90er für die meisten Programmierer der Einstieg in Haskell. Ich habe die Gofer Implementierung von Eliza das erste Mal verwendet, um es als erstes Programm für die Programmiersprache Bolero zu adaptieren, die ich in der Software AG mitentwickelt habe. Eine erste Adaption für Java habe ich Anfang der 2000er geschrieben, noch bevor es generische Typen in Java gab. Die hier vorgestellte Adaption verwendet mit unseren verketteten Listen die neuesten Javakonstrukte. Ein Blick in das Originalpapier von Weizenbaum zeigt, dass sich Mark P. Jones sehr an der ursprünglichen Implementierung des Jahres 1966 orientiert hat.

sondern nur mit einem vorgefertigten Satz reagiert. Zum Beispiel wenn im Gespräch das Wort ›computer‹ auftaucht. Dann haben die Antwortsätze kein Satzzeichen als erstes Zeichen:

```
var computer =
  cons( "Do computers worry you?",
  cons( "Are you talking about me in particular?",
  cons( "Are you frightened by machines?",
  cons( "Why do you mention computers?",
  cons( "What do you think machines have to do with your problems?",
  cons( "Don't you think computers can help people?",
  cons( "What is it about machines that worries you?" ,
  nil()))))))));
```

Wenn das Programm *Eliza* sich für eine Antwort entschieden hat, lässt sich also anhand des ersten Zeichen die Antwort zusammenbauen. Dazu braucht es im Falle eines Punktes oder eines Fragezeichens das von der Frage des Patienten zu übernehmenden Satzfragments.

Die folgende Funktion leistet dieses:

```
String makeResponse(String cs,String us){
  return cs.charAt(0)=='?' ?  cs.substring(1)+" "+us+"?":
         cs.charAt(0)=='.' ?  cs.substring(1)+" "+us+"."
                        :  cs;
}
```

Für die Datenbasis müssen wir nun noch die Antwortfragmente mit einer Sequenz in den Eingabesätzen assoziieren. Hierzu bilden wir Paare:

```
record Pair<A,B>(A e1, B e2){}
```

Die erste Komponente des Paares ist eine Liste der Wörter, nach denen im Patientensatz gesucht wird. Also zum Beispiel die Sequenz der Wörter ›I am‹. Die zweite Komponente des Paares ist die Liste der möglichen vorgefertigten Antworten auf diese Schlüsselsequenz. Die ganze Datenbasis ist eine Liste solcher Paareinträge:

```
var respMsgs =
  cons(new Pair<>(cons("i",cons("am",nil())),iAm),
  cons(new Pair<>(cons("i'm",nil()),iAm),
  cons(new Pair<>(cons("i",cons("want",nil())),iWant),
  cons(new Pair<>(cons("computer",nil()),computer),
  nil()))));
```

Diese Datenstruktur realisiert eine Abbildung, englisch *map*. In einer Abbildung werden Schlüssel auf Wert abgebildet. In unserem Fall sind die Schlüssel Wortsequenzen und die Werte mögliche Antwortsätze. Die einfachste Form Abbildungen zu realisieren ist als Liste von Paaren. Weitere Umsetzungen werden wir später kennenlernen.

Es gibt noch zwei besondere Antwortmengen in Eliza. Zum einen wird die Situation berücksichtigt, dass ein Gesprächspartner sich wörtlich wiederholt. Hierfür gibt es eine Liste möglicher Antworten:

```
var repeatMsgs =
  cons( "Why did you repeat yourself?",
  cons( "Do you expect a different answer by repeating yourself?",
  cons( "Come, come, elucidate your thoughts.",
  cons( "Please don't repeat yourself!" ,
  nil()))));
```

Und es wird eine Liste von Antworten bereit gehalten, wenn kein Schlüssel, für den es eine spezifische Antwort gibt, in dem bearbeiteten Satz vorkommt.

```
var nokeyMsgs =
  cons( "I'm not sure I understand you fully.",
  cons( "What does that suggest to you?",
  cons( "I see.",
  cons( "Can you elaborate on that?",
  cons( "Say, do you have any psychological problems?" ,
  nil())))));
```

Wie man sieht, sind die Daten, auf denen Eliza operiert, recht einfacher Natur und könnten auch von einem Programmierlaien eingepflegt werden. Dieses hat Herrn Weizenbaum dazu veranlasst, das Programm *Eliza* zu nennen. Er bezieht sich dabei auf die Figur der Eliza Doolittle der Komödie ›Pygmalion‹ von George Bernhard Shaw. Zwei Jahre vor Veröffentlichung des Programms Eliza war die Verfilmung der Musical-Adaption unter den Titel ›My Fair Lady‹ ein Welterfolg.

Weizenbaum vergleicht das Programm mit Eliza Doolittle, weil sie auch erst einen Coach braucht, der ihr die Antwortsätze einer gepflegten Unterhaltung beibringen muss.

Im Rahmen dieses Buches geben wir nicht die volle Datenbasis an, wie sie Mark P. Jones verwendet hat. Der Leser ist aufgefordert, eigene Schlüssel-/Antwortpaare zu schreiben und der Liste **repeatMsgs** anzufügen.

4.3 Vorbereiten der Daten

Bevor wir den eigentlichen Algorithmus von Eliza umsetzen, sind die Eingabesätze zu normalisieren. Wir wollen aus den Sätzen Listen von Wörtern machen. Diese sollen frei von Satzzeichen sein.

Die erste Hilfsfunktion ersetzt daher Satzzeichen durch Leerzeichen. Hierzu dient die Funktion **replaceAll** auf Zeichenketten. Diese hat zwei String-Parameter. Der erste zeigt an, welche Zeichensequenz ersetzt werden soll und der zweite, was für diese eingesetzt werden soll. Der erste Parameter ist nicht nur in der Lage, nach genau der

Teilzeichenkette zu suchen, die zu ersetzen ist, sondern ein Muster zu beschreiben, nach dem gesucht werden soll. Hierzu dienen reguläre Ausdrücke.

Wir verwenden den regulären Ausdruck, der jedes Zeichen beschreibt, das eines der Satzzeichen '.', ',', ';', ':', '?' oder '!' darstellt. Diese sollen durch ein einfaches Leerzeichen ersetzt werden:

```java
String stripPunctuation(String s) {
  return s.replaceAll("[\\.,|;|:|?|!]", " ");
}
```

In weiteren Normalisierungsschritten sollen mehrere Zeichen, die nur Zwischenraum darstellen, also Leerzeichen, Tabulatorzeichen etc. durch ein einzelnes Leerzeichen ersetzt werden. Der reguläre Ausdruck für einen beliebig langen Zwischenraum ist: "\\s"+. Schließlich werden alle Zeichen als Kleinbuchstaben verwendet und vorangehender und abschließender Zwischenraum fallengelassen. Wir erhalten folgende Funktion zum Normalisieren der Eingabe:

```java
String normalize(String txt){
  return stripPunctuation(txt.toLowerCase()).replaceAll("\\s+"," ")
       .trim();
}
```

Eliza operiert auf Wortlisten, sodass wir für die Eingabe des Patientensatzes eine Wortliste erzeugen. Die Erzeugung der Wortliste bekommt normalisierte Sätze:

```java
LL<String> words(String txt){
  return wordsAux(normalize(txt));
}
```

Zum Erzeugen der Wortliste wird geschaut, ob die Eingabe noch ein Leerzeichen enthält. Wenn ja, ist das Leerzeichen an einem positiven Index **i** und die Eingabe kann gesplittet werden. Das erste Wort wird abgesplittet und die Funktion rekursiv für die restliche Zeichenkette aufgerufen:

```java
LL<String> wordsAux(String txt){
  var i = txt.indexOf(' ');

  return
    txt.isEmpty()
           ? nil():
      i<0  ? cons(txt,nil())
           : cons(txt.substring(0,i),words(txt.substring(i+1)));
}
```

Irgendwann werden wir die Wortliste wieder in einem einzelnen String als ganzen Satz zusammensetzen wollen. Hierzu dient die Funktion **unwords**:

```
String unwords(LL<String> xs){
  return empty(xs)        ? "" :
         empty(tail(xs)) ? head(xs)
                          : head(xs) +" "+ unwords(tail(xs));
}
```

4.4 Der Eliza Algorithmus

4.4.1 Konjugieren

Zum Konjugieren von der zweiten zur ersten Person und umgekehrt, sind nicht nur die Pronomen zu ändern, sondern auch die Verbformen der Hilfsverben. Hier sieht man auch, worin die Schwierigkeit liegt, das Programm auf die Deutsche Sprache anzupassen. Im Deutschen unterscheiden sich die Verbformen der ersten beiden Personen nicht nur beim Hilfsverb ›sein‹, sondern bei allen Verben auf nicht triviale Art und Weise.

Wir benötigen wieder eine Abbildung, die als Liste von Paaren realisiert ist:

```
var conjugates =
  cons(new Pair<>("me","you"),
  cons(new Pair<>("are","am"),
  cons(new Pair<>("were","was"),
  cons(new Pair<>("you","I"),
  cons(new Pair<>("your","my"),
  cons(new Pair<>("i've","you've"),
  cons(new Pair<>("i'm","you're"),
  cons(new Pair<>("am","are"),
  cons(new Pair<>("was","were"),
  cons(new Pair<>("i","you"),
  cons(new Pair<>("my","your"),
  cons(new Pair<>("you've","I've"),
  cons(new Pair<>("you're","I'm"),
  nil())))))))))))));
```

Mit den Funktionen **map** und **filter** unserer Listenimplementierung können wir jetzt die Wörter eines Satzes konjugieren. Hierzu betrachten wir mit der Funktion **map** jedes Wort **x** eines Satzes **xs**. Dann filtern wir aus der Paarliste **conjugates** die Paare heraus, deren erstes Feld gleich dem Wort **x** ist. Gibt es kein solches Paar, bleibt das Wort unverändert. Gibt es ein solches Paar, so wird das Wort durch das zweite Feld des Paares ersetzt.

Schließlich wird mit der Funktion **unwords** der ganze Satz aus der so konjugierten Wortliste erzeugt:

```
String conjugate(LL<String> xs){
  return unwords
    (map(xs
      ,(x) -> {
         var c = filter(conjugates, (cp)->cp.e1().equals(x)) ;
         return empty(c)?x:head(c).e2();
      })
    );
}
```

4.4.2 Antwortsatz generieren

Schließlich geht es um den eigentlichen Algorithmus, um eine Antwort zu generieren.

Zunächst schreiben wir eine Funktion, die für eine Schlüsselliste, also zum Beispiel der Wortfolge *I am* sucht, ob diese innerhalb des Eingabesatzes vorkommt. Sie muss nicht unbedingt am Anfang des Satzes stehen. Der Eingabesatz könnte lauten: ›*I really believe that I am not suited for this.*‹ Wenn wir nach dem Schlüssel ›*I am*‹ suchen, dann finden wir das in diesem Satz und sind interessiert daran, wie der Satz danach weiter geht. In diesem Falle: ›*not suited for this.*‹.

Mit Hilfe der Funktionen, die wir für Listen geschrieben haben, lässt sich diese Funktionalität umsetzen:

- Zunächst können wir mit Hilfe der Funktion **tails** alle Satzenden der Eingabe erzeugen.
  I really believe that I am not suited for this.
  really believe that I am not suited for this.
  believe that I am not suited for this.
  that I am not suited for this.
  I am not suited for this.
  am not suited for this.
  not suited for this.
  suited for this.
  for this.
  this.

- Jetzt können wir hierfür mit der Funktion **filter** alle die Sätze selektieren, die mit den Wörtern ›**I am**‹ beginnen. Für den Test in der Filterfunktion verwenden wir die bereits implementierte Funktion **isPrefixOf**.

  Wir erhalten in unserem Beispiel nur noch den Satz:
  I am not suited for this.

- Den Schlüssel, mit dem die so selektierten Sätze beginnen, benötigen wir nicht mehr. Mit Hilfe der Funktion **map** können wir die Wörter des Schlüssels durch Aufruf der Funktion **drop** von der Liste entfernen.

> **i** Typen wie **LL<Pair<LL<String>,LL<String»>** sind, gelinde gesagt, eine Zumutung. Leider kennt Java derzeit nicht die Möglichkeit, für lang auszuschreibende Typen ein Synonym oder Alias einzuführen. Als ich in den 90er Jahre Mitglied der Expertengruppe zur Erarbeitung der generischen Typen in Java war, hat die Arbeitsgruppe intern immer wieder bedauert, dass es nicht auch Teil unseres Auftrages war, die Einführung von Typsynonymen in Java mit auszuarbeiten. In Scala hingegen lassen sich Typsynonyme definieren: **type Row = List[Int]**. Ebenso in Kotlin: **typealias NodeSet = Set<Network.Node>**. Es scheint mir nicht unwahrscheinlich, dass es irgendwann auch in Java Einzug hält.

Wir erhalten in unserem Beispiel nur noch den Satz:
not suited for this.

Mit dieser Vorgehensweise können wir in wenigen Zeilen die passenden Satzenden heraussuchen. Ist die Ergebnisliste leer, so taucht die Schlüsselsequenz in dem Eingabesatz gar nicht auf:

```
LL<LL<String>> replyFragment(LL<String>  key, LL<String> question){
  var ts = filter(tails(question), (t)->isPrefixOf(key,t));
  return map( ts, (m) -> drop(m,length(key)) );
}
```

Für einen Schlüssel können wir jetzt die möglichen Antworten generieren. Es bleibt nun danach zu suchen, welcher Schlüssel denn in dem Eingabesatz vorkommt. Hierzu schauen wir uns alle Einträge in der Datenbasis an, die wir übergeben bekommen haben. Das können wir mit der Funktion **map** machen. Nun schauen wir jedes Mal, ob der Schlüssel des Paares für den Eingabesatz Antworten generiert. Für die Paare deren Schlüssel nicht bei uns vorkommen, wird dabei die leere Liste erzielt:

```
LL<String> ans(LL<Pair<LL<String>,LL<String>>> es, LL<String> l){
  return
    flatten(map(es , e ->
      flatten(map( replyFragment(e.e1(),l)
              , rs-> map(e.e2(),a->makeResponse(a, conjugate(rs)))
          ))
      ));
}
```

Die Funktion kann überladen werden, so dass wir direkt den Eingabestring übergeben können:

```
LL<String> ans(LL<Pair<LL<String>,LL<String>>> es, String l){
  return ans(es,words(normalize(l)));
}
```

Hier ein Beispielaufruf mit einem Satz, in dem zwei der Schlüssel passen. Es findet sich sowohl die Sequenz *I am* als auch das Schlüsselwort *computer*:

```
ans(respMsgs, "I believe I am not comfortable in your presence and I do
not like to talk to a Computer.")
```

```
[Did you come to me because you are not comfortable in my presence and
you do not like to talk to a computer?
, How long have you been not comfortable in my presence and you do not
like to talk to a computer?
, Do you believe it is normal to be not comfortable in my presence and
you do not like to talk to a computer?
, Do you enjoy being not comfortable in my presence and you do not like
to talk to a computer?
, Do computers worry you?
, Are you talking about me in particular?
, Are you frightened by machines?
, Why do you mention computers?
, What do you think machines have to do with your problems?
, Don't you think computers can help people?
, What is it about machines that worries you?]
```

Wir bekommen immer eine Liste unterschiedlicher Antworten, aus der wir mit folgender Funktion zufällig eine Antwort wählen können:

```
String getSome(LL<String> xs){
  var l = length(xs);
  return get(xs,(int)(Math.random()*l));
}
```

Zur Vervollständigung der Funktionalität, merken wir uns in einer globalen Variablen, den zuletzt gesagten Satz:

```
var previous = "";
```

Mit folgender kleinen Funktion können wir nun Dialoge führen:

```
String say(String in){
  var normalIn = normalize(in);
  var r = previous.equals(normalIn) ? repeatMsgs:ans(respMsgs,normalIn);
  previous = normalIn;
  return getSome(empty(r) ? nokeyMsgs :r);
}
```

Trotz der sehr eingeschränkten Datenbasis können wir schon eine kleine Dialogsession führen, die auch kleinere grammatikalische Schwierigkeiten des gezeigten Vorgehens entlarvt.

Zunächst laden wir die Programmskripte:

```
jshell> /open LL.jshell

jshell> /open Eliza.jshell
```

Nun können ein paar Dialogeingaben gemacht werden:

```
jshell> say("I am here to talk to you.")
$57 ==> "Did you come to me because you are here to talk to I?"

jshell> say("I am happy with my life.")
$58 ==> "Do you believe it is normal to be happy with your life?"

jshell> say("What do you know? You are just a computer.")
$59 ==> "Are you talking about me in particular?"

jshell> say("What do you know? You are just a computer.")
$60 ==> "Please don't repeat yourself!"

jshell> say("I am not sure, what to say")
$61 ==> "Do you enjoy being not sure what to say?"

jshell> say("This is stupid.")
$62 ==> "Can you elaborate on that?"
```

Teil II
Imperative Programmierung

Kapitel 5
Anweisungen

Zusammenfassung Anweisungen von der Zuweisung, über Fallunterscheidungen bis hin zu Schleifen werden eingeführt. Der Kontrollfluss eines Programms wird erläutert. Struktogramme und Flussdiagramme zur Illustration von Kontrollstrukturen werden gezeigt und der Kontrollfluss eines Programms erläutert. Vor Seiteneffekten in Funktionen wird gewarnt.

5.1 Ausdrücke und Anweisungen

Im letzten Abschnitt haben wir Ausdrücke in Java kennengelernt. Ausdrücke sind Rechnungen, die immer zu einem Ergebnis ausgewertet werden können. Ein Ausdruck kann überall dort verwendet werden, wo Daten zum Weiterverarbeiten benötigt werden.

Zusätzlich gibt es in Java Anweisungen. Dieses sind meist komplexere strukturierte Befehle, in denen es an mehreren Stellen Ausdrücke gibt. Anweisungen haben kein Ergebnis, zu dem sie ausgewertet werden, sondern verändern Speicherzellen, indem Variablen neue Werte zugewiesen oder Felder in Objekten verändert werden. Anweisungen steuern des Weiteren den Kontrollfluss eines Programms. Damit ist gemeint, dass sie z.B. Verzweigungen und Wiederholungen im Programmdurchlauf kontrollieren.

Während Ausdrücke sich darauf beschränken, möglichst knapp zu formulieren, *was* zu berechnen ist, so konzentrieren sich die Anweisungen darauf, zu beschreiben, *wie* etwas zu berechnen ist.

Ausdrücke bedienen sich an der aus der Mathematik entlehnten Formelsprache. Anweisungen hingegen beschreiben algorithmisch Schritt für Schritt, was zu machen ist.

5.2 Zuweisungen

Wir haben schon mehrfach gesehen, dass es in Java Variablen gibt. Wenn man in eine Variable Daten speichert, so nennt man dieses eine Zuweisung. Jede Variable hat einen unveränderbaren festen Typ. Daten, die einer Variablen zugewiesen werden, müssen von diesem Typ sein, ansonsten gibt es eine Fehlermeldung vom Kompilator. Zur Zuweisung wird das Symbol des einfachen Gleichheitszeichens = verwendet. Auf der linken Seite einer Zuweisungsanweisung steht eine Variable, auf der rechten Seite ein Ausdruck, dessen Ergebnis in der Variablen gespeichert werden soll.

Folgendes Beispiel zeigt, dass eine nicht typgerechte Zuweisung zu einem Übersetzungsfehler führt:

Wir legen eine Variable vom Typ **String** an:

```
String s = "hallo"

s ==> "hallo"
```

Versuchen wir jetzt dieser Variablen eine Zahl zuzuweisen, so verbietet uns Java dieses mit einem Typfehler:

```
s = 42

|  Error:
|  incompatible types: int cannot be converted to java.lang.String
|  s = 42
|      ^^
```

Man kann auf der rechten Seite einer Zuweisung die Variablen, denen ein neuer Wert zugewiesen werden soll, verwenden. Dann erhält man dort den Wert, den die Variable vor der neuen Zuweisung hatte.

Beginnen wir mit einer Variablen **x**:

```
var x = 2

x ==> 2
```

Nun können wir mit dem Ausdruck **2*x** dieser Variablen den Wert verdoppeln:

```
x = x*2

x ==> 4
```

Für eine solche Veränderung einer Variablen gibt es eine Kurzschreibweise mit einem Operator kombiniert mit dem Gleichheitszeichen. ***=2** steht beispielsweise für: verdoppel den Wert, der in der Variablen **x** gespeichert ist:

```
x *= 2

$57 ==> 8
```

Es gibt noch zwei spezielle Arten der Neuzuweisung eines Wertes einer Variablen. Dies sind die Operatoren **++** und **-**. Sie erhöhen eine Variable um eins bzw. verringern eine Variable um 1. man spricht auch von Inkrementieren und Dekrementieren. Diese Operatoren können der zu verändernden Variablen voran oder hinten an gestellt werden:

Wir weisen einer Variablen **z** den Wert 10 zu:

```
var z = 10

z ==> 10
```

Mit dem Ausdruck **-z** bekommt die Variable einen neuen um eins verringerten Wert:

```
--z

$68 ==> 9
```

Den Unterschied der Präxifinkremetierung +x+ zur Postfixdekrementierung x++ einer Variablen erkennt man, wenn man die Zuweisungen als Ausdrücke betrachtet.

5.2.1 Zuweisungen als Ausdruck

Die Zuweisungen sind allesamt nicht nur Anweisungen, die eine Variable verändern, sondern können auch als Ausdrücke verwendet werden. Eine Zuweisung hat nämlich einen Wert. Das Ergebnis der Zuweisung ist der neue gesetzte Wert der Variablen.

Hier gibt es eine Ausnahme. Es ist ein Unterschied, ob die Operatoren **++** und **-** präfix oder postfix verwendet werden.

Bei einer Postfixverwendung ist der Wert des Ausdrucks der Wert der Variablen vor der Veränderung.

Wir belegen eine Variable mit dem Wert 2:

```
x=2

x ==> 2
```

Übergeben nun den Ausdruck x++ der Funktion, die die Quadratzahl berechnet. Das Ergebnis ist $2^2 = 4$:

```
square(x++)

$61 ==> 4
```

Abschließend ist in der Variablen **x** der Wert $2 + 1 = 3$:

```
x

x ==> 3
```

Bei einer Präfixverwendung ist der Wert des Ausdrucks der Wert der Variablen nach der Veränderung, also der neue Wert der Variablen.

Wir rufen die Quadratfunktion nun mit +x+ auf:

```
square(++x)

$63 ==> 16
```

Nun erhalten wir $(x + 1)^2$ also $(3 + 1)^2 = 16$ als Ergebnis.

Eine Zuweisung kann auch als Ausdruck verwendet werden.

Zur Demonstration legen wir eine weitere Variable an:

```
var y = 42

y ==> 42
```

Jetzt weisen wir der Variablen **x** das Ergebnis der Zuweisung **y=17** zu:

```
x = y = 17

x ==> 17
```

Damit erhält zum einen **x** den neuen Wert **17**, aber auch **y** bekommt diesen Wert zugewiesen:

```
y

y ==> 17
```

Die Eigenschaft, dass eine Zuweisung auch ein Ausdruck mit einem Wert darstellt, kann verwirrend sein. Man sollte es besser nie oder selten verwenden.

5.3 Prozeduren

Es gibt in Java auch Funktionen, die im mathematischen Sinne gar keine Funktionen sind. Sie berechnen kein Ergebnis, sondern führen irgendeine andere Aktion durch. Sie können zum Beispiel mit der Außenwelt kommunizieren, indem sie Dateien schreiben oder vielleicht eine Email verschicken, oder aber auch, indem sie globale Variablen verändern.

Solche Funktionen werden auch als Prozeduren bezeichnet. Statt eines konkreten Ergebnistyps schreibt man in diesen Fällen in Java das Schlüsselwort **void**:

Beispiel 5.3.1 void-*Funktion*

Für ein erstes Beispiel legen wir eine Variable an:

```
var x = 1

x ==> 1
```

Nun definieren wir eine Prozedur, die kein Argument und auch keine Rückgabe hat. Sie setzt die Variable um eine **1** höher.

```
void inc(){x = x+1;}

|  created method inc()
```

Wenn wir die Prozedur nun mehrfach aufrufen, erhalten wir nie ein Ergebnis:

```
jshell> inc()

jshell> inc()

jshell> inc()

jshell> inc()
```

Anschließend findet sich aber der um vier erhöhte Wert in der Variablen **x**:

```
   x

   x ==> 5
```

□

Die vorhergehende Prozedur verändert die Außenwelt, indem sie den Wert einer Variablen neu setzt.

Eine der ersten und häufigsten Änderungen der Außenwelt ist, wenn etwas auf der Kommandozeile angezeigt werden soll.

Hierzu gibt es in Java eine Standardprozedur **System.out.println**, die wir bereits verwendet haben. Beim Arbeiten mit der JShell benötigen wir diese nicht unbedingt, weil hier ja für jede Eingabe direkt das Ergebnis auf der Kommandozeile angezeigt wird. Wir können die Prozedur aber auch in der JShell aufrufen:

```
jshell> System.out.println("hallo welt")
hallo welt
```

Es wird hier keine Ergebnisvariable angelegt, sondern nur etwas auf der Kommandozeile angezeigt. Man vergleiche es mit dem direkten Eintippen einer Zeichenkette in der JShell:

```
jshell> "hallo welt"
$66 ==> "hallo welt"
```

Hier wird eine neue Variable $66 angelegt, in der die Zeichenkette gespeichert wird.

Der Unterschied wird noch einmal deutlicher, wenn man versucht, das Ergebnis des Prozeduraufrufs in einer Variable zu speichern. Es führt zu einem Fehler, weil es einfach gar kein Ergebnis gibt, das zu speichern wäre:

```
jshell> var x = System.out.println("hallo welt")
|   Error:
|   cannot infer type for local variable x
|     (variable initializer is 'void')
|   var x = System.out.println("hallo welt");
|   ^-------------------------------------^
```

5.3.1 Prozedurobjekte

Auch für einstellige Prozeduren, also Funktionen mit einem Argument und dem Ergebnis **void**, kennt Java einen Standardtyp. Er wird als **Consumer** bezeichnet. Sie konsumieren quasi ein Objekt, ohne ein Ergebnis zu berechnen:

```
Consumer<String> consume = (x) -> System.out.println(x.toUpperCase())
```

Die eigentliche Methode, die ein Prozedurobjekt vom Typ **Consumer** zur Ausführung bringt, heißt **accept**:

```
consume.accept("hallo")

HALLO
```

5.4 Seiteneffekte

Es gibt oft Funktionen, die zwar zu einem Ergebnis auswerten, zusätzlich aber auch die Umgebung verändern. Solche Funktionen sind in der Signatur nicht als Prozedur erkennbar, da sie einen Ergebnistyp haben und nicht mit **void** markiert sind.

Wir können die Prozedur **inc** aus dem letzten Abschnitt, so verändern, dass sie den neuen Wert der Variablen **x** als Ergebnis zurück gibt:

```
int inc(){
  x = x+1;
  return x;
}
```

Jetzt haben wir nach wie vor den Effekt, dass die Auswertung des Ausdrucks **inc()** die global definierte Variable **x** verändert. Die Signatur der Funktion warnt uns nicht, dass ein Aufruf auch eine scheinbar nicht beteiligte Variable in ihrem Wert verändert. Das wäre noch verwirrender, wenn es anders als diese Version von **inc** eine Funktion wäre, die scheinbar nur eine simple sinnvolle Rechnung vollzieht:

```
int square(int a){
  x = x+1;
  return a*a;
}
```

Ohne einen Blick in den Rumpf der Funktion, ist nicht erkennbar, dass diese Funktion nicht nur die Quadratfunktion ist, sondern auch eine globale Variable **x** verändert.

Man spricht davon, dass die Funktion einen Seiteneffekt hat. Die Quintessenz ist, am besten Seiteneffelte zu vermeiden.

5.5 Blöcke von Anweisungen

In Java kann eine Folge von Anweisungen in einem Codeblock gebündelt werden. Ein neuer Block wird mit einer geschweiften Klammern geöffnet, es folgt eine Folge

von Anweisungen und mit einer schließenden geschweiften Klammer wird der Block
wieder beendet:

```
{
    var x = 17;
    var y = 4;
    var z = 2*(x+y);
    System.out.println(z);
}
```

```
42
```

Die Variablen, die innerhalb eines Blockes eingeführt werden, sind auch nur innerhalb
dieses Blockes bekannt und verschwinden nach der schließenden Klammer des Blocks
wieder. Der Versuch, sie danach zu verwenden, führt zu einem statischen Fehler:

```
{var nx = 42;}; nx
```

```
|  Error:
|  cannot find symbol
|    symbol:    variable nx
|  nx
|  ^^
```

Auf der JShell gibt es den verwirrenden Fall, dass eine Variable, die toplevel auf der
JShell definiert wurde, innerhalb eines Blocks neu definiert werden kann:

```
var x = 2; {var x = 17;System.out.println(x);}; x
```

```
x ==> 2
17
x ==> 2
```

Hier gibt es zwei Variablen **x**. Die toplevel Variable, die mit 2 belegt ist und die
Variable im Block, die mit 17 belegt ist.

Allgemein wird so etwas verhindert. Variablen, die in einem äußeren Block definiert
wurden, dürfen nicht in einem inneren Block neu definiert werden.

Dann kommt es zu einem statischen Fehler:

```
{var x = 2;{var x =17;System.out.println(x);};System.out.println(x);};
```

```
|  Error:
|  variable x is already defined in method do_it$()
|  {var x = 2;{var x =17;System.out.println(x);};System.out.println(x);}
```

Innerhalb eines Blockes darf kein Ausdruck alleine stehen, der keine Anweisung ist.
Auch dann kommt es zu einen statischen Fehler:

```
{
  var x = 17;
  var y = 4;
  x+y;
  System.out.println("fertig");
}

|  Error:
|  not a statement
|    x+y;
|    ^_^
```

5.6 Reihungen (Arrays)

Java kennt, wie fast alle Programmiersprachen, ein weiteres Konzept von Sammlungen, die sogenannten Reihungen (eng. arrays).[1] Reihungen stellen im Gegensatz zu Listen oder Mengen eine Menge von Daten gleichen Typs mit fester Anzahl dar. Jedes Element einer Reihung hat einen festen Index, über den es direkt angesprochen werden kann.

5.6.1 Deklaration von Reihungen

Eine Reihung hat einen festen Elementtyp.

Ein Reihungstyp wird deklariert, indem dem Elementtyp ein eckiges Klammernpaar nachgestellt wird, z.B. ist **String []** eine Reihung von Stringelementen. Die Elemente einer Reihung können sowohl von einem Objekttyp als auch von einem primitiven Typ sein, also gibt es auch den Typ **int[]** oder z.B. **boolean[]**.

Reihungen ähneln dem Konzept der generischen Containerklassen. Man kann sie als eine spezielle eingebaute Containerklasse betrachten. Elemente einer Reihung, anders als bei generischen Klassen, können auch von einem der acht primitiven Typen sein.

5.6.2 Erzeugen von Reihungen

Es gibt zwei Verfahren, um Reihungen zu erzeugen: indem die Elemente der Reihung aufgezählt werden oder indem die Länge der Reihung angegeben wird.

---

[1] Im Deutschen ist für *array* auch der Begriff *Datenfeld* oder kurz *Feld* gebräuchlich. Dieser kollidiert aber mit der Bezeichnung *Feld* für die Felder einer Klasse *(engl. field)* in der Objektorientierung, sodass wir die Bezeichnung *Reihung* präferieren.

Die einfachste Art, um eine Reihung zu erzeugen, ist, die Elemente aufzuzählen. Hierzu sind die Elemente in geschweiften Klammern mit Komma getrennt aufzuzählen:

```
String [] komponisten =
  {"carcassi","carulli","giuliani"
  ,"molino","monzino","paganini","sor"};

komponisten ==> String[7] { "carcassi", "carulli", "giuliani"
, "m ... zino", "paganini", "sor" }
```

Diese einfache Art der Initialisierung funktioniert allerdings nur bei der Deklaration neuer Variablen:

```
String[] ws ={"eins","zwei"}
```

Für bestehende Variablen oder bei der Parameterübergabe reicht diese einfache Auflistung der Elemente nicht auf und führt zu einem Fehler:

```
ws ={"one","two"}

|  Error:
|  illegal start of expression
|  ws ={"one","two"}
|       ^
```

In diesem Fall muss vor der geschweiften Klammer stehen, was für eine Reihung hier aufgelistet wird. Eingeleitet wird das dann durch das Schlüsselwort **new**:

```
ws = new String[]{"one","two"}
```

Eine weitere Methode zur Erzeugung von Reihungen ist, noch nicht die einzelnen Elemente der Reihung anzugeben, sondern nur die Anzahl der Elemente:

```
int [] zahlenReihung = new int[10]

zahlenReihung ==> int[10] { 0, 0, 0, 0, 0, 0, 0, 0, 0, 0 }
```

Die Elemente werden, wenn der Elementtyp ein Referenztyp ist, mit **null** ansonsten mit dem entsprechenden Nullwert initialisiert.

Reihungen können nach der Anzahl der Elemente gefragt werden:

```
komponisten.length

7
```

Auf Reihungen kann die Methode **toString()** aufgerufen werden. Allerdings hat diese keine sehr hilfreiche Umsetzung:

```
komponisten.toString()
```
```
"[Ljava.lang.String;@79079097"
```

Die JShell gibt für einen Ausdruck, der eine Reihung ist, alle Elemente dieser Reihung an:

```
komponisten
```
```
komponisten ==> String[7] { "carcassi", "carulli", "giuliani", "molino"
, "monzino", "paganini", "sor" }
```

5.6.3 Reihungen sind Referenztypen

Reihungen sind Objekte. Sie sind zuweisungskompatibel für Objektfelder. Es lassen sich Typzusicherungen auf Reihungen durchführen und Reihungen haben ein Feld **length** vom Typ **int**, das die feste Länge einer Reihung angibt.

Hierzu legen wir eine Reihung an:

```
String[] = {"Freunde", "Römer", "Landsleute"}
```

Diese können wir einer Variablen vom Typ Objekt zuweisen:

```
Object o = xs
```

Soll wieder auf eine konkrete Eigenschaft der Reihung zugegriffen werden, so müssen wir für die Variable **as** eine Typzusicherung auf den Reihungstyp durchführen:

```
System.out.println(((String [])o).length)
```

5.6.4 Zugriff auf Elemente

Die einzelnen Elemente einer Reihung können über einen Index angesprochen werden. Das erste Element einer Reihung hat den Index **0**, das letzte Element den Index **length-1**.

Als Syntax benutzt Java die auch aus anderen Programmiersprachen bekannte Schreibweise mit eckigen Klammern:

```
komponisten[6]
```

```
"sor"
```

5.6.5 Ändern von Elementen

Eine Reihung kann als ein Komplex von vielen einzelnen Feldern gesehen werden.
Die Felder haben keine eigenen Namen, sondern werden über den Namen der Reihung
zusammen mit ihrem Index angesprochen. Mit diesem Bild ergibt sich automatisch,
wie nun einzelnen Reihungselementen neue Objekte zugewiesen werden können:

```
String [] stra = {"hello","world"}
```

```
stra ==> String[2] { "hello", "world" }
```

Folgende Zuweisung ändert den Eintrag für das erste Element der Reihung:

```
stra[0]="hallo"
```

```
"hallo"
```

Die nächste Zuweisung ändert den Eintrag für das zweite Element der Reihung:

```
stra[1]="welt"
```

In der Reihung stehen jetzt zwei neue Zeichenketten:

```
stra
```

```
String[2] { "hallo", "welt" }
```

5.6.6 Reihungen als Reihungselemente

Die Elemente einer Reihung können selbst wieder Reihungen sein. Zum vollständigen
Erzeugen einer solchen zweidimensionalen Reihung gibt es eine besondere Syntax, bei
der die beiden Dimensionen angegeben werden. Erst die Länge der äußeren Reihung
und dann die Länge die jede innere Reihung hat:

```
int[][] xss = new int[10][5]
```

Um an die eigentlichen Elemente einer zweidimensionalen Reihung zu kommen, benötigt man natürlich auch zwei Indizes. Zunächst einen Index für die äußere Reihung und dann einen zweiten für die durch den ersten Index selektierte inneren Reihung:

```
xss[7][2] = 42
```

5.6.7 Reihungen durchlaufen

Es liegt natürlich nahe, dass oft alle Elemente einer Reihung der Reihe nach durchlaufen werden sollen, um aus ihnen ein Ergebnis zu berechnen.

Hierfür können wir eine Funktion definieren. Diese Funktion benötigt eine Ergebnisvariable, eine Reihung, einen Laufindex und eine Verknüpfungsfunktion, die das Element am aktuellen Index mit dem Ergebnis verknüpft. Solange der Index noch nicht die Länge der Reihung erreicht hat, kommt es zu einem rekursiven Aufruf. Hierfür wird die Verknüpfungsfunktion für das Ergebnis und das Element am aktuellen Index angewendet und dann die Funktion für den nächsten Index rekursiv aufgerufen:

```
<E,R> R fold(R result,E[] es, int current, BiFunction<R,E,R> f){
  return (current<es.length)
    ? fold(f.apply(result,es[current]),es,current+1,f)
    : result;
}
```

Der initiale Index ist der des ersten Elements, also die 0:

```
<E,R> R fold(R result,E[] es, int current, BiFunction<R,E,R> f){
  return fold(result,es,0,f);
}
```

Ein kleiner Beispielaufruf für diese Funktion:

```
fold(0,new Integer[]{1,2,3,4},(x,y)->x+y)

10
```

Die Funktion ist eine iterative Rekursion. Nach dem rekursiven Aufruf endet die Funktion.

Natürlich gibt es bessere Varianten, um durch alle Elemente einer Reihung zu iterieren. Hierzu benötigen wir aber Anweisungen, die den Programmablauf steuern.

5.6.8 Variable Parameteranzahl für Funktionen

Mit dem Konzept der Reihungen lassen sich Funktionen schreiben, die über eine Reihe von Elementen gleichen Typs als Parameter arbeiten. Zum Beispiel eine Funktion die das Produkt mehrerer Zahlen berechnet:

```
int product(Integer[] is){return fold(1,is,0,(x,y)->x*y);}
```

Für einen Aufruf dieser Funktion kann man eine Reihung anlegen, um die miteinander zu multiplizierenden Zahlen zu übergeben:

```
product(new Integer[]{1,2,3,4,5})

120
```

Für diese Fälle bietet Java ein spezielles Konstrukt an. Statt eines Parameters vom Reihungstyp mit Integer-Elementen kann man eine variable Parameteranzahl für den Typ Integer definieren. Hierzu verwendet man drei Punkte und definiert als Parametertyp: **Integer...** Damit gibt man an, dass hier mehrere Argumente des Typs Integer übergeben werden können. Mehrere heißt 0 oder eine beliebige endliche Anzahl.

So wird unsere Funktion dann zu:

```
int product(Integer... is){return fold(1,is,0,(x,y)->x*y);}
```

Es wurde nur der Typ **Integer[]** zum Typ **Integer...** geändert.

Jetzt braucht man beim Aufruf der Funktion keine Reihung zu erzeugen, sondern kann sie mit beliebig vielen Zahlen aufrufen. Hier Beispielaufrufe mit 2, 5 und 0 Argumenten:

```
product(2,5); product(1,2,3,4,5); product()

$40 ==> 10
$41 ==> 120
$42 ==> 1
```

Intern wird eine Reihung erzeugt und der Parameter **is** ist wie eine Reihung zu verwenden.

Es gibt dabei eine Einschränkung. Der Parameter, der als variable Anzahl markiert ist, muss der letzte in der Parameterliste einer Funktion sein.

5.6.9 Reihungen primitiver Typen

Wie wir schon gesehen haben, können, anders als bei generischen Datenklassen, die Elementtypen einer Reihung primitive Typen sein. Allerdings sind Reihungen mit primitivem Typ als Elementtyp nicht austauschbar mit Reihungen von Referenztypen. Ein automatisches Ver- und Entpacken in die entsprechende Referenzklasse für die Elemente der primitiven Typen findet nicht statt.

Eine Reihung von **int**-Elemente und eine Reihung von **Integer**-Elementen kann man nicht gegenseitig zuweisen:

```
Integer[] is = new int[5]

|  Error:
|  incompatible types: int[] cannot be converted to java.lang.Integer[]
|  Integer[] is = new int[5];
|                 ^---------^
```

Das Gleiche gilt für einander überführbare primitive Typen. Ein **int**-Wert kann einer **float**-Variablen zugewiesen werden:

```
int x = 17; float f = x;

x ==> 17
f ==> 17.0
```

Eine Reihung von **int**-Elementen hingegen kann keiner Reihung von **float**-Elementen zugewiesen werden:

```
int[] xs = {1,2,3};float[] fs = xs;

xs ==> int[3] { 1, 2, 3 }
|  Error:
|  incompatible types: int[] cannot be converted to float[]
|  float[] fs = xs;
```

5.6.10 Reihungen allgemeiner Referenztypen

Mit dem Typ **Object[]** kann man eine Referenz auf eine Reihung von beliebigen Referenztypen deklarieren. Auf dem ersten Blick naheliegend erscheint es, dass Java es erlaubt, einer solchen Reihung beliebige Reihungen von Referenztypen zuzuweisen.

So können wir einer **Object[]** Variablen einen Ausdruck vom Typ **Integer[]** zuweisen:

```
Integer[] xs = {1,2,3,4,5}; Object[] os = xs;
```

```
xs ==> Integer[5] { 1, 2, 3, 4, 5 }
os ==> Integer[5] { 1, 2, 3, 4, 5 }
```

Was zunächst einsichtig erscheint, wird problematisch, wenn wir jetzt für die Reihung **os** vom Typ **Object[]** Elemente neu zuweisen wollen. Da eine Zeichenkette ein **Object** ist, können wir in die Reihung **os** versuchen, eine Zeichenkette zu speichern. Dieses führt dann aber zu einem Laufzeitfehler, weil die Reihung ja eigentlich eine Reihung ist, in der alle Elemente vom Typ **Integer** sind:

```
os[1]="hallo"
```

```
|   Exception java.lang.ArrayStoreException: java.lang.String
|         at (#8:1)
```

Das Problem ist aber eigentlich schon früher aufgetreten, als wir uns eine **Object[]** Sicht auf eine Reihung von Integer-Elementen verschafft hat. Nun glaubt man, man dürfe dort beliebige Objekte, also auch Zeichenketten, speichern. Das ist aber nicht erlaubt.

Dass die Zuweisung nicht statisch bereits verboten wird, hat tatsächlich historische Gründe und stammt aus der Zeit, bevor es generische Typen in Java gab.

5.7 Fallunterscheidungen

5.7.1 Bedingungsabfrage mit if

Ein häufig benötigtes Konstrukt ist, dass ein Programm, abhängig von einer bool'schen Bedingung, sich verschieden verhält. Hierzu stellt Java die **if**-Bedingung zur Verfügung. Dem Schlüsselwort **if** folgt in Klammern eine bool'sche Bedingung, anschließend kommen in geschweiften Klammern die Anweisungen, die auszuführen sind, wenn die Bedingung wahr ist. Es kann dann noch optional das Schlüsselwort **else** folgen nach dem die Befehlen stehen, die andernfalls auszuführen sind:

```
void firstIf(boolean bedingung){
    if (bedingung) {
        System.out.println("Bedingung ist wahr");
    } else {
        System.out.println("Bedingung ist falsch");
    }
}
```

Hier einmal die Prozedur mit einer falschen Bedingung aufgerufen:

i | Intuitiv neigen viele Menschen dazu, die Bedingungsabfrage mit Schleifen zu vermengen. Man hört dann oft von einer *if*-Schleife. das hat einen humorvollen Menschen dazu veranlasst eine URL **http://if-schleife.de/** zu anzulegen. Auf dieser Seite steht nur der einzige Satz: ›Es gibt keine if-Schleifen, sondern nur if-Abfragen!‹.

```
firstIf(17+4*2==42)
```

```
Bedingung ist falsch
```

Und einmal die Prozedur mit einer korrekten Bedingung aufgerufen:

```
firstIf(17+4*2==25)
```

```
Bedingung ist wahr
```

Das **if**-Konstrukt erlaubt es uns also, Fallunterscheidungen zu treffen. Wenn in den Alternativen nur ein Befehl steht, so können die geschweiften Klammern auch weggelassen werden. Unser Beispiel lässt sich also auch schreiben als:

```java
void firstIf(boolean bedingung){
  if (bedingung) System.out.println("Bedingung ist wahr");
  else System.out.println("Bedingung ist falsch");
}
```

Eine Folge von mehreren **if**-Konstrukten lässt sich auch direkt hintereinander schreiben, sodass eine Kette von **if**- und **else**-Klauseln entsteht:

```java
String lessOrEq(int i,int j){
        if (i<10)  return "i kleiner zehn";
  else if (i>10)  return "i größer zehn";
  else if (j<10)  return "j kleiner zehn";
  else if (j>10)  return "j größer zehn";
  else            return "x == y == 10";
}
```

Ein Beispielaufruf, bei dem die erste Bedingung wahr ist:

```
lessOrEq(9,10)
```

```
"i kleiner zehn"
```

Und ein Aufruf, bei dem die vierte Bedingung zu wahr auswertet:

```
lessOrEq(10,11)
```

```
"j größer zehn"
```

Es kann auch if-Verzweigungen geben, die gar nicht im klassischen Sinne verzweigen, weil es gar keine zwei Alternativen gibt. Der else-Fall kann :

```java
int betrag(int i ){
  if (i<0) i = -1;
  return i;
}
```

Verzichtet man auf Klammern, so gibt es einen Fall, der nicht unbedingt klar ist. Hierzu betrachte man folgendes Programm:

```java
void ab(int a, int b){
  if (a>0) if (b>0) :System.out.println("a>0&&b>0");
  else System.out.println("<=0") ;
}
```

Es gibt zwei Möglichkeiten, diese Verzweigung zu verstehen. Die Frage ist: zu welchen der beiden **if** gehört das **else**?

Dabei verhält es sich ähnlich wie mit dem deutschen Satz: ›Gestern ist eine Mutter von fünf Kindern ermordet worden.‹

Hier ist die Frage: wozu gehört ›von fünf Kindern‹?

Gehört es zu ›Mutter‹ und wir haben einen tragischen Fall von fünf Waisenkindern, oder gehört es zu ›ermordet worden‹ und wir haben einen Fall von alarmierender Jugendkriminalität.

Folgender Ausdruck in der JShell verrät uns, dass das **else** nicht zum ersten **if** gehört:

```java
ab(0,0)
```

Es kommt zu keiner Ausgabe auf der Kommandozeile. Die Bedingung des ersten **if** also **(a>0)** wertet zu falsch aus, aber es wird nicht in das else gesprungen.

Bei folgenden Ausdruck hingegen bekommen wir die Ausgabe aus dem **else**-Block:

```java
ab(1,0)
```

```
<0
```

Die Funktion ist also implizit wie folgt geklammert:

```java
void ab(int a, int b){
  if (a>0){
    if (b>0) {
      System.out.println("a>0&&b>0");
    } else{
      System.out.println("<=0");
    }
```

```
    }
  }
```

Wie man sieht, ist es im Zweifel immer besser, die Klammern explizit zu setzen. Vielleicht war ja eigentlich die folgende Klammerung intendiert:

```java
void ab(int a, int b){
  if (a>0){
    if (b>0) {
      System.out.println("a>0&&b>0");
    }
  }else{
    System.out.println("<=0");
  }
}
```

Das hier beschriebene Phänomen ist unter der Bezeichnung *hängendes (eng. dangling) Else* bekannt.

Nicht nur bei einem *hängenden Else*, sondern auch sonst gilt: wenn zu viele **if**-Bedingungen in einem Programm einander folgen und ineinander verschachtelt sind, dann wird das Programm schnell unübersichtlich. Man spricht auch von *Spaghetticode*. In der Regel empfiehlt es sich, in solchen Fällen noch einmal über das Design nachzudenken, ob die abgefragten Bedingungen sich nicht durch verschiedene Klassen mit eigenen Methoden darstellen lassen.

Oft lohnt es sich, zu überlegen, ob man für die Anwendungslogik überhaupt eine if-Verzweigung benötigt oder ob es sich nicht besser mit einem logischen Ausdruck darstellen lässt. Auch die kleine Beispielfunktion für das *hängende Else* führt vollkommen unnötig ein zweites **if** ein. Die Funktion ließe sich klarer durch eine logische Konjunktion ausdrücken:

```java
void ab(int a, int b){
  if (a>0 && b>0) {
    System.out.println("a>0&&b>0");
  } else{
    System.out.println("<=0");
  }
}
```

Prinzipiell kann man sich merken, dass, wenn im positiven Fall einer if-Abfrage direkt wieder eine if-Abfrage folgt, sich die beiden durch ein logisches *Und* in der Bedingung zusammenfassen lassen.

5.7.1.1 Zusammenspiel mit `return`

Neben der if-Verzweigung kennen wir bereits eine Anweisung, die ebenfalls den Programmfluss steuert. Das **return** beendet die Ausführung innerhalb einer Funktion. Sämtlicher folgender Code wird nicht mehr ausgeführt. Das hat zur Folge, dass nach einer if-Verzweigung, die im positiven Fall mit einem **return** endet, man sich das **else** für den negativen Fall sparen kann. Code nach der if-Verzweigung kann nur erreicht werden, wenn die Bedingung falsch war, denn sonst hätte es mit der **return**-Anweisung gleich einen viel stärkeren Einfluss auf die Programmsteuerung gegeben. Die Funktion wäre schon direkt mit einem Ergebnis verlassen worden.

So ließe sich die weiter oben definierte Funktion mit den fünf unterschiedlichen Fällen ganz ohne ein **else** formulieren:

```
String lessOrEq(int i,int j){
  if (i<10)  return "i kleiner zehn";
  if (i>10)  return "i größer zehn";
  if (j<10)  return "j kleiner zehn";
  if (j>10)  return "j größer zehn";
  return "x == y == 10";
}
```

Allein schon die zwei Anweisungen des **return** und der **if**-Verzweigung können sich also gegenseitig ins Gehege kommen, wenn es um den Programmablauf geht. Und wir haben noch nicht die komplexeren Anweisungen zur Steuerung des Programmflusses betrachtet. Genau das macht es so schwer, den Programmfluss nachzuvollziehen.

5.7.1.2 Unnötige Verzweigungen und unnötige Vergleiche

Anfänger tendieren im Zusammenhang mit if-Verzweigungen zu ein paar Formulierungen, die unnötigen Code beinhalten. Da ist zunächst die Prüfung mit **==true** zu nennen. Diese ist in allen Fällen komplett überflüssig. Für jeden Wahrheitswert **b** gilt, dass **b==true** immer dasselbe ergibt wie **b**. Die Angewohnheit **==true** hinter einem Wahrheitswert zu schreiben kommt wahrscheinlich aus der Formulierung, mit der wir eine Bedingung in natürlicher Sprache ausdrücken. Wir sagen meistens: wenn die Bedingung b wahr ist, dann. . . .

==true ist eine neutrale Operation auf Wahrheitswerten, so wie ***1** oder 0+ für Zahlenwerte und sollte vermieden werden.

Nicht ganz so offensichtlich ist es mit der Prüfung **==false**, wie im folgenden Beispiel ausgeführt:

```
boolean isOdd(int x){
  if (x%2==0 == false) {
    return true;
  } else{
    return false;
  }
}
```

Wir sind also an dem Negat von x%2==0 interessiert. Dann sollte man dieses auch hinschreiben. Hierzu kann man die Bedingung direkt negieren und erhält: !(x%2==0). Dieses kann man aber auch schreiben als: x%2!=0. So wird die Funktion zu:

```
boolean isOdd(int x){
  if (x%2!=0) {
    return true;
  } else{
    return false;
  }
}
```

Doch auch so ist die Funktion noch unnötig kompliziert. Wir testen eine Bedingung, um dann, wenn die Bedingung zu wahr ausgewertet hat, **true** und ansonsten zu **false** auszuwerten. Dann hätten wir aber gar keiner Verzweigung bedurft, sondern hätten direkt den Wert der Bedingung nehmen können. Die if-Verzweigung stellt sich als vollständig überflüssig heraus und die Funktion kann direkt mit einem **return** umgesetzt werden:

```
boolean isOdd(int x){
  return x%2!=0;
}
```

Im umgekehrten Fall ist es nicht ganz so offensichtlich, warum die if-Verzweigung überflüssig ist. Wenn wir einen Test auf eine Bedingung haben und im positiven Fall **false** als Ergebnis und im negativen Fall **true**. Auch dann ist die Verzweigung unnötig.

Hierzu das Beispiel zum Test auf eine gerade Zahl:

```
boolean isEven(int x){
  if (x%2!=0) {
    return false;
  } else{
    return true;
  }
}
```

Wir sind offensichtlich an dem Negat des Tests in der Bedingung interessiert. Dann können wir das auch direkt über das Negat der Bedingung ausdrücken und diese als Rückgabe nehmen:

```
boolean isEven(int x){
  return x%2==0;
}
```

5.7.1.3 Verzweigungsanweisung und Bedingungsoperator

Wir kennen schon lange auch einen Ausdruck zur Unterscheidung von Fällen auf Grund eines Wahrheitswerts, den Bedingungsoperator **?:**. Hier lässt sich ganz gut der Unterschied zwischen den beiden Konzepten Ausdrücke und Anweisungen erkennen.

Die Programmiersprachen Scala und Kotlin unterscheiden syntaktisch nicht zwischen einem Bedingungsoperator für Ausdrücke und einer if-Verzweigung. Dort gibt es ein Konstrukt für beides. Anders als in Java lässt sich in diesen beiden Sprachen schreiben: **println(if (1>17) "größerëlse "kleiner")**.

Während ein Ausdruck immer zu einem Ergebnis ausgewertet werden kann, das zum Beispiel als Argument einer Funktion übergeben wird, hat eine Anweisung kein Ergebnis, sondern steuert, was im Programmablauf zu geschehen hat.

Mit dem Bedingungsoperator lässt sich aus zwei Werten einer selektieren. Die letzte Version der Funktion **ab** lässt sich so ganz ohne eine if-Verzweigung formulieren:

```
void ab(int a, int b){
   System.out.println( (a>0 && b>0) ? "a>0&&b>0" : "<=0");
}
```

Eine if-Verzweigung berechnet kein Ergebnis. So kommt es zu einen Fehler, wenn wir damit versuchen einen Ausdruck zu selektieren:

```
System.out.println(if (1>17)  "größer" else "kleiner")

| Error:
| illegal start of expression
| System.out.println(if (1>17)  "größer" else "kleiner")
|
```

5.7.1.4 Graphische Darstellungen

Die Verzweigungen mit **if** sind das erste Konstrukt, das wir kennenlernen, in dem explizit die Reihenfolge der Abarbeitung des Programmtextes gesteuert wird. Man spricht dabei vom Programmfluss. Den Programmfluss kann man auch grafisch visualisieren in einem sogenannten Flussdiagramm, auch als Programmablaufplan bezeichnet. Hierzu gibt es sogar die Din-Norm 66001[6].

In einem Flussdiagramm werden einzelne Anweisungen und Ausdrücke als geometrische Figur dargestellt. Die Figuren sind mit Pfeilen verbunden. Die Pfeile symbolisieren dabei anschaulich den Programmfluss. Für eine Verzweigung steht eine Raute, in der ein Bedingungsausdruck steht. Von der Raute gehen zwei Pfeile ab. Diese sind markiert, um zu verdeutlichen, ob sie im positiven oder negativen Test zu verfolgen sind.

Eine einfache Verzweigung als Flussdiagramm findet sich in Abbildung 5.1 .

Es ist wahrscheinlich kein Zufall, dass man für strukturierte Anweisungen gleich mehrere Visualisierungen vorgeschlagen hat. Wer längere Programme mit komplexeren ineinander verschachtelten Anweisungen zum Kontrollfluss betrachtet, merkt,

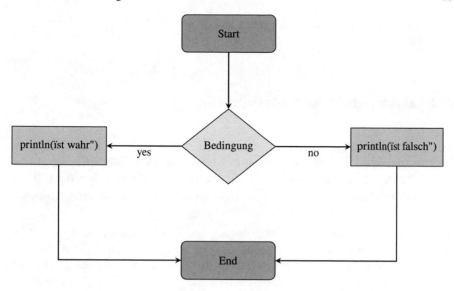

Abb. 5.1: Flussdiagramm für Verzweigung.

wie schwer es ist, deren dynamisches Verhalten aus der textuellen Darstellung zu erkennen.

Daher versucht man mit grafischen Darstellungen dieses besser zu verdeutlichen. Der zweite Ansatz sind Struktogramme, die nach ihren Erfindern auch Nassi-Shneidermann-Diagramme bezeichnet werden. Auch für diese existiert mit DIN 66261[7] eine Din-Norm.

Stellen Flussdiagramme den Programmablauf in den Fokus, so konzentrieren sich Struktogramme darauf, die einzelnen Anweisungen eines Programms als Blöcke aneinanderzusetzen.

Eine einfache Verzweigung als Struktogramm findet sich in Abbildung 5.2 .

Struktogramm — Verzweigung

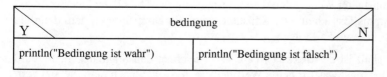

Abb. 5.2: Struktogramm für Verzweigung.

Flussdiagramme und Struktogramme stammen beide aus der Frühzeit der Informatik, als man gerade angefangen hatte, strukturierte Anweisungen zu definieren, die wegführen sollten von den Sprüngen in Assemblersprachen. Heute spielen sie im In-

formatikstudium eher eine geringere Rolle, sind aber in Ausbildungszweigen der IHK
fest verankert.

5.7.2 Fallunterscheidungen mit `switch`

Auch die Fallunterscheidung über mehrere konstante Werte gibt es in einer Variante,
die eine Anweisung darstellt und keinen Ausdruck. Die **switch**-Anweisung gleicht
syntaktisch sehr den **switch**-Ausdrücken. Lediglich der Pfeil nach jedem der Fälle ist
in der **switch**-Anweisung durch einen Doppelpunkt zu ersetzen. Diesem Doppelpunkt
folgt dann kein Ausdruck, sondern eine Anweisung.

Die **switch**-Anweisung hat Java ursprünglich aus C Syntax übernommen und ist
bereits dort eine sehr spezielle zusammengesetzte Anweisung. Die Idee dieser Anweisung ist, eine Kette von mehreren **if-then**-Anweisungen zu vermeiden. Leider ist
die **switch**-Anweisung in ihrer Anwendungsbreite recht begrenzt und in Form und
Semantik ziemlich veraltet.

Schematisch hat die **switch**-Anweisung die Form an Abbildung 5.3

```
switch ( expr ){
    case const :  stats
        ...
    case const :  stats
    default:  stats
}
```

Abb. 5.3: Schematisch die Syntax einer switch-Anweisung.

Dem Schlüsselwort **switch** folgt ein Ausdruck, nach dessen Wert eine Fallunterscheidung getroffen werden soll. In geschweiften Klammern folgen die verschiedenen
Fälle. Ein Fall beginnt mit dem Schlüsselwort **case** gefolgt von einer Konstante. Diese
Konstante ist von einem ganzzahligen Typ, ein Aufzählungswert oder eine Zeichenkette und darf kein Ausdruck sein, der erst während der Laufzeit berechnet wird. Es
muss hier ein konstanter Wert stehen. Die Konstante muss während der Übersetzungszeit des Programms feststehen. Der Konstante folgt ein Doppelpunkt, dem dann die
Anweisungen für diesen Fall folgen.

Ein besonderer Fall ist der **default**-Fall. Er bezeichnet den Standardfall. Er wird
immer ausgeführt, egal was für einen Wert der Ausdruck hat, nach dem die **switch**-
Anweisung unterscheidet.

Beispiel 5.7.2 `switch`-*Anweisung*

Ein kleines Beispiel soll die operationale Semantik dieser Anweisung verdeutlichen:

```
void sw1(int i){
  switch (4*i){
    case 42 : System.out.println(42);
    case 52 : System.out.println(52);
    case 32 : System.out.println(32);
    case 22 : System.out.println(22);
    case 12 : System.out.println(12);
    default : System.out.println("default");
  }
}
```

Wir machen einen Aufruf mit dem Wert **13**, sodass der Ausdruck, nach dem wir die Fallunterscheidung durchführen, zu **52** auswertet, und erhalten folgende Ausgabe:

```
sw1(13)

52
32
22
12
default
```

Wie man sieht, springt die **switch**-Anweisung zum Fall für den Wert **52**, führt aber nicht nur dessen Anweisungen aus, sondern alle folgenden Anweisungen. Das ist überraschend, denn von den **switch**-Audrücken sind wir gewohnt, dass nur das Ergebnis des entsprechenden Falles genommen wird.

Der Aufruf mit dem Wert 3 führt entsprechend zu folgendem Verhalten:

```
sw1(3)

12
default
```

□

Die Semantik dieser Anweisung wird besonders deutlich, wenn man dazu ein Flussdiagramm erstellt. Ein entsprechendes Diagramm findet sich in Abbildung 5.4 . Aus Platzgründen wurden die Fälle allerdings auf drei begrenzt.

Das oben beobachtete Verhalten ist verwirrend. Zumeist will man in einer Fallunterscheidung, dass nur die entsprechenden Anweisungen für den vorliegenden Fall ausgeführt werden und nicht auch für alle folgenden Fälle. Um dieses zu erreichen, gibt es die **break**-Anweisung. Endet man jeden Fall mit der **break**-Anweisung, dann erhält man das meistens erwünschte Verhalten, denn das **break** führt zum Verlassen der gesamten **switch**-Anweisung.

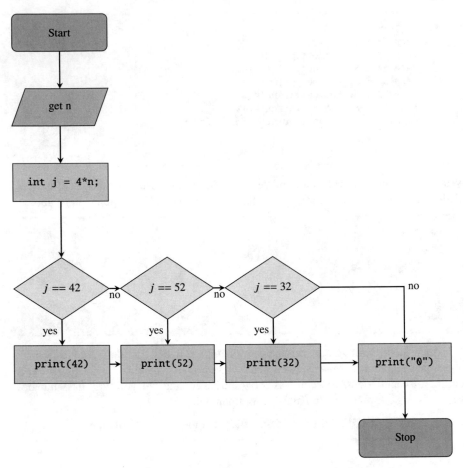

Abb. 5.4: Flussdiagramm für eine switch-case-Anweisung.

Beispiel 5.7.3 break-*Anweisung*

Das obige Beispiel lässt sich durch Hinzufügen der **break**-Anweisung so ändern, dass immer nur ein Fall ausgeführt wird:

```java
void sw2(int i){
  switch (4*i){
    case 42 : System.out.println(42);break;
    case 52 : System.out.println(52);break;
    case 32 : System.out.println(32);break;
    case 22 : System.out.println(22);break;
    case 12 : System.out.println(12);break;
    default : System.out.println("default");
  }
}
```

Der Aufruf, der in den zweiten Fall führt, verlässt aber auch die ganze Anweisung direkt nach dem Fall:

```
sw2(13)
```

```
52
```

Ebenso der Aufruf, der zum letzten **case** führt, sorgt nun dafür, dass nur dieser ausgeführt wird:

```
sw2(3)
```

```
12
```

An beiden Ausgaben sehen wir, dass zu einem Fall gesprungen wird und am Ende dieses Falls die Anweisung verlassen wird.   □

Während die **switch**-Ausdrücke relativ neu in Java sind, sind die **switch**-Anweisungen von Anfang an Teil der Sprache Java gewesen. Die Neuerungen, die mit den **switch**-Ausdrücken in den letzten Javaversionen hinzukamen, sind auch in den **switch**-Anweisungen übernommen worden. So kann auch hier das Datenklassen-Muster und die Fallunterscheidung mit **when** verwendet werden.

Beispiel 5.7.4 `switch` *auf Datenklassenobjekt*

Als minimales Beispiel sei eine einfache Datenklassen definiert:

```
record Punkt(int x,int y){}
```

Folgende kleine Funktion nutzt die **switch**-Anweisung mit einem Datenklassenmuster:

```
void pp(Punkt p){
  switch (p){
    case Punkt(var x,var y) when x>y: System.out.println("x größer");
    default:System.out.println("Defaultfall");
  }
}
```

□

In Struktogrammen sind auch Fallunterscheidungen für verschiedene Fälle vorgesehen. Allerdings sind Struktogramme hier etwas flexibler als Java. In Abbildung 5.5 ist ein Struktogramm für einen Teil der letzten switch-Anweisung gegeben.

Struktogramm — Switch-Schleife

4*i				
case 42	case 52	case 32	case 22	default
print(42)	print(52)	print(32)	print(22)	print("default")

Abb. 5.5: Struktogramm für Switch-Anweisung.

5.8 Iteration

Sehr häufig ist zu programmieren, dass ein bestimmter Code-Block mehrfach wiederholt durchlaufen werden soll. Der Fachausdruck für eine solche Wiederholung heißt *Iteration* vom lateinischen *iterare*, das ›wiederholen‹ bedeutet. Viele Programmiersprachen[2] bieten hierfür spezielle Anweisungen in Form von Schleifen an.

5.8.1 Schleifen mit `while`

Die einfachste Schleifenanweisung in Java ist die while-Schleife, die abhängig von einer Bedingung einen Code-Block mehrfach wiederholt durchläuft. Sie kommt in zwei Varianten daher.

5.8.1.1 Vorgeprüfte Schleifen

Die vorgeprüften Schleifen haben folgendes Schema in Java:

```
while ( pred ){ body }
```

pred ist hierbei ein Ausdruck, der zu einem Wahrheitswert ausgewertet wird. *body* ist eine Folge von Befehlen. Java arbeitet die vorgeprüfte Schleife ab, indem erst die Bedingung *pred* ausgewertet wird. Ist das Ergebnis **true**, dann wird der Rumpf *(body)* der Schleife durchlaufen. Anschließend wird wieder die Bedingung geprüft. Dieses wiederholt sich so lange, bis die Bedingung zu **false** auswertet.

---

[2] Fast alle, aber nicht alle. Ein Gegenbeispiel ist Haskell.

Beispiel 5.8.5 Nichtterminierende Schleife

Ein einfaches Beispiel ist eine Schleife, deren Bedingung nie zu **false** ausgewertet wird. Eine solche Schleife wird unendlich oft durchlaufen:

```
while (true){
    System.out.println("young");
}

young
young
young
young
young
...
```

□

Wir können eine Variable einführen, die bei jedem Schleifendurchlauf um 1 erhöht wird. Somit zählt die Variable, wie oft die Schleife durchlaufen wird:

```
int i = 0;
while (true){
    System.out.println("young: "+i);
    i = i + 1;
}

young: 0
young: 1
young: 2
young: 3
young: 4
...
```

Diese Variable kann nun dazu genutzt werden, die Schleifen nach einer bestimmten Anzahl von Durchläufen zu beenden, indem die Schleifenbedingung dieses ausdrückt:

```
int i = 0;
while (i < 5){
    System.out.println("young: "+i);
    i = i + 1;
}

young: 0
young: 1
young: 2
young: 3
young: 4
```

Wie man an den Beispielen sieht, gibt es oft eine lokale Variable, die zur Steuerung der Schleife benutzt wird. Diese verändert innerhalb des Schleifenrumpfes ihren Wert.

Abhängig von diesem Wert wird die Schleifenbedingung beim nächsten Bedingungstest wieder **true** oder **false**. Eine Variable, von der die Schleifenbedingung abhängt und die im Schleifenrumpf verändert wird, bezeichnet man als Schleifenvariable.

Nun kann man mit einer Schleife nach und nach ein Ergebnis in Abhängigkeit von der Schleifenvariablen errechnen. Folgende Methode errechnet die Summe aller Zahlen in einem bestimmten Zahlenbereich:

```
int summe(int n){
  int erg = 0 ;           // Ergebnisvariable.
  int j   = n;            // Schleifenvariable.

  while (j>0){            // j läuft von n bis 1.
    erg = erg + j;        // akkumuliere das Ergebnis.
    j = j-1;              // verringere Laufzähler.
  }

  return erg;
}
```

Drei Beispielaufrufe:

```
summe(4); summe(20); summe(100)

$25 ==> 10
$26 ==> 210
$27 ==> 5050
```

Für Schleifen gibt es eine eigene Notation in den Struktogrammen. Ein Beispiel hierzu ist in Abbildung 5.6 gegeben.

Struktogramm — While-Schleife

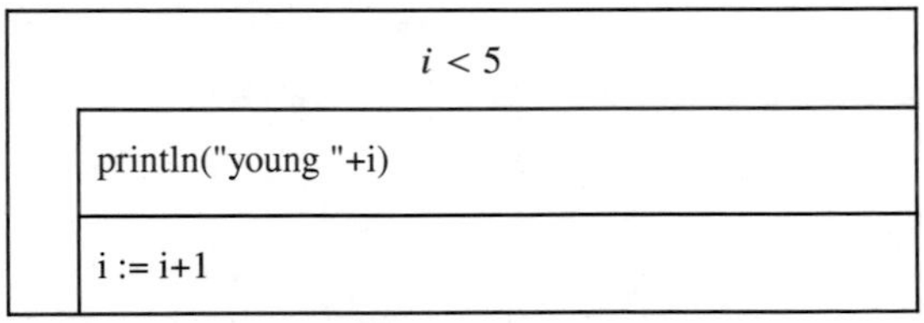

$i < 5$
println("young "+i)
i := i+1

Abb. 5.6: Struktogramm für While-Schleifen.

5.8.1.2 Nachgeprüfte Schleifen

In der zweiten Variante der **while**-Schleife steht die Schleifenbedingung syntaktisch nach dem Schleifenrumpf:

```
do {body} while (pred)
```

Bei der Abarbeitung einer solchen Schleife wird entsprechend der Notation die Bedingung erst nach der Ausführung des Schleifenrumpfes geprüft. Am Ende wird also geprüft, ob die Schleife ein weiteres Mal zu durchlaufen ist. Das impliziert insbesondere, dass der Rumpf mindestens einmal durchlaufen wird:

```
do {
  System.out.println(i);
  i = i+1;
} while (i < 5);

0
1
2
3
4
```

Man kann sich leicht davon vergewissern, dass die nachgeprüfte Schleife mindestens einmal durchlaufen[3] wird:

```
boolean falsch(){return false;}
```

In dem Fall der vorgeprüften Schleife wird die Schleife kein Mal durchlaufen:

```
while (falsch()) System.out.println("vorgeprüfte Schleife")
```

In dem Fall der vorgeprüften Schleife wird die Schleife zumindest einmal durchlaufen:

```
do {System.out.println("nachgeprüfte Schleife");}
  while (falsch());

nachgeprüfte Schleife
```

Auch für die nachgeprüften Schleifen gibt es eine eigene Notation in den Struktogrammen. Ein Beispiel hierzu ist in Abbildung 5.7 gegeben.

---

[3] Der Javaübersetzer macht kleine Prüfungen auf konstanten Werten, ob Schleifen jeweils durchlaufen werden oder nicht terminieren. Deshalb brauchen wir die Hilfsmethode falsch().

Struktogramm — Do-While-Schleife

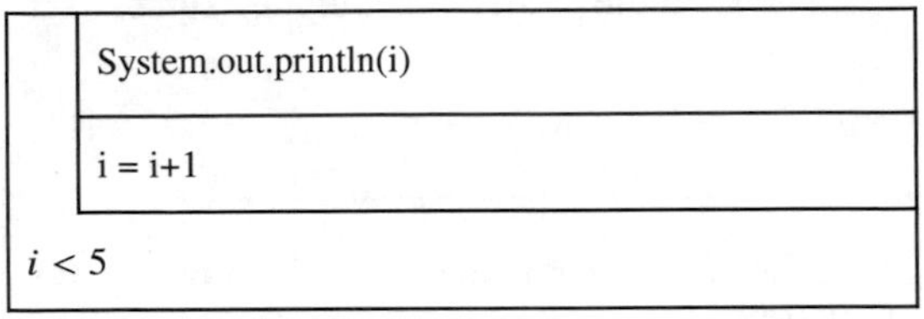

System.out.println(i)
i = i+1

i < 5

Abb. 5.7: Struktogramm für Do-While-Schleifen.

5.8.2 Schleifen mit `for`

Das syntaktisch aufwändigste Schleifenkonstrukt in Java ist die *for*-Schleife.

Wer sich die obigen Schleifen anschaut, sieht, dass sie an drei verschiedenen Stellen im Programmtext Code haben, der kontrolliert, wie oft die Schleife zu durchlaufen ist. Oft legen wir ein spezielles Feld an, dessen Wert die Schleife kontrollieren soll. Dann gibt es im Schleifenrumpf einen Zuweisungsbefehl, der den Wert dieses Feldes verändert. Schließlich wird der Wert dieses Feldes in der Schleifenbedingung abgefragt.

Die Idee der *for*-Schleife ist, diesen Code, der kontrolliert, wie oft die Schleife durchlaufen werden soll, im Kopf der Schleife zu bündeln. Solche Daten sind oft Zähler vom Typ **int**, die bis zu einem bestimmten Wert herunter oder hoch gezählt werden.

Eine *for*-Schleife hat im Kopf

- eine Initialisierung der relevanten Schleifensteuerungsvariablen *(init)*,
- ein Prädikat als Schleifenbedingung *(pred)*
- und einen Befehl, der die Schleifensteuerungsvariable weiter schaltet *(step)*.

```
for ( init  ; pred  ; step ){ body }
```

Entsprechend sieht unsere jeweilige erste Schleife (die Ausgabe der Zahlen von 0 bis 4) in der **for**-Schleifen Version wie folgt aus:

```
for (int i=0; i<5; i=i+1){
  System.out.println(i);
}

0
1
2
3
4
```

Die Reihenfolge, in der die verschiedenen Teile der **for**-Schleife durchlaufen werden, wirkt erst etwas verwirrend, ergibt sich aber natürlich aus der Herleitung der **for**-Schleife aus der vorgeprüften **while**-Schleife.

Als erstes wird genau einmal die Initialisierung der Schleifenvariablen ausgeführt. Anschließend wird die Bedingung geprüft. Abhängig davon wird der Schleifenrumpf ausgeführt. Als letztes wird die Weiterschaltung ausgeführt, bevor wieder die Bedingung geprüft wird.

Die nun schon hinlänglich bekannte Methode **summe** stellt sich in der Version mit der **for**-Schleife wie folgt dar:

```
int summe(int n){
  int erg = 0 ;              // Feld für Ergebnis
  for (int j = n;j>0;j=j-1){ // j läuft von n bis 1
    erg = erg + j;           // akkumuliere das Ergebnis
  }
  return erg;
}
```

```
summe(4); summe(20)

$27 ==> 10
$28 ==> 210
```

Den Ablauf einer for-Schleife zeigt sehr gut ein dazugehöriges Flussdiagramm, wie es in Abbildung 5.8 angegeben ist.

Beim Vergleich mit der **while**-Version erkennt man, wie sich die Schleifensteuerung im Kopf der **for**-Schleife nun gebündelt an einer syntaktischen Stelle befindet.

Die drei Teile des Kopfes einer **for**-Schleife können auch leer sein. Dann wird in der Regel an einer anderen Stelle der Schleife entsprechender Code zu finden sein. So können wir die Summe auch mit Hilfe der **for**-Schleife so schreiben, dass die Schleifeninitialisierung und Weiterschaltung vor der Schleife bzw. im Rumpf durchgeführt wird:

```
int summe(int n){
  int erg = 0 ;        // Feld für Ergebnis.
  int j   = n;         // Feld zur Schleifenkontrolle

  for (;j>0;){         // j läuft von n bis 1
    erg = erg + j;     // akkumuliere das Ergebnis.
    j = j-1;           // verringere Laufzähler
  }
  return erg;
}
```

Wie man jetzt sieht, ist die **while**-Schleife nur ein besonderer Fall der **for**-Schleife. Obiges Programm ist ein schlechter Programmierstil. Hier wird ohne Not die Schleifensteuerung mit der eigentlichen Anwendungslogik vermischt.

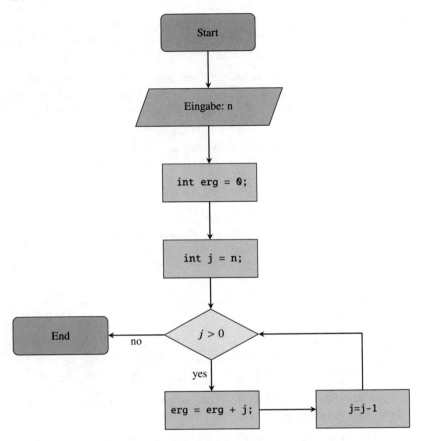

Abb. 5.8: Flussdiagramm zur Summenberechnung.

5.8.3 Schleifen und iterative Rekursion

In Abschnitt 1.11.5.2 haben wir eine besondere Art der Rekursion behandelt. Bei endrekursiven Rekursionen ist das Ergebnis des rekursiven Aufrufs direkt das Ergebnis der Funktion. Im Anschluss an die Rekursion sind dann keine weiteren Berechnungen mehr vorzunehmen.

Ein Beispiel ist folgende Version für die Berechnung der n-ten Fibonaccizahl. Die Argumente des rekursiven Aufrufs enthalten alle Informationen, um das Ergebnis zu berechnen:

```
long fib(long n0, long n1, int n){
    return n==0? n0 : fib(n1,n0+n1,n-1);
}
```

Es war nötig, in einer zweiten überladenen Funktion die initialen Werte für die Ergebnisargumente zu übergeben:

```
long fib(int n){return fib(0,1,n);}
```

Der Name iterative Rekursion ist insofern berechtigt, da sich iterativ rekursive Funktion ziemlich direkt in eine Schleife übersetzen lassen. Hierzu ist eine while-Schleife zu schreiben, deren Bedingung die negierten Bedingungen der terminierenden Fälle der Rekursion sind.

In unserem Beispiel gibt es nur einen terminierenden Fall, dieses ist die Bedingung **n==0**. Negiert ist das **n!=0**.

Wir brauchen eine while-Schleife mit dieser Bedingung.

Innerhalb der While-Scheife werden die Parameter neu zugewiesen, und zwar mit den Werten, die im rekursiven Aufruf übergeben werden. **n1** wird also auf, **n0 + n1**, **n0** auf **n1** und **n** auf **n-1** gesetzt. Hier benötigt man eventuell Hilfsvariablen, wenn die neuen Werte untereinander von den alten abhängen.

Der terminierende Fall wird schließlich nach der Schleife zurückgegeben.

Für das Beispiel erhalten wir:

```
long fib(long n0, long n1, int n){
  while (n!=0){
    var n1_ = n0+n1;
    n0 = n1;
    n1 = n1_;
    n=n-1;
  }
  return n0;
}
```

Man braucht jetzt auch nicht mehr eine Funktion, die die initialen Werte für die Ergebnisargumente setzt. Wir können diese einfach als lokale Variable am Anfang der Funktion initialisieren und erhalten folgende Version:

```
long fib(int n){
  var n0 = 0L;
  var n1 = 1L;
  while (n!=0){
    var n1_ = n0+n1;
    n0 = n1;
    n1 = n1_;
    n=n-1;
  }
  return n0;
}
```

Diese while-Schleife hat die typische Form einer for-Schleife und kann entsprechend umgeschrieben werden:

```
long fib(int n){
  var n0 = 0L;
  var n1 = 1L;
```

```
for (int i=n; i!=0; i--){
  var n1_ = n0+n1;
  n0 = n1;
  n1 = n1_;
}
return n0;
}
```

Eine Endrekursion entspricht einer Schleife und kann in eine Schleife transformiert werden. Genau das ist es, was Programmiersprachen machen, die eine Optimierung auf Endrekursionen durchführen.

5.8.4 Schleifen für Reihungen

5.8.4.1 Index-Schleife

Wir haben bereits eine Funktion geschrieben, die in der Lage ist, alle Elemente einer Reihung miteinander zu verknüpfen. Die Funktion **fold**:

```
<E,R> R fold(R result,E[] es, int current, BiFunction<R,E,R> f){
  return (current<es.length)
   ? fold(f.apply(result,es[current]),es,current+1,f)
   : result;
}
```

Da diese endrekursiv ist, können wir sie nach dem Schema des letzten Abschnitts in eine Iteration mit einer Schleife umformulieren:

```
<E,R> R fold(R result,E[] es, BiFunction<R,E,R> f){
  int current = 0;
  while (current<es.length){
    result = f.apply(result,es[current]);
    current = current + 1;
  }
  return result;
}
```

Und auch bei dieser Schleife lässt sich die typische Form einer for-Schleife erkennen:

```
<E,R> R fold(R result,E[] es, BiFunction<R,E,R> f){
  for (int current = 0; current<es.length; current = current + 1){
    result = f.apply(result,es[current]);
  }
  return result;
}
```

Und so haben wir aus der endrekursiven Version die typische Schleife zum Iterieren über alle Elemente einer Reihung hergeleitet.

Typischerweise wird dabei mit einer **for**-Schleife über den Index einer Reihung iteriert. So lässt sich z.B. eine Methode, die eine Stringdarstellung für Reihungen erzeugt, wie folgt schreiben:

```
String arrayToString(Object[] obja){
  StringBuffer result = new StringBuffer("{");

  for (int i=0;i<obja.length;i=i+1){
    if (i>0) result.append(",");
    result.append(obja[i].toString());
  }

  result.append("}");
  return result.toString();
}
```

5.8.4.2 Die für-alle-Schleife

Eine häufige Aufgabe ist, für alle Elemente einer Reihung eine bestimmte Aktion durchzuführen. Wir haben schon die typische for-Schleife über den Index der Elemente gesehen. Java bietet aber für den Zweck, um über alle Elemente eines Array (oder sonstigen Sammlung) zu iterieren, eine spezielle Variante der for-Schleife an, die sogenannte for-each Schleife.

```
for (var komponist:komponisten){
  System.out.println(komponist.toUpperCase());
}

CARCASSI
CARULLI
GIULIANI
MOLINO
MONZINO
PAGANINI
SOR
```

5.8.4.3 Eine für-alle-Funktion

Die für-alle-Schleife ist eine bequeme Notation, um für alle Elemente einer Reihung bestimmte Anweisungen durchzuführen. Wir können uns aber auch eine eigene Funktion schreiben, die diese Aufgabe übernimmt. Hierzu erinnere man sich, dass es mit **Consumer** ein Typ für Prozedurobjekte gibt, die mit der methode **accept** aufgerufen werden können. So lässt sich eine Funktion schreiben, die eine Reihung und ein Prozedurobjekt übergeben bekommt und die Prozedur auf alle Reihungselemente aufruft:

```
<E> void fuerAlle(E[] xs, Consumer<E> consumer){
  for (int i=0; i < xs.length; i++) consumer.accept(xs[i]);
}
```

Nun kann man statt der für-alle-Schleife auch diese Funktion aufrufen und erhält die gleiche Funktionalität:

```
fuerAlle(komponisten,
  (komponist) -> System.out.println(komponist.toUpperCase())
)
```

5.8.5 Schleifen für rekursive Listen

Die verketteten Listen, die wir bisher definiert haben, sind schon in ihrer Struktur rekursiv. Aber auch für diese haben wir endrekursive Funktionen geschrieben. Da wir nun gesehen haben, wie man endrekursive Funktionen zu Schleifen transformiert, können wir das auch mit den Listenfunktionen machen. Wir erhalten damit auch eine allgemeine Anleitung, wie man für eine verkettete Liste eine Schleife schreibt, die alle Elemente nacheinander durchläuft.

Hierzu betrachten wir noch einmal die endrekursive Funktion, die eine Liste in umgekehrter Reihenfolge erzeugt:

```
<E> LL<E> reverse(LL<E> result, LL<E> xs){
  return   empty(xs)
          ? result
          : reverse(cons(head(xs),result),tail(xs));
}
```

Initial wird der Ergebnisparameter mit der leeren Liste belegt:

```
<E> LL<E> reverse(LL<E> xs){ return reverse(nil(), xs);}
```

Das Verfahren, diese Funktion in eine Schleifenfunktion zu transformieren, führt zu folgender Definition:

```
<E> LL<E> reverse(LL<E> xs){
  LL<E> result = nil();

  while (!empty(xs) ){
    result = cons(head(xs),result);
    xs = tail(xs);
  }
  return result;
}
```

Die Bedingung der while-Schleife ist das Negat des terminierenden Falls der Rekursion:

```
<E> LL<E> reverse(LL<E> xs){
  LL<E> result = nil();

  for ( ;!empty(xs); xs = tail(xs) ){
    result = cons(head(xs),result);
  }
  return result;
}
```

In dieser Lösung verwenden wir den Parameter **xs** als Laufvariable, über die gesteuert wird, wie oft die Schleife durchlaufen wird. Meistens führt man hierfür eine eigene Schleifenvariable ein. Das können wir natürlich auch in diesem Fall tun und erhalten folgende Version der Funktion:

```
<E> LL<E> reverse(LL<E> xs){
  LL<E> result = nil();

  for (var it = xs; !empty(it); it = tail(it) ){
    var x = head(it);
    result = cons(x,result);
  }
  return result;
}
```

Zusätzlich wurde in dieser Version noch eine lokale Variable **x** für das aktuelle Listenelement eingeführt.

Allgemein sieht also die Schleife zum Iterieren für alle Elemente einer verketteten Liste wie folgt aus:

```
for (var it = xs; !empty(it); it = tail(it) ){
  var x = head(it);
  // mach etwas mit x
}
```

Das hat mit der Indexschleife, wie wir sie für Reihungen geschrieben haben, wenig zu tun. Dabei hätten wir auch eine Indexschleife für verkettete Listen definieren können. Um eine Indexschleife für eine Listenstruktur zu schreiben, braucht man die Anzahl der Elemente und eine Zugriffsfunktion für ein Element an einem bestimmten Index. Beides haben wir für verkettete Listen definiert. Also könnten wir auch folgende Schleife für verkettete Listen definieren:

```
for (var i = 0 ;i<length(xs); i++ ){
  var x = get(i,xs);
  // mach etwas mit x
}
```

Auf den ersten Blick ist diese Schleife leichter nachzuvollziehen. Sie realisiert die gewünschte Funktionalität auf einfache Weise. Aber sie hat ein schwerwiegendes Problem. Die Funktionen **length** und **get** sind komplexere Funktionen, die nicht direkt das Ergebnis zurückgeben, sondern die Schleife vom ersten Element an durchlaufen müssen. Damit wird bei jedem Schleifendurchlauf durch die Funktion **get** die Liste wieder vom ersten Element an durchlaufen. Für eine Liste mit Länge n bedeutet das für diese Schleife, dass sie einmal die n-Elemente der Liste durchläuft, um die Länge zu berechnen. Dann wird die Liste immer von vorne bis zum 1., 2., 3. etc. Element durchlaufen. Insgesamt kommen wir auf $n + \frac{n^2+n}{2} = \frac{1}{2}n^2 + \frac{3}{2}n$ Schritte, die die Liste durchlaufen werden muss. Nach dem höchsten Exponenten spricht man von quadratischer Laufzeit für die Schleife in Abhängigkeit von der Länge der Liste.

Es ist von einer Schleife über alle Elemente einer Liste mit Länge n zu erwarten, dass sie hierfür nur n Schritte benötigt. Für die Schleife, wie wir sie aus den endrekursiven Funktionen für verkettete Listen hergeleitet haben, gilt das. Für die Version über die Indexfunktion nicht.

5.8.6 Schleifen innerhalb von Schleifen

Oft kommt man mit einer Schleife allein nicht aus. Wann immer man einen 2-dimensionalen Raum durchlaufen will, gibt es zwei Richtungen, die x-Richtung und die y-Richtung. Es ist dann durch alle (x,y)-Paare zu iterieren. Hierzu sind zwei ineinander verschachtelte Schleifen notwendig. Die äußere Schleife durchläuft dabei die eine Dimension, die innere Schleife die zweite.

Folgende Funktion erzeugt eine Zeichenkette, die ein kleines Quadrat ergibt, in dem mit dem Zeichen X ein Kreuz gezeichnet ist. Hierfür gibt es eine äußere Schleife, die dafür sorgt, dass jede Zeile erzeugt wird und eine innere Schleife, die für jede Zeile die einzelnen Zeichen erzeugt:

```
String mkCross(int width){
  String result = "";
  for (int y = 0; y < width; y = y +1){
    for (int x = 0; x < width; x = x +1){
      result = result+ ((x==y || (x+y) == (width-1)) ? 'X' : ' ' );
    }
    result = result + '\n';
  }
  return result;
}
```

Wir erhalten folgende Ausgabe für einen Aufruf mit dem Argument 5:

```
System.out.println(mkCross(5))

X   X
 X X
  X
```

```
X X
X    X
```

Aufgabe 5.1

Schreiben Sie eine Klasse **Karo** mit einer statischen Methode:

String karo(int columns,int rows)

Es soll **String** der folgenden Form erzeugt werden:

```
System.out.println(karo(20,15))

X X X X X X X X X X
 X X X X X X X X X X
X X X X X X X X X X
 X X X X X X X X X X
X X X X X X X X X X
 X X X X X X X X X X
X X X X X X X X X X
 X X X X X X X X X X
X X X X X X X X X X
 X X X X X X X X X X
X X X X X X X X X X
 X X X X X X X X X X
X X X X X X X X X X
 X X X X X X X X X X
X X X X X X X X X X
```

□

5.8.7 Vorzeitiges Beenden von Schleifen

Java bietet innerhalb des Rumpfes seiner Schleifen zwei Befehle an, die die eigentliche Steuerung der Schleife durchbrechen. Entgegen der im letzten Abschnitt vorgestellten Abarbeitung der Schleifenkonstrukte, führen diese Befehle zum plötzlichen Abbruch des aktuellen Schleifendurchlaufs.

5.8.7.1 Verlassen der Schleife

Der Befehl, um eine Schleife komplett zu verlassen, heißt **break**. Der **break** führt zum sofortigen Abbruch der nächsten äußeren Schleife.

Der **break**-Befehl wird in der Regel mit einer **if**-Bedingung auftreten.

Mit diesem Befehl lässt sich die Schleifenbedingung auch im Rumpf der Schleife
ausdrücken. Das Programm der Zahlen 0 bis 9 lässt sich entsprechend unschön auch
mit Hilfe des **break**-Befehls wie folgt schreiben:

```
{
  int i = 0

  while (true){
   if (i>9) {break;};
   i = i+1;
   System.out.print(i+" ");
  }
}
```
```
1 2 3 4 5 6 7 8 9 10
```

Gleichfalls lässt sich der **break**-Befehl in der **for**-Schleife anwenden. Dann wird der
Kopf der **for**-Schleife vollkommen leer:

```
{
  int i = 0

  for (;;){
   if (i>9) break;
   System.out.println(i+" ");
   i=i+1;
  }
}
```
```
0 1 2 3 4 5 6 7 8 9
```

In der Praxis wird der **break**-Befehl gerne für besondere Situationen inmitten einer
längeren Schleife benutzt, z.B. für externe Signale.

Eine echte if-Schleife

Es wurde schon angemerkt, das viele Menschen dazu tendieren, eine **if**-Verzweigung
als *if-Schleife* zu bezeichnen. Das ist gar nicht einmal so absurd, denn eine if-
Anweisung ohne einen **else**-Block verhält sich wie eine **while**-Schleife, die maximal
einmal durchlaufen wird.

Folgende Schleife kann zu Recht als *if-Schleife* bezeichnet werden:

```
{
  var i = 10;
  while (i>0){
    System.out.println(i+" ist größer 0");
    i --;
    break;
```

```
    }
  }
```

```
10 ist größer 0
```

Obwohl es so aussieht, dass eine Laufvariable schrittweise herunter gezählt wird, sorgt das **break** am Ende des Schleifenrumpfs dafür, dass die Schleife nach einem ersten Durchlauf verlassen wird und sich somit genauso wie eine if-Anweisung verhält.

5.8.7.2 Verlassen des Schleifenrumpfes

Die zweite Möglichkeit, den Schleifendurchlauf zu unterbrechen, ist der Befehl **continue**. Diese Anweisung bricht nicht die Schleife komplett ab, sondern nur den aktuellen Durchlauf. Es wird zum nächsten Durchlauf gesprungen.

Folgendes kleines Programm druckt mit Hilfe des **continue**-Befehls die Zahlen aus, die durch 17 oder 19 teilbar sind:

```
for (int i=1; i<1000;i=i+1){
  // wenn nicht die Zahl durch 17 oder 19 ohne Rest teilbar ist
  if (!(i % 17 == 0 || i % 19 == 0)) continue;
  System.out.println(i);
}
```

```
17
19
34
38
...
```

Wie man an der Ausgabe dieses Programms sieht, wird mit dem Befehl **continue** der Schleifenrumpf verlassen und die Schleife im Kopf weiter abgearbeitet. Für die **for**-Schleife heißt das insbesondere, dass die Schleifenweiterschaltung der nächste Ausführungsschritt ist.

5.8.7.3 Verlassen einer äußeren Schleife durch Labels

Die Anweisungen **break** und **continue** zum außerplanmäßigen Verlassen einer Schleife bzw. eines Schleifendurchlaufs, beziehen sich immer auf die zuletzt begonnene Schleife. In seltenen Situationen möchte man aber bei verschachtelten Schleifen nicht die innere, sondern eine der äußeren Schleifen verlassen. Hierzu kann man *Labels* verwenden. Ein Label ist ein beliebiger Bezeichner, der mit einem Doppelpunkt getrennt vor einer Schleife steht. Damit wird einer Schleife quasi ein Name gegeben. bei den Anweisungen **break** und **continue** kann nun dieser Name der Schleife mit angegeben werden. Somit lassen sich auch äußere Schleifen unterbrechen:

Es gibt vier verschiedene Gründe, warum die Abarbeitung einer Schleife beendet wird:

- Regulär, weil die Schleifenbedingung nicht mehr zu **true** auswertet.
- Weil innerhalb des Schleifenrumpf eine **break**-Anweisung ausgeführt wird.
- Weil innerhalb des Schleifenrumpf eine **return**-Anweisung die ganze Funktion, in der sich die Schleife befindet, beendet.
- Weil eine Fehler- oder Ausnahmesituation bei der Ausführung der Anweisungen des Schleifenrumpf aufgetreten ist.

```
aussen:for (int x=1;x<=5;x++){
  for (int y=1;y<=5;y++){
    if (x==y)continue aussen;
    System.out.println("("+x+", "+y+")");
  }
}

(2,1)
(3,1)
(3,2)
(4,1)
(4,2)
(4,3)
(5,1)
(5,2)
(5,3)
(5,4)
```

Tatsächlich habe ich persönlich in über 20 Jahren Javaprogrammierung von dieser Möglichkeit noch nie Gebrauch gemacht und kenne sie in Projekten nur aus automatisch generierten Code.

5.8.7.4 Nachvollziehen von Anweisungen

Komplexere Anweisungen, die mehrfach verschachtelt sind und in denen verschiedene Variablen an unterschiedlichen Stellen durch Zuweisungen verändert werden, sind schwer nachzuvollziehen. Hier empfiehlt es sich, den dynamischen Prozess der Programmauswertung schrittweise von Hand durchzuführen und dabei darüber in einer Tabelle Buch zu führen, wie sich die Werte der Variablen verändern.

Betrachten Sie dazu folgendes kleines Programmfragment:

```
{
  int x = 25;
  for (int y = 6;y<=x-2;x--){
    switch (x-1){
      case 20:;
      case 19:;
      case 42:;
      case 9: x=x-y-2;
```

```
      case 21: y--;
         break;
      default: x--;
    }
    x -=1;
    System.out.println(x+" "+y);
    }
  }
```

Was macht dieses Programm? Das lässt sich auf einem Blick auf den statischen Code nicht direkt erschließen.

Es gibt darin zwei Variablen und innerhalb einer for-Schleife noch eine switch-case-Anweisung. Zusätzlich werden Ausgaben auf der Kommandozeile gemacht.

Die Tabelle in Abbildung 5.9 zeigt tabellarisch an, wie die beiden Variablen sich im Verlaufe des Programmdurchlaufs verändern und welche Ausgaben auf der Kommandozeile gemacht werden.

x	y	Ausgabe
25		
25	6	
24	6	
23	6	"23 6"
22	6	
22	5	
21	5	"21 5"
20	5	
13	5	
13	4	
12	4	"12 4"
12	4	
11	4	
10	4	
9	4	
9	4	"9 4"
8	4	
7	4	
6	4	"6 4"

Abb. 5.9: Schrittweise Veränderung der Wert des Codeschnippsels.

Wem das manuelle Nachvollziehen von Code zu mühsam ist, der hat zweierlei Möglichkeiten:

- Einfügen von Ausgaben oder Logging-Anweisungen im Code.
- Verwendung eines Debugger-Werkzeuges, mit dem schrittweise der Quelltext ausgeführt werden kann.

Beides ist eine Möglichkeit, um das Verhalten eines Programms nachzuvollziehen und eventuell dabei inhaltliche Fehler zu entdecken.

Im Gegensatz zu Ausdrücken haben Anweisungen kein Ergebnis sondern steuern den Kontrollfluss eines Programms. Innerhalb von Anweisungen werden Ausdrücke verwendet.

5.9 Sprünge mit Goto

Dieses Kapitel bräuchte es nicht zu geben. Es gibt in Java keine Anweisung die **goto** heißt. Aus gutem Grund ist das so, denn in einem viel zitierten Papier hieß es bereits 1968, dass für eine gute Programmierung eine Sprunganweisung mit **goto** eher hinderlich ist.[5] Und aus dieser Erkenntnis heraus gibt es in Java keine Sprunganweisung.

Allerdings waren sich die Entwickler der Sprache Java nicht ganz sicher, ob es nicht doch Situationen gibt, in denen man sinnvoll mit einem Sprung etwas ausdrücken kann. So hat man sich wohl eine Hintertür offen gelassen und das Schlüsselwort **goto** in der Sprache reserviert, ohne dass es in einer Anweisung verwendet wird.

Man kann das daran erkennen, dass es nicht möglich ist, eine Variable mit den Namen **goto** zu definieren:

```
int goto = 42

| Error:
| '.class' expected
| int goto = 42
|      ^
| Error:
| unexpected type
|   required: value
|   found:    class
| int goto = 42
| ^_^
```

Anders als zum Beispiel in der Programmiersprache C, von der Java das Gros der Syntax übernommen hat, kann kein Algorithmus mit einem Sprung formuliert werden. In C könnte zum Beispiel folgende Fakultätsfunktion definiert werden:

```
fac.c

int fac(int n){
  int r=1;
  start:{
    if (n>0){
      r = n * r;
      n = n - 1;
      goto start;
    }
  }
  return r;
}
```

Man kann maximal unter Missbrauch einer **continue**-Anweisung den Sprung syntaktisch durch eine Schleife mit einem Label etwas Ähnliches formulieren:

```
int fac(int n){
  int r=1;
  start:do{
    if (n>0) {
      r = n * r;
      n = n - 1;
      continue start;
    }
    break;
  }while(true);
  return r;
}
```

Es gibt natürlich keinen Grund, so etwas sinnvoller Weise zu programmieren.

5.10 Ein Klassiker: Conways Spiel des Lebens

Aufgabe 5.2

Ziel dieser Aufgabe ist eine einfache Version von ›Conways Spiel des Lebens‹[9] in
Java zu implementieren.

Das Spielfeld wird dargestellt durch Matrizen, deren Einträge entweder belegt (bevölkert), oder nicht belegt sind. Ein Eintrag an Position (i, j) in einer Matrix wird durch
seine Zeile i und sein Spalte j bezeichnet, wobei die Zählung der Zeilen und Spalten
bei 0 beginnt.

Es gibt nun Regeln, wie aus einer Belegung des Spielfelds die Belegung im nächsten
Spielzyklus ist. Es wird nach diesen Regeln die Population der nächsten Generation
gebildet..

Damit stellt das Spiel eine kleine Simulation dar.

a) Schreiben Sie eine Funktion die für eine Matrix ein Stringdarstellung erstellt. Das
   Spielfeld soll in Zeilen eines Strings dargestellt werden. Für belegte Positionen
   empfiehlt sich das Zeichen **'ž588'**, das ein komplett schwarz gefülltes Zeichen
   ist. Für unbelegte Felder kann man das Leerzeichen verwenden:

```
String show(boolean[][] m){
  return "";
}
```

b) Jetzt soll eine Matrix umgekehrt aus einem String eingelesen werden.

```
boolean[][] fromString(String m){
//To Do
}
```

So soll ein String der folgenden Form analysiert werden. Das Zeichen ›.‹ steht für eine Zelle, die nicht bevölkert ist, alle anderen Zeichen für eine bevölkerte Zelle:

```
var ex1 =   """
................
................
................
................
......0....0......
....00.0000.00....
......0....0......
................
................
................
................"""
```

Zusammen mit der Methode **show** können wir das Ergebnis zum Beispiel mit folgendem Aufruf testen:

```
System.out.println(show(fromString(ex1)))
```

c) Schreiben Sie eine Funktion, die für eine Matrix für ein Feld mit Index x und y berechnet, wieviel der maximal acht benachbarten Felder mit true belegt sind:

```
int anzahlBelegterNachbarn(boolean[][] m, int x, int y){
//ToDo
```

d) Schreiben Sie eine Funktion:

```
void zugGOLIn(boolean[][] quelle, boolean[][] ziel)
```

Die Ziel-Matrix soll so gefüllt werden, dass sie nach den Regeln des Spiels wie folgt belegt ist:

Für eine Matrix-Zelle, die in der Quellmatrix belegt ist, gilt:

- Jede Zelle mit einem oder keinem Nachbarn stirbt.
- Jede Zelle mit vier oder mehr Nachbarn stirbt.
- Jede Zelle mit zwei oder drei Nachbarn überlebt.

Für eine Matrix-Zelle, die in der Quellmatrix leer ist, gilt:

- Jede Zelle mit genau drei belegten Nachbarn wird belegt.

Hier bedeutet ›stirbt‹ nicht belegt in der Matrix (false) und ›überlebt‹: belegt in der Matrix (true):

```
void zugGOLIn(boolean[][] quelle, boolean[][] ziel)
```

e) Mit einem kleinen Trick können wir das Spiel in der JShell durchspielen.

Mit dem String "\033[H\033[2J" lässt sich der Bildschirm komplett frei machen und der Positionszeiger ganz nach oben setzen.

So können wir eine Funktion definieren, die kurz verzögert und dann die Bildschirm wieder frei macht:

```
void waitAndClear(){
  Thread.sleep(2000);
  System.out.print("\033[H\033[2J");
  System.out.flush();
}
```

Schreiben Sie eine Funktion **play**, die das Spiel endlos durchiteriert. Es soll jeweils die Matrix **a1** erst angezeigt werden, dann etwas gewartet, dann die nächste Generation erzeugt werden, um **a2** anzuzeigen. Nach nochmaligen Warten wird in **a1** wieder nächste Generation geschrieben. Dann geht es wieder von vorne los:

```
void play(boolean[][] a1,boolean[][] a2){
}
```

Die Funktion lässt sich starten, indem die zweite Matrix mit denselben Dimensionen der ersten erzeugt wird:

```
void play(boolean[][] a1){
  play(a1,new boolean[a1.length][a1[0].length]);
}
```

□

Kapitel 6
Java als kompilierte Sprache

Zusammenfassung Javaprogramme werden nicht direkt in der JShell interaktiv ausgeführt, sondern zu Maschinencode übersetzt und dieser mit der virtuellen ausgeführt. Hierzu benötigt die auszuführende Klasse eine Hauptmethode. Die Optionen zur Kompilierung werden gezeigt. Kompilierte Klassen können in JAR-Dateien verpackt werden. Der Klassenpfad ist entscheidend bei der Kompilierung und Ausführung von Klassen. Pakete sind ein wichtiges Merkmal, um Klassen zu gruppieren. Sichtbarkeiten helfen, Abstraktionsebenen einzuführen.

6.1 Interaktiv oder kompiliert

Bis hierhin haben wir den Java Interpreter in Form der JShell als Zugang zu Java verwendet.

Java Quelltext kann aber auch kompiliert werden zu binären Dateien für die virtuelle Maschine von Java.

Um notfalls von Entwicklungsumgebungen unabhängig zu sein, sollte man in der Lage sein, auf der Kommandozeile Javaprogramme zu kompilieren, editieren und kompilierte Programme laufen zu lassen.

S. E. Panitz, *Java für Teetrinker*, https://doi.org/10.1007/978-3-662-69321-6_6

6.2 Quelltext editieren

Wir benötigen ein Programm, das uns erlaubt, eine Quelltextdatei zu erstellen.[1] Ein solches Programm nennt man einen Texteditor. Dieser ist nicht zu verwechseln mit einem Textverarbeitungsprogramm, in dem nicht nur Text, sondern auch ein Layout mit Schriftarten, Schriftgrößen etc. erstellt wird. Es gibt tatsächlich Programme, die dieses alleine auf der Kommandozeile ohne eine grafische Benutzeroberfläche erlauben. Der Standardeditor für die Kommandozeile heißt **vi**.

Es sollte jeder Informatiker den rudimentären Umgang mit dem Programm **vi** kennen. Irgendwann in seiner Laufbahn wird der Moment kommen, an dem er schnell eine Konfigurationsdatei ändern muss, aber nur einen Kommandozeilenzugang zu dem Rechner hat.

Das Programm **vi** kann gestartet werden mit dem Namen der Datei, die man editieren möchte. Existiert keine Datei mit diesem Namen, so wird die Datei neu angelegt. Wenn wir also eine Javaquelltextdatei mit dem Dateinamen **FirstProgram.java** editieren und erstellen möchten, so starten wir den **vi** mit dem Befehl:

```
vi FirstProgram.java
```

Das Programm **vi** hat zwei Modi. Den Befehlsmodus, in dem jede Eingabe als Befehl für den Editor interpretiert wird, und den Einfügemodus, in dem jede Eingabe als Text für den Inhalt der Datei interpretiert wird. Der Befehlsmodus ersetzt die Menüs, die aus den Texteditoren mit grafischer Benutzerführung bekannt sind.

Vom Befehlsmodus kann man in den Einfügemodus durch Eingabe von **i** für *insert* oder **a** für *append* wechseln. Nach der Eingabe des Befehls **i** befindet man sich im Einfügemodus und alle folgenden Buchstaben werden *vor* der markierten Stelle des Dokuments eingefügt. Nach dem Befehl **a** werden beim Einfügemodus alle folgenden Buchstaben *nach* der ursprünglich markierten Stelle eingefügt.

Vom Einfügemodus in den Befehlsmodus wechselt man durch Drücken der **ESC**-Taste.

Die wichtigsten Befehlsfolgen im Befehlsmodus betreffen natürlich das Speichern der Datei und das Verlassen des Programms. Diese Befehlsfolgen werden durch den Doppelpunkt eingeleitet. Der Befehl **:wq** bewirkt im Befehlsmodus, dass die Datei gespeichert wird (**w** für *write*) und das Programm **vi** verlassen wird (**q** für *quit*).

Versuchen Sie also, Ihre erste Javaquelltextdatei mit dem **vi** zu schreiben. Jede Javaquelltextdatei hat die Endung **.java**. In einer Javaquelltextdatei wird jeweils genau eine sogenannte Klasse definiert. Folgendes ist die kleinstmögliche Klasse. Sie heißt **FirstProgram** und ist entsprechend in einer Datei **FirstProgramm.java** zu speichern:

FirstProgramm.java

```
class FirstProgramm{
}
```

[1] In diesem Kapitel wird davon ausgegangen das ein Basisumgang auf der Kommandozeile Unix-Artiger Systeme bekannt ist.

Es gibt noch eine ganze Reihe weiterer Texteditoren, die auf der Kommandozeile benutzt werden können. [2]

6.3 Quelltext kompilieren

Nun brauchen wir den Kompilator, der einen Quelltext in einen binären Maschinencode überführt. Für Java heißt das entsprechende Programm **javac**. Ruft man den Kompilator auf, so macht er eine Hilfeausgabe, die über seine Benutzung informiert.

Wie man dieser Ausgabe entnehmen kann, gibt es das Argument **-version**, mit dem die Versionsnummer des Kompilators erfragt werden kann:

```
panitz@px1:~$ javac -version
javac 22.0.1.1
panitz@px1:~$
```

In diesem Fall handelt es sich also um den Java-Kompilator für Java der Version 22.0.1.1

Jetzt können wir die Java-Quelltextdatei **FirstProgram.java** durch den Kompilator in eine binäre Datei übersetzen lassen. Hierzu wird der Kompilator mit dem Dateinamen der Quelltextdatei als Argument aufgerufen. Das Ergebnis ist im Erfolgsfall eine neu generierte Datei, die **class**-Datei:

```
panitz@px1:~/oose$ ls
FirstProgram.java
panitz@px1:~/oose$ javac FirstProgram.java
panitz@px1:~/oose$ ls
FirstProgram.java   FirstProgram.class
panitz@px1:~/oose$
```

Wie man sieht, wurde die Quelltextdatei erfolgreich übersetzt und eine Class-Datei erzeugt. Sehr oft ruft man den Kompilator auf, doch statt den Quelltext zu übersetzen, bricht er mit einer Fehlermeldung ab. Das ist der Fall, wenn in der Quelltextdatei kein gültiges Java-Programm geschrieben ist. Dann hat es einen statischen Fehler gegeben, entweder weil die Syntax nicht korrekt war, oder weil vielleicht ein Typfehler vorlag. Vielleicht wurde für eine Funktion aber auch eine **return**-Anweisung vergessen.

Im obigen Fall war aber der Übersetzungsvorgang erfolgreich.

---

[2] Ich persönlich benutze, wann immer möglich, das Programm **emacs**, welches mit einer Menüführung daherkommt, aber auch einen Modus hat, der ohne graphische Benutzeroberfläche auskommt. Hierzu startet man den **emacs** mit dem Argument **nw** (für *no window*).

6.4 Programme ausführen

Schließlich soll die binäre Datei mit den Maschinenbefehlen ausgeführt werden. Im
Falle von Java handelt es sich dabei nicht um eine real als Hardware existierende
Maschine, sondern um eine gedachte, eine sogenannte virtuelle Maschine. Diese wird
durch ein Programm realisiert. Daher braucht man zum Ausführen von Javaprogrammen das Programm, das die virtuelle Maschine realisiert. Dieses Programm heißt
sinniger Weise **java**. Auch in diesem Fall kann man sich durch den Befehl **java** auf
der Kommandozeile davon überzeugen, dass die virtuelle Maschine auf dem Rechner
installiert ist. Das Programm **java** wird auch als Javainterpreter bezeichnet.

Der Javainterpreter wird aufgerufen mit dem Namen der Klasse, die ausgeführt werden
soll. Hierbei wird kein Dateiname, auch keine Dateiendung angegeben, sondern nur
der Name der Klasse, in unserem Fall **FirstProgram**. Somit ist der Befehl zum
Ausführen der Klasse: **java FirstProgram**.

Rufen wir dieses auf, so stellen wir fest, dass der Javainterpreter eine Fehlermeldung
ausgibt:

```
panitz@px1:~/oose$ java FirstProgram
Fehler: Hauptmethode in Klasse FirstProgram nicht gefunden.
            Definieren Sie die Hauptmethode als:
   public static void main(String... args)
panitz@px1:~/oose$
```

In diesem Fall ist die Meldung sogar auf Deutsch. Sie besagt, dass der Klasse etwas fehlt, nämlich eine sogenannte Hauptmethode, in der die Javabefehle stehen, die
ausgeführt werden sollen. Die Fehlermeldung gibt sogar an, wie eine solche Hauptmethode auszusehen hat. Schreiben wir jetzt einmal eine zweite Klasse, die eine solche
Hauptmethode beinhaltet:

SecondProgram.java

```
class SecondProgram{
  public static void main(String... args){
  }
}
```

Übersetzen wir diese Klasse mit dem Kompilator und interpretieren sie mit dem
Javainterpreter, gibt es keine Fehlermeldung mehr. Allerdings passiert auch nichts,
weil innerhalb der Hauptmethode keine Anweisungen stehen, die ausgeführt werden
sollen:

```
panitz@px1:~/oose$ javac SecondProgram.java
panitz@px1:~/oose$ java SecondProgram
panitz@px1:~/oose$
```

Die erste und einfachste Anweisung, mit der man ein Programm dazu bringen kann,
eine Rückmeldung an den Anwender zu geben, ist die Ausgabe eines Textes auf

der Kommandozeile. In Java haben wir diese Anweisung bereits kennengelernt als
System.out.println().

Die folgende Javaklasse hat eine Hauptmethode innerhalb derer zweimal eine Zeile
mit Text auf die Kommandozeile ausgegeben wird:

ThirdProgram.java

```java
class ThirdProgram{
  public static void main(String... args){
    System.out.println("Hallo Freunde!");
    System.out.println("Hallo Ilja!");
  }
}
```

Kompilieren wir diese Klasse und interpretieren sie, so haben wir folgendes Verhalten:

```
panitz@px1:~/oose$ javac ThirdProgram.java
panitz@px1:~/oose$ java ThirdProgram
Hallo Ilja!
Hallo Welt!
panitz@px1:~/oose$
```

Es gibt auch alternative Arten, ein ausführbares Programm in Java zu schreiben. Die
Haupteinheit, die kompiliert werden soll, kann auch eine Datenklasse sein, die eine
statische Hauptmethode enthält:

FourthProgram.java

```java
record FourthProgram(){
  public static void main(String... args){
    System.out.println("Hallo Freunde!");
    System.out.println("Hallo Ilja!");
  }
}
```

Es kann als Haupteinheit, die kompiliert werden soll, ebenso eine Schnittstelle verwendet werden. Dann entfällt sogar die Markierung als **public** bei der Hauptmethode:

FithProgram.java

```java
interface FithProgram{
  static void main(String... args){
    System.out.println("Hallo Freunde!");
    System.out.println("Hallo Ilja!");
  }
}
```

Und um die Aufzählung vollständig zu machen, kann man auch Aufzählungsklassen
mit einer Hauptmethode versehen, die als Einstieg zum Start des Programms dienen
soll:

SixtProgram.java

```
enum SixtProgram{dummy;
  public static void main(String... args){
    System.out.println("Hallo Freunde!");
    System.out.println("Hallo "+args[0]+"!");
  }
}
```

6.4.1 Übergabe von Kommandozeilenparametern

Die Hauptmethode hat immer einen Parameter von einer variablen Anzahl von Strings, oder wahlweise einen Parameter einer Reihung von Strings.

Dieser Parameter wird mit String-Werten gefüllt, wenn die Klasse der Hauptmethode ausgeführt wird. Es sind diejenigen zusätzlichen Strings, die auf der Kommandozeile nach dem Klassennamen folgen. Das Programm kann auf diese dann zugreifen.

Hierzu betrachten wird eine weitere Hauptmethode, in der nun auf den ersten der Kommandozeilenparameter zugegriffen wird:

SeventhProgram.java

```
interface SeventhProgram{
  static void main(String... args){
    System.out.println("Hallo Freunde!");
    System.out.println("Hallo "+args[0]+"!");
  }
}
```

Beim Aufruf des Programms mit der virtuellen Maschine können nun Strings übergeben werden, die das Programm dann verwendet:

```
panitz@px1:~$ java SeventhProgram Ilja
Hallo Freunde!
Hallo Ilja!
panitz@px1:~$ java SeventhProgram Richter
Hallo Freunde!
Hallo Richter!
```

Aber meistens wird man die Hauptmethode in einer Klasse finden.

6.5 Pakete

Java bietet die Möglichkeit, Klassen in Paketen zu sammeln. Das ist besonders sinn-
voll, weil im besten Falle alle Javaklassen, die jemals geschrieben wurden, unterein-
ander verwendet werden können. Da Programmierer nicht sehr fantasievoll sind, sich
Klassennamen auszudenken, wird es wahrscheinlich viele Klassen mit dem gleichen
Namen geben, und wenn es nur die Klasse mit Namen **Test** ist. Um Klassen gleichen
Namens zu unterscheiden, legt man sie in unterschiedliche Pakete.

Die Klassen eines Paketes bilden zumeist eine funktional logische Einheit. Pakete sind
hierarchisch strukturiert, d.h. Pakete können Unterpakete haben. Damit entsprechen
Pakete Ordnern im Dateisystem. Pakete ermöglichen verschiedene Klassen gleichen
Namens, die unterschiedlichen Paketen zugeordnet sind.

6.5.1 Paketdeklaration

Zu Beginn einer Klasse kann eine Paketzugehörigkeit für die Klasse definiert werden.
Dies geschieht mit dem Schlüsselwort **package** gefolgt von dem gewünschten Paket.
Die Paketdeklaration schließt mit einem Semikolon.

Folgende Klasse definiert sie dem Paket **testPackage** zugehörig:

```
MyClass.java

package testPackage;
class MyClass {
}
```

Unterpakete werden von Paketen mit Punkten abgetrennt. Folgende Klasse wird dem
Paket **testPackages** zugeordnet, das ein Unterpaket des Pakets **panitz** ist, welches
wiederum ein Unterpaket des Pakets **name** ist:

```
TestPaket.java

package name.panitz.testPackages;
class TestPaket {
  public static void main(String [] args){
    System.out.println("hello from package \'testpackages\'");
  }
}
```

Paketnamen werden per Konvention in lateinischer Schrift immer mit Kleinbuchstaben
als erstem Buchstaben geschrieben.

Wie man sieht, kann man eine weltweite Eindeutigkeit seiner Paketnamen erreichen, wenn man die eigene Webadresse hierzu benutzt.[3] Dabei wird die Webadresse rückwärts verwendet.

Paketname und Klassenname zusammen identifizieren eine Klasse eindeutig. Jeder Programmierer schreibt sicherlich eine Vielzahl von Klassen **Test**, es gibt aber in der Regel nur einen Programmierer, der diese für das Paket **name.panitz.testPackages** schreibt. Paket- und Klassenname zusammen werden der *vollqualifizierte Name* der Klasse genannt. Zwischen Paket und Klassennamen steht dabei ein Punktsymbol. Im obigen Beispiel ist entsprechend der vollqualifizierte Name:

name.panitz.testPackages.Test

Der Name einer Klasse ohne die Paketnennung heißt unqualifiziert.

6.5.2 Übersetzen von Paketen

Bei größeren Projekten ist es zu empfehlen, die Quelltexte der Javaklassen in Dateien zu speichern, die im Dateisystem in einer Ordnerstruktur, die der Paketstruktur entspricht, liegen. Dieses ist allerdings nicht unbedingt zwingend notwendig. Hingegen zwingend notwendig ist es, die erzeugten Klassendateien in Ordnern entsprechend der Paketstruktur zu speichern.

Der Javainterpreter **java** sucht nach Klassen in den Ordnern entsprechend ihrer Paketstruktur. **java** erwartet also, dass die obige Klasse **Test** in einem Ordner **testPackages** steht, der ein Unterordner des Ordners **panitz** ist, der ein Unterordner des Ordners **name** ist. usw. **java** sucht diese Ordnerstruktur von einem oder mehreren Startordnern ausgehend. Die Startordner werden in einer Umgebungsvariablen **CLASSPATH** des Betriebssystems und über den Kommandozeilenparameter **-classpath** festgelegt. Man kann diesen auch abkürzen zu **-cp**.

Der Javaübersetzer **javac** hat eine Option, mit der gesteuert wird, dass **javac** für seine **.class**-Dateien die notwendige Ordnerstruktur erzeugt und die Klassen in die ihren Paketen entsprechenden Ordner schreibt. Die Option heißt **-d**. Dem **-d** ist nachgestellt, von welchem Startordner aus die Paketordner erzeugt werden sollen. Mnemotechnisch steht das **-d** für *destination*.

Wir können die obige Klasse z.B. übersetzen mit folgendem Befehl auf der Kommandozeile:

javac -d . Test.java

Damit wird ausgehend vom aktuellen Verzeichnis[4] ein Ordner **name** mit Unterordner **panitz** etc. erzeugt.

---

[3] Leider ist es in Deutschland weit verbreitet, einen Bindestrich in Webadressen zu verwenden. Der Bindestrich ist leider eines der wenigen Zeichen, die Java in Klassen- und Paketnamen nicht zulässt.

[4] Der Punkt steht im Betriebssystem für den aktuellen Ordner, in dem gerade ein Befehl ausgeführt wird.

6.5.3 Starten von Klassen in Paketen

Um Klassen vom Javainterpreter zu starten, reicht es nicht, ihren Namen anzugeben, sondern der vollqualifizierte Name ist anzugeben. Unsere obige kleine Testklasse wird also wie folgt gestartet:

```
sep@swe10:~/> java name.panitz.testPackages.Test
hello from package 'testpackages'
sep@swe10:~/>
```

Jetzt erkennt man auch, warum beim Aufruf des Javainterpreters nicht die Dateiendung **.class** mit angegeben wird. Der Punkt separiert Paket- und Klassennamen.

Aufmerksame Leser werden bemerkt haben, dass der Punkt in Java durchaus konsistent mit einer Bedeutung verwendet wird. Man kann ihn stets lesen als: *'enthält ein'*. Der Ausdruck:

name.panitz.testPackages.Test.main(args)

liest sich so als: das Paket **name** enthält ein Unterpaket **panitz**, das ein Unterpaket **testpackages** enthält, das eine Klasse **Test** enthält, die eine Methode **main** enthält.

6.5.4 Das Java Standardpaket

Die mit Java mitgelieferten Klassen sind auch in Paketen gruppiert. Die Standardklassen wie z.B. **String** und **System** und natürlich auch **Object** liegen im Java-Standardpaket **java.lang**. Java hat aber noch eine ganze Reihe weiterer Pakete, so z.B. **java.util**, in dem sich Listenklassen befinden, **javax**, in dem Klassen zur Programmierung von grafischen Anwenderprogrammen liegen, oder **java.io**, welches Klassen für Eingaben und Ausgaben enthält.

6.5.5 Benutzung von Klassen in anderen Paketen

Um Klassen benutzen zu können, die in anderen Paketen liegen, müssen diese eindeutig über ihr Paket identifiziert werden. Das kann dadurch geschehen, dass die Klassen immer vollqualifiziert angegeben werden. Im folgenden Beispiel benutzen wir die Standardklasse **ArrayList** aus dem Paket **java.util**:

```
TestArrayList.java

package name.panitz.utilTest;
class TestArrayList {
  public static void main(String [] args){
    java.util.ArrayList<String> xs = new java.util.ArrayList<String>();
    xs.add("friends");
    xs.add("romans");
```

```
    xs.add("countrymen");
    System.out.println(xs);
  }
}
```

Wie man sieht, ist der Klassenname auch beim Aufruf des Konstruktors vollqualifiziert anzugeben.

6.5.6 Importieren von Paketen und Klassen

6.5.6.1 Importieren von Klassen

Vollqualifizierte Namen können sehr lang werden. Wenn Klassen, die in einem anderen Paket als die eigene Klasse liegen, unqualifiziert benutzt werden sollen, dann kann das zuvor angegeben werden. Dieses geschieht zu Beginn einer Klasse in einer Importanweisung. Nur die Klassen aus dem Standardpaket **java.lang** brauchen nicht explizit durch eine Importanweisung bekannt gemacht zu werden.

Unsere Testklasse aus dem letzten Abschnitt kann mit Hilfe einer Importanweisung so geschrieben werden, dass die Klasse **ArrayList** unqualifiziert benutzt werden kann:

TestImport.java

```
package name.panitz.utilTest;

import java.util.ArrayList;

class TestImport {
  public static void main(String [] args){
    ArrayList<String> xs = new ArrayList<String>();
    xs.add("friends");
    xs.add("romans");
    xs.add("countrymen");
    System.out.println(xs);
  }
}
```

Es können mehrere Importanweisungen in einer Klasse stehen. So können wir z.B. zusätzlich die Klasse **LinkedList** importieren:

TestImport2.java

```
package name.panitz.utilTest;

import java.util.ArrayList;
import java.util.LinkedList;

class TestImport2 {
  public static void main(String [] args){
    ArrayList<String> xs = new ArrayList<String>();
```

```
      xs.add("friends");
      xs.add("romans");
      xs.add("countrymen");
      System.out.println(xs);

      LinkedList<String> ys = new LinkedList<String>();
      ys.add("friends");
      ys.add("romans");
      ys.add("countrymen");
      System.out.println(ys);
   }
}
```

6.5.6.2 Importieren von Paketen

Wenn in einem Programm viele Klassen eines Paketes benutzt werden, so können mit
einer Importanweisung auch alle Klassen dieses Paketes importiert werden. Hierzu
gibt man in der Importanweisung einfach statt des Klassennamens ein * an:

TestImport3.java

```
package name.panitz.utilTest;

import java.util.*;

class TestImport3 {
  public static void main(String [] args){
    List<String> xs = new ArrayList<String>();
    xs.add("friends");
    System.out.println(xs);

    Vector<String> ys = new Vector<String>();
    ys.add("romans");
    System.out.println(ys);
  }
}
```

Ebenso wie mehrere Klassen können auch mehrere komplette Pakete importiert werden. Es können auch gemischt einzelne Klassen und ganze Pakete importiert werden.

6.5.7 Statische Imports

Statische Eigenschaften einer Klasse werden in Java dadurch angesprochen, dass dem
Namen der Klasse mit Punkt getrennt die gewünschte Eigenschaft folgt. Werden in
einer Klasse sehr oft statische Eigenschaften einer anderen Klasse benutzt, so ist der
Code mit deren Klassennamen durchsetzt. Die Javaentwickler hatten mit Java 1.5 ein
Einsehen. Man kann seither für eine Klasse alle ihre statischen Eigenschaften impor-

tieren, sodass diese unqualifiziert benutzt werden können. Die **import**-Anweisung sieht aus wie ein gewohnter Paketimport, nur dass das Schlüsselwort **static** eingefügt ist und erst dem Klassennamen der Stern folgt, der in diesem Fall für alle statischen Eigenschaften steht.

Beispiel 6.5.1 Statische Importanweisung

Wir schreiben eine Hilfsklasse zum Arbeiten mit Strings, in der wir eine Methode zum Umdrehen eines Strings vorsehen:

StringUtil.java

```java
package name.panitz.staticImport;
public class StringUtil {
  static public String reverse(String arg) {
    StringBuffer result = new StringBuffer();
    for (char c:arg.toCharArray()) result.insert(0,c);
    return result.toString();
  }
}
```

Die Methode **reverse** wollen wir in einer anderen Klasse benutzen. Importieren wir die statischen Eigenschaften von **StringUtil**, so können wir auf die Qualifizierung des Namens der Methode **reverse** verzichten:

UseStringUtil.java

```java
package name.panitz.staticImport;
import static name.panitz.staticImport.StringUtil.*;
public class UseStringUtil {
  static public void main(String [] args) {
    for (String arg:args)
      System.out.println(reverse(arg));
  }
}
```

Die Ausgabe dieses Programms:

```
> java  name.panitz.staticImport.UseStringUtil welt
tlew
>
```

□

6.5.8 Sichtbarkeitsattribute

Sichtbarkeiten[5] erlauben es, zu kontrollieren, wer auf Klassen und ihre Eigenschaften zugreifen kann. Das *wer* bezieht sich hierbei auf andere Klassen und Pakete.

6.5.8.1 Sichtbarkeitsattribute für Klassen

Für Klassen gibt es zwei Möglichkeiten der Sichtbarkeit. Entweder darf von überall aus eine Klasse benutzt werden oder nur von Klassen im gleichen Paket. Syntaktisch wird dieses dadurch ausgedrückt, dass der Klassendefinition entweder das Schlüsselwort `public` vorangestellt ist oder aber kein solches Attribut voransteht.

Eine Klasse mit öffentlicher Sichtbarkeit:

```
MyPublicClass.java

package name.panitz.p1;
public class MyPublicClass {
}
```

Eine Klasse mit Sichtbarkeit im selben Paket:

```
MyNonPublicClass.java

package name.panitz.p1;
class MyNonPublicClass {
}
```

In einem anderen Paket dürfen wir nur die als öffentlich deklarierte Klasse benutzen. Folgende Klasse übersetzt fehlerfrei:

```
UsePublic.java

package name.panitz.p2;

import name.panitz.p1.*;

class UsePublic {
  public static void main(String [] args){
    System.out.println(new MyPublicClass());
  }
}
```

Der Versuch, eine nicht öffentliche Klasse aus einem anderen Paket heraus zu benutzen, ergibt hingegen einen Übersetzungsfehler:

---

[5] Man findet in der Literatur auch den Ausdruck *Erreichbarkeiten*.

> Java Klassen und Schnittstellen kennen zwei Sichtbarkeiten:
>
> - *öffentlich*: diese sind mit dem Attribut **public** markiert und können von Klassen in beliebigen Paketen verwendet werden.
> - *Paket sichtbar*: diese haben kein Sichtbarkeitsattribut und können nur aus Klassen, die im selben Paket liegen, verwendet werden.
>
> Methoden und Felder innerhalb von Klassen kennen noch die Sichtbarkeiten `protected` und `private`.

.java

```java
package name.panitz.p2;

import name.panitz.p1.*;

class UseNonPublic {
  public static void main(String [] args){
    System.out.println(new MyNonPublicClass());
  }
}
```

Java gibt bei der Übersetzung eine entsprechende gut verständliche Fehlermeldung:

```
sep@swe10:~> javac -d . UseNonPublic.java
UseNonPublic.java:7: name.panitz.p1.MyNonPublicClass is not
public in name.panitz.pantitz.p1;
cannot be accessed from outside package
        System.out.println(new MyNonPublicClass());
                               ^
UseNonPublic.java:7: MyNonPublicClass() is not
public in name.panitz.p1.MyNonPublicClass;
cannot be accessed from outside package
        System.out.println(new MyNonPublicClass());
                           ^
2 errors
sep@swe10:~>
```

Damit stellt Java eine Technik zur Verfügung, die es erlaubt, bestimmte Klassen eines Softwarepaketes als rein interne Klassen zu schreiben, die von außerhalb des Pakets nicht benutzt werden können.

6.5.9 Klassenpfad und Java-Archive

6.5.9.1 Jar-Dateien

Ein Java-Programm besteht aus vielen Quelltextdateien, in denen jeweils eine toplevel Schnittstelle, Klasse, Datenklasse oder Aufzählungsklasse definiert ist. Mit dem

Kompilator werden diese jeweils zu einer, manchmal auch mehreren, binären Dateien mit der Endung `.class` übersetzt. Um das Programm auf der virtuellen Maschine starten zu können, müssen der virtuellen Maschine alle diese Bytecode-Dateien auf dem Klassenpfad vorliegen. Eine Javaapplikation besteht also sehr vielen Bytecode-Dateien. Diese sind alle dem Kunden auszuliefern. Um den Prozess zu vereinfachen, können die Dateien alle in einer großen Archivdatei gebündelt werden. Dieses nennt man dann eine Java-Archivdatei, abgekürzt Jar-Datei. Die Dateiendung ist entsprechend `jar`.

Zum Erzeugen, Entpacken, Manipulieren und Auflisten von Java-Archivdateien dient das Kommandozeilenprogramm `jar`.

Zum Erzeugen einer Jar-Datei gibt man dem Programm `jar` das Argument `c` für *create* mit. Das Argument `f` steht für die Angabe des Namens der Archivdatei. Die letzten Argumente sind dir Ordner und Dateien, die in der Archivdatei verpackt werden sollen

Um also eine Archivdatei mit Namen **archive.jar** zu erzeugen, in der der Ordner **name** mit allen seinen Unterordnern und Dateien verpackt sind, ist folgender Aufruf zu tätigen:

```
jar cf archive.jar name/
```

Wenn man die virtuelle Maschine von Java starten möchte und dazu Klassen benötigt, die in einem Archiv verpackt sind, kann man die Archivdatei als Teil des Klassenpfades angeben.

Um die Klasse
name.panitz.staticImport.UseStringUtil
als Hauptklasse auszuführen, ist somit folgender Aufruf zu tätigen:

```
java -cp archive.jar name.panitz.staticImport.UseStringUtil abc
cba
```

Man kann in einer Java-Archivdatei nun auch eintragen lassen, wie die ausführende Klasse mit der Hauptmethode dort vollqualifiziert heißt. Hierzu dient das zusätzliche Argument `e` des Programms `jar`. Für dieses gibt man den vollqualifizierten Namen der entsprechenden Klasse an.

So können wir ein ausführbares Archiv erzeugen mit dem Aufruf:

```
jar cfe app.jar name.panitz.staticImport.UseStringUtil name/
```

Jetzt braucht ein Anwender, der das Archiv **app.jar** als Programm ausführen will, nicht mehr den Namen der Klasse mit der Hauptmethode zu wissen. Die virtuelle Maschine kann mit dem Parameter `-jar` gestartet werden. Damit wird angegeben, dass die Archivdatei die Information, welche Hauptmethode auszuführen ist, enthält.

Das Programm kann mit folgendem Aufruf gestartet werden:

```
java -jar app.jar abc
cba
```

Für weitere Details von Archivdateien konsultiere man die Dokumentation des Programms **jar**.

6.5.9.2 Angabe des Klassenpfades als Umgebungsvariable

Implizit existiert immer ein Klassenpfad im Betriebssystem als eine sogenannte Umgebungsvariable. Man kann den Wert dieser Umgebungsvariable abfragen und ändern. Die Umgebungsvariable, die Java benutzt, um den Klassenpfad zu speichern, heißt **CLASSPATH**. Deren Wert benutzt Java, wenn kein Klassenpfad per Option angegeben wird.

Windows und Unix unterscheiden sich leicht in der Benutzung von Umgebungsvariablen. In Unix wird der Wert einer Umgebungsvariablen durch ein vorangestelltes Dollarzeichen bezeichnet, also $CLASSPATH, in Windows wird sie durch Prozentzeichen eingeschlossen, also %CLASSPATH%.

Abfrage des Klassenpfades

In der Kommandozeile kann man sich über den aktuellen Wert einer Umgebungsvariablen informieren.

Unix

In Unix geschieht dieses leicht mit Hilfe des Befehls **echo**, dem die Variable in der Dollarnotation folgt:

```
sep@swe10:~/fh/prog2> echo $CLASSPATH
.:/jars/log4j-1.2.8.jar:/jars:
sep@swe10:~/fh/prog2>
```

Windows

In Windows hingegen benutzt man den Konsolenbefehl **set**, dem der Name der Umgebungsvariablen folgt.

set CLASSPATH

Setzen des Klassenpfades

Innerhalb einer Eingabeaufforderung kann für die aktuelle Sitzung der Wert einer Umgebungsvariablen geändert werden. Auch hierin unterscheiden sich Unix und Windows marginal.

Unix

Beispiel 6.5.2 Jar-Datei im Klassenpfad

Wir fügen dem Klassenpfad eine weitere Jar-Datei vorne an:

```
sep@swe10:~/fh/prog2> export CLASSPATH=/jars/jugs.jar:$CLASSPATH
sep@swe10:~/fh/prog2> echo $CLASSPATH
/jars/jugs.jar:.:/jars/log4j-1.2.8.jar:/jars:
```

□

Windows

In Windows werden Umgebungsvariablen auch mit dem **set**-Befehl geändert. Hierbei folgt dem Umgebungsvariablennamen, mit einem Gleichheitszeichen getrennt, der neue Wert.

Beispiel 6.5.3 Klassenpfad auf Windows-Betriebssystem setzen

Der entsprechende Befehl des letzten Beispiels ist in Windows:
```
set CLASSPATH=~\jarfiles\jugs.jar:%CLASSPATH%
```

□

6.5.10 Zurück zur JShell

Mit dem Wissen über Pakete und den Klassenpfad betrachten wir jetzt noch einmal den Interpretermodus von Java.

6.5.10.1 Klassenpfad in der JShell

Wenn die JShell gestartet wird, so übernimmt die den Klassenpfad aus der Umgebungsvariablen. Man kann auch den Klassenpfad beim Start der JShell explizit setzen. Hierzu dient die Option **-class-path**:

```
$ jshell --class-path classes/:myarch.jar
|  Welcome to JShell -- Version 22
|  For an introduction type: /help intro

jshell>
```

Innerhalb der JShell-Sitzung kann man den aktuellen Wert des Klassenpfades mit der Eingabe von **/env** anzeigen lassen:

```
jshell> /env
|      --class-path classes:myarch.jar
```

Man kann aber auch innerhalb der Sitzung den Klassenpfad für die Sitzung neu setzen:

```
jshell> /env --class-path .
|  Setting new options and restoring state.

jshell> /env
|      --class-path .

jshell>
```

6.5.10.2 Importierte Pakete

Wir haben in der JShell bereits eine Reihe von Klassen verwendet, die nicht im Standardpaket **java.lang** sind. Insbesondere alle funktionalen Schnittstellen, die wir zur Bezeichnung von Funktionsobjekten verwendet haben, befinden sich im Paket **java.util.function**. Das war möglich, ohne die Klassen dieses Pakets zu importieren. Der Grund dafür ist, dass die JShell für einen schnellen Zugang zu den wichtigsten Klassen und Schnittstellen standardmäßig mit den wichtigsten Importanweisungen gestartet wird. Davon kann man sich überzeugen, indem man sich mit dem Metabefehl **/imports** alle importierten Klassen und Pakete in der JShell anzeigen lässt:

```
jshell> /imports
|    import java.io.*
|    import java.math.*
|    import java.net.*
|    import java.nio.file.*
|    import java.util.*
|    import java.util.concurrent.*
|    import java.util.function.*
|    import java.util.prefs.*
|    import java.util.regex.*
|    import java.util.stream.*
```

Nun sieht man, dass eine Reihe von fundamentalen Paketen bereits importiert sind, ohne dass wir sie explizit importieren mussten. Möchte man weitere Pakete importieren, kann man in der JShell jederzeit eine **import**-Anweisung eingeben.

Für eine Sitzung in der JShell kann man weitere Importanweisungen angeben:

```
shell> import name.panitz.teetrinker.*
```

6.5.10.3 Quelltext direkt öffnen

Man kann in der JShell direkt Dateien mit Java-Quelltext öffnen, deren Inhalt dann ausgeführt wird. Hierzu dient die Metaanweisung **/open**, die als Argument eine Datei. Dieses kann eine reine Java-Quelltextdatei sein, die auch kompiliert werden kann, es kann aber auch eine Datei sein, in der eine Reihe von Java-Definitionen stehen, die man so in die JShell eingeben kann.

Es lässt sich innerhalb der JShell setzen, mit welchem Editor gearbeitet werden soll. Wenn man zum Editieren das Programm **emacs** verwenden will, lässt sich das setzen:

```
jshell> /set editor emacs -nw
|   Editor set to: emacs -nw
```

Es lässt sich zusätzlich auch setzen, dass die Einstellung für das verwendete Editorprogramm auch in neu gestarteten Sitzungen übernommen werden sollen:

```
jshell> /set editor -retain
|   Editor setting retained: emacs -nw
```

6.6 Module

Java-Archivdateien sind eine praktische und einfache Möglichkeit, um Programme oder Programmbibliotheken als eine einfache Datei auszuliefern. Sie bieten jedoch keine Möglichkeit, Abhängigkeiten zwischen verschiedenen Programmbibliotheken auszudrücken oder Versionen von Programmbibliotheken zu verwalten. Hierbei können externe Werkzeuge helfen, wie die Programmsysteme *Maven* und *Gradle*. Um eine in Java integrierte Lösung anbieten zu können, wurde zu diesem Zwecke in Java ein Modulsystem eingeführt.

Das Modulsystem ist sehr detailliert und komplex ausgefallen und es gibt mehrere hundert Seiten lange Bücher darüber.[11]

Da dieses Lehrbuch sich auf die eigentliche Programmierung konzentriert, sparen wir das Modulsystem aus. Um ein Modul zu schnüren, ist eine Datei **module-info.java**

zu erstellen. Ohne diese Datei im Projektordner wird angezeigt, dass man das Modulsystem nicht nutzt.

Teil III
Objektorientierte Programmierung

Kapitel 7
Klassen für modifizierbare Objekte

Zusammenfassung Anders als bei Datenklassen sind für allgemeine Klassen Konstruktoren und Felder separat zu definieren. Felder sind hier veränderbare Variablen, sodass sich Objekte modifizieren lassen. Das Hauptkonzept der Objektorientierung ist die Vererbung an Unterklassen und die späte Bindung bei Methodenaufrufen. Zusätzlich lassen sich Schnittstellen definieren, die durch Klassen implementiert werden können. Klassen und Schnittstellen können generisch über Inhaltstypen sein. Als Beispiel für generische Klassen modifizierbare Objekte werden weitere Implementierungen von Listen und Mengen gegeben.

7.1 Klassendefinition

In Java beschreibt eine Klasse eine Menge von Objekten gleicher Art.

Die Klassendefinition ist eine Beschreibung der möglichen Objekte. In ihr ist definiert, welche Art von Daten zu den Objekten gehören. Zusätzlich können wir in einer Klasse noch definieren, welche Operationen auf diesen Daten angewendet werden können.

Wir haben schon die Datenklassen, die mit dem Schlüsselwort **record** eingeleitet werden, kennengelernt. Auch für diese gilt die obige Charakterisierung.

Im Gegensatz zu den Objekten der Datenklassen können Objekte von allgemeinen Klassen modifiziert werden. Das heißt, ihren Feldern können neue Werte zugewiesen werden. Und zusätzlich kennen allgemeine Klassen das grundlegende Konzept der Objektorientierung, die Vererbung.

S. E. Panitz, *Java für Teetrinker*, https://doi.org/10.1007/978-3-662-69321-6_7

Datenklassen sind einfach zu verwenden. Man braucht nicht explizit einen Konstruktor zu definieren. Ebenso sind sie automatisch mit nützlichen Methoden für die Gleichheit und zur textuellen Darstellung ausgestattet. In allgemeinen Klassen müssen diese Eigenschaften alle explizit vom Programmierer definiert werden.

In diesem Kapitel werden wir die ganze Wahrheit über Klassen kennenlernen. Auf viele Aspekte, die bei Datenklassen einfach zu verwenden waren, müssen wir in diesem Kontext tiefer eingehen.

Zu Beginn einer allgemeinen Klassendefinition steht in Java das Schlüsselwort **class**, gefolgt von dem Namen, den man für die Klasse gewählt hat.

Nach dem Bezeichner für den Klassennamen folgt in geschweiften Klammern der Inhalt der Klasse, bestehend aus Felddefinitionen und Methodendefinitionen.

Es gibt für eine Klasse keinen kanonischen Konstruktor, der bereits Felder definiert.

Die einfachste Klasse, die in Java denkbar ist, ist eine Klasse ohne Felder, Methoden oder Konstruktoren:

```
class Minimal {
}
```

7.1.1 Felder

Zum Speichern von Daten können Felder (engl. *field*) für eine Klasse definiert werden. Ein Feld hat einen Namen und einen vorangestellten Datentypen. Eine Felddeklaration endet mit einem Semikolon.

Beispiel 7.1.1 Klasse mit Feldern

Im Folgenden schreiben wir eine Klasse mit drei Feldern:

```
class Konto{
    String inhaber;
    String iban;
    int standInCent;
}
```

□

Die Reihenfolge, in der die Felder einer Klasse definiert werden, ist, anders als bei den Feldern, die im kanonischen Konstruktor einer Datenklasse definiert werden, fast irrelevant.

Man kann direkt in der Felddeklaration bereits Ausdrücke für den initialen Wert eines Feldes mitgeben. Dabei kann man auch auf zuvor deklarierte Felder zugreifen:

```
class Relevant{
  String hello = "hello ";
  String hw = hello+"world";
}
```

In diesen Fällen ist die Reihenfolge der Felder relevant. Ein Zugriff auf ein noch nicht deklariertes Feld wird als statischer Fehler erkannt.

```
class VeryRelevant{
  String hw = hello+"world";
  String hello = "hello";
}

|  Error:
|  illegal forward reference
|    String hw = hello+"world";
|                ^---^
```

In der Literatur werden Felder auf deutsch auch als Attribute einer Klasse oder als Exemplarvariablen bezeichnet.

7.1.2 Objekte

Im letzten Abschnitt haben wir eine erste Klasse geschrieben. Sie implementiert die Modellierung von einem Bankkonto. Sie hat daher drei Felder, die den Eigenschaften der Modellierung entsprechen. Jetzt wollen wir diese Klasse verwenden, um damit konkrete Kontoobjekte zu erzeugen, die konkrete Werte für den Inhaber etc. haben.

7.1.2.1 Erzeugen von Objekten mit new

Ebenso, wie für Datenklassen können wir jetzt konkrete Objekte der Klasse **Konto** über das Schlüsselwort **new** erzeugen. Da wir keinen Konstruktor haben, existiert nur der Standardkonstruktor ohne Argumente:

```
var k1 = new Konto()

k1 ==> Konto@6e8cf4c6
```

Man sieht schon den Unterschied zu Datenklassen in der Darstellung des Objekts als Zeichenkette, hier **Konto@6e8cf4c6**. Es wird nur der Namen der Klasse gefolgt von einer hexadezimal notierten Zahl angezeigt.

7.1.2.2 Zugriff auf die Felder von Objekten

Von nun an bezeichnet die Variable **k1** ein konkretes Objekt der Klasse **Konto**. Allerdings haben wir für dieses Objekt noch keine konkreten Werte für die Felder zugewiesen. Der Kontoinhaber, die Iban und auch der Kontostand für dieses Kontoobjekt wurden noch nicht gesetzt. Auf die Felder eines Objekts kann mit einem Punkt zugegriffen werden. Links von dem Punkt steht ein Objekt, rechts davon ein Feldname. So können wir in unserem Beispiel mit **k1.inhaber** auf den Titel des Kontoobjektes **k1** zugreifen. Um einen Inhaber zu setzen, kann wieder der Zuweisungsbefehl genutzt werden. Wir können die Felder mit folgenden Zuweisungen mit konkreten Werten belegen.

Zunächst ein Kontoinhaber:

```
k1.inhaber = "Ada Lovelace"

$5 ==> "Ada Lovelace"
```

Und eine Kontonummer:

```
k1.iban = "DE02600501010002034304"

$6 ==> "DE02600501010002034304"
```

Nach den obigen Zuweisungen hat das Objekt **k1** konkrete Werte, auf die wieder zugegriffen werden kann:

```
k1.iban

$6 ==> "DE02600501010002034304"
```

Den Kontostand haben wir nicht gesetzt und er liegt somit noch bei 0:

```
k1.standInCent

$7 ==> 0
```

7.1.2.3 Konstruktoren

Wir haben gesehen, wie prinzipiell Objekte einer Klasse mit dem **new**-Konstrukt erzeugt werden. In unserem obigen Beispiel würden wir gerne bei der Erzeugung eines Objektes gleich konkrete Werte für die Felder mit angeben, um direkt ein Konto mit konkreten Inhaber, Iban und Kontostand erzeugen zu können. So sind wir es von den Datenklassen gewohnt. Hierzu können Konstruktoren für eine Klasse definiert werden:

```
class Konto{
  String inhaber;
  String iban;
  long standInCent;
  Konto(String inh, String nr, long stand){
    inhaber = inh;
    iban = nr;
    standInCent = stand;
  }
}
```

Ein Konstruktor einer allgemeinen Klasse hat dieselbe syntaktische Struktur wie ein zum kanonischen Konstruktor zusätzlich überladener Konstruktor einer Datenklasse.

Jetzt lassen sich bei der Erzeugung von Objekten des Typs **Konto** konkrete Werte für die Namen übergeben.

Wir erzeugen ein Kontoobjekt mit dem für die entsprechende Klasse geschriebenen Konstruktor:

```
var k1 = new Konto("Ada Lovelace", "DE02600501010002034304", 42)

k1 ==> Konto@70177ecd
```

Anders als bei Datenklassen können wir die Werte in den Feldern eines Objektes von Klassen ändern.

Vielleicht wünscht die Kontoinhaberin, mit einem anderen Namen geführt zu werden:

```
k1.inhaber = "Augusta Ada King-Noel"
```

Gerade ein Girokonto ist ja schon dem Namen nach ein recht dynamisches Objekt mit permanenten Kontobewegungen:

```
k1.standInCent -= 420000
```

Wie auch sonst bei Parametern sind die Namen der Parameter eines Konstruktors frei zu wählen. Sie sind nur von lokalem Interesse. In Kapitel 2.1.5.1 haben wir schon die this-Referenz kennengelernt. Diese kann man auch im Konstruktor nutzen, wenn man für die Parameter des Konstruktors die gleichen Bezeichner wählt wie für die Felder, die mit den übergebenen Werten initialisiert werden:

```
class Konto{
  String inhaber;
  String iban;
  long standInCent;
  Konto(String inhaber, String iban, long standInCent){
    this.inhaber = inhaber;
    this.iban = iban;
    this.standInCent = standInCent;
```

```
        }
    }
```

Man kann auch in allgemeinen Klassen für bestimmte Felder festlegen, dass deren Werte, nachdem sie im Konstruktor gesetzt wurden, nicht mehr neu gesetzt werden dürfen. Hierzu sind die Felder mit dem Schlüsselwort **final** zu setzen.

In unserem Kontobeispiel bietet sich das für die Iban an, denn das ist eine Eigenschaft, die sich nach Eröffnung eines Kontos nicht mehr ändern wird:

```
class Konto{
    String inhaber;
    final String iban;
    int standInCent;
    Konto(String inhaber, String iban, long standInCent){
        this.inhaber = inhaber;
        this.iban = iban;
        this.standInCent = standInCent;
    }
}
```

Will man so markierten Feldern eines Objektes neue Werte zuweisen, so kommt es zu einem statischen Fehler:

```
    k1.iban ="DE02600501010002034304"

    |   Error:
    |   cannot assign a value to final variable iban
    |   k1.iban ="DE02600501010002034304"
    |   ^-----^
```

Da man finale Felder nicht später setzen kann, müssen sie durch den Konstruktor gesetzt werden.

Ebenso wie bei Datenklassen können mehrere Konstruktoren überladen werden und die überladenen Konstruktoren können sich gegenseitig als erste Anweisung aufrufen. So können wir einen Konstruktor vorsehen, der das Konto mit dem Kontostand 0 eröffnet:

```
class Konto{
    String inhaber;
    final String iban;
    int standInCent;
    Konto(String inhaber, String iban, long standInCent){
        this.inhaber = inhaber;
        this.iban = iban;
        this.standInCent = standInCent;
    }
    Konto(String inhaber, String iban){
        this(inhaber, iban, 0);
    }
}
```

7.1.2.4 Methoden

In gleicher Weise wie Datenklassen können auch allgemeine Klassen Methoden enthalten. Diese Methoden sind aber nicht nur in der Lage, aus den Daten eines Objekts Informationen zu selektieren und zu verarbeiten, sondern sie sind auch in der Lage, die Objekte zu verändern.

Beginnen wir mit der Implementierung der kompletten Kontoklasse. Wir geben ihr nun fünf Felder. Zu den drei bekannten Feldern noch ein Limit für Auszahlungen und ein maximaler Dispokredit:

```
Konto.java

import java.math.BigInteger;
class Konto{
  String inhaber;
  final String iban;
  protected int standInCent;
  int limit;
  int dispo;
```

Den eigentlichen Kontostand haben wir als **protected** markiert. Auf den soll nicht beliebig von außerhalb der Klasse zugegriffen werden. Hierzu sollen stets Methoden verwendet werden. Lediglich Unterklassen, die spezialisierte Kontoarten darstellen, können auf den Kontostand direkt zugreifen.

Ein Konstruktor soll für jedes Feld einen Wert übergeben bekommen.

Zusätzlich erhält der Konstruktor eine **assert**-Anweisung, die prüft, ob die Prüfsumme innerhalb der Iban korrekt ist.

```
Konto.java

Konto(String inhaber,String iban,int stand,int limit,int dispo){
  assert   iban.substring(0,2).equals(pruefsumme(iban))
         : "falsche Prüfsumme in IBAN:"+iban;
  this.inhaber = inhaber;
  this.iban = iban;
  this.standInCent = stand;
  this.limit = limit;
  this.dispo = dispo;
}
```

Die Berechnung der Prüfsumme lagern wir in einer Aufgabe aus.

Ein überladener Konstruktor ruft den vollen Konstruktor mit Standardwerten für Kontostand, Dispo und das Limit auf:

```
Konto.java

Konto(String inhaber, String iban){
  this(inhaber, iban, 0, 100000, 1000000) ;
}
```

Die erste Methode, die wir schreiben, soll nur den Wert des Kontostands direkt selektieren:

> **Konto.java**
>
> ```java
> int standInCent(){return standInCent;}
> ```

Des Weiteren sehen wir eine Methode vor, die es ermöglicht, etwas auf das Konto einzuzahlen. Allerdings verbieten wir, einen negativen Betrag einzuzahlen, da das einer Abhebung vom Konto entspräche. Der Rückgabewert der Funktion soll entsprechend anzeigen, ob etwas erfolgreich eingezahlt wurde:

> **Konto.java**
>
> ```java
> boolean einzahlung(int centBetrag){
>     if (centBetrag<0) return false;
>     standInCent +=  centBetrag;
>     return true;
> }
> ```

Schließlich sollen Auszahlungen von dem Konto gemacht werden. Hier werden Kontolimit und maximale Disporahmen des Kontos relevant. Es wird geprüft, ob ein positiver Betrag abgehoben werden soll. Des Weiteren wird geprüft, ob das Limit für Auszahlungen nicht überschritten wird. Und als Drittes wird sichergestellt, dass der Kreditrahmen nicht durch die Auszahlung überschritten wird:

> **Konto.java**
>
> ```java
> boolean auszahlung(int centBetrag){
>     if ( centBetrag < 0) return false;
>     if ( centBetrag > limit) return false;
>
>     var neuerStand = standInCent + centBetrag;
>     if ( neuerStand < -dispo) return false;
>
>     standInCent = neuerStand;
>     return true;
> }
> ```

Die Klasse **Konto** stellt nun sicher, dass der Kontostand nur auf kontrollierte Art und Weise verändert werden kann und damit die Konditionen des Kontos nicht verletzt werden.

Eine weitere Methode soll den Inhalt aller Felder in einem String darstellen:

> **Konto.java**
>
> ```java
> String writeAllFields(){
>     return this.inhaber+" "+this.iban+" "+this.standInCent();
> }
> ```

Aufgabe 7.1

Eine Iban beginnt mit zwei Buchstaben für das Länderkürzel, dann folgen zwei Ziffern einer Prüfziffer, die sich durch die anderen Positionen einer Iban errechnen lassen. Informieren Sie sich über die Berechnung dieser Prüfsumme und implementieren Sie eine entsprechende Methode in Java.

Anschließend kann man im Konstruktor der Klasse **Konto** folgende Prüfung machen:

```
assert iban.substring(0,2).equals(pruefsumme(iban)) "falsche Iban";
```

□

7.2 Vererbung

Eines der grundlegenden Ziele der objektorientierten Programmierung ist die Möglichkeit, bestehende Programme um neue Funktionalitäten erweitern zu können. Hierzu bedient man sich der Vererbung. Bei der Definition einer neuen Klasse hat man die Möglichkeit, anzugeben, dass diese Klasse alle Eigenschaften einer bestehenden Klasse erbt.

Wenn wir eine weitere Klasse schreiben wollen, die nicht ein beliebiges Konto darstellt, sondern eine bestimmte Art von Konto, so stellen wir fest, dass wir wieder Felder für den Namen und die Iban etc. anlegen müssen; das heisst, wir müssen die bereits in der Klasse **Konto** zur Verfügung gestellte Funktionalität ein weiteres Mal schreiben:.

Betrachten wir zum Beispiel ein Bausparkonto, das ein Sparziel enthält und erst unter bestimmten Bedingung als zuteilungsreif ausgezahlt werden kann:

```java
class BausparkontoOhneVererbung {
  String inhaber;
  final String iban;
  private int standInCent;
  int zielsumme;
  BausparkontoOhneVererbung(String inhaber, String iban,int ziel){
    this.inhaber = inhaber;
    this.iban = iban;
    standInCent = 0;
    this.zielsumme = ziel;
  }
  int standInCent(){return standInCent;}
  void einzahlung(int centBetrag){ standInCent +=  centBetrag;}
  boolean auszahlung(int centBetrag){return false;}
  boolean zuteilung(){
    if (standInCent>zielsumme/2){
      standInCent -= zielsumme;
      return true;
    }
    return false;
```

```
    }
  }
```

Mit dem Prinzip der Vererbung wird es ermöglicht, diese Verdoppelung des Codes, der bereits für die Klasse **Konto** geschrieben wurde, zu umgehen.

Zudem haben wir mit den zwei Klassen, die Konten darstellen, das Problem, dass wir keinen Typ haben, der beide Klassen vereinigt und trotzdem die allgemeine Funktionalität eines Kontos kennt. Der einzige Typ der sowohl die Klasse **Konto** als auch **BausparkontoOhneVererbung** vereinigt, ist die Klasse **Object**. Auf dieser gibt es aber keine Möglichkeit nach einem Kontostand oder einer Kontonummer zu fragen.

Wir werden in diesem Kapitel schrittweise eine Klasse **Bausparkonto** entwickeln, die die Eigenschaften erbt, die wir in der Klasse **Konto** bereits definiert haben.

Zunächst schreibt man in der Klassendeklaration der Klasse **Bausparkonto**, dass deren Objekte alle Eigenschaften der Klasse **Konto** erben. Hierzu wird das Schlüsselwort **extends** verwendet:

Bausparkonto.java

```
class Bausparkonto extends Konto {
```

Mit dieser **extends**-Klausel wird angegeben, dass die Klasse von einer anderen Klasse abgeleitet wird und damit deren Eigenschaften erbt. Jetzt benötigen die in der Klasse **Konto** definierten Eigenschaften keine Neudefinition.

Mit der Vererbung steht ein Mechanismus zur Verfügung, der zwei primäre Anwendungen findet:

- Erweitern: Zu den Eigenschaften der Oberklasse werden weitere Eigenschaften hinzugefügt. Im Beispiel der Bausparkonten soll das Feld **zielsumme** hinzugefügt werden.

- Verändern: Eine Eigenschaft der Oberklasse wird umdefiniert. Im Beispiel der Bausparkonten soll die Methode **auszahlung** der Oberklasse in ihrer Funktionalität verändert werden.

Es gibt in Java für eine Klasse immer nur genau eine direkte Oberklasse. Eine sogenannte multiple Erbung ist in Java nicht möglich.[1] Es gibt immer maximal eine **extends**-Klausel mit einer angegebenen Oberklasse in einer Klassendefinition.

7.2.1 Hinzufügen neuer Eigenschaften

Unser erstes Ziel der Vererbung war, eine bestehende Klasse um neue Eigenschaften zu erweitern. Hierzu können wir jetzt einfach mit der **extends**-Klausel angeben, dass wir die Eigenschaften einer Klasse erben. Die Eigenschaften, die wir zusätzlich haben wollen, lassen sich schließlich wie gewohnt deklarieren.

---

[1] Dieses ist z.B. in C++ möglich.

7.2.1.1 Erweitern um Felder

> Bausparkonto.java
>
> ```java
> int zielsumme;
> ```

Hiermit haben wir eine Klasse geschrieben, die vier Felder hat: **inhaber**, **iban** und **standInCent**, die von der Klasse **Konto** geerbt werden und zusätzlich das Feld **zielsumme**. Diese vier Felder können für Objekte der Klasse **Bausparkonto** fast alle in gleicher Weise genutzt werden.

7.2.1.2 Erweitern um Methoden

Ebenso wie Felder lassen sich Methoden hinzufügen. Z.B. eine Methode, die testet, ob der Bausparvertrag zuteilungsreif ist:

> Bausparkonto.java
>
> ```java
> boolean zuteilung(){
>     if (standInCent() > zielsumme/2){
>         standInCent-=zielsumme;
>         return true;
>     }
>     return false;
> }
> ```

7.2.2 Konstruktion

Um für eine Klasse konkrete Objekte zu konstruieren, braucht die Klasse entsprechende Konstruktoren. In unserem Beispiel soll jedes Objekt der Klasse **Bausparkonto** auch ein Objekt der Klasse **Konto** sein. Daraus folgt, dass, um ein Objekt der Klasse **Bausparkonto** zu erzeugen, es auch notwendig ist, ein Objekt der Klasse **Konto** zu erzeugen. Wenn wir also einen Konstruktor für **Bausparkonto** schreiben, sollten wir sicherstellen, dass mit diesem auch ein gültiges Objekt der Klasse **Konto** erzeugt wird. Hierzu muss man den Konstruktor der Oberklasse aufrufen. Dieses geschieht mit dem Schlüsselwort **super**, das einen Konstruktor der Oberklasse aufruft:

> Bausparkonto.java
>
> ```java
> Bausparkonto(String inhaber,String iban,int zielsumme){
>     super(inhaber,iban);
>     this.zielsumme = zielsumme;
> }
> ```

In unserem Beispiel bekommt der Konstruktor der Klasse **Konto** alle Daten, die benötigt werden, um ein Kontoobjekt und ein Bausparkontoobjekt zu erzeugen. Als erstes wird im Rumpf des Bausparkontokonstruktors der Konstruktor der Klasse **Konto** aufgerufen. Anschließend wird das zusätzliche Feld der Klasse **Bausparkonto** mit entsprechenden Daten initialisiert.

Ein Objekt der Klasse **Bausparkonto** kann nun wie gewohnt konstruiert werden:

```
var k1 =
new Bausparkonto("Mary Shelly","DE02600501010002034304",2000000)
```

Und Felder können auf diesem Objekt aufgerufen werden:

```
k1.inhaber
```

```
"Mary Shelly"
```

Ebenso können Methoden aufgerufen werden:

```
k1.writeAllFields()
```

```
"Mary Shelly DE02600501010002034304 0"
```

7.2.3 Überschreiben bestehender Methoden

Unser zweites Ziel ist es, durch Vererbung eine Methode in ihrem Verhalten zu verändern. Wir wollen eine normale Auszahlung für Bausparverträge nicht zulassen. Hier soll ein Betrag angespart werden und die Bausparsumme dann durch Zuteilung ausgezahlt werden. Daher überschreiben wir die eigentlich aus der Klasse **Konto** geerbte Methode **auszahlung** für Bausparverträge in der Form, dass keine Auszahlungen möglich sind:

```
Bausparkonto.java

    @Override boolean auszahlung(int betrag){
      return false;
    }
}
```

Obwohl Objekte der Klasse **Bausparkonto** auch Objekte der Klasse **Konto** sind, benutzen sie nicht die Methode **auszahlung(int)** der Klasse **Konto**, sondern die neu definierte Version aus der Klasse **Bausparkonto**.

Um eine Methode zu überschreiben, muss sie dieselbe Signatur bekommen, die sie in der Oberklasse hat.

Überschreiben (eng: override) bedeutet, dass eine aus einer Oberklasse geerbte Methoden in dieser Klasse neu definiert wird. Überladen (eng.: overload) bedeutet, dass eine Methode mit gleichen Namen in der derselben Klasse mehrfach existiert, aber unterschiedliche Parametertypen hat.

Um im Quelltext deutlich zu machen, dass man eine geerbte Methode überschreibt, kann man der Methode die Annotation **@Override** hinzufügen. Dieses hat keine Auswirkung auf das Laufzeitverhalten des Programms. Es bewirkt aber, dass der Kompilator überprüft, ob tatsächlich eine geerbte Methode neu definiert wird, und gegebenenfalls einen Fehler meldet, wenn das nicht der Fall ist. Das ist ein hilfreicher Check, der vor Tippfehlern bewahrt. Wenn man nämlich glaubt, man überschreibt eine Methode, aber hat im Methodennamen einen Tippfehler, dann definiert man eine neue Methode mit leicht anderen Namen. Solche Fehler sind oft schwer zu finden und somit sollte man mit der Annotation **@Override** den zusätzlichen Check in Anspruch nehmen.

7.2.4 Zuweisungskompatibilität

Objekte einer Klasse sind ebenso Objekte ihrer Oberklasse. Daher können sie genutzt werden wie die Objekte ihrer Oberklasse, insbesondere bei einer Zuweisung. Da in unserem Beispiel die Objekte der Klasse **Bausparkonto** auch Objekte der Klasse **Konto** sind, dürfen diese auch Feldern des Typs **Konto** zugewiesen werden:

```
Konto k2 =
 new Bausparkonto("Lord Byron", "DE02600501010002034304", 2000000)
```

Alle Bausparkonten sind auch Konten.

Hingegen ist die andere Richtung nicht möglich: nicht alle Konten sind Bausparkonten. Folgende Zuweisung wird von Java mit einem Fehler zurückgewiesen:

```
Bausparkonto k2 = new Konto("Lord Byron", "DE02600501010002034304")

 |  Error:
 |  incompatible types: Konto cannot be converted to Bausparkonto
 |  Bausparkonto k2 = new Konto("Lord Byron", "DE02600501010002034304");
 |
```

Gleiches gilt für den Typ der Methodenparameter. Wenn die Methode einen Parameter vom Typ **Konto** verlangt, so kann man ihm auch Objekte eines spezielleren Typs geben, in unserem Fall der Klasse **Bausparkonto**.

Folgende Funktion erwartet ein Kontoobjekt als Argument:

```
void printKonto(Konto k){
  System.out.println(k.writeAllFields());
}
```

Wir können diese Funktion für ein Objekt vom Typ Konto aufrufen:

```
printKonto(new Konto(("Lord Byron","DE02600501010002034304"))
```

Wir können sie aber auch mit einem **Bausparkonto**-Objekt als Argument aufrufen:

```
printKonto(
  new Bausparkonto(("Lord Byron","DE02600501010002034304",1000000)
)
```

Der umgekehrte Fall ist wiederum nicht möglich. Methoden, die als Parameter Objekte der Klasse **Bausparkonto** verlangen, dürfen nicht mit Objekten einer allgemeineren Klasse aufgerufen werden.

7.2.5 Späte Bindung (late binding)

Wir haben gesehen, dass wir Methoden überschreiben können. Interessant ist, wann welche Methode ausgeführt wird. In unserem Beispiel gibt es je eine Methode **auszahlung** in der Oberklasse **Konto** als auch in der Unterklasse **Bausparkonto**.

Welche dieser zwei Methoden wird wann ausgeführt? Wir können dieser Frage experimentell nachgehen.

Hierzu definieren wir eine Klasse **A** mit nur einer Methode **info()**:

```
class A{
  String info(){return "Klasse A";}
}
```

Zu dieser Klasse definieren wir eine Unterklasse, die die Methode **info()** überschreibt:

```
class B extends A{
  @Override String info(){return "Klasse B";}
}
```

Wir erzeugen ein Objekt der Klasse **A**:

```
A a = new A()
```

Nun führen wir die Methode **info()** aus und es wird somit die Methode aus der Klasse **A** ausgeführt:

```
a.info()
```
```
"Klasse A"
```

Nun erzeugen wir ein Objekt der Klasse **B**:

```
B b = new B()
```

Führen wir hier die Methode **info()** aus, so wird die Methode aus der Klasse **B** ausgeführt:

```
b.info()
```
```
"Klasse B"
```

Bis hierhin war das Ergebnis erwartbar.

Schließlich erzeugen wir ein Objekt der Klasse **B** und speichern es in einer Variablen des Typs der Klasse **A**:

```
jshell> A c = new B()
```

Wir können uns in der JShell noch einmal davon überzeugen, dass es sich hier nun um eine Variable vom Typ **A** handelt:

```
/var c
```
```
|    A c = B@66cd51c3
```

Führen die Methode **info()** für das Objekt der Variablen **c** des Typs **A** aus, so wird die Methode aus der Klasse **B** ausgeführt, weil das dort gespeicherte Objekt von der Klasse **B** erzeugt wird:

```
c.info()
```
```
"Klasse B"
```

Das Objekt vergisst also nicht, von welcher Klasse es ist.

Dieses in Java realisierte Prinzip wird als späte Bindung (eng. late binding) bezeichnet.[2]

Zurück zum Konto und Bausparkonto. Auch hier wird ein Bausparkonto nie vergessen, dass es von der Klasse **Bausparkonto** ist, obwohl wir es nur über eine Variable des Typs **Konto** ansprechen. Wir können also nicht versehentlich das Bausparkonto dazu bringen, sich wie ein allgemeines Konto zu verhalten. Und das ist ja auch sinnvoll.

---

[2] Achtung: *late binding* funktioniert in Java nur bei Methoden, nicht bei Feldern.

7.2.6 Beispiel zum Nutzen der späten Bindung

Vererbung, Überschreiben von Methoden und späte Bindung, können helfen, Software gut in unabhängige Komponenten zu teilen und in getrennten Teams zu arbeiten. Stellen Sie sich vor, dass Sie ein Team haben, das geübt darin ist, graphische Benutzeroberflächen zu entwickeln. Sie sind nicht in diesem Team, aber das Team schreibt die folgende Klasse **Dialogue**, die Sie zunächst im Detail nicht verstehen:

Dialogue.java

```java
import javax.swing.*;
import java.awt.*;
class Dialogue extends JFrame{
  final JTextField inputField  = new JTextField(20) ;
  final JTextField outputField = new JTextField(20) ;
  final JPanel p = new JPanel(new BorderLayout());
  Dialogue(ButtonLogic l){
    JButton button=new JButton(l.getDescription());
    button.addActionListener
      (ev -> outputField.setText(l.eval(inputField.getText().trim())));
    p.add(inputField,BorderLayout.NORTH);
    p.add(button,BorderLayout.CENTER);
    p.add(outputField,BorderLayout.SOUTH);
    add(p);
    pack();
    setVisible(true);
  }
}
```

Die im Konstruktor verwendete Klasse **ButtonLogic** ist sehr einfach und schnell verstanden:

ButtonLogic.java

```java
class ButtonLogic {
  String getDescription(){return "Knopf Drücken";}
  String eval(String x){return x.toUpperCase();}
}
```

Sie können die beiden Klassen einmal in der JShell ausprobieren:

```
jshell> /open ButtonLogic.java

jshell> /open Dialogue.java

jshell> var bl = new ButtonLogic()
bl ==> ButtonLogic@150c158

jshell> var dia = new Dialogue(bl)
dia ==> Dialogue[frame1,0,24,224x91,layout=java.awt ... tPaneCheckingE

jshell>
```

Es öffnet sich ein Fenster und Sie können einen Text eingeben. Wenn Sie den Knopf drücken, wird der Text in Großbuchstaben angezeigt. Wir schreiben jetzt eine Unterklasse von **ButtonLogic**. Die Klasse soll zum Verstehen von römischen Zahlen dienen:

RomanLogic.java

```java
class RomanLogic extends ButtonLogic {
  @Override String eval(String str){
    var r=0;
    var last = 1000;
    for (var c:str.toUpperCase().toCharArray()){
      var v = getValue(c);
      if (v>last) r -= 2*last;
      r += v;
      last = v;
    }
    return r+"";
  }
}
```

Eine kleine Hilfsmethode, die dabei verwendet wurde, berechnet für jedes römische Zahlensymbol den entsprechenden Zahlenwert:

RomanLogic.java

```java
  int getValue(char c){
    return switch(c){
      case 'I' -> 1;
      case 'V' -> 5;
      case 'X' -> 10;
      case 'L' -> 50;
      case 'C' -> 100;
      case 'D' -> 500;
      case 'M' -> 1000;
      default -> 0;
    };
  }
}
```

Nun können Sie die GUI-Klasse **Dialogue** mit einem Objekt Ihrer neuen Klasse **RomanLogic** aufrufen und erhalten eine GUI-Anwendung, in der die eingegebenen römischen Zahlen als arabische Zahlen angezeigt werden. Hierzu mussten Sie die eigentliche GUI-Klasse nicht in ihren Interna kennen. Sie konnten durch Überschreiben der Methoden einer Klasse, dem GUI eine eigene Anwendungslogik geben:

```
jshell> /open RomanLogic.java

jshell> new Dialogue(new RomanLogic())
```

7.2.7 Zugriff auf Methoden der Oberklasse

Wenn man eine geerbte Methode überschreibt, dann manchmal in dem Sinne, dass man das Ergebnis der geerbten Methode weiterverarbeiten will. Damit man beim Überschreiben nicht den Programtext der geerbten Methode kopieren muss, gibt es eine Möglichkeit, die geerbte Methode aufzurufen.

Betrachten wir hierzu eine kleine Klasse, die Personen repräsentiert.

Person.java

```java
class Person{
  String name;
  String vorname;
  Person(String name,String vorname){
    this.name=name;
    this.vorname=vorname;
  }
```

Für diese Klasse sei eine kleine Methode umgesetzt, die die Werte der Felder in einem String darstellt.

Person.java

```java
  String alleFelder(){
    return "Name: "+name+ "Vorname: "+vorname;
  }
```

Nun sei eine Unterklasse **Student** definiert, die die Klasse um ein Feld für die Matrikelnummer erweitert:

Student.java

```java
class Student extends Person{
  int matrNr;
  Student(String name,String vorname,int matrNr){
    super(name,vorname);
    this.matrNr=matrNr;
  }
```

In dieser Klasse soll die Methode **alleFelder()** überschrieben werden, so dass zu den beiden Feldern **name** und **vorname** auch der Wert des zusätzlichen Feldes **matrNr** in dem String angegeben wird. Jetzt kann man mit dem Schlüsselwort **super** auf die geerbte Methode **alleFelder()** aus der Klasse **Person** zugreifen und diese aufrufen. An das Ergebnis können wir dann die für Studenten spezifische zusätzliche Information anhängen:

Student.java

```java
  String alleFelder(){
    return super.alleFelder()+" Matrikelnummer: "+matrNr;
```

```
    }
  }
```

Damit haben die beiden Schlüsselwörter **this** und **super** jeweils zwei unterschiedliche Bedeutungen, je nachdem, ob ihnen in runden Klammern Parameter übergeben werden oder nicht. Folgen den beiden Schlüsselwörtern Parameter, so handelt es sich um den Aufruf eines Konstruktors, bei **this** um einen Konstruktor der eigenen Klassen, bei **super** um einen Konstruktor der Oberklasse. Diese Aufrufe können nur als erste Anweisung innerhalb eines Konstruktors erfolgen.

Ansonsten bezeichnen beide Schlüsselwörter eine Referenz auf das eigentliche Objekt, für das gerade eine Methode ausgeführt wird. Mit dem Schlüsselwort **super** lässt sich dabei auf geerbte Methoden zugreifen.

Tabellarisch hier noch einmal die Bedeutung der Schlüsselwörter in den beiden unterschiedlichen Kontexten:

	this	**super**
als Referenz	Zugriff auf das aktuelle Objekt und seine Eigenschaften	Zugriff auf eine geerbte Methode
mit Parametern	Aufruf eines überladenen Konstruktors derselben Klasse	Aufruf eines Konstruktors der Oberklasse

7.3 Sichtbarkeiten

Für Klassen haben wir bereits zwei Sichtbarkeiten kennengelernt: öffentliche Sichbarkeit und Paketsichtbarkeit. Für Felder, Methoden und Konstruktoren gibt es zwei weitere Sichtbarkeiten. Sie können mit dem Attribut **private** auf private Sichtbarkeit gesetzt sein. Damit wird sichergestellt, dass ein privates Feld oder auch eine private Methode nur innerhalb der Klasse selbst verwendet werden kann. Das hilft, um implementierungstechnische Details in der Klasse intern zu halten. Sie sollen nicht vom Anwender der Klasse direkt verwendet werden.

Schließlich gibt es noch die geschützte Sichtbarkeit, die durch das Attribut **protected** ausgedrückt wird. Solche Eigenschaften können aus Klassen, die im gleichen Paket liegen, verwendet werden oder aus Klassen, die Unterklassen sind.

Die vier Sichtbarkeiten haben also folgende Hierarchie von sichtbarer zu weniger sichtbaren:

öffentlich → geschützt → Paket → privat

Beim Überschreiben einer Methode darf diese nicht weniger sichtbar gemacht werden als die geerbte Methode war. Man darf also eine Methode, die das Attribut **protected** hat, nicht mit einer Methode, die eine Paketsichtbarkeit hat, überschreiben. Dieses wird während der Kompilation überprüft.

7.4 Zurück zur Klasse `Object`

Wir haben schon gesehen, dass alle Objekte einschließlich der mit dem Schlüsselwort **record** deklarierten Datenklassen auch vom Typ **Object** sind. Jetzt können wir auch erklären, was genau dahintersteckt. Die Klasse **Object** ist mehr oder weniger eine normale Klasse mit ein paar Methoden und Konstruktoren. Wenn man keine Klasse als Oberklasse in einer **extends**-Klausel angegeben hat, dann steht dort implizit **extends Object**.

Die Eigenschaften, die alle Objekte haben, weil sie in der Klasse **Object** definiert sind, sind äußerst allgemein. Sobald wir von einem Object nur noch wissen, dass es vom Typ **Object** ist, können wir kaum noch spezifische Dinge mit ihm anfangen.

Es ist an der Zeit, nun noch einmal einen genaueren Blick auf die wichtigsten Methoden der Klasse **Object** zu werfen.

7.4.1 Die Methode `toString`

Ein Blick in die Java API Dokumentation zeigt, dass zu diesen Eigenschaften auch die Methode **toString** gehört, wie wir sie bereits einige Male geschrieben haben. Jetzt erkennen wir, dass wir diese Methode jeweils überschrieben haben. Auch wenn wir für eine selbstgeschriebene Klasse die Methode **toString** nicht definiert haben, existiert eine solche Methode. Allerdings ist deren Verhalten selten für unsere Zwecke geeignet. Wir haben das schon gesehen, wenn wir mit **println** Objekte von Klassen, in denen die Methode **toString** nicht überschrieben wurde, ausgegeben haben, oder ein solches Objekt Ergebnis eines Ausdrucks in der jshell war.

Laut Dokumentation ist die Methode **toString** in der Klasse Objekt wie folgt definiert:

```
getClass().getName() + '@' + Integer.toHexString(hashCode())
```

Es werden zwei weitere Methoden, die bereits in der Klasse **Object** definiert sind, aufgerufen: **getClass** und **hashCode**.

Es wird empfohlen die Methode **toString** für alle Klassen, die Felder enthalten, die Methode **toString** zu überschreiben. in der Klasse **Person** können wir hierzu die bereits definierte Methode **alleFelder** aufrufen:

```
Person.java

    @Override
    public String toString(){return alleFelder();}
```

In diesem Fall hat jetzt auch die Klasse **Student** automatisch eine Methode **toString**, die alle Felder inklusive der Matrikelnummer angibt, weil der Aufruf von **alleFelder** über die späte Bindung die überschriebene Methode aus der Klasse **Student** aufruft.

7.4.2 Die Methode equals

Eine weitere Methode, die in der Klasse **Object** definiert ist, ist die Methode **equals**. Wir haben sie schon im Kontext von Datenklassen verwendet und insbesondere den Unterschied zum Gleichheitsoperator == dargestellt. Die Methode **equals** hat folgende Signatur:

```
public boolean equals(Object other)
```

Wenn man diese Methode überschreibt, so kann definiert werden, wann zwei Objekte einer Klasse als gleich angesehen werden sollen.

Für die obige Klasse **Person** würden wir gerne definieren, dass zwei Objekte dieser Klasse gleich sind, wenn sie ein und denselben Namen und ein und denselben Vornamen haben. Mit unseren derzeitigen Mitteln lässt sich dieses leider nicht ausdrücken. Wir würden gerne die **equals**-Methode wie folgt überschreiben:

```
public boolean equals(Object other){
   return         this.name.equals(other.name)
              && this.vorname.equals(other.vorname);
}
```

Dies ist aber nicht möglich, weil für das Objekt **other**, von dem wir nur wissen, dass es vom Typ **Object** ist, keine Felder **name** und **vorname** existieren.

Um dieses Problem zu umgehen, sind Konstrukte notwendig, die von allgemeineren Typen wieder zu spezielleren Typen führen.

7.4.2.1 Test auf Klassenzugehörigkeit

Für Datenklassen haben wir bereits das **instanceof**-Konstrukt kennengelernt. Es testet für ein beliebiges Objekt, ob dieses Objekt von einer bestimmten Klasse oder einer Unterklasse dieser Klasse ist. Zusätzlich kann man eine neue Variable einführen, die dann den statischen Typ der Klasse hat, nach der getestet wurde. Das Ergebnis ist ein Wahrheitswert.

Wir können so zum Beispiel zwei Objekte in Variablen des Typs **Object** speichern:

```
Object p1 = new Person("Strindberg","August");
Object p2 = new Student("Ibsen","Henrik",789565);
```

Jetzt lässt sich erfragen, ob die dort gespeicherten Objekte von den Klassen **Person** bzw. **Student** sind.

In **p1** ist kein Objekt der Klasse **Student** gespeichert:

```
    p1 instanceof Student

$17 ==> false
```

In **p1** ist hingegen ein Objekt der Klasse **Student** gespeichert:

```
    p2 instanceof Student

$18 ==> true
```

In **p1** ist ein Objekt der Klasse **Person** gespeichert:

```
    p1 instanceof Person

$19 ==> true
```

In **p1** ist auch ein Objekt der Klasse **Person** gespeichert, denn ein Objekt der Klasse **Student** ist auch vom Typ **Person**:

```
    p2 instanceof Person

$20 ==> true
```

An der Auswertung dieser Ausdrücke kann man erkennen, dass ein **instanceof**-Ausdruck wahr wird, wenn das Objekt ein Objekt der Klasse oder aber einer Unterklasse der Klasse des zweiten Operanden ist.

Damit gilt natürlich für jedes Objekt **o**, egal von welcher Klasse es einmal erzeugt wurde, dass der Ausdruck **(o instanceof Object)** zu **true** auswertet:

```
    p1 instanceof Object

$21 ==> true
```

Die statische Typüberprüfung weist Ausdrücke zurück, die nie wahr sein können. Hierzu kann man sich eine Variable vom Typ **Integer** anlegen:

```
    Integer i = 42

i ==> 42
```

Das Objekt, das in dieser Variablen gespeichert ist kann nur vom typ **Integer** oder einer Unterklasse von **Integer** sein.[3] Ein Test, ob das Objekt vom Typ **String** ist, ist somit unsinnig und wird auch vom Typcheck als Fehler zurückgewiesen:

---

[3] In diesem speziellen Fall, da **Integer** eine als **final** markierte Klasse ist, gibt es keine Unterklassen von **Integer**.

```
i instanceof String

| Error:
| incompatible types: java.lang.Integer cannot
|     be converted to java.lang.String
| i instanceof String
| ^
```

Neue Variable des geprüften Typs

Meistens möchte man sich zunächst davon überzeugen, ob ein Objekt von einer bestimmten Klasse ist, und wenn dem der Fall ist, dann mit dieser Klasse als Typ weiterarbeiten. Hierzu kann man eine neue Variable einführen.

Betrachten wir dazu eine Variable vom Typ **Object** und speichern dort eine Zeichenkette:

```
Object o = "hallo"
```

Zusammen mit dem **instanceof**-Ausdruck können wir eine neue Variable **s** einführen, die bei positivem Test als Referenz auf das getestete Objekt von dem getesteten Typ **String** ist. So können wir dann die Methode der Klasse **String** aufrufen:

```
o instanceof String s ? s.toUpperCase():o.toString()

$11 ==> "HALLO"
```

Speichern wir in der Variablen jetzt einen Wert vom Typ **Integer**:

```
o=42
```

Nun geht die Auswertung in den negativen Fall des Tests. Dort gibt es keine Variable vom Typ **String**:

```
o instanceof String s?s.toUpperCase():o.toString()

$13 ==> "42"
```

Mit einem **instanceof** Ausdruck lässt sich eine erste Methode **equals** für die Personenklasse definieren:

```
Person.java

  @Override
  public boolean equals(Object other){
    if (other instanceof Person that){
```

```
        return this.name.equals(that.name)
          && this.vorname.equals(that.vorname);
      }
    return false;
  }
```

7.4.2.2 Das Klassenobjekt

Es gibt eine zweite Möglichkeit, um zu testen, ob ein Objekt von einer bestimmten Klasse ist. In der Klasse **Object** existiert die Methode **getClass()**. Diese gibt ein Objekt zurück, das die Klasse beschreibt, von der das Objekt erzeugt wurde:

```
p1.getClass()

$9 ==> class Person
```

Es wird dabei immer die Klasse angegeben, von der ein Objekt erzeugt wurde:

```
p2.getClass()

$10 ==> class Student
```

Obwohl die Variablen **p1** und **p2** vom Typ **Object** sind, bekommen wir mit der Methode **getClass()** genau gesagt, von welcher Klasse die Objekte in den Variablen erzeugt wurden.

Dieses lässt sich nutzen, um zu testen, ob ein Objekt von einer bestimmten Klasse ist. In jeder Klasse gibt es nämlich das statische Feld **class**. Dieses gibt ein Objekt zurück, das die Klasse beschreibt. Jetzt können wir prüfen, ob das identisch ist mit der Klasse, von der unser Objekt ist.

Das Objekt der Variablen **p1** wurde von der Klasse **Person** erzeugt:

```
p1.getClass()==Person.class

$12 ==> true
```

Das Objekt der Variablen **p1** wurde von der Klasse **Student** erzeugt. Das ist zwar eine Unterklasse der Klasse **Person**, aber hier wird genau nach der passenden Klasse geprüft:

```
p2.getClass()==Person.class

$11 ==> false
```

Somit ergibt nur die Prüfung auf die Klasse **Student** auch **true**:

```
p2.getClass()==Student.class

$13 ==> true
```

Entsprechend ist der Test auf der Variablen **p1** mit der Klasse **Student** nicht wahr:

```
p1.getClass()==Student.class

$14 ==> false
```

Auf diesem Weg können wir also nicht prüfen, ob ein Objekt von einer Klasse oder einer der Unterklassen ist, sondern exakt von dieser Klasse erzeugt wurde.

7.4.2.3 Typzusicherung

In den letzten Abschnitten haben wir zwei Möglichkeiten kennengelernt, zu fragen, ob ein Objekt zu einer bestimmten Klasse gehört. Um ein Objekt dann auch wieder so benutzen zu können, dass es zu dieser Klasse gehört, müssen wir diesem Objekt diesen Typ erst wieder zusichern. Das ging bei der **instanceof**-Abfrage mit der zusätzlich eingeführten Variablen. Bei der Abfrage über das Klassenobjekt geht das nicht direkt. Da haben wir zwar erfragen können, ob das im Feld **p2** gespeicherte Objekt nicht nur eine Person, sondern ein Student ist. Trotzdem können wir noch nicht **p2** nach seiner Matrikelnummer fragen. Hierzu müssen wir erst zusichern, dass das Objekt den Typ **Student** hat.

Eine Typzusicherung in Java wird gemacht, indem dem entsprechenden Objekt in Klammern der Typ vorangestellt wird, den wir ihm zusichern wollen:

```
Student s = (Student)p2

s ==> Ibsen, Skandinavien Matrikel-Nr.: 789565
```

Jetzt haben wir über die Variable **s** Zugriff auf das Objekt, das auch in der Variablen **p2** gespeichert ist, und können auf alle Eigenschaften der Klasse **Student** zugreifen:

```
s.matrikelNummer

$23 ==> 789565
```

Die Zeile **s = (Student)p2** sichert erst dem Objekt im Feld **p2** zu, dass es ein Objekt des Typs **Student** ist, sodass es dann als **Student** benutzt werden kann. Wir haben den Weg zurück vom Allgemeinen ins Spezifische gefunden. Allerdings ist dieser Weg gefährlich. Eine Typzusicherung kann fehlschlagen:

```
Student s2 = (Student)p1
```

```
| Exception java.lang.ClassCastException
```

Dieser Aufruf macht eine Typzusicherung des Typs **Student** auf ein Objekt, das nicht von diesem Typ ist. Es kommt in diesem Fall zu einem Laufzeitfehler.

Will man solche Laufzeitfehler verhindern, so ist man auf der sicheren Seite, wenn eine Typzusicherung nur dann gemacht wird, nachdem man sich mit einem **instanceof**-Ausdruck davon überzeugt hat, dass das Objekt wirklich von dem Typ ist, den man ihm zusichern will.

Mit den jetzt vorgestellten Konstrukten können wir eine Lösung der Methode **equals** für die Klasse **Person** mit der erwarteten Funktionalität schreiben:

```java
@Override public boolean equals(Object other){
  if (other==this) return true;
  if (other==null) return false;
  if (!(other.getClass()== Person.class)) return false;
  Person that = (Person) other;
  if (!this.name.equals(that.name)) return false
  if (!this.adresse.equals(that.adresse)) return false;
  return true;
}
```

Nur, wenn das zu vergleichende Objekt auch von der Klasse **Person** erzeugt wurde und den gleichen Namen und die gleiche Adresse hat, dann sind zwei Personen gleich.

Wir verwenden hier eine Technik, die ich gerne als Sherlock Holmes Prinzip bezeichne. Schließe alle negativen Fälle aus. In diesem Fall sind das alle die Fälle, in denen die beiden Objekte nicht gleich sind. Wenn diese Fälle alle ausgeschlossen wurden, muss das Ergebnis wohl wahr sein.

Sofern die Methode **equals** für eine Klasse nicht überschrieben wird, wird die entsprechende Methode aus der Klasse **Object** benutzt. Diese überprüft aber keine inhaltliche Gleichheit. Es ist also zu empfehlen, die Methode **equals** für alle eigenen Klassen, die zur Datenhaltung geschrieben wurden, zu überschreiben. Dabei sollte die Methode immer folgender Spezifikation genügen:

- **Reflexivität**: es sollte immer gelten: **x.equals(x)**
- **Symmetrie**: wenn **x.equals(y)** dann auch **y.equals(x)**Symmetrie
- **Transitivität**: wenn **x.equals(y)** und **y.equals(z)** dann gilt auch: **x.equals(z)**Transitivität
- **Konsistenz**: wiederholte Aufrufe von **equals** auf dieselben Objekte liefern dasselbe Ergebnis, sofern die Objekte nicht verändert wurden.
- kein Objekt gleicht **null**: **x.equals(null)** ist immer falsch.

7.4.3 Der Hash-Wert

Auch die Methode **hashCode** ist in der Klasse **Object** definiert und soll dazu dienen, einen numerischen Wert (einen ›Hash‹) für ein Objekt zu berechnen. Ebenso wie **equals** ist diese Methode in der Regel für eigene Klassen zu überschreiben. Die Implementierung von **hashCode()** kann je nach Anforderungen des Programmierers unterschiedlich sein, aber in der Regel basiert der Hash auf den Datenfelder des Objekts.

Der Hauptzweck von **hashCode** ist es, die Vergleichszeit von Objekten zu verringern, indem sie in Hash-Tabellen verwendet werden. In einer Hash-Tabelle werden Objekte anhand ihrer Hash-Werte indiziert, wodurch die Suche nach einem bestimmten Objekt in der Tabelle beschleunigt wird.

Es ist wichtig zu beachten, dass **hashCode** nicht direkt dazu dient, Objekte miteinander zu vergleichen. Stattdessen wird **hashCode** häufig in Kombination mit der **equals**-Methode verwendet, um zu bestimmen, ob zwei Objekte gleich sind.

Hier ist ein Beispiel, wie hashCode in Java verwendet werden könnte:

```
Person.java

  @Override
  public int hashCode() {
    final int prime = 31;
    int result = 1;
    result = prime * result + ((name == null) ? 0 : name.hashCode());
    result = prime * result + ((name == null) ? 0 : vorname.hashCode());
    return result;
  }
}
```

In diesem Beispiel wird der Hash-Code für ein **Person**-Objekt auf der Basis seines Namens und Vornamens berechnet. Der endgültige Hash-Code-Wert ist das Ergebnis der Kombination dieser Werte mithilfe einer Formel, die eine Primzahl beinhaltet.

Laut den Java-Konventionen sollte die Implementierung von **hashCode** so gestaltet werden, dass zwei Objekte, die mithilfe der **equals**-Methode als gleich betrachtet werden, auch den gleichen Hash-Code haben. Somit sind Objekte mit unterschiedlichen Hash-Werten schon einmal nicht gleich.

7.5 Daten- und Aufzählungsklassen intern

7.5.1 Zurück zu Datenklassen

Wie hängen jetzt Datenklassen und allgemeine Klassen zusammen? Betrachten wir hierzu noch einmal eine unserer ersten Datenklassen:

```
Wetter.java

record Wetter(String ort, int temperatur){
  double temperaturInFahrenheit(){
    return this.temperatur() * 1.8 + 32;
  }
}
```

Diese übersetzen wir zu einer Class-Datei mit dem Kompilator:

```
panitz@px1:~$ javac Wetter.java
```

Die Javaentwicklungsumgebung kommt mit einem weiteren kleinen Programm daher, das Programm **javap**. Es ist in der Lage, die Informationen über eine Klasse aus der Class-Datei herauszulesen und anzuzeigen. Standardmäßig werden private Eigenschaften versteckt, sodass man die ganze Wahrheit erfährt, wenn man die Option **-p** mitgibt.

Aufgerufen wird das Programm nicht mit dem Dateinamen der Class-Datei, sondern mit dem vollqualifizierten Namen der Klasse, also ebenso wie auch der Interpreter **java** aufgerufen wird.

Schauen wir also mit diesem kleinen Hilfsprogramm in die kompilierte Bytecode-Datei für die Datenklasse **Wetter**.

```
panitz@px1:~$ javap -p Wetter
Compiled from "Wetter.java"
final class Wetter extends java.lang.Record {
  private final java.lang.String ort;
  private final int temperatur;
  Wetter(java.lang.String, int);
  double temperaturInFahrenheit();
  public final java.lang.String toString();
  public final int hashCode();
  public final boolean equals(java.lang.Object);
  public java.lang.String ort();
  public int temperatur();
}
```

Die Ausgabe ist sehr erhellend, denn sie zeigt, dass eine Datenklasse in eine allgemeine Klasse übersetzt wird, die Unterklasse der Standardklasse **Record** ist.

Die erzeugte Klasse ist mit **final** attributiert und verhindert somit, dass man von der Datenklasse erben kann.

Alle Felder des kanonischen Konstruktors sind sowohl als **private** als auch als **final** attributiert. Sie lassen sich also nicht neu zuweisen und sie dürfen gar nicht direkt angesprochen werden. Dafür gibt es mit **public** attributierte getter-Methoden, die genauso heißen wie die Felder der Datenklasse.

Der kanonische Konstruktor taucht als ein normaler Konstruktor auf. Die Methoden **toString**, **hashCode** und **equals** wurden überschrieben mit finalen Versionen.

Wir sehen also, dass Datenklassen zu allgemeinen Klassen übersetzt werden, die so aufgebaut sind, dass sie das bekannte Verhalten aus Datenklassen realisieren.

Man kann also komplett auf die Datenklasse verzichten und allgemeine Klassen mit der gewünschten Funktionalität schreiben. Hierzu ist ein Vielfaches des Quelltextes zu schreiben. Der zu schreibende Code bestände hauptsächlich aus Standardklauseln, die schematisch immer wieder gleich aussehen. Solch ein Code wird im Englischen als *boiler plate code* bezeichnet. Dieser Ausdruck wurde von der Drucktechnik übernommen. Er bezeichnet dort fertig gesetzte Textbausteine, die immer wieder gleich in unterschiedlichen Texten zu setzen sind. Es ist gleichförmiger Standardcode zu schreiben. Die Datenklassen nehmen uns das Schreiben dieses Standardcodes für Konstruktor, Selektormethoden, **equals**, **hashCode** und **toString** ab.

Viele Entwicklungsumgebungen sind in der Lage, solchen Standardcode auch in den Quelltext auf Knopfdruck einzufügen

7.5.2 Zurück zu Aufzählungsklassen

Und wie hängen jetzt Aufzählungsklassen und allgemeine Klassen zusammen? Hier können wir den gleichen Weg gehen und einmal mit **javap** in den kompilierten Code für eine Aufzählungsklasse schauen.

Hierzu diene folgende kleine Aufzählungsklasse:

```
DreiWerteLogik.java

enum DreiWerteLogik{ja, nein, vielleicht;}
```

Nun schauen wir in die Interna dieser Klasse:

```
panitz@px1:~$ javap -p DreiWerteLogik
 final class DreiWerteLogik extends java.lang.Enum<DreiWerteLogik>{
 public static final DreiWerteLogik ja;
 public static final DreiWerteLogik nein;
 public static final DreiWerteLogik vielleicht;
 public static DreiWerteLogik[] values();
 public static DreiWerteLogik valueOf(java.lang.String);
 static {};
}
```

Ähnlich wie bei Datenklassen wird eine finale Klasse erzeugt, die von einer Standardklasse abgeleitet wird. Für die drei Aufzählungswerte werden finale, statische Objekte angelegt.

7.6 Schnittstellen und abstrakte Klassen

Wir haben Schnittstellen bisher für zwei Anwendungsfälle kennengelernt:

- um Summentypen von Datenklassen zu realisieren und
- um Funktionstypen zu beschreiben.

Wir betrachten nun Schnittstellen noch einmal im Kontext allgemeiner Klassen. Zusätzlich gibt es eine Art Hybrid zwischen Schnittstellen und Klassen, die abstrakten Klassen.

7.6.1 Schnittstellen

7.6.1.1 Schnittstellendeklaration

Eine Schnittstelle sieht syntaktisch einer Klasse sehr ähnlich. Die syntaktischen Unterschiede sind:

- Statt des Schlüsselwortes **class** steht das Schlüsselwort **interface**.
- Die Methoden haben keine Rümpfe, sondern nur eine Signatur. Diese Methoden werden als *abstrakt* bezeichnet.

So lässt sich für unsere Klasse **ButtonLogic** eine entsprechende Schnittstelle schreiben:

```
DialogueLogic.java

package name.panitz.dialoguegui;

public interface DialogueLogic {
  public String getDescription();
  public String eval(String input);
}
```

Schnittstellen sind ebenso wie Klassen mit dem Javaübersetzer zu übersetzen. Für Schnittstellen werden auch Klassendateien mit der Endung **.class** erzeugt.[4]

Schnittstellen haben im Gegensatz zu Klassen keinen Konstruktor und keine nicht statischen Felder.

Das bedeutet insbesondere, dass mit einer Schnittstelle kein Objekt erzeugt werden kann. Was hätte ein solches Objekt auch für ein Verhalten? Die Methoden haben ja gar keinen Code, den sie ausführen könnten. Eine Schnittstelle ist vielmehr ein Versprechen, dass Objekte Methoden mit den in der Schnittstelle definierten Signaturen enthalten. Objekte können aber immer nur über Klassen erzeugt werden.

---

[4] Natürlich können Schnittstellen auch interaktiv in der JShell definiert werden.

7.6.1.2 Implementierung von Schnittstellen

Objekte, die die Funktionalität einer Schnittstelle enthalten, können nur mit Klassen erzeugt werden, die diese Schnittstelle implementieren. Hierzu gibt es zusätzlich zur **extends**-Klausel in Klassen noch die Möglichkeit, eine **implements**-Klausel anzugeben.

Eine mögliche Implementierung der obigen Schnittstelle ist:

```
ToUpperCase.java

package name.panitz.dialoguegui;

public class ToUpperCase implements DialogueLogic{
  protected String result;

  @Override public String getDescription(){
    return "convert into upper cases";
  }
  @Override public String eval(String input){
    result = input.toUpperCase();
    return result;
  }
}
```

Die Klausel **implements DialogueLogic** verspricht, dass in dieser Klasse für alle Methoden aus der Schnittstelle eine Implementierung existiert. In unserem Beispiel waren zwei Methoden zu implementieren:
eval und **getDescription()**.

Klassen, die Schnittstellen implementieren, können nun wie jede Klasse Felder und Konstruktoren haben. Methoden, die von der Schnittstelle gefordert werden, sind zu implementieren. Dabei kann man diese wie auch mit der Annotation **@Override** markieren. Dann überprüft der Kompilator, ob die Methode auch tatsächlich eine in einer Schnittstelle definierte Methode korrekt implementiert.

Zusätzlich zu beachten ist, dass Methoden aus Schnittstellen immer mit der öffentlichen Sichtbarkeit zu implementieren sind, also das Sichtbarkeitsattribut **public** benötigen.

Im Gegensatz zur **extends**-Klausel von Klassen können in einer **implements**-Klausel auch mehrere Schnittstellen angegeben werden, die implementiert werden.

Definieren wir zum Beispiel ein zweite Schnittstelle:

```
ToHTMLString.java

package name.panitz.html;

public interface ToHTMLString {
  public String toHTMLString();
}
```

Diese Schnittstelle verlangt, dass implementierende Klassen eine Methode haben, die für das Objekt eine Darstellung als HTML erzeugen kann.

Jetzt können wir eine Klasse schreiben, die die beiden Schnittstellen implementiert.

ToUpper.java

```
package name.panitz.dialoguegui;

import name.panitz.html.*;

public class ToUpper extends     ToUpperCase
                    implements ToHTMLString, DialogueLogic {

  @Override public String toHTMLString(){
      return   "<html><head><title>"+getDescription()
            + "</title></head>"
            + "<body><b>Small Gui application</b>"
            + " for convertion of "
            + " a <b>String</b> into <em>upper</em>"
            + " case letters.<br></br>"
            + "The result of your query was: <p>"
            + "<span style=\"font-family: monospace;\">"
            + result
            + "</span></p></body></html>";
  }
}
```

Schnittstellen können auch einander erweitern. Dies geschieht dadurch, dass Schnittstellen auch eine **extends**-Klausel haben. Anders als bei Klassen können mehrere Schnittstellen durch eine Schnittstelle erweitert werden. Die Schnittstellen werden damit vereinigt.

Wir können also auch eine Schnittstelle definieren, die die beiden obigen Schnittstellen zusammenfasst:

DialogueLogics.java

```
package name.panitz.dialoguegui;

import name.panitz.html.*;

public interface DialogueLogics extends ToHTMLString, DialogueLogic {}
```

Ebenso können wir jetzt eine Klasse ableiten, die diese Schnittstelle implementiert:

UpperConversion.java

```
package name.panitz.dialoguegui;

public class UpperConversion extends ToUpper
                        implements DialogueLogics{}
```

Klassen können genau eine Klasse erweitern, aber beliebig viele Schnittstellen implementieren.

7.6.1.3 Benutzung von Schnittstellen

Schnittstellen sind ebenso Typen wie Klassen. Wir kennen bisher also die folgenden Arten von Typen:

- primitive Typen (int, long, short, byte, double, float, boolean, char)
- Klassen (mit Schlüsselwort **class**)
- Aufzählungen (mit Schlüsselwort **enum**)
- Datenklassen (mit Schlüsselwort **record**)
- Schnittstellen (mit Schlüsselwort **interface**)
- Reihungen (mit dem eckigen Klammerpaar **[]** notiert)

Parameter können vom Typ einer Schnittstellen sein, ebenso wie Felder oder Rückgabetypen von Methoden. Die Zuweisungkompatibilität nutzt nicht nur die Unterklassenbeziehung, sondern auch die Implementierungsbeziehung. Ein Objekt der Klasse C darf einem Feld des Typs der Schnittstelle I zugewiesen werden, wenn C die Schnittstelle I implementiert.

Im Folgenden noch einmal die kleine Gui-Anwendung, die wir im Einzelnen noch nicht verstehen müssen. Man beachte, dass der Typ **DialogueLogics** an mehreren Stellen benutzt wird, wie ein ganz normaler Klassentyp. Nur einen Konstruktoraufruf mit **new** können wir für diesen Typ nicht machen:

```
HtmlDialogue.java

package name.panitz.dialoguegui;
import java.awt.*;
import javax.swing.*;
import javax.swing.text.html.*;

public class HtmlDialogue extends JFrame{
  final JTextField inputField = new JTextField(20) ;
  final JTextPane outputField = new JTextPane();

  public HtmlDialogue(DialogueLogics l){
    outputField.setEditorKit(new HTMLEditorKit());
    JButton button=new JButton(l.getDescription());
    button.addActionListener(ev -> {
        l.eval(inputField.getText().trim());
        outputField.setText(l.toHTMLString());
        pack();
      } );
    JPanel p = new JPanel(new BorderLayout());
    p.add(inputField,BorderLayout.NORTH);
    p.add(button,BorderLayout.CENTER);
    p.add(outputField,BorderLayout.SOUTH);
    add(p);    pack();    setVisible(true);
  }
}
```

Schließlich können wir ein Objekt der Klasse **UpperConversion** der Gui-Anwendung übergeben, da diese die Schnittstelle **DialogueLogics** implementiert:

HtmlDialogueTest.java

```
package name.panitz.dialoguegui;
public class HtmlDialogueTest {
  public static void main(String [] args){
    new HtmlDialogue(new UpperConversion());
  }
}
```

Die Anwendung in Aktion ist in Abbildung 7.1 zu sehen.

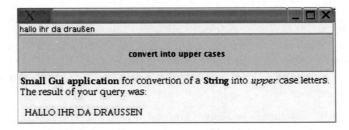

Abb. 7.1: Ein Gui-Dialog mit Html-Ausgabe.

7.6.1.4 Default-Methoden

Schnittstellen können auch konkrete Methoden enthalten. Diese sind aber mit dem Attribut **default** zu markieren. Man nennt sie default- oder Standardmethoden der Schnittstelle. Wenn eine Klasse geschrieben wird, die die Schnittstelle implementiert, dann bekommt sie automatisch die Standardmethoden dieser Schnittstelle hinzugefügt. Innerhalb einer Standardmethode können bereits abstrakte Methoden der Schnittstelle aufgerufen werden.

Als Beispiel schreiben wir eine Schnittstelle mit einer abstrakten und einer Standardmethode:

```
interface Gleich{
  boolean istGleichZu(Object that);
  default boolean istNichtGleichZu(Object that){
    return !istGleichZu(that);
  }
}
```

Die abstrakte Methode heißt **istGleichZu**. Unter der Annahme, dass diese durch eine implementierende Klasse umgesetzt wird, können wir schon einmal als Standardmethode implementieren, wie die Methode **istNichtGleichZu** rechnen soll.

Die Methode **istGleichZu** ist für eine Klasse, die diese Schnittstelle implementiert, umzusetzen:

```
jshell> class Apfel implements Gleich{
   @Override public boolean istGleichZu(Object that){
     return that instanceof Apfel;
   }
}
```

Objekte dieser Klasse bekommen automatisch auch die Methode **istNichtGleichZu** geschenkt. Ein Apfel gleicht keinem String:

```
new Apfel().istNichtGleichZu("Birnenstring")

$21 ==> true
```

Ein Apfel ist nicht ungleich zu einem anderen Apfel:

```
new Apfel().istNichtGleichZu(new Apfel())

$22 ==> false
```

7.6.1.5 Statische Eigenschaften

Schnittstellen können auch statische Felder und Methoden enthalten. Die statischen Methoden sind konkret und zählen nicht zu den abstrakten Methoden der Schnittstelle. Statische Felder sind Konstanten. Sie bekommen einen festen Wert und können keinen neuen Wert zugewiesen bekommen. Das gilt auch, wenn nicht explizit das Attribut **final** gesetzt wurde. Die statischen Eigenschaften sind ebenso wie die abstrakten Methoden immer öffentlich sichtbar, auch wenn das Sichtbarkeitsattribut **public** nicht explizit gesetzt wurde.

```
jshell> interface SayHello{
   static String greet="hello";
   static String hello(){
     return greet;
   }
}
```

In einer Klasse, die die Schnittstelle implementiert, bekommt man aber nicht automatisch die statische Methode hinzu. Will man die Methode **hello** verwenden, so muss man explizit angeben, dass sie aus der Schnittstelle **SayHello** ist:

```
jshell> class A implements SayHello{
   static void sayIt(){
     System.out.println(SayHello.hello());
```

```
    }
  }
```

Das ist aber genauso wie bei statischen Eigenschaften einer Klasse:

```
A.sayIt()
```

```
Hello!
```

Man kann in der implementierenden Klasse auch eine statische Methode mit gleichem Namen schreiben. Diese kann dann auch ohne Angabe der Klasse, in der die Methode sich befindet, aufgerufen werden.

```
class A implements SayHello{
  static void sayIt(){
    System.out.println(hello());
  }
  static String hello(){return "Servus!";}
}
```

Hier wird jetzt nicht mehr die Methode **hello()** der Schnittstelle aufgerufen.

```
A.sayIt()
```

```
Servus!
```

Statische Methoden werden also nicht in irgendeiner Weise vererbt. In der Klasse **A** existiert keine geerbte statische Methode **hello()** aus der Schnittstelle **SayHello**. Es kommt hier zu einem Fehler in der Kompilierung.

```
jshell> class A implements SayHello{
  void sayIt(){
    System.out.println(A.hello());
  }
}
```

```
|  modified class A, however, it cannot be instantiated or its methods
invoked until method hello() is declared
```

7.6.1.6 Zusammenfassung: Eigenschaften von Schnittstellen

Es gibt einige semantische Einschränkungen, die über die syntaktischen Einschränkungen hinausgehen:

- Schnittstellen können nur Schnittstellen, nicht aber Klassen erweitern.

- Alle Eigenschaften einer Schnittstelle sind öffentlich, auch wenn nicht das Attribut **public** gesetzt wurde. Wenn dieses für eine Methode nicht deklariert ist, so wird Java dieses von selbst hinzufügen. Trotzdem müssen implementierende Klassen diese Methode dann als öffentlich deklarieren. Daher ist es besser, das Attribut **public** auch hinzuschreiben.

- Schnittstellen haben keine Konstruktoren.

- Jede Methode ist abstrakt, d.h. hat keinen Rumpf. Man kann das noch zusätzlich deutlich machen, indem man das Attribut **abstract** für die Methode mit angibt. Ausgenommen sind default-Methoden in der Schnittstelle. Diese sind nicht mehr abstrakt und haben einen Methodenrumpf.

- Felder einer Schnittstelle sind immer statisch, brauchen also das Attribut **static** und zusätzlich noch das Attribut **final**.

7.6.2 Abstrakte Klassen

Im vorangegangenen Abschnitt haben wir zusätzlich zu Klassen noch das Konzept der Schnittstellen kennengelernt. Klassen enthalten Methodensignaturen und Implementierungen für diese Methoden. Jede Methode hat einen Rumpf. Schnittstellen enthalten nur Methodensignaturen. Keine Methode einer Schnittstelle außer der speziellen default-Methoden hat eine Implementierung. Es gibt keine Methodenrümpfe. Java kennt noch eine Mischform zwischen Klassen und Schnittstellen, die abstrakten Klassen.

Eine Klasse wird als abstrakt deklariert, indem dem Schlüsselwort **class** das Schlüsselwort **abstract** vorangestellt wird. Eine abstrakte Klasse kann nun Methoden mit und Methoden ohne Rumpf enthalten. Methoden, die in einer abstrakten Klasse keine Implementierung enthalten, sind mit dem Attribut **abstract** zu kennzeichnen. Für abstrakte Klassen gilt also, dass bestimmte Methoden bereits implementiert sind und andere Methoden noch in Unterklassen zu implementieren sind.

Anders als Schnittstellen mit Standardmethoden, haben abstrakte Klassen Konstruktoren und können auch Felder haben, die nicht statisch sind.

Wie bei Schnittstellen können keine Objekte direkt mit **new** für abstrakte Klassen erzeugt werden. Diesen Objekten fehlen ja noch Implementierungen für die abstrakten Methoden. Dennoch haben abstrakte Klassen Konstruktoren. Diese müssen in den Konstruktoren der Unterklassen mit der Anweisung **super** aufgerufen werden.

Beispiel 7.6.2

Nehmen wir an, dass wir Objekte mit einem Namen brauchen, die auf irgendeine Weise persistiert werden können, d.h. die gespeichert werden können. Dabei soll noch offen sein, wie die Objekte gespeichert werden. Zum Beispiel nur im lokalen Dateisystem oder in einem Cloud Speicher oder vielleicht auch in einer Datenbank.

So können wir eine abstrakte Klasse definieren, die ein Feld für einen Namen und einen Konstruktor enthält und zusätzlich auch eine konkrete Methode, um den Namen zu erfragen:

AbstractNamedPersistanceObject.java

```java
abstract class AbstractNamedPersistanceObject{
  private String name;
  AbstractNamedPersistanceObject(String name){
    this.name = name;
  }
  public String getName(){return name;}
```

Wir wollen für diese Objekte Implementierungen haben, mit denen sie gespeichert werden. Die Art der Speicherung lassen wir in spezialisierten Klassen machen und sehen hier nur abstrakte Methode vor:

AbstractNamedPersistanceObject.java

```java
  abstract void storeObject();
  abstract boolean isStored();
```

Anders als in Schnittstellen können wir aber die methode **toString** überschreiben:

AbstractNamedPersistanceObject.java

```java
  @Override public String toString(){
    return name+" (has "+(isStored() ? "" : "not ")+"been stored)";
  }
}
```

Angenommen es gibt Datenbankobjekte, die beliebige Objekte speichern können, was durch folgende Schnittstelle ausgedrückt wird:

ObjectDB.java

```java
interface ObjectDB{
  void store(Object o);
}
```

Damit lässt sich jetzt eine Unterklasse der abstrakten Klasse definieren, die nicht mehr abstrakt ist und die Persistierung umsetzt:

DBNamedObject.java

```java
class DBNamedObject extends AbstractNamedPersistanceObject{
  private ObjectDB db;
  private boolean stored;
  DBNamedObject(String name, ObjectDB db){
    super(name);
    this.db = db;
  }
  @Override public void storeObject(){
```

```
        db.store(this);
        stored = false;
    }

    @Override boolean isStored(){return stored;}
}
```

Hier sieht man explizit, dass der Konstruktor der abstrakten Oberklasse aufgerufen wird. □

Auch abstrakte Klassen können Schnittstellen implementieren. Anders als konkrete Klassen müssen sie gar nicht alle Methoden der Schnittstelle umsetzen. Abstrakte Klassen können auch abstrakte Methoden enthalten, die nicht in der Klasse selbst definiert sind, sondern aus einer zu implementierenden Schnittstelle kommen.

Mit der Einführung von Standardmethoden in Java ab Version 8 hat die Bedeutung von abstrakten Klassen abgenommen. Sie werden benötigt, wenn man Felder definieren will und wenn man Methoden aus Oberklassen überschreiben will. Beides geht in Schnittstellen nicht.

7.7 Innere Klassen

Wir haben bereits in Abschnitt 2.7.1.3 gesehen, dass man innerhalb von Schnittstellen Datenklassen definieren kann. Auch innerhalb von Klassen können interne Klassen definiert werden. Anders als bei Schnittstellen können diese, wenn sie nicht als **static** attributiert sind, auch auf die Felder und Methoden der äußeren Klasse, in der sie definiert sind, zugreifen. Die Vorteile, die das mit sich bringt, werden wir an konkreten Anwendungsbeispielen im Kapitel 11 zeigen.

7.8 Generische Klassen

Ebenso wie Datenklassen können natürlich auch modifizierbare Klassen generisch sein.

Die der Datenklasse entsprechende Klasse **Box** lässt sich definieren als:

Box.java

```
class Box<E> {
  E contents;
  Box(E  contents){this.contents=contents;}
}
```

Die Typvariable **E** ist als allquantifiziert zu verstehen. Für jeden Typ **E** können wir die Klasse **Box** benutzen.

7.8.1 Vererbung

Generische Typen sind ein Konzept, das orthogonal zur Objektorientierung ist. Von generischen Klassen lassen sich in gewohnter Weise Unterklassen definieren. Diese Unterklassen können, aber müssen nicht selbst generische Klassen sein. Wir können unsere einfache Schachtelklasse erweitern, sodass wir zwei Objekte speichern können:

```
GPair.java

class GPair<A,B> extends Box<A>{
  GPair(A x,B y){
    super(x);
    snd = y;
  }

  B snd;

  public String toString(){
    return "("+contents+", "+snd+")";
  }
}
```

Die Klasse **GPair** hat zwei Typvariablen. Instanzen von **GPair** müssen angeben, von welchem Typ die beiden zu speichernden Objekte sein sollen:

```
var p = new GPair<>("hallo",40)

(hallo,40)
```

Aus diesem Paar können wir das erste Element selektieren und mit ihm als String weiterarbeiten:

```
p.contents.toUpperCase()

"HALLO"
```

Das zweite Element lässt sich selektieren, um dann mit der Zahl weiterzuarbeiten.

```
p.snd+2

42
```

Wie man sieht, kommen wir wieder ohne Typzusicherung aus. Es gibt keinen dynamischen Typcheck, der im Zweifelsfall zu einer Ausnahme führen könnte.

Wir können auch eine Unterklasse bilden, indem wir mehrere Typvariablen zusammenfassen. Wenn wir uniforme Paare haben wollen, die zwei Objekte gleichen Typs speichern, können wir hierfür eine spezielle Paarklasse definieren:

```
UniPair.java

class UniPair<A> extends GPair<A,A>{
  UniPair(A x,A y){super(x,y);}
  void swap(){
    final A z = snd;
    snd = contents;
    contents = z;
  }
}
```

Da beide gespeicherten Objekte jeweils vom gleichen Typ sind, können wir eine Methode schreiben, in der diese beiden Objekte ihren Platz tauschen:

```
var p = new UniPair<>("Welt","Hallo")

(Welt,hallo)
```

Der Aufruf von **swap** tauscht tatsächlich die Elemente:

```
p.swap();p

p ==> (Hallo,Welt)
```

Wie man bei der Benutzung der uniformen Paare sieht, gibt man jetzt natürlich nur noch einen konkreten Typ für die Typvariablen an. Die Klasse **UniPair** hat ja nur eine Typvariable.

Wir können aber auch Unterklassen einer generischen Klasse bilden, die nicht mehr generisch ist. Dann leiten wir für eine ganz spezifische Instanz der Oberklasse ab. So lässt sich z.B. die Klasse **Box** zu einer Klasse erweitern, in der nur noch Stringobjekte verpackt werden können:

```
StringBox.java

class StringBox extends Box<String>{
  StringBox(String x){super(x);}
}
```

Diese Klasse kann nun vollkommen ohne spitze Klammern benutzt werden:

```
new StringBox("Hallo").contents.length()
```

7.8.2 Generische Schnittstellen

Generische Typen erlauben es, den Typ **Object** in Typsignaturen zu eliminieren. Der Typ **Object** ist als schlecht anzusehen, denn er ist gleichbedeutend damit, dass keine Information über einen konkreten Typ während der Übersetzungszeit zur Verfügung steht. Im herkömmlichen Java ist in APIs von Bibliotheken der Typ **Object** allgegenwärtig. Sogar in der Klasse **Object** selbst begegnet er uns in Signaturen. Die Methode **equals** hat einen Parameter vom Typ **Object**, d.h. prinzipiell kann ein Objekt mit Objekten jeden beliebigen Typs verglichen werden. Zumeist will man aber nur gleiche Typen miteinander vergleichen. In diesem Abschnitt werden wir sehen, dass generische Typen es uns erlauben, allgemein eine Gleichheitsmethode zu definieren, in der nur Objekte gleichen Typs miteinander verglichen werden können. Hierzu werden wir eine generische Schnittstelle definieren.

Generische Typen erweitern sich ohne Umstände auf Schnittstellen. Im Vergleich zu generischen Klassen ist nichts Neues zu lernen. Syntax und Benutzung funktionieren auf die gleiche Weise.

7.8.2.1 Äpfel mit Birnen vergleichen

Um zu realisieren, dass nur noch Objekte gleichen Typs miteinander verglichen werden können, definieren wir eine Gleichheitsschnittstelle. In ihr wird eine Methode spezifiziert, die für die Gleichheit stehen soll. Die Schnittstelle ist generisch über den Typen, mit dem verglichen werden soll.

```
interface EQ<E> {
  boolean eq(E that);
}
```

Jetzt können wir für jede Klasse nicht nur bestimmen, dass sie die Gleichheit implementieren soll, sondern auch, mit welchen Typen Objekte unserer Klasse verglichen werden sollen. Schreiben wir hierzu eine Klasse **Apfel**. Die Klasse Apfel soll die Gleichheit auf sich selbst implementieren. Wir wollen nur Äpfel mit Äpfeln vergleichen können. Daher definieren wir in der **implements**-Klausel, dass wir **EQ<Apfel>** implementieren wollen. Dann müssen wir auch die Methode **eq** implementieren, und zwar mit dem Typ **Apfel** als Parametertyp:

```
class Apfel implements EQ<Apfel>{
  String sorte;
  Apfel(String sorte){
    this.sorte=sorte;
  }
  @Override public boolean eq(Apfel that){
    return this.sorte.equals(that.sorte);
  }
}
```

Legen wir uns nun zwei Apfelobjekte an:

```
var a1 = new Apfel("Golden Delicious");
  ...> var a2 = new Apfel("Macintosh");
a1 ==> Apfel@4769b07b
a2 ==> Apfel@17a7cec2
```

Dann können wir die miteinander vergleichen:

```
a1.eq(a2)$17 ==> false
```

Sie sind nicht gleich, da sie unterschiedliche Sorten haben. Aber ein Apfel ist zu sich selbst natürlich gleich:

```
a1.eq(a1)$18 ==> true
```

Schreiben wir als nächstes eine Klasse, die Birnen darstellen soll. Auch diese implementiere die Schnittstelle **EQ**, und zwar dieses Mal für Birnen:

```
class Birne implements EQ<Birne>{
  String sorte;
  Birne(String sorte){
    this.sorte=sorte;
  }
  @Override public boolean eq(Birne that){
    return this.sorte.equals(that.sorte);
  }
}
```

Legen wir nun ein Birnenobjekt an:

```
Birne b = new Birne("williams")x

b ==> Birne@49097b5d
```

Der Versuch einen Apfel mit einer Birne zu vergleichen scheitert:

```
a1.eq(b)

|  Error:
|  incompatible types: Birne cannot be converted to Apfel
|  a1.eq(b)
|       ^
```

Während des statischen Typchecks wird überprüft, ob wir nur Äpfel mit Äpfeln und Birnen mit Birnen vergleichen. Der Versuch, Äpfel mit Birnen zu vergleichen, führt zu einem Typfehler.

Wir bekommen die verständliche Fehlermeldung, dass die Gleichheit auf Äpfel nicht für einen Birnenparameter aufgerufen werden kann.

Wahrscheinlich ist es jedem erfahrenen Javaprogrammierer schon einmal passiert, dass er zwei Objekte mit der Methode **equals** verglichen hat, die er gar nicht vergleichen wollte. Da der statische Typcheck solche Fehler nicht erkennen kann, denn die Methode **equals** lässt jedes Objekt als Parameter zu, sind solche Fehler mitunter schwer zu lokalisieren.

Der statische Typcheck stellt auch sicher, dass eine generische Schnittstelle mit der korrekten Signatur implementiert wird. Der Versuch, eine Birnenklasse zu schreiben, die eine Gleichheit mit Äpfeln implementieren soll, dann aber die Methode **eq** mit dem Parametertyp **Birne** zu implementieren, führt ebenfalls zu einer Fehlermeldung:

```
class Birne implements EQ<Apfel>{
  String sorte;
  Birne(String sorte){
    this.sorte=sorte;}

  public boolean eq(Birne that){
    return this.sorte.equals(that.sorte);
  }
}
```
```
| Error:
| Birne is not abstract and does not override
| abstract method eq(Apfel) in EQ
| class Birne implements EQ<Apfel>{
```

7.9 Behälterklassen

Die Paradeanwendung für generische Typen sind sogenannte Container- oder Sammlungsklassen, d.h. Klassen wie die erste generische Klasse **Box**, die als Behälter für ein oder mehrere Elemente eines variabel gehaltenen Typs dienen. Die Klassen **Box** und **Pair** sind in dieser Hinsicht recht eingeschränkt, da sie nur ein bzw. zwei Elemente beinhalten.

In diesem Abschnitt sollen generische Schnittstellen und Klassen verwendet werden, um exemplarisch eine kleine Bibliothek für Sammlungsklassen wie Mengen und Listen umzusetzen. Dabei lässt sich exemplarisch das Zusammenspiel von Schnittstellen, abstrakten Klassen und Klassen zeigen.

Wir haben schon im Kapitel 2.7.1.2 eine generische Liste als rekursive Liste umgesetzt und in Kapitel 2.7.2 eine Menge als binären Suchbaum realisiert. Anders als bei diesen Implementierungen sollen jetzt veränderbare Behälterobjekte umgesetzt werden. In den vorherigen Implementierungen wurde beim Hinzufügen eines Elements, das Sammlungsobjekt nicht verändert, sondern ein neues Sammlungsobjekt erzeugt. Das neue Objekt enthält dabei ein Element mehr. Das alte bleibt unverändert. Jetzt soll das Sammlungsobjekt intern so verändert werden, dass es das neue Element enthält.

In Abbildung 7.2 noch einmal die Datenstruktur der rekursiven Liste. Hier haben
wir die Klassen **Nil** und **Cons** als innere Klassen der Schnittstelle **LL** definiert. Die
Konstruktorfunktionen sind statische Methoden, die übrigen Funktionen als *default*
Methoden umgesetzt.

LL.java

```
package name.panitz.util;
public sealed interface LL<E> permits LL.Nil, LL.Cons{
  record Nil<E>() implements LL<E>{}
  record Cons<E>(E hd,LL<E> tl) implements LL<E>{}

  static <E> LL<E> cons(E e, LL<E> es){return new Cons<>(e,es);}
  static <E> LL<E> nil(){return new Nil<>();}

  default boolean empty(){
    return (this instanceof Nil<E> c);
  }
  default E head(){
    return (this instanceof Cons<E> c)?c.hd():null;
  }
  default LL<E> tail(){
    return (this instanceof Cons<E> c)?c.tl():null;
  }
  default int length(){
    return empty() ? 0 : 1+tail().length();
  }
  default E get(int i){
    return i==0?head():tail().get(i-1);
  }
  default LL<E> add(E e){
    return empty()?cons(e,nil()):cons(head(),tail().add(e));
  }
}
```

Abb. 7.2: Rekursive Listenimplementierung.

7.9.1 Eine Schnittstelle für Sammlungsklassen

Jetzt gehen wir noch einmal abstrakter vor und definieren zunächst in einer Schnittstelle die allgemeinen Eigenschaften, die wir von einer Behälterklasse erwarten:

Behälter.java

```
package name.panitz.util;
import java.util.function.Consumer;
public interface Behälter<E> {
```

Zunächst einmal, soll es möglich sein, in einen Behälter ein neues Element einzufügen:

```
Behälter.java

    boolean add(E e);
```

Der Rückgabewert soll angeben, ob tatsächlich das Element hinzugefügt wurde oder nicht. Letzteres kann der Fall sein, wenn der Behälter eine Menge realisiert. In einer Menge tauchen Elemente nicht doppelt auf. Das Einfügen eines bereits in der Menge enthaltenen Elementes verändert die Menge nicht.

Wenn ein Element in einen Behälter eingefügt werden kann, dann lässt sich in einer Standardmethode definieren, wie eine ganze Reihung von Elementen hinzugefügt werden kann:

```
Behälter.java

    default boolean addAll(E... es){
      var r =false;
      for (var e:es) r = r|add(e);
      return r;
    }
```

Die zweite abstrakte Methode, von der wir erwarten, dass sie jede Behälterklasse implementiert, ist eine Methode, die einmal über alle enthaltenen Elemente iteriert und ein Konsumentenobjekt darauf anwendet:

```
Behälter.java

    void foreach(Consumer<? super E> action);
```

Wenn eine Methode **forEach** implementiert wurde, lässt sich eine Standardmethode definieren, die testet, ob ein bestimmtes Element in der Sammlungsklasse enthalten ist:

```
Behälter.java

    default boolean contains(E e){
      boolean[] result = {false};
      foreach( x -> {if (e.equals(x)) result[0]=true;return;});
      return result[0];
    }
```

Eine weitere Methode, die wir von allen Objekten verlangen, die von einer Klasse sind, die **Behälter** implementiert, soll angeben, wie viele Elemente in dem Objekt enthalten sind:

```
Behälter.java

    int size();
    }
```

Mit einer Standardmethode in einer Schnittstelle lässt sich keine Methode aus der Klasse **Object** überschreiben. Wir können damit die Methode **toString** nicht direkt für alle Implementierungen durch eine Standardmethode überschreiben.

7.9.1.1 Unterschnittstelle für Listen und Mengen

Wir wollen zwei unterschiedliche Behälter vorsehen. Zum einen die Listen, in denen die Elemente in einer Reihenfolge stehen. Dafür sei eine Unterschnittstelle definiert, die die Methode **get** hat, mit der ein Element an einem bestimmten Index erfragt werden kann:

```
Liste.java

package name.panitz.util;
import java.util.function.Consumer;

public interface Liste<E> extends Behälter<E> {
  E get(int i);
```

Damit lässt sich jetzt die abstrakte Methode **foreach** als Standardmethode umsetzen. Wir können nun mit einer Indexschleife über die Elemente iterieren:

```
Liste.java

  default void foreach(Consumer<? super E> action){
    for (int i=0;i<size();i++) action.accept(get(i));
  }
```

Für Listen wollen wir eine zweite Methode zum Hinzufügen von Elementen vorsehen. In dieser soll das neue Element vorne an die Liste angefügt werden:

```
Liste.java

  boolean addFront(E e);
}
```

Mengen können als eine eigene Unterschnittstelle von der Schnittstelle **Behälter** implementiert werden:

```
Menge.java

package name.panitz.util;
public interface Menge<E> extends Behälter<E> {
}
```

Hier sind noch keine weiteren für Mengen spezifischen Methoden vorgesehen.

7.9.2 Implementierungen von Mengen und Listen

7.9.2.1 Abstrakte Behälterklasse

Es gibt ein paar Dinge, die wir gerne für alle Behälterklassen gleich umsetzen wollen, die nicht in einer Schnittstelle durch eine Standardimplementierung umzusetzen sind. Deshalb nehmen wir eine abstrakte Klasse, die noch nicht alles implementiert, aber als Oberklasse aller Behälterklassen dienen soll:

AbstractBehälter.java

```
package name.panitz.util;
  public abstract class AbstractBehälter<E> implements Behälter<E> {
```

Es soll jede Klasse ein internes Feld haben, das angibt, wie viele Elemente in dem Behälter sind. Das lässt sich einmal für alle Implementierungen in der abstrakten Klasse umsetzen:

AbstractBehälter.java

```
protected int theSize=0;
@Override public int size(){return theSize;}
```

Da wir nun in einer Klasse sind, können wir die Methode **toString** aus der Klasse **Object** überschreiben:

AbstractBehälter.java

```
@Override public String toString(){
  var result = new StringBuffer("[");
  boolean[] first = {true};
  foreach( e -> {
    if (first[0]) first[0]=false;else result.append(", ");
      result.append(e.toString());
  });
  result.append("]");
  return result.toString();
  }
}
```

7.9.2.2 Implementierungen von Listen

Imperativen Listenklasse

Eine Liste ist die Sammlung von potentiell beliebig vielen Elementen in einer bestimmten Reihenfolge. Es gibt in Java schon ein Konzept, dass dem recht nahe kommt: die Reihungen. So liegt es nahe, sich der Reihungen als internen Speicher für ein Listenobjekt zu bedienen. Reihungen sind ja in der Lage, Elemente in einer festen Reihenfolge abzuspeichern. Das Problem der Reihungen ist, dass sie im Vorfeld beim Erzeugen nur für eine maximale Anzahl von Elementen erzeugt werden können. Eine Reihung kann dynamisch nicht nachträglich vergrößert werden.

In der Implementierung einer Listenklasse mit Hilfe einer Reihung geht man so vor, dass es eine interne Reihung gibt. Ist diese Reihung zu klein geworden, wird eine neue, größere Reihung erzeugt und alle Elemente in diese umkopiert.

Zum Verständnis hilft vielleicht folgendes Bild. Sie haben ein Bücherregal. Dort ist Platz für eine bestimmte Anzahl von Büchern. Sie kaufen immer wieder neue Bücher und irgendwann ist Ihr Regal voll. Dann haben Sie folgende Option. Sie kaufen ein neues, größeres Regal. Nun bauen Sie das neue Regal auf und stellen Ihre Bücher in das neue Regal. Dort ist dann Platz für weitere Bücher. Das alte Regal entsorgen Sie, weil Sie nicht Platz für zwei Regale in der Wohnung haben. Genau so gehen wir in unserer Listenimplementierung vor.

Unsere Listenklasse benötigt also zwei interne Felder:

- eines, das die Reihung[5] als Datenspeicher enthält,

- und eines, das notiert, wie viele Elemente in der Liste bereits enthalten sind. Dieses wird bereits von der abstrakten Klasse geerbt:

AL.java

```
package name.panitz.util;
public class AL<A> extends AbstractBehälter<A> implements Liste<A>{
  private Object[] store = new Object[10];
```

Wir lassen die Klasse **AL** sowohl die abstrakte Klasse **AbstractBehälter** erweitern als auch die Schnittstelle **Liste** implementieren. So erben wir das Feld **theSize** und die Methoden der abstrakten Klasse. Aus der Schnittstelle erhalten wir die Standardmethoden und den Auftrag, die abstrakten Methoden zu implementieren.

Die wichtigste Methode, die wir für eine Liste benötigen, soll ein Element an die Liste anfügen. Hierzu ist die Methode **add** zu implementieren, die ein Element am Ende der Liste hinzufügen soll:

AL.java

```
  public boolean add(A el){
```

Die Methode hat ein Problem, wenn die Reihung, die als Datenspeicher genutzt wird, bereits komplett mit Listenelementen gefüllt ist. Dann brauchen wir mehr Platz. Hierzu wird eine interne Hilfsmethode aufgerufen:

---

[5] Leider passen aus historischen Gründen Reihungen und generische Typen in Java nicht ganz zusammen. Eine Reihung, deren Elementtyp eine Typvariable ist, kann nicht mit **new** erzeugt werden. Daher werden wir hier für den internen Speicher den Typ **Object[]** verwenden.

```
AL.java

    if (theSize >= store.length){
      newStore();
    }
```

Wenn genügend Platz für ein neues Element vorhanden ist, wird dieses am Ende der Liste in der Reihung **store** abgelegt und dabei **theSize** um 1 erhöht:

```
AL.java

    store[theSize++] = el;
    return true;
}
```

Die folgende Hilfsmethode legt einen neuen, größeren Speicher für die Elemente an und kopiert alle Elemente in diesen:

```
AL.java

    private void newStore() {
      Object[] newStore = new Object[store.length+10];
      for (int i= 0;i<store.length;i++) newStore[i] = store[i];
      store = newStore;
    }
```

Jetzt ist die Methode, die wir als primäre Funktionalität für eine Liste erwarten, denkbar einfach zu implementieren. Ein Element lässt sich direkt aus der Reihung heraus mit einem Index selektieren. Hier ist allerdings eine Typzusicherung nötig, da wir nur eine Reihung mit Objekttyp **Object** vorliegen haben:

```
AL.java

    @Override public A get(int i){
      return (A)store[i];
    }
```

Nun soll die Methode implementiert werden, die ein Element am Anfang einer Liste hinzufügt. Hier haben wir das Problem, dass die Reihung als Speicher der Liste am Anfang keinen Platz hat, um ein zusätzliches Element zu speichern. Wir müssen diesen Platz schaffen. Das geschieht dadurch, dass alle Elemente der Liste eine Position höher in der Reihung geschoben werden. Es müssen also alle Elemente verschoben werden. Die ganze Liste muss dafür durchlaufen werden. Das ist natürlich wesentlich aufwändiger als bei ausreichendem Platz ein Element am Ende der Liste zu speichern:

```
AL.java

    @Override public boolean addFront(A e){
      if (theSize >= store.length) newStore();
      for(int i=theSize;i>0;i--) store[i]=store[i-1];
      store[0] = e;
      theSize++;
```

```
      return true;
    }
}
```

Damit haben wir eine dynamisch wachsende Listenstruktur umgesetzt, die wir in einer JShell Sitzung einmal ausprobieren können:

```
jshell> Liste<String> xs = new AL<String>()
xs ==> []

jshell> xs.addAll("hallo","Freunde","Römer","Landsleute","leiht","mir",
    "Euer","Ohr");
    xs.add("Landsleute");
    xs.add("friends");
$2 ==> true
...
$4 ==> true
```

Unser Listenobjekt kann jetzt nach seiner Elementanzahl gefragt werden:

```
jshell> xs.size()
$5 ==> 10
```

Und es lässt sich ein Element an einem bestimmten Index selektieren:

```
jshell> xs.get(2)
$6 ==> "Römer"

jshell> for (int i = 0; i < xs.size(); i++) {
    System.out.print(xs.get(i).toUpperCase()+" ");
    }
HALLO FREUNDE RÖMER LANDSLEUTE LEIHT MIR EUER OHR LANDSLEUTE FRIENDS
```

LL als modifizierbare Liste

Im Vergleich zu den imperativen Umsetzungen betrachten wir noch einmal die funktionale Implementierung als verkettete Liste aus Kapitel 2.7.1.2 .

Wir können diese Implementierung einer Listenstruktur für eine modifizierbare Liste verwenden. Wie in der Version der auf einer Reihung als internen Speicher basierenden Liste, lässt sich eine Liste definieren, die die rekursive Liste als Speicher verwendet:

```
Li.java
```

```
package name.panitz.util;
import java.util.function.Consumer;
import static name.panitz.util.LL.*;
public class Li<E>  extends AbstractBehälter<E> implements Liste<E>{
  private LL<E> store = nil();
```

Wie schon bei der Klasse **AL** wird sowohl die abstrakte Klassse **AbstractBehälter** erweitert als auch die Schnittstelle **Liste** implementiert. Als interner Speicher wird aber nicht eine Reihung, sondern eine rekursive Liste verwendet.

Es sind die drei abstrakten Methoden zu implementieren. Zunächst die Methode zum Hinzufügen eines neuen Elements :

```
Li.java

@Override public boolean add(E e){
  store = store.add(e);
  theSize++;
  return true;
}
```

Hier wird die Methode **add** auf der verketteten Liste angewendet. Diese erzeugt eine neue Liste, die am Ende das neue Element enthält. Diese Liste wird dann als neue Liste im internen Speicher verwendet. Es ist zusätzlich die Größe, um eins zu erhöhen.

Diese Methode ist sehr aufwändig, denn sie erstellt intern eine komplett neue Liste. Schuld daran ist die Methode **add** der Klasse Session **LL**. In dieser wird die Liste komplett kopiert, um am Ende eine neue **Cons**-Zelle hinzuzufügen.

Hingegen hat die Umsetzung der Methode **addFront** dieses Problem nicht:

```
Li.java

@Override public boolean addFront(E e){
  store=LL.cons(e,store);
  theSize++;
  return true;
}
```

Hier wird lediglich eine neue **Cons**-Zelle erzeugt. Die Liste muss nicht durchlaufen werden. Die bereits in der Liste enthaltenen Elemente werden nicht angefasst. Während also für die Liste mit der Reihung die Methode **add** effizient und die Methode **addFront** ineffizient ist, stellt es sich bei der Implementierung mit einer verketteten Liste genau umgekehrt dar.

Schließlich bleibt noch die Methode **get** zu implementieren. Dabei wird die die Methode **get** der verketteten Liste direkt aufgerufen:

```
Li.java

@Override public E get(int i){
  return store.get(i);
}
```

Die verkettete Liste hat gegenüber der Reihung das Problem, dass die Methode **get** immer die Liste vom Anfang an bis zum entsprechenden Index durchlaufen muss, also weniger effizient ist.

Im Prinzip sind wir mit der Implementierung fertig. Alle abstrakten Methoden sind implementiert.

Werfen wir aber noch einmal einen Blick auf die Methode **foreach**. Diese brauchten wir nicht zu implementieren, weil sie in der Schnittstelle **Liste** als Standardmethode umgesetzt wird. In der Standardmethode wird eine Schleife über den Index der Listenelemente gemacht und mit der Methode **get** jeweils das Element am nächsten Index erfragt. Die Methode **get**, die für jeden Index aufgerufen wird, ist aber bei verketteten Listen ineffizienter und nicht in konstanter Zeit ausführbar. Deshalb ist der Aufruf von **get** in der Methode **foreach** besser zu vermeiden.

Nun überschreiben wir die Standardmethode **foreach** in dieser Klasse, sodass sie nicht mehr die Methode **get** für jeden Index in der Liste aufzurufen braucht:

```
Li.java

    @Override public void foreach(Consumer<? super E> action){
      for (var it=store;!it.empty();it=it.tail())
        action.accept(it.head());
    }
}
```

Hier wird als Laufvariable die Restliste genommen. Das sind die Elemente, über die noch nicht gelaufen wurde. Initial ist es die komplette Liste im Feld **store**. Nach jedem Schleifendurchgang wird die Laufvariable auf ihren **tail** gesetzt. Das aktuelle Element des Schleifendurchlaufs ist jeweils der **head** der Laufvariablen.

Vergleich der Implementierungen

Wir haben zwei sehr unterschiedliche Implementierungen ein und derselben Funktionalität zur Verfügung gestellt. Dass es sich jeweils um die gleiche Funktionalität handelt wird dadurch ausgedrückt, dass beide Klassen dieselbe Schnittstelle implementieren. Bei der Verwendung der Listenobjekte werden nur die Methoden, die in der Schnittstelle definiert sind, aufgerufen. Nur beim Erzeugen eines Listenobjekts muss entschieden werden, welche der beiden Implementierungen zu verwenden ist.

Die beiden Implementierungen unterscheiden sich in ihrem Laufzeitverhalten. Bei der auf einer Reihung basierenden Liste kann es beim Hinzufügen eines Elements passieren, dass alle Elemente komplett in eine neue Reihung umkopiert werden müssen. Auch beim Einfügen vorne in die Liste müssen alle Elemente in der Reihung verschoben werden.

Die verkettete Liste kann sehr effizient ein Element vorne einfügen, muss für das Hinzufügen am Ende hingegen die komplette Liste durchlaufen.

Beide Implementierungen sind ähnlich effizient, um einmal mit der Methode **foreach** für alle Elemente eine Aktion durchzuführen.

7.9.2.3 Imperative Mengenklasse

Nun sollen Mengen implementiert werden. Eine naive Implementierung von Mengen nimmt eine Listenimplementierung und überschreibt die Methode **add**, sodass erst mit **contains** geprüft wird, ob das Element schon enthalten war. Nur wenn das nicht der Fall ist, wird die von der Liste geerbte Methode **add** aufgerufen:

```
NaiveSet.java

package name.panitz.util;
public class NaiveSet<E>  extends AL<E> implements Menge<E>{
  @Override public boolean add(E e){
    if (contains(e)) return false;
    return super.add(e);
  }
}
```

Diese Umsetzung hat das Problem, dass zum Hinzufügen eines Elementes alle Elemente der Menge durchlaufen werden müssen, um zu schauen, ob das Element schon enthalten ist. Um diesen Aufwand zu verringern, werden wir eigene Implementierungen der Menge vorsehen. Hierbei gibt es zwei gängige Verfahren:

- mit Hilfe einer Reihung, in der die Elemente entsprechend ihres **hashCode** an einem Index gespeichert sind

- oder mit Hilfe eines binären Suchbaums.

Bei beiden Verfahren geht es darum, dass nicht mehr alle Elemente der Menge angeschaut werden müssen, um zu testen, ob ein Element in der Menge enthalten ist. Der Trick besteht darin, dass ein Element nicht irgendwo gespeichert wird, sondern an einer bestimmten Position stehen muss. Diese ist abhängig vom **hashCode** des Elements.

Mengen als *Hash-Tabellen*

Kern der Implementierung einer Menge mit einer *Hash-Tabelle* ist eine Reihung. Abhängig vom **hashCode** werden die Elemente an einem bestimmten Index in dieser Reihung gespeichert. Da ungleiche Elemente den gleichen Wert für **hashCode** haben können, können auch unterschiedliche Elemente an dem gleichen Index in der Reihung gespeichert werden. Deshalb sind die Elemente der Reihung wieder Listen:

```
Hasch.java

package name.panitz.util;
import java.util.function.Consumer;
import static name.panitz.util.LL.*;

public class Hasch<E>  extends AbstractBehälter<E> implements Menge<E>{
  private Liste<E>[] store = (Liste<E>[])new Liste[100];
```

Im Konstruktor, der eine leere Menge implementiert, wird an jeder Position der
Reihung eine leere Liste eingefügt:

```
Hasch.java

public Hasch(){
  for (int i=0;i<store.length;i++){
    store[i] = new Li<E>();
  }
}
```

Die Methode **add** berechnet nun zunächst den Index, an dem das Element in der
Reihung einzufügen ist:

```
Hasch.java

public boolean add(E e){
var code = Math.abs(e.hashCode())%store.length;
```

Hier wird jetzt geschaut, ob das Element in der Liste bereits enthalten ist. Wenn nicht,
wird das Element in dieser Liste eingefügt:

```
Hasch.java

    if (store[code].contains(e)) return false;
    store[code].addFront(e);
    theSize++;
    return true;
}
```

Der Vorteil gegenüber der naiven Implementierung ist, dass nicht mehr alle Elemente
der Menge durchlaufen werden müssen, sondern nur noch Elemente mit dem gleichen
Wert für **hashCode**.

Für die Methode **foreach** gibt es für Mengen keine Standardimplementierung. Sie
braucht eine eigene Implementierung. Dabei sind alle Listen der Reihung zu durchlaufen.

```
Hasch.java

@Override public void foreach(Consumer<? super E> action){
  for (int i=0;i<store.length;i++) store[i].foreach(action);
}
```

Damit sind alle abstrakten Methoden implementiert und wir könnten fertig sein.
Die aus der Schnittstelle erhaltene Standardversion der Methode **contains** nutzt aber
nicht aus, dass ein bestimmtes Element nur an einem bestimmten Index in der Reihung
zu finden sein kann. Sie betrachtet nach wie vor alle Elemente. Daher ist es sinnvoll,
die Methode spezifischer zu überschreiben:

```
Hasch.java

  @Override public boolean contains(E e){
    return store[Math.abs(e.hashCode())%store.length].contains(e);
  }
}
```

Jetzt wird nur noch in der Liste der Elemente mit gleichem Wert für **hashCode** nach einem Element gesucht.

Die Güte dieser Umsetzung gegenüber der naiven Umsetzung liegt darin, wie gut der **hashCode** die Elemente auf unterschiedliche Positionen verteilt. Wenn alle Elemente den gleichen Wert für **hashCode** haben, ist nichts gewonnen. Dann sind alle Elemente in einer einzigen Liste gespeichert.

Mengen als Suchbäume

Die zweite gängige Implementierung von Mengen basiert auf einem binären Suchbaum. Für Mengen von Zahlen haben wir das Prinzip des binären Suchbaums bereits in Kapitel 2.7.2 kennengelernt. Wir können das hier verallgemeinern, indem wir für den wichtigen Vergleich auf den Elementen den Wert von **hashCode** nehmen.

Ein binärer Suchbaum benötigt ein Feld für das Wurzelelement und je ein Feld für den linken und rechten Teilbaum:

```
HBT.java

package name.panitz.util;
import java.util.function.Consumer;

public class HBT<E>  extends AbstractBehälter<E> implements Menge<E>{
  E element= null;

  HBT<E> left=null;
  HBT<E> right=null;
```

Ein Konstruktor für die leeren Menge:

```
HBT.java

  public HBT(){}
```

Ein zweiter Konstruktor ist in der Lage, eine einelementige Menge zu erzeugen:

```
HBT.java

  public HBT(E element){
    this.element=element;
    theSize = 1;
  }
```

Kommen wir zur Kernfunktion, die ein Element in die Menge einfügt. Hier ist eine Reihe von Fällen zu unterscheiden.

Im einfachsten Fall ist etwas eine leere Menge hinzuzufügen:

```
HBT.java

    public boolean add(E e){
      if (theSize==0){
        theSize=1;
        element = e;
        return true;
      }
```

Im zweiten Fall behandeln wir die Situation, dass das einzufügende Element an der Wurzel gespeichert ist:

```
HBT.java

      if (element.equals(e)) return false;
```

Nun berechnen wir den **hashCode** für das Wurzelelement und das einzufügende Element:

```
HBT.java

      var eCode = Math.abs(e.hashCode());
      var rCode = Math.abs(element.hashCode());
```

Wenn das einzufügende Element einen kleineren Wert für **hashCode** hat als das Wurzelelement, dann ist es im linken Teilbaum einzufügen. Wenn der linke Teilbaum die **null**-Referenz ist, so wird ein neues Blatt eingefügt. Ansonsten wird rekursiv in den linken Teilbaum eingefügt:

```
HBT.java

      if (eCode<rCode){
        if (null==left){
          left=new HBT<>(e);
          theSize++;
          return true;
        }
        var r = left.add(e);
        if (r) theSize++;
        return r;
      }
```

Auf die gleiche Weise ist mit dem rechten Teilbaum zu verfahren, wenn das Element hier einzufügen ist:

```
HBT.java

    if (null==right){
      right=new HBT<>(e);
      theSize++;
      return true;
    }
    var r =  right.add(e);
    if (r) theSize++;
    return r;
  }
```

Es bleibt noch die Methode **foreach** zu implementieren:

```
HBT.java

  public void foreach(Consumer<? super E> action){
    if(theSize==0) return;
    if (left!=null) left.foreach(action);
    action.accept(element);
    if (right!=null) right.foreach(action);
  }
}
```

7.9.3 Standard Sammlungsklassen

Im letzten Abschnitt haben wir das Rad neu erfunden, indem wir selbst eine kleine Bibliothek für Sammlungsklassen implementiert haben. Java stellt im Paket **java.util** Implementierungen von Sammlungsklassen zur Verfügung. Dabei handelt es sich um Klassen für Listen, Mengen und Abbildungen.

Wie in unserer eigenen Umsetzung sind die Sammlungsklassen über verschiedene Schnittstellen definiert. Die Oberschnittstelle für Sammlungsklassen ist: **java.util.Collection**.

Ihre wichtigsten Unterschnittstellen für die Darstellung von Listen bzw. Mengen sind: **List** und **Set.**

7.9.3.1 Listen

Javas Standardlisten sind durch die Schnittstelle **java.util.List** definiert. In dieser Schnittstelle findet sich eine Reihe von Methoden.

Zum einen Methoden, um Eigenschaften eines Listenobjekts zu erfragen, wie z.B.:

- **get(int index)** zum Abfragen eines Objektes an einem bestimmten Index der Liste.

- **size()**, um die Länge zu erfragen.

- **contains(Object o)**, um zu testen, ob ein bestimmtes Element in der Liste enthalten ist.

Des Weiteren Methoden, die den Inhalt eines Listenobjektes verändern, wie z.B.:

- **add** zum Hinzufügen von Elementen.

- **clear** zum Löschen aller Elemente.

- **remove** zum Löschen einzelner Elemente.

Die eigentlichen konkreten Klassen, die die Schnittstelle **List** implementieren, sind: **ArrayList**, **LinkedList** und **Vector**.

Dabei ist **ArrayList** die gebräuchlichste Implementierung. **Vector** ist eine ältere Implementierung, die den Nachteil hat, den sie stets eine Synchronisation für nebenläufige Steuerfäden vornimmt, die in der Regel nicht unbedingt benötigt wird.

Die Klasse **ArrayList** entspricht der Klasse **AL**, die im letzten Abschnitt entwickelt wurde. Es wird also intern eine Reihung benutzt, um die Elemente der Liste abzuspeichern. Wenn diese Reihung zu klein geworden ist, um alle Elemente der Liste hinzuzufügen, dann wird intern eine größere Reihung angelegt und die Elemente in diese kopiert.

Die Klasse **LinkedList** hingegen realisiert die Liste durch eine Verkettung, ähnlich zu unserer Klasse **Li**.

Warum gibt es zwei verschiedene Listenklassen? Beide realisieren dieselbe Funktionalität. Jedoch haben sie beide ein sehr unterschiedliches Laufzeitverhalten:

- Die **ArrayList** kann effizient auf beliebige Elemente in der Liste zugreifen. Die Methode **get(i)** hat einen konstanten Aufwand. Bei der **LinkedList** hingegen kann man über das Durchlaufen aller Elemente an das i-te Element gelangen. Hier hat die Methode **get(i)** einen linearen Aufwand.

- **LinkedList** kann dafür im Vergleich effizienter Elemente hinzufügen oder löschen. Gerade beim Löschen eines Elementss müssen in der **ArrayList** alle nachfolgenden Elemente in der internen Reihung umkopiert werden. Bei einer **LinkedList** kann ein Kettenglied einfach ausgehängt werden.

Folgender kleiner Aufruf in der JShell zeigt, wie eine Liste erzeugt wird und ihr nach und nach Elemente hinzugefügt werden:

```
jshell> import java.util.*

jshell> List<String> xs = new ArrayList<>();
        //oder
        //  = new LinkedList<>();
xs.add("hallo");
xs.add("welt");
xs.add("wie");
xs.add("geht");
```

```
xs.add("es");
xs.add("dir");
xs ==> []
$18 ==> true
$19 ==> true
$20 ==> true
$21 ==> true
$22 ==> true
$23 ==> true

jshell> xs
xs ==> [hallo, welt, wie, geht, es, dir]
```

Wie man sieht, fügt die Methode **add** Objekte am Ende einer Liste an.

7.9.3.2 Mengen

Eine zweite Gruppe von Sammlungen stellen Mengen dar. Im Unterschied zu Listen gibt es weder doppelte Elemente in einer Menge noch keine feste Reihenfolge der Elemente. Entsprechend dem englischen Namen für Mengen heißt die Standardschnittstelle für Mengen in Java **Set**.

Auch hier gibt es zwei Implementierungen im Standard-API von Java. Die Klasse **HashSet** und die Klasse **TreeSet**. Sie entsprechen unseren Klassen **Hash**.

Da es sich bei Mengen genauso wie bei Listen um Sammlungen handelt, ist der praktische Umgang mit den entsprechenden Objekten der gleiche wie bei Listen:

```
jshell> var xs = new TreeSet<String>()
xs ==> []
```

Nach Erzeugung einer Menge können Elemente hinzugefügt werden:

```
jshell> xs.add("hallo");
xs.add("Freunde");
xs.add("Römer");
xs.add("Landsleute");
xs.add("leiht");
xs.add("mir");
xs.add("Euer");
xs.add("Ohr");
xs.add("Landsleute");
xs.add("friends");
xs.add("Romans");
$26 ==> true
...
$34 ==> false
$35 ==> true
$36 ==> true
```

Das Ergebnis der Methode **add** zeigt, ob ein Element tatsächlich der Menge zugefügt wurde oder nicht, weil ein gleiches Element bereits enthalten war. Wie man sieht, enthält die Menge keine doppelten Elemente und die Reihenfolge entspricht nicht der Einfügereihenfolge:

```
jshell> xs
xs ==>[Euer,Freunde,Landsleute,Ohr,Romans,Römer,friends,hallo,leiht,mir]

jshell> xs.size()
$38 ==> 10
```

Noch einmal der Test: Hinzufügen eines bereits enthaltenen Elements ändert die Menge nicht:

```
jshell> xs.add("Ohr")
$39 ==> false

jshell> xs.size()
$40 ==> 10
```

7.9.3.3 Iterieren durch Sammlungen

Wenn man eine Sammlung von Objekten hat, sei es in Form einer Liste oder Menge, dann ist eine der häufigsten Aufgaben, durch alle Elemente dieser Sammlung einmal zu iterieren. Dabei kann man unterschiedlich vorgehen und nicht jedes Vorgehen ist dabei gleich gut. In Kapitel 9.1 werden wir uns noch detaillierter mit dem Thema der Iteration über Sammlungen beschäftigen.

Wir beginnen damit, eine Liste zu erzeugen:

```
jshell> import java.util.*

jshell> List<String> xs = new LinkedList<>();
    xs.add("hallo");
    xs.add("Freunde");
    xs.add("Römer");
    xs.add("Landsleute");
    xs.add("leiht");
    xs.add("mir");
    xs.add("Euer");
    xs.add("Ohr");
    xs.add("Landsleute");
    xs.add("friends");
...>
xs ==> []
$9 ==> true
...
$19 ==> true
```

Das so erstellte Listenobjekt hat eine Methode für die Länge, d.h. die Anzahl der Elemente:

```
jshell> xs.size()
$20 ==> 10
```

Man kann auch Elemente an einem bestimmten Index erfragen:

```
jshell> xs.get(2)
$21 ==> "Römer"
```

```
jshell> for (int i = 0; i < xs.size(); i++) {
           System.out.print(xs.get(i).toUpperCase()+" ");
        }
HALLO FREUNDE RÖMER LANDSLEUTE LEIHT MIR EUER OHR LANDSLEUTE FRIENDS
```

In der Klasse **Collections** gibt es eine statische Methode, mit der die Elemente einer Liste sortiert werden können:

```
jshell> Collections.sort(xs)
```

Eine Möglichkeit, durch eine Sammlungsklasse zu iterieren, ist die foreach-Schleife, die wir bisher nur für Reihungen kannten:

```
jshell>  for (String x : xs) {
           System.out.print(x+" ");
        }
Euer Freunde Landsleute Landsleute Ohr Römer friends hallo leiht mir
```

Intern verwendet die for-each-Schleife ein Iteratorobjekt, das es für jede Sammlungsklasse gibt. Wir können dieses Iteratorobjekt auch explizit verwenden, um über die Elemente einer Liste zu iterieren:

```
jshell> for (var it = xs.iterator();it.hasNext();  ){
           String x = it.next();
           System.out.print(x.toUpperCase()+" ");
        }
EUER FREUNDE LANDSLEUTE LANDSLEUTE OHR RÖMER FRIENDS HALLO LEIHT MIR
```

In Kapitel 9.1 werden wir uns ausgiebiger mit Iteratoren beschäftigen.

Die Sammlungsklassen haben aber auch eine Methode **forEach**. Dieser kann in Form eines Lambda-Ausdrucks die Methode übergeben werden, die bestimmt, was mit den Elementen der Sammlung gemacht werden soll:

```
xs.forEach(x -> System.out.print(x.toUpperCase()+" "))

EUER FREUNDE LANDSLEUTE LANDSLEUTE OHR RÖMER FRIENDS HALLO LEIHT MIR
```

Für alle Sammlungen lässt sich auch ein paralleler Strom erzeugen, auf dem es eine Methode **forEach** gibt. Diese Methode wird dann eventuell sogar die als Lambda-Ausdruck mitgegebene Methode nebenläufig auf die Elemente der Sammlung ausführen:

```
xs.parallelStream().forEach(x->System.out.print(x.toUpperCase()+" "))
```

```
RÖMER FRIENDS LEIHT MIR HALLO FREUNDE LANDSLEUTE LANDSLEUTE EUER OHR
```

Mit den Möglichkeiten der **Stream**-Objekte werden wir uns in Kapitel 9.3 beschäftigen.

7.9.3.4 Abbildungen

Abbildungen assoziieren Elemente einer Art mit Elementen einer anderen Art. Sie sind vergleichbar mit Wörterbüchern. In einem deutsch/englischen Wörterbuch werden die deutschen Wörter auf die englischen Wörter mit der entsprechenden Bedeutung abgebildet.

Wir benutzen eine Abbildung, indem wir für einen Schlüssel (das deutsche Wort) den entsprechenden Werteeintrag suchen (das englische Wort).

Abbildungen als Liste von Paaren

Bevor wir uns den Standardklassen für Abbildungen widmen, geben wir eine eigene kleine Implementierung.

Da eine Abbildung jeweils ein Element mit einem anderen assoziiert, ist eine Umsetzung als Liste von Paaren naheliegend. Ein Paar besteht dabei aus einem Schlüssel und dem assoziierten Wert:

Paar.java

```
package name.panitz.util;
public record Paar<A,B>(A fst, B snd){}
```

So ist eine einfache Umsetzung von Abbildungen durch Erweitern einer Standard-Listenklasse zu bekommen:

Abbildung.java

```
package name.panitz.util;
public class Abbildung<A,B> extends java.util.ArrayList<Paar<A,B>>{
  public void put(A schlüssel,B wert){
    add(new Paar<>(schlüssel,wert));
  }
```

```
  public B get(A schluessel){
    for (var p:this) {
      if (p.fst().equals(schluessel)){
        return p.snd();
      }
    }
    return null;
  }
}
```

Die Methode **lookup** iteriert über die Liste, bis sie ein Listenelement gefunden hat, dessen Schlüssel dem gesuchten Schlüssel gleich kommt:

```
jshell> var map = new name.panitz.util.Abbildung<String,String>()
map ==> []

jshell> map.put("Menge","set");
map.put("Abbildung","map");
map.put("Liste","list");
map.put("Iterator","iterator");
map.put("Schnittstelle","interface");
map.put("Klasse","class");
```

Jetzt können wir in dieser Abbildung wie in einem Wörterbuch nachschlagen:

```
jshell> map.get("Liste")
$8 ==> "list"

jshell> map.get("Aufzählung")
$9 ==> null
```

Schlüsseltyp und Werttyp müssen nicht unbedingt wie im vorangestellten Beispiel gleich sein. Im folgenden Beispiel werden Schlüssel, die Strings sind, auf Fließkommazahlen abgebildet. Es ergibt sich zum Beispiel eine Notenliste:

```
jshell> var noten = new name.panitz.util.Abbildung<String,Float>()
noten ==> []

jshell> noten.put("Programmieren",1.0f)

jshell> noten.put("Analysis",1.7f)

jshell> noten.put("BWL",3.7f)

jshell> noten.get("Programmieren")
$14 ==> 1.0

jshell> noten.get("Algorithmen")
$15 ==> null
```

Standardklassen für Abbildungen

Java stellt eine Schnittstelle zur Verwirklichung von Abbildungen zur Verfügung, die Schnittstelle **java.util.Map**.

Die wichtigsten zwei Methoden dieser Schnittstelle sind:

- **void put(K key, V value)**: ein neues Schlüssel/Wert-Paar wird der Abbildung hinzugefügt.

- **V get(K key)**: für einen bestimmten Schlüssel wird ein bestimmter Wert nachgeschlagen. Gibt es für diesen Schlüssel keinen Eintrag in der Abbildung, so ist das Ergebnis dieser Methode **null**.

Analog zu Mengen gibt es im Standard-API zwei Implementierungen der Schnittstelle **Map**:
HashMap und **TreeMap**.

Eine Schnittstelle, die Abbildungen implementiert, ist die Klasse **HashMap**. Ihre Benutzung funktioniert genauso wie die unserer Klasse **Abbildung**:

```
jshell> var map = new java.util.HashMap<String,String>()
map ==> {}

jshell> map.put("Menge","set");
map.put("Abbildung","map");
map.put("Liste","list");
map.put("Iterator","iterator");
map.put("Schnittstelle","interface");
map.put("Klasse","class");
$19 --> null
...
$24 ==> null

jshell> map.get("Liste")
$25 ==> "list"

jshell> map.get("Aufzählung")
$26 ==> null
```

Kapitel 8
Ausnahmen

Zusammenfassung Es gibt während des Ablaufs eines Programms Situationen, die als Ausnahmen zum eigentlichen Programmablauf betrachtet werden können. Java hält ein Konzept bereit, das die Behandlung von Ausnahmen abseits der eigentlichen Programmlogik erlaubt. Das Konzept des Werfens und Fangens von Objekten in Ausnahme- oder Fehlersituationen wird eingeführt. Die verschiedenen Klassen von zu werfenden Objekten werden unterschieden. In den Programmfluss wird bei Ausnahmesituationen eingegriffen. Ausnahmen, die nicht gefangen werden, sofern es keine Alltagsausnahmen sind, müssen für Methoden deklariert werden.

8.1 Ausnahme- und Fehlerklassen

Java stellt Standardklassen zur Verfügung, deren Objekte einen bestimmten Ausnahme- oder Fehlerfall ausdrücken. Die gemeinsame Oberklasse aller Klassen, die Fehler- oder Ausnahmefälle ausdrücken, ist:
`java.lang.Throwable`.

Diese Klasse hat zwei Unterklassen:

- `java.lang.Error`: alle Objekte dieser Klasse drücken aus, dass ein ernsthafter Fehlerfall aufgetreten ist, der in der Regel von dem Programm selbst nicht zu beheben ist.

© Der/die Autor(en), exklusiv lizenziert an
Springer-Verlag GmbH, DE, ein Teil von Springer Nature 2024
S. E. Panitz, *Java für Teetrinker*, https://doi.org/10.1007/978-3-662-69321-6_8

- **java.lang.Exception**: alle Objekte dieser Klasse stellen Ausnahmesituationen dar. Als Programmierer hat man die Möglichkeit, zu formulieren, wie bei einer solchen Ausnahmesituation weiter zu verfahren ist. Eine Unterklasse von **Exception** ist die Klasse **java.lang.RuntimeException**.

8.2 Werfen von Ausnahmen

Ein Objekt vom Typ **Throwable** allein zeigt noch nicht an, dass ein Fehler aufgetreten ist. Hierzu gibt es einen speziellen Befehl, der das im Programmablauf kennzeichnet, der Befehl **throw**.

throw ist ein Schlüsselwort, dem ein Objekt des Typs **Throwable** folgt. Bei einem **throw**-Befehl verlässt Java die eigentliche Ausführungsreihenfolge des Programms und unterrichtet die virtuelle Maschine davon, dass eine Ausnahme aufgetreten ist. Z.B. können wir für die Fakultätsmethode bei einem Aufruf mit einer negativen Zahl eine Ausnahme werfen:

FirstThrow.java

```
public class FirstThrow {
  public static int fakultät(int n){
    if (n==0) return 1;
    if (n<0) throw new RuntimeException();
    return n*fakultät(n-1);
  }

  public static void main(String [] args){
    System.out.println(fakultät(5));
    System.out.println(fakultät(-3));
    System.out.println(fakultät(4));
  }
}
```

Wenn wir dieses Programm starten, dann sehen wir, dass die Fakultät für die Zahl 5 korrekt berechnet und ausgegeben wird. Dann tritt der Fehlerfall auf, was dazu führt, dass der Fehler auf der Kommandozeile ausgegeben wird und das Programm sofort beendet wird. Die Berechnung der Fakultät von 4 wird nicht mehr durchgeführt. Es kommt zu folgender Ausgabe:

```
swe10:~> java FirstThrow
120
Exception in thread "main" java.lang.RuntimeException
  at FirstThrow.fakultät(FirstThrow.java:6)
  at FirstThrow.main(FirstThrow.java:12)
```

Wie man sieht, unterrichtet uns Java in der ersten Zeile davon, dass eine Ausnahme des Typs **RuntimeException** geworfen wurde. In der zweiten Zeile erfahren wir, dass dies bei der Ausführung der Methode **fakultät** in Zeile 6 der Klasse **FirstThrow** geschehen ist. Anschließend, in den Zeilen weiter darunter, wird angegeben, in welcher Methode und Zeile der Aufruf von **fakultät** stattgefunden hat.

Die Ausgabe gibt also an, durch welchen verschachtelten Methodenaufruf es an die Stelle kam, in der die Ausnahme geworfen wurde. Diese Aufrufstruktur wird als Aufrufkeller (*stack trace*) bezeichnet.

Das Erzeugen eines Ausnahmeobjekts allein bedeutet noch keinen Fehlerfall. Wenn wir das obige Programm minimal ändern, indem wir das Schlüsselwort **throw** weglassen, so wird der Sonderfall für negative Eingaben nicht gesondert behandelt:

NonThrow.java

```java
public class NonThrow {
  public static int fakultät(int n){
    if (n==0) return 1;
    if (n<0) new RuntimeException();
    return n*fakultät(n-1);
  }
  public static void main(String [] args){
    System.out.println(fakultät(5));
    System.out.println(fakultät(-3));
    System.out.println(fakultät(4));
  }
}
```

Wenn wir dieses Programm starten, so wird es nicht terminieren und schließlich abbrechen:

```
swe10:~> java NonThrow
120

An irrecoverable stack overflow has occurred.
```

Es reicht also nicht aus, ein Fehlerobjekt zu erzeugen, sondern es muss dieses auch mit einem **throw**-Befehl geworfen werden. Geworfen werden können alle Objekte einer Unterklasse der Klasse **Throwable**. Versucht man hingegen, andere Objekte zu werfen, so führt das schon zu einem Übersetzungsfehler.

Betrachten wir folgende Klasse:

NotThrowable.java

```java
public class NotThrowable {
  public static void main(String [] args){
      throw "i am not throwable";
  }
}
```

Die Übersetzung führt zu einem Fehler:

```
swe10:~> javac -d . NotThrowable.java
NotThrowable.java:5: incompatible types
found   : java.lang.String
required: java.lang.Throwable
        throw "i am not throwable";
             ^
1 error
```

Ausnahmen können nicht nur auftreten, wenn wir sie explizit mit **throw** geworfen haben, sondern auch wenn sie von Methoden aus Klassen, die wir aufrufen, geworfen werden. So kann z.B. die Benutzung der Methode **charAt** aus der Klasse **String** dazu führen, dass eine Ausnahme geworfen wird:

ThrowIndex.java

```
public class ThrowIndex {
  public static void main(String [] args){
      "i am too short".charAt(120);
  }
}
```

Starten wir dieses Programm, so wird auch eine Ausnahme geworfen:

```
swe10:~> java ThrowIndex
Exception in thread "main"
                       java.lang.StringIndexOutOfBoundsException:
                                     String index out of range: 120
  at java.lang.String.charAt(String.java:516)
  at ThrowIndex.main(ThrowIndex.java:5)
swe10:~>
```

Wie man an diesem Beispiel sieht, gibt Java nicht nur die Klasse der Ausnahme, die geworfen wurde, aus (**java.lang.StringIndexOutOfBoundsException:**), sondern auch noch eine zusätzliche Erklärung. Die Objekte der Unterklassen von **Throwable** haben in der Regel einen Konstruktor, der es ermöglicht, noch eine zusätzliche Information mit anzugeben, die den Fehler erklärt. Das können wir auch in unserem Beispielprogramm nutzen:

SecondThrow.java

```
public class SecondThrow {
  public static int fakultät(int n){
    if (n==0) return 1;
    if (n<0)
     throw
      new RuntimeException
          ("negative Zahl für Fakultätsberechnung");
    return n*fakultät(n-1);
  }
```

In einer kleiner Hauptmethode können wir das Verhalten nachvollziehen.

SecondThrow.java

```
public static void main(String [] args){
  System.out.println(fakultät(5));
  System.out.println(fakultät(-3));
  System.out.println(fakultät(4));
}
}
```

Damit erhalten wir folgende Ausgabe:

```
swe10:~> java SecondThrow
120
Exception in thread "main" java.lang.RuntimeException:
                        negative Zahl für Fakultätsberechnung
  at SecondThrow.fakultät(SecondThrow.java:6)
  at SecondThrow.main(SecondThrow.java:12)
swe10:~>
```

8.3 Deklaration von geworfenen Ausnahmen

Um sich auf Ausnahmefälle einzustellen, ist es notwendig, dass einer Methode angesehen werden kann, ob sie bei der Ausführung eventuell eine Ausnahme werfen wird.
Java bietet an, diese Information in der Signatur der Methoden zu schreiben. Java bietet das nicht nur an, sondern schreibt sogar zwingend vor, dass alle Ausnahmeobjekte,
die in einer Methode geworfen werden, auch in der Signatur der Methode angegeben sind. Einzig davon ausgenommen sind Objekte des Typs **RuntimeException**.
Wollen wir in unserem obigen Programm eine andere Ausnahme werfen als eine
RuntimeException, so können wir das zunächst nicht:

ThirdThrow.java

```
public class ThirdThrow {
  public static int fakultät(int n){
    if (n==0) return 1;
    if (n<0) throw new Exception
            ("negative Zahl für Fakultätsberechnung");
    return n*fakultät(n-1);
  }
  public static void main(String [] args){
    System.out.println(fakultät(5));
    System.out.println(fakultät(-3));
    System.out.println(fakultät(4));
  }
}
```

Bei der Übersetzung kommt es zu folgendem Fehler:

```
swe10:~> javac -d . ThirdThrow.java
ThirdThrow.java:6: unreported exception java.lang.Exception;
                          must be caught or declared to be thrown
    if (n<0)
      throw new Exception("negative Zahl für Fakultätsberechnung");
           ^
1 error
```

Java verlangt, dass wir für die Methode **fakultät** in der Signatur angeben, dass die
Methode eine Ausnahme wirft. Dies geschieht durch eine **throws**-Klausel zwischen
Signatur und Rumpf der Methode. Dem Schlüsselwort **throws** folgen dabei durch
Kommata getrennt die Ausnahmen, die durch die Methode geworfen werden können.

In unserem Beispiel müssen wir für beide Methoden angeben, dass eine **Exception**
auftreten kann, denn in der Methode **main** können ja die Ausnahmen der Methode
fakultät auftreten:

FourthThrow.java

```
public class FourthThrow {
  public static int fakultät(int n) throws Exception{
    if (n==0) return 1;
    if (n<0)
      throw
        new Exception("negative Zahl für Fakultätsberechnung");
    return n*fakultät(n-1);
  }
```

Betrachten wir wieder das Verhalten in einer kleiner Hauptmethode:

FourthThrow.java

```
  public static void main(String [] args) throws Exception{
    System.out.println(fakultät(5));
    System.out.println(fakultät(-3));
    System.out.println(fakultät(4));
  }
}
```

Somit stellt Java sicher, dass über die möglichen Ausnahmefälle Buch geführt wird.

8.4 Eigene Ausnahmeklassen

Man ist bei der Programmierung nicht auf die von Java in Standardklassen ausgedrück-
ten Ausnahmeklassen eingeschränkt. Es können eigene Klassen, die von der Klasse

Exception ableiten, geschrieben und ebenso wie die Standardausnahmen geworfen werden:

NegativeNumberException.java

```
public class NegativeNumberException extends Exception {}
```

So kann unser Beispielprogramm jetzt unsere eigene Ausnahme werfen:

FifthThrow.java

```
public class FifthThrow {
  public static int fakultät(int n) throws Exception{
    if (n==0) return 1;
    if (n<0) throw new NegativeNumberException();
    return n*fakultät(n-1);
  }
  public static void main(String [] args) throws Exception{
    System.out.println(fakultät(5));
    System.out.println(fakultät(-3));
    System.out.println(fakultät(4));
  }
}
```

Bei der Ausführung dieses Programms sehen wir jetzt unsere eigene Ausnahme:

```
sep@swe10:~/fh/beispiele> java FifthThrow
120
Exception in thread "main"
      NegativeNumberException
 at FifthThrow.fakultät(FifthThrow.java:6)
 at FifthThrow.main(FifthThrow.java:12)
sep@swe10:~/fh/beispiele>
```

8.5 Fangen von Ausnahmen

Zu einem vollständigen Konzept zur Ausnahmebehandlung gehört nicht nur, dass über Ausnahmezustände bei einem Programmabbruch berichtet wird, sondern auch, dass angegeben werden kann, wie im Falle einer aufgetretenen Ausnahme weiter zu verfahren ist.

8.5.1 Syntax

Java stellt hierzu das **try**-und-**catch** Konstrukt zur Verfügung. Es hat folgende Struktur:

> **try** {*stats*} **catch** (*ExceptionName ident*){*stats*}

Der **try**-Block umschließt in diesem Konstrukt den Code, der bei der Ausführung auf das Auftreten eventueller Ausnahmen abgeprüft werden soll. Der **catch**-Block, von dem es auch mehrere geben kann, beschreibt, was für Code im Falle des Auftretens einer Ausnahme zur Ausnahmebehandlung auszuführen ist. Jetzt können wir programmieren, wie im Falle einer Ausnahme zu verfahren ist:

```
Catch1.java

public class Catch1 {
  public static int fakultät(int n) throws Exception{
    if (n==0) return 1;
    if (n<0) throw new NegativeNumberException();
    return n*fakultät(n-1);
  }
  public static void main(String [] args){
    try {
      System.out.println(fakultät(5));
      System.out.println(fakultät(-3));
      System.out.println(fakultät(4));
    }catch (Exception e){
      System.out.println("Ausnahme aufgetreten: "+e);
    }
  }
}
```

Wie man sieht, braucht man jetzt in der Methode **main** nicht mehr zu deklarieren, dass sie eine Ausnahme wirft. Sie fängt alle Ausnahmen ab, die eventuell während ihrer Auswertung geworfen wurden. Das Programm erzeugt folgende Ausgabe:

```
swe10:~> java Catch1
120
Ausnahme aufgetreten: NegativeNumberException
swe10:~>
```

Das Programm berechnet zunächst korrekt die Fakultät für 5. Es kommt zu einer Ausnahme bei der Berechnung der Fakultät von -3. Das Programm verlässt den normalen Programmablauf und wird erst in der **catch**-Klausel wieder abgefangen. Der Code dieser **catch**-Klausel wird ausgeführt. Innerhalb der **catch**-Klausel hat das Programm Zugriff auf das Ausnahmeobjekt, das geworfen wurde. In unserem Fall benutzen wir es, um es auf dem Bildschirm auszugeben.

8.5.2 Granularität des Abfangens

Die Granularität, für welche Programmteile eine Ausnahmebehandlung ausgeführt
werden soll, steht in unserem Belieben. Wir können z.B. auch für jeden Aufruf der
Methode **fakultät** einzeln eine Ausnahmebehandlung vornehmen:

Catch2.java

```java
public class Catch2 {
  public static int fakultät(int n) throws Exception{
    if (n==0) return 1;
    if (n<0) throw new NegativeNumberException();
    return n*fakultät(n-1);
  }
  public static void main(String [] args){
    try {
      System.out.println(fakultät(5));
    }catch (Exception e1){
      System.out.println("Ausnahme für Fakultät von 5");
    }
    try {
      System.out.println(fakultät(-3));
    }catch (Exception e2){
      System.out.println("Ausnahme für Fakultät von -3");
    }
    try {
      System.out.println(fakultät(4));
    }catch (Exception e3){
      System.out.println("Ausnahme für Fakultät von 4");
    }
  }
}
```

Dieses Programm erzeugt folgende Ausgabe auf dem Bildschirm:

```
swe10:~/fh/beispiele> java Catch2
120
Ausnahme für Fakultät von -3
24
swe10:~/fh/beispiele>
```

8.5.3 Abfangen spezifischer Ausnahmen

In allen unseren bisherigen Beispielen fangen wir allgemein in der **catch**-Klausel
die Fehlerobjekte des Typs **Exception** ab. Ebenso deklarieren wir allgemein in
der **throws**-Klausel der Methode **fakultät**, dass ein Ausnahmeobjekt des Typs
Exception geworfen wird. Hier können wir spezifischer sein und jeweils exakt die
Unterklasse von **Exception** angeben, deren Objekte tatsächlich geworfen werden:

```
Catch3.java

public class Catch3 {
  public static int fakultät(int n)
                            throws NegativeNumberException{
    if (n==0) return 1;
    if (n<0) throw new NegativeNumberException();
    return n*fakultät(n-1);
  }
  public static void main(String [] args){
    try {
      System.out.println(fakultät(5));
      System.out.println(fakultät(-3));
      System.out.println(fakultät(4));
    }catch (NegativeNumberException e){
      System.out.println("Ausnahme aufgetreten: "+e);
    }
  }
}
```

8.5.4 Abfangen mehrerer Ausnahmen

Wir können nun nicht nur eine spezifische Ausnahme abfangen, sondern für unterschiedliche Ausnahmen auch unterschiedliche Ausnahmebehandlungen vorsehen. Das geschieht einfach dadurch, dass mehrere **catch**-Klauseln untereinander stehen.

Hierzu definieren wir zunächst eine weitere Ausnahmeklasse:

```
NumberTooLargeException.java

public class NumberTooLargeException extends Exception {}
```

Jetzt können wir unterschiedliche Ausnahmen werfen und wieder fangen:

```
Catch4.java

public class Catch4 {
  public static int fakultät(int n)
        throws NegativeNumberException, NumberTooLargeException{
    if (n==0) return 1;
    if (n<0) throw new NegativeNumberException();
    if (n>20) throw new NumberTooLargeException();
    return n*fakultät(n-1);
  }
```

Eine weitere Funktion ruft die Funktion auf und fängt die Ausnahmen ab:

Catch4.java

```java
  public static void printFakultät(int i){
    try {
      System.out.println(fakultät(i));
    }catch (NegativeNumberException e){
      System.out.println("Fakultät von negativer Zahl");
    }
    catch (NumberTooLargeException e){
      System.out.println("Fakultät von zu großer Zahl");
    }
  }
}
```

So kommt es in der Haupztmethode zu keinem Programmabbruch:

Catch4.java

```java
  public static void main(String... args){
    printFakultät(30);
    printFakultät(-3);
    printFakultät(4);
  }
}
```

Dieses Programm führt zu folgender Ausgabe:

```
swe10:~/fh/beispiele> java Catch4
Fakultät von zu großer Zahl
Fakultät von negativer Zahl
24
swe10:~/fh/beispiele>
```

8.5.5 Zusammenspiel mit Rückgabewerten

Das Werfen und Fangen von Ausnahmen greift fundamental in den Programmfluss ein. Für Methoden mit einem Rückgabewert ist es beim Abfangen von Ausnahmen wichtig, dass in sämtlichen Fällen von abgefangenen Ausnahmen trotzdem ein Rückgabewert zurückgegeben wird. Ebenso ist zu berücksichtigen, dass jede benutzte Variable, bevor sie genutzt wird, auch einen Wert zugewiesen bekommt. Folgendes Programm wird aus diesem Grund vom Javaübersetzer mit einer Fehlermeldung zurückgewiesen:

WrongCatch.java

```java
public class WrongCatch {
  public static int fakultät(int n)
        throws NegativeNumberException, NumberTooLargeException{
```

```
    if (n==0) return 1;
    if (n<0) throw new NegativeNumberException();
    if (n>20) throw new NumberTooLargeException();
    return n*fakultät(n-1);
  }

  public static int checkFakultät(int i){
    try {
      return fakultät(i);
    }catch (Exception e){
      System.out.println("Ausnahme "+e+" aufgetreten");
    }
  }
}
```

Die Übersetzung führt zu folgender Fehlermeldung:

```
sep@swe10:~/fh/beispiele> javac -d . WrongCatch.java
WrongCatch.java:12: missing return statement
  public static int checkFakultät(int i){
                                         ^
1 error
sep@swe10:~/fh/beispiele>
```

Für die im **try**-Block stehenden Befehle ist nicht garantiert, dass sie tatsächlich ausgeführt werden. Tritt eine Ausnahme auf, so wird der **try**-Block verlassen, bevor der
return-Befehl ausgeführt wurde. Die Methode gibt keinen Rückgabewert zurück, obwohl ihre Signatur es verlangt. Wir müssen dafür sorgen, dass auch in Ausnahmefällen
ein Rückgabewert existiert. Dieses kann durch einen **return**-Befehl im **catch**-Block
geschehen:

Catch5.java

```
public class Catch5 {
  public static int fakultät(int n)
        throws NegativeNumberException, NumberTooLargeException{
    if (n==0) return 1;
    if (n<0) throw new NegativeNumberException();
    if (n>20) throw new NumberTooLargeException();
    return n*fakultät(n-1);
  }
  public static int checkFakultät(int i){
    try {
      return fakultät(i);
    }catch (Exception e){
      System.out.println("Ausnahme "+e+" aufgetreten");
      return 0;
    }
  }
}
```

Dieses Programm lässt sich wieder fehlerfrei übersetzen.

8.5.6 Eine Catch-Klausel für mehrere Ausnahmen

Eine Catch-Klausel kann auch verwendet werden, um mehrere spezifische Ausnahmen abzufangen. Hierzu steht der senkrechte Strich als syntaktisches Konstrukt zur Verfügung. Es kann dabei konsistent als ›oder‹ gelesen werden.

Im folgenden Beispiel können beide der auftretenden Ausnahmen abgefangen werden: **NegativeNumberException** oder eine **NumberTooLargeException**.

Catch6.java

```java
public class Catch6 {
  public static int fakultät(int n)
        throws NegativeNumberException, NumberTooLargeException{
    if (n==0) return 1;
    if (n<0) throw new NegativeNumberException();
    if (n>20) throw new NumberTooLargeException();
    return n*fakultät(n-1);
  }
  public static int checkFakultät(int i){
    try {
      return fakultät(1);
    }catch (NegativeNumberException|NumberTooLargeException e){
      System.out.println("Ausnahme "+e+" aufgetreten");
      return 0;
    }
  }
}
```

8.6 RuntimeException

Man hat zwei Möglichkeiten, wie man mit potentiellen auftretenden Ausnahmen umgeht. Man kann sie in einer **throws**-Klausel vermerken. Das entspricht der Strategie, ein Schild aufzustellen. Achtung, hier ist es gefährlich. Vorsicht Steinschlag. Oder man kann sie in einer **catch**-Klausel abfangen. Das entspricht der Strategie, sich gegen die Gefahr abzusichern. Statt eines Schildes, das vor Steinschlag warnt, wird eine Abfangvorrichtung gegen herunterfallende Steine aufgestellt.

Die besonderen Ausnahmen des Typs **RuntimeException** sind davon ausgenommen. Sie können jederzeit und überall auftreten. Man kann sie als Alltagsausnahmen ansehen. Es sind Ausnahmen, die alltäglich sind. Sie können jederzeit im Code auftreten. Ein typisches Beispiel ist die **NullpointerExcpetion**. Sie kann immer auftreten, wenn für einem Objekt auf ein Feld oder eine Methode zugegriffen wird. Ein weiteres Beispiel ist die **IndexOutOfBoundsException**. Sie kann immer auftreten, wenn auf einer Reihung oder einer Liste mit einem Index zugegriffen wird. Solche alltäglichen Situationen sind keine besonderen Ausnahmen, vor denen man warnen muss oder für die man einen Notfallplan aufstellen sollte. Sonst wäre es notwendig, sich in fast jeder Zeile Code um die dort eventuell auftretenden Ausnahmen zu kümmern. Man käme gar nicht zum eigentlichen Programmieren der Anwendungslogik, weil man alle möglichen Eventualitäten berücksichtigen müsste.

Ausnahmen, die deklariert oder gefangen werden müssen, treten auf, wenn man etwas Gefährliches macht. Das ist im häufigsten Fall eine Kommunikation. Wenn Dateien gelesen werden, über ein Netzwerk zugegriffen wird, dann sind das besondere Operationen, die scheitern können. Hier ist es sinnvoll zu definieren, wie das Programm weiterarbeiten soll, wenn das Netzwerk nicht verfügbar oder die Datei nicht lesbar ist.

8.7 Der Aufrufkeller

Wir haben schon gesehen, dass Javas Ausnahmeobjekte wissen, wie die Aufrufreihenfolge war, die zu der Programmstelle führt, in der die Ausnahme erzeugt wurde. Java hat einen internen Aufrufkeller, in dem alle Methoden übereinander stehen, die aufgerufen wurden, aber deren Aufruf noch nicht beendet wurde. Bei der Fehlersuche kann es oft sehr hilfreich sein, an bestimmten Stellen zu erfahren, durch welche Aufrufhierarchie der Methoden an diese Stelle gelangt ist. Ausnahmeobjekte enthalten die Methode **printStackTrace**, die genau diese Information auf dem Bildschirm ausgibt. Wir können diese Methode zur Fehlersuche nutzen, indem wir ein Ausnahmeobjekt erzeugen, dieses aber nicht werfen, sondern lediglich die Methode **printStackTrace** darauf aufrufen. Die normale Ausführungsreihenfolge wird hierdurch nicht berührt. Es erscheint lediglich eine weitere Ausgabe auf dem Bildschirm:

```
StackTrace.java

public class StackTrace {
  public static int fakultät(int n) {
    if (n==0) {
      new Exception().printStackTrace();
      return 1;
    }
    return n*fakultät(n-1);
  }
  public static void main(String [] args){
    System.out.println(fakultät(4));
  }
}
```

Dieses Programm erzeugt folgende informative Ausgabe auf dem Bildschirm:

```
sep@swe10:~/fh/beispiele> java StackTrace
java.lang.Exception
    at StackTrace.fakultät(StackTrace.java:6)
    at StackTrace.fakultät(StackTrace.java:9)
    at StackTrace.fakultät(StackTrace.java:9)
    at StackTrace.fakultät(StackTrace.java:9)
    at StackTrace.fakultät(StackTrace.java:9)
    at StackTrace.main(StackTrace.java:13)
```
24

```
sep@swe10:~/fh/beispiele>
```

Es lässt sich hier sehr schön die rekursive Struktur der Fakultätsmethode nachverfolgen. Wenn von der Methode die Zeile 6 ausgeführt wird, so wurde sie schon viermal in Zeile 9 ausgeführt und all diese Aufrufe der Methode sind noch nicht beendet. Man kann den Aufrufkeller auch als Liste der noch zu erledigenden Methoden betrachten. Die Ausführung aller Methoden, die dort verzeichnet sind, wurde bereits angefangen, aber noch nicht beendet.

8.8   Schließlich und finally

Java erlaubt, am Ende eines **try**-und-**catch**-Konstrukts noch eine **finally**-Klausel hinzuzufügen. Diese besteht aus dem Schlüsselwort **finally** gefolgt von Anweisungen. Die Anweisungen einer **finally**-Klausel werden immer ausgeführt, unabhängig davon, ob eine Ausnahme abgefangen wurde oder nicht. Im folgenden Programm wird in beiden Fällen der Text in der **finally**-Klausel ausgegeben:

Finally.java

```
class Finally {
  static void m(int i) throws Exception{
    if (i>0) throw new Exception();
  }
  public static void main(String [] args){
    try {m(1);}
    catch (Exception e){System.out.println("Ausnahme gefangen");}
    finally {System.out.println("erster Test");}

    try {m(-1);}
    catch (Exception e){System.out.println("Ausnahme gefangen");}
    finally {System.out.println("zweiter Test");}
  }
}
```

Die **finally**-Klausel wird nicht nur ausgeführt, wenn keine Ausnahme geworfen oder gefangen wurde, sondern auch, wenn eine Ausnahme geworfen wurde, für die es keine **catch**-Klausel gibt[1].

So wird in der folgenden Klasse die Ausgabe der **finally**-Klausel sogar gemacht, obwohl eine Ausnahme auftritt, die nicht abgefangen wird:

---

[1] Ansonsten wäre die *finally*-Klausel ein überflüssiges Konstrukt, könnte man seinen Code ja direkt anschließend an das *try-catch*-Konstrukt anhängen.

MoreFinally.java

```java
class MoreFinally {
  static void m(int i){
    if (i<0) throw new NullPointerException();
  }
  public static void main(String [] args){
    try {m(-1);}
    catch (IndexOutOfBoundsException e){}
    finally {System.out.println("wird trotzdem ausgegeben");}
  }
}
```

Wie man an dem Programmlauf sieht, tritt eine nicht abgefangene Ausnahme auf, und trotzdem wird noch der **finally**-Code ausgeführt.

Die **finally**-Klausel dient dazu, Code zu einer Ausnahmebehandlung hinzuzufügen, der sowohl nach dem Auftreten von jeder abgefangenen Ausnahme auszuführen ist als auch, wenn keine Ausnahme abgefangen wurde. Typisch für solchen Code sind Verwaltungen von externen Komponenten. Wenn in einer Methode eine Datenbankverbindung geöffnet wird, so ist diese Datenbankverbindung sowohl im erfolgreichen Fall, als auch, wenn irgendeine Ausnahme auftritt, wieder zu schließen. Für solche Fälle gibt es in Java das Konstrukts einer **try**-Anweisung mit einer Resource. Dieses findet sich in der konkreten Anwendung der I/O-Operationen in Abschnitt 10.2.1 erklärt.

8.9 Anwendungslogik per Ausnahmen

Es gibt die Möglichkeit, Ausnahmen nicht nur für eigentliche Ausnahmefälle zu benutzen, sondern die normale Anwendungslogik per Ausnahmebehandlung zu programmieren. Hierbei ersetzt ein **try-catch**-Block eine **if**-Bedingung. Einer der Fälle, die normalerweise über eine Bedingung abgefragt werden, wird als Ausnahmefall behandelt. Statt in einer Schleife über eine Reihung die Indizes abzufragen, kann man auch versuchen, das Ende der Reihung über eine Ausnahme abzufangen:

CatchOutOfBounds.java

```java
class CatchOutOfBounds{
  public static void main(String... args){
    int[] xs = {1,2,3,4,5,6,5,5,2,4,5,7,4,3,2,2,5,6};
    int result = 0;
    try{
      int i =0;
      while (true) {result=result+xs[i];i=i+2;}
    }catch (IndexOutOfBoundsException e){}
    System.out.println(result);
  }
}
```

Das ist ein Missbrauch des Konzepts der Ausnahmen. Hier provoziert man das Auftreten einer Ausnahme im normalen Ablauf des Programms.

Teil IV
Ausbaukonzepte

Kapitel 9
Objekte für Schleifen

Zusammenfassung Iteration mit Schleifen ist ein fundamentales Konzept der Programmierung. Wir zeigen, wie Schleifen in Objekte abstrahiert werden können. Iterierbare Objekte haben Iteratoren, die die Iteration für Elemente steuern. Die Verwendung einer für-alle Schleife wird für iterierbare Objekte ermöglicht. Eine weitere Abstraktion über Schleifen stellt die Faltungsfunktion dar. Um eine parallele Iteration zu ermöglichen, gibt es Stream-Objekte. Auch diese sind Abstraktionen der Iteration und in der Lage, die Iteration parallel durchzuführen.

9.1 Iteratoren

9.1.1 Iterator und Iterable

9.1.1.1 Objekte für Schleifen

In Kapitel 5 haben wir viele klassische Konzepte der imperativen Programmierung kennen gelernt. Eine zentrale Art von Anweisungen stellen die Schleifenkonstrukte dar, die zum kontrolliertem wiederholten Ausführen eines Code-Blocks verwendet werden. In diesem Kapitel wird es darum gehen, Schleifen durch Objekte auszudrücken, die die Schleifenlogik repräsentieren.

Gehen wir von den Schleifen aus. Eine häufig zu lösende Aufgabe in der Programmierung ist es, durch bestimmte Elemente zu iterieren. Für die Iteration stehen die Schleifenkonstrukte zur Verfügung. Eine Iteration soll nacheinander einen bestimmten Code-Block für verschiedene Elemente durchführen. In klassischer Weise wird zum Iterieren eine Indexvariable in einer Schleife durchgezählt. Mit dem Index wird dann in einem Schleifenrumpf jeweils etwas gerechnet.

Eine klassische Schleife zum Durchlaufen der geraden Zahlen kleiner 10:

Iteration1.java

```
package name.panitz.pmt.iteration;
public class Iteration1{
  public static void main(String[] args){
    for (int i = 2; i<10; i = i+2){
      System.out.println(i);
    }
  }
}
```

Das obige Beispiel ist in keiner Weise ein objektorientiertes Beispiel. Es ist eine ganz einfache Schleife, wie man es von der imperativen Programmierung gewohnt ist. In einer objektorientierten Umsetzung wird stets versucht, ein Objekt zu definieren, das seine Funktionalität kapselt. In diesem Fall ein Objekt, das weiß, wie es zu iterieren hat. Hierzu kann man versuchen, alle im Kopf der for-Schleife gebündelten Informationen in einem Objekt zu kapseln.

In der for-Schleife gibt es zunächst eine Zählvariable i, dann einen Test, ob die Schleife noch weiter durchlaufen werden soll, und eine Anweisung, wie sich die Schleifenvariable verändert, wenn es zum nächsten Durchlauf geht. Packt man diese drei Informationen in ein Objekt, so erhalten wir die folgende Klasse:

GeradeZahlenKleiner10Iterierer.java

```
package name.panitz.pmt.iteration;
public class GeradeZahlenKleiner10Iterierer{
  int i; //die Schleifenvariable
  GeradeZahlenKleiner10Iterierer(int i){
    this.i = i; //Initialisierung der Schleifenvariable
  }
  boolean schleifenTest(){
    return i < 10; //Test ueber die Schleifenvariable
  }
  void schleifeWeiterschalten(){
    i = i + 2; //fuer naechsten Schleifendurchlauf
  }
```

Im Schleifenrumpf wird der aktuelle Wert der Iteration benutzt. In der obigen for-Schleife ist das die Zahl i. Auch hierfür können wir noch eine Methode vorsehen:

GeradeZahlenKleiner10Iterierer.java

```
int schleifenWert(){
  return i;
}
```

Mit einem Objekt dieser Klasse können wir jetzt eine Schleife durchlaufen, ebenso wie in der ersten Schleife oben:

GeradeZahlenKleiner10Iterierer.java

```
public static void main(String[] args){
  for ( var it = new GeradeZahlenKleiner10Iterierer(0)
      ; it.schleifenTest()
      ; it.schleifeWeiterschalten()){
    System.out.println(it.schleifenWert());
  }
 }
}
```

9.1.1.2 Eine Schnittstelle zum Iterieren

Noch ist überhaupt kein Vorteil darin erkennbar, dass wir die Komponenten, die zur Programmierung einer Schleife benötigt werden (Initialisierung des Iterierungs-objektes, Test, Weiterschaltung, Abfragen des Schleifenelementes) in einem Objekt gekapselt haben. Der Vorteil der Objektorientierung liegt in zusätzlichen Abstraktionen. Eine der stärksten Abstraktionen in Java sind Schnittstellen. Naheliegend ist es, die Methoden der obigen Klasse in einer Schnittstelle vorzugeben:

IntIterierer.java

```
package name.panitz.pmt.iteration;
import java.util.function.Consumer;

public interface IntIterierer{
  boolean schleifenTest();
  void schleifeWeiterschalten();
  Integer schleifenWert();
}
```

Es lässt sich so für die Schleifenschnittstelle eine Methode implementieren, die die Schleife ausführt. Wir nennen diese Methode vorerst **run**. Sie bekommt als Parameter ein Objekt des Typs **Consumer**. Dieses ist eine funktionale Schnittstelle. Objekte dieser Schnittstelle haben die Methode **accept**.

Die Methode **run** realisiert die Schleife. Hierzu verwendet sie die noch abstrakten Methoden **schleifenTest**, **schleifeWeiterschalten** und **schleifenWert**. Die Initialisierung des Schleifenobjekts findet weiterhin durch den Konstruktor statt.

Im Rumpf der Schleife wird die Methode **accept** des Parameters als Anwendungslogik ausgeführt:

```
IntIterierer.java

    default void run(Consumer<Integer> action){
      for( ; schleifenTest(); schleifeWeiterschalten()){
        action.accept(schleifenWert());
      }
    }
  }
```

Die ursprüngliche Klasse zum Iterieren über einen Zahlenbereich lässt sich nun als
Implementierung dieser Schnittstelle schreiben. Um die Klasse dabei noch ein wenig
allgemeiner zu schreiben, übergeben wir jetzt auch die obere Schranke der Iteration
im Konstruktor:

```
GeradeZahlenIterierer.java

  package name.panitz.pmt.iteration;
  public class GeradeZahlenIterierer implements IntIterierer{
    int from;
    int to;
    GeradeZahlenIterierer(int from, int to){
      this.from = from;
      this.to = to;
    }
    public boolean schleifenTest(){
      return from < to;
    }
    public void schleifeWeiterschalten(){
      from = from + 2;
    }
    public Integer schleifenWert(){
      return from;
    }
  }
```

Das so erhaltene Schleifenobjekt kann zum Iterieren durch Aufruf der Methode **run**
verwendet werden. Man braucht die eigentlich Schleife nicht mehr selbst zu implementieren. Das Initialisieren der Schleife findet durch Aufruf des Konstruktors der
konkreten Schleifenklasse statt. Das Ausführen der Schleife findet durch Aufruf der
Methode **run** auf dem Objekt statt. Der Schleifenrumpf wird als Lambda-Ausdruck
der Methode **run** übergeben:

```
GeradeZahlenIterierer.java

  public static void main(String[] args){
    new GeradeZahlenIterierer(0,10).run(x->System.out.println(x));
  }
}
```

9.1.1.3 Generizität

Eine weitere Abstraktion, die von heutigen Programmiersprachen angeboten wird, liegt in der Möglichkeit, Typen variabel zu halten. Hierzu dienen generische Klassen und Schnittstellen. Statt eine Iterations-Schnittstelle für ganze Zahlen zu definieren, lässt sich allgemein eine solche für beliebige aber feste Typen definieren:

GenerischerIterierer.java

```
package name.panitz.pmt.iteration;
import java.util.function.Consumer;

public interface GenerischerIterierer<A> {
  boolean schleifenTest();
  void schleifeWeiterschalten();
  A schleifenWert();

  default void run(Consumer<? super A> action){
    for( ; schleifenTest(); schleifeWeiterschalten()){
      action.accept(schleifenWert());
    }
  }
}
```

Statt des festen Typs **Integer** der ursprünglichen Schnittstelle wurde ein variabler Typ **A** eingeführt. Beim Implementieren dieser generischen Schnittstelle gilt es jetzt zu entscheiden, welcher konkrete Typ für diese Typvariable eingesetzt werden soll. Das ist der Typ, den die Elemente haben, über die iteriert werden soll. In unserem Beispielfall sind das ganze Zahlen. Da für Typvariablen in generischen Typen keine primitiven Typen eingesetzt werden dürfen, benutzen wir hier die Klasse **Integer** und vertrauen an mehreren Stellen darauf, dass intern Daten vom Typ **int** und **Integer** gegenseitig konvertiert werden. Dieses wird als automatisches *Boxing/Unboxing* bezeichnet.

Die neue Implementierung der Iterationsklasse sieht entsprechend wie folgt aus:

GeradeZahlenIterierer2.java

```
package name.panitz.pmt.iteration;
public class GeradeZahlenIterierer2
        implements GenerischerIterierer<Integer>{
  int from;
  int to;
  GeradeZahlenIterierer2(int from, int to){
    this.from = from;
    this.to = to;
  }
  public boolean schleifenTest(){ return from < to; }
  public void schleifeWeiterschalten(){ from = from + 2; }
  public Integer schleifenWert(){ return from; }
```

An der Benutzung ändert sich in diesem Fall wenig gegenüber der nicht generischen Version:

```
GeradeZahlenIterierer2.java

  public static void main(String[] args){
    new GeradeZahlenIterierer2(0,10).run(x->System.out.println(x));
  }
}
```

Gewonnen haben wir nun die Möglichkeit, auf gleiche Weise Iteratorobjekte zu implementieren, deren Elemente andere Typen haben.

9.1.1.4 Die Standardschnittstelle Iterator

Die Schleifen-Schnittstelle **GenerischerIterierer** hat ein Pendant in Javas Standard-API. Im Paket **java.util** findet sich dort ebenfalls eine generische Schnittstelle, die beschreibt, dass ein Objekt zum Iterieren benutzt werden kann, die Schnittstelle **Iterator**. Diese ist allerdings ein wenig anders aufgebaut als unsere Schnittstelle. Sie definiert nur zwei abstrakte Methoden:

- **boolean hasNext()**: Diese Methode entspricht ziemlich genau unserer Methode **schleifenTest**. Sie ergibt **true**, wenn es noch weitere Elemente zum Iterieren gibt.

- **A next()**: Diese Methode vereint die zwei Methoden: **schleifenWert()** und **schleifeWeiterschalten** unserer Schnittstelle. Es wird dabei das aktuelle Element zurückgegeben und gleichzeitig intern der Schritt weiter zum nächsten Element vorgenommen. Dieser Schritt kann nicht mehr rückgängig gemacht werden.

Um unsere Iterationsschnittstelle mit der Standardschnittstelle **Iterator** zu verbinden, bietet sich an, eine Unterschnittstelle zu definieren, die unsere drei Methoden als abstrakte, noch zu implementierende Methoden vorgibt, die Methoden der Standardschnittstelle mit Hilfe der abstrakten Methoden aber bereits default-Methoden implementiert.

Wir definieren zunächst die drei bereits bekannten abstrakten Methoden:

```
PmtIterator.java

package name.panitz.pmt.iteration;
import java.util.Iterator;

public interface PmtIterator<A> extends Iterator<A> {
  boolean schleifenTest();
  void schleifeWeiterschalten();
  A schleifenWert();
```

Nun können wir mit diesen die Methoden der Standardschnittstelle **Iterator** umsetzen. Beginnen wir mit der Methode **next()**:

```
PmtIterator.java

    public default A next(){
      A result = schleifenWert();
      schleifeWeiterschalten();
      return result;
    }
```

Man sieht genau die Bedeutung der Methode **next()**. Zum einen wird der aktuelle Schleifenwert zurückgegeben, zusätzlich wird der Iterator weiter geschaltet, sodass ein nächster Aufruf das darauf folgende Iterationselement zurückgibt.

Die Methode **schleifenTest()** entspricht exakt der Methode **hasNext()** der Standardschnittstelle. Deshalb können wir in der Implementierung unsere Methode direkt aufrufen:

```
PmtIterator.java

    public default boolean hasNext(){
      return schleifenTest();
    }
}
```

Um wieder an unseren konkreten Iterator über einen bestimmten Zahlenbereich zu kommen, können wir jetzt eine implementierende Klasse dieser Schnittstelle schreiben. Diese implementiert dann automatisch auch die Standardschnittstelle **Iterator** durch die geerbten default-Methoden.

Um noch ein wenig flexibler zu werden, sei noch ein drittes Feld der Klasse hinzugefügt. Das speichert die Schrittweite beim Weiterschalten des Iterators:

```
IntegerRangeIterator.java

    package name.panitz.pmt.iteration;
    import java.util.Iterator;

    public class IntegerRangeIterator implements PmtIterator<Integer>{
      int from;
      int to;
      int step;

      IntegerRangeIterator(int from, int to, int step){
        this.from = from;
        this.to = to;
        this.step = step;
      }
      public boolean schleifenTest(){
        return from <= to;
      }
      public void schleifeWeiterschalten(){
        from = from + step;
      }
      public Integer schleifenWert(){
        return from;
      }
```

Damit können wir jetzt in der standardmäßig in Java empfohlenen Art und Weise mit dem Iterationsobjekt über die Elemente mit einer for-Schleife iterieren. Der Iterator wird initialisiert und seine Methode **hasNext()** zum Schleifentest benutzt. Das Weiterschalten wird nicht im Kopf der for-Schleife vorgenommen, sondern als erster Befehl im Rumpf, indem dort die Methode **next()** als erste Anweisung aufgerufen wird:

IntegerRangeIterator.java

```
public static void main(String[] args){
    for (Iterator<Integer> it = new IntegerRangeIterator(0,10,2)
        ; it.hasNext()
        ;
        ) {
      int i = it.next();
      System.out.println(i);
    }
  }
}
```

Aber die Standardschnittstelle **Iterator** hat in ähnlicher Weise wie unsere erste Schleifenschnittstelle eine Methode, um den Iterator laufen zu lassen. Bei uns hieß diese Methode schlicht **run**. In der Standardschnittstelle **Iterator** findet sich folgende default Methode:

default void forEachRemaining(Consumer<? super E> action)

Somit lässt sich auch ein Iterator durch einen einzigen Methodenaufruf komplett durchlaufen:

IntegerRangeForEach.java

```
package name.panitz.pmt.iteration;
public class IntegerRangeForEach{
  public static void main(String[] args){
    new IntegerRangeIterator(0,10,2)
      .forEachRemaining(i -> System.out.println(i));
  }
}
```

9.1.1.5 Die Schnittstelle Iterable

Bisher haben wir definiert, was unter Iterator-Objekten zu verstehen ist. In Javas Standard-API gibt es eine weitere Schnittstelle, die sich mit dem Konzept der Iteration beschäftigt. Es handelt sich dabei um die Schnittstelle **Iterable**. Diese liegt nicht im Paket **java.util** sondern im Standardpaket **java.lang**. Sie muss also nicht explizit importiert werden, wenn man sie benutzen will. Auch die Schnittstelle **Iterable** ist generisch. Sie soll ausdrücken, dass ein Objekt iterierbar ist. Es gibt ein Iterator-Objekt, mit dessen Hilfe über die Elemente des Objekts iteriert werden kann.

Deshalb kommt die Schnittstelle **Iterable** mit einer einzigen abstrakten Methode aus. Die Methode heißt **iterator()** und ist dazu gedacht, das Iteratorobjekt für die Klasse zu erfragen. Typische Beispiele sind hierbei natürlich die klassischen Sammlungsklassen, wie Listen und Mengen. Alle implementieren die Schnittstelle **Iterable**.

Bleiben wir zunächst bei unserem durchgängigen Beispiel. Statt jetzt direkt die Iteratorklasse für einen Zahlenbereich zu definieren, können wir zunächst eine Klasse definieren, die nur einen Zahlenbereich beschreibt. Wir lassen sie aber die Schnittstelle **Iterable** implementieren. Erst der Aufruf der Methode **iterator()** erzeugt dann ein entsprechendes Iterator-Objekt:

IntegerRange.java

```
package name.panitz.pmt.iteration;
import java.util.Iterator;

public class IntegerRange implements Iterable<Integer>{
  int from;
  int to;
  int step;

  public IntegerRange(int from, int to, int step){
    this.from = from;
    this.to = to;
    this.step = step;
  }
```

Um diese Klasse noch etwas flexibler nutzen zu können, sehen wir zwei weitere Konstruktoren vor. Diese setzen die Schrittweite und die obere Schranke auf Standardwerte:

IntegerRange.java

```
  public IntegerRange(int from, int to){
    this(from, to, 1);
  }
  public IntegerRange(int from){
    this(from, Integer.MAX_VALUE, 1);
  }
```

Die Klasse zum Iterieren über einen Zahlenbereich haben wir bereits entwickelt. Diese kann nun für die Methode **iterator()** benutzt werden:

IntegerRange.java

```
  public java.util.Iterator<Integer> iterator(){
    return new IntegerRangeIterator(from,to,step);
  }
```

Java hat eine syntaktische Besonderheit für Objekte, die die Schnittstelle **Iterable** implementieren, eingeführt. Eine besondere Art der Schleife, die als for-each Schleife bezeichnet wird. Diese hat im Schleifenrumpf zwei Komponenten, die durch einen

Doppelpunkt getrennt werden. Nach dem Doppelpunkt steht das iterierbare Objekt und vor dem Doppelpunkt wird die Variable definiert, an der in jedem Schleifendurchlauf das aktuelle Element gebunden ist.

Für unser Beispiel erhalten wir dann die folgende kompakte Schleife:

```
IntegerRange.java

    public static void main(String[] args){
      IntegerRange is = new IntegerRange(0,10,2);
      for (int i: is){
        System.out.println(i);
      }
```

Gelesen wird dieses Konstrukt als: *Für alle Zahlen i aus dem iterierbaren Objekt is führe den Schleifenrumpf aus.*

So wie unsere eigene erste Iterierschnittstelle eine Methode **run** hatte, enthält die Schnittstelle **Iterable** auch eine Methode, um einmal durch alle Elemente zu iterieren. Sie hat den Namen **forEach**. Mit ihr lässt sich also die Schleife komplett vermeiden und durch einen einzigen kurzen Methodenaufruf ersetzen:

```
IntegerRange.java

    is.forEach(i->System.out.println(i));
```

Im Vergleich hierzu geben wir noch einmal die entsprechende Schleife ohne Verwendung der for-each Schleife oder die Methode **forEach**. In diesem Fall wird explizit nach dem Iterator-Objekt gefragt:

```
IntegerRange.java

    for (Iterator<Integer> it = is.iterator(); it.hasNext(); ) {
      int i = it.next();
      System.out.println(i);
    }
  }
}
```

9.1.1.6 Iteratoren als innere Klassen

Da in der Regel die Iteratorklasse fest an der Klasse gebunden ist, über deren Elemente iteriert werden soll, bietet sich an, die Iteratorklasse zu verstecken. In Java kann hierfür eine innere Klasse benutzt werden. Mit einem Sichtbarkeitsattribut **private** ist dann die Iteratorklasse komplett versteckt.

Wir sehen also zunächst die Klasse mit den notwendigen Feldern für die Beschreibung des Iterationsbereichs vor:

IntegerRange.java

```java
package name.panitz.pmt.util;
import java.util.Iterator;

public class IntegerRange implements Iterable<Integer>{
  int from;
  int to;
  int step;
  public IntegerRange(int from, int to, int step){
    this.from = from;
    this.to = to;
    this.step = step;
  }
  public IntegerRange(int from, int to){
    this(from, to, 1);
  }
  public IntegerRange(int from){
    this(from, Integer.MAX_VALUE, 1);
  }
```

Für diese Klasse kann ein Iterator-Objekt erzeugt werden:

IntegerRange.java

```java
public Iterator<Integer> iterator(){
  return new IntegerRangeIterator();
}
```

Das Iterator-Objekt ist dabei von einer inneren Klasse, die beschreibt, wie durch die Elemente iteriert wird. Die innere Klasse kann auf Felder des Objektes der äußeren Klasse mit **IntegerRange.this** zugreifen:

IntegerRange.java

```java
private class IntegerRangeIterator implements Iterator<Integer>{
  int from=IntegerRange.this.from;
  int to=IntegerRange.this.to;
  int step=IntegerRange.this.step;
  public boolean hasNext(){
    return from < to;
  }
  public Integer next(){
    int result = from;
    from = from + step;
    return result;
  }
 }
}
```

> Manche Programmiersprachen kennen spezielle syntaktischen Konstrukte, um über einen Zahlenbereich zu iterieren. So kann man in Java mit folgenden Ausdruck einen Zahlenbereich zum Iterieren definieren: **1 to 20 by 4**. Dieses entspricht nun einem Aufruf unserer eigenen Klasse mit: **new AnonIntegerRange(1,20,4)**.

9.1.1.7 Iteratoren als anonyme innere Klassen

Wer es noch kürzer liebt, braucht für die private innere Klasse im obigen Beispiel noch nicht einmal mehr einen Namen, sondern kann diese direkt als anonyme Klassen definieren.

Zusätzlich leisten wir uns den Luxus einer Record-Klasse, um mit möglichst wenig Code auszukommen:

```
AnonIntegerRange.java

package name.panitz.pmt.util;
import java.util.Iterator;

public record AnonIntegerRange(int from, int to, int step)
                              implements Iterable<Integer>{
  public Iterator<Integer> iterator(){
    return new Iterator<>(){
      int from=AnonIntegerRange.this.from;
      int to=AnonIntegerRange.this.to;
      int step=AnonIntegerRange.this.step;
      public boolean hasNext(){ return from < to;}
      public Integer next(){
        int result  = from;
        from = from + step;
        return result;
      }
    };
  }
}
```

9.1.1.8 Aufgaben

In den Aufgaben für dieses Kapitel ist eine Vielzahl von iterierbaren Objekten zu implementieren.

Aufgabe 9.1

Schreiben Sie eine Klasse **Fib**, die **Iterable<BigInteger>** so implementiert, dass beim Aufruf der Methode **next** nacheinander die Fibonaccizahlen zurück gegeben werden. Dabei soll die erste Fibonaccizahl die 0 sein.

Es soll also über 0, 1, 1, 2, 3, 5, 8, 13, . . . iteriert werden.

Ein Beispielaufruf:

```
jshell> var fib = new Fib().forEach(i->System.out.print(fib.next()+" "))

0 1 1 2 3 5 8 13 21 34 55 89 144 233 377 610 987 1597 2584 4181
```

□

Aufgabe 9.2

Schreiben Sie eine Klasse **ArrayIterable**, die im Konstruktor einen Array erhält und bei der Iteration über die einzelnen Arrayelemente iteriert.

Ein Beispielaufruf:

```
new ArrayIterable<>(new String[]{"Hello","World"}).
  forEach(w->System.out.print(w.toUpperCase()+" "))

HELLO WORLD
```

□

Aufgabe 9.3

Schreiben Sie eine Klasse **IterableString**. Sie soll im Konstruktor ein String-Objekt erhalten. Die Klasse soll **Iterable<Character>** so implementieren, dass über die einzelnen Zeichen des Strings iteriert wird.

Ein Beispielaufruf:

```
new IterableString("Hello").forEach(c->System.out.print(c+" "))

H e l l o
```

□

Aufgabe 9.4

Schreiben Sie eine Klasse **Lines**. Sie soll **Iterable<String>** so implementieren, dass nacheinander die Zeilen eines im Konstruktor übergebenen Strings bei der Iteration durchlaufen werden.

Beachten Sie, dass Strings, die mit einem Zeilenende beginnen, eine erste Zeile aus dem leeren String haben. Strings, die mit einem Zeilenende enden, sollen eine letzte Zeile mit einem Leerstring haben. Damit hat der String, der aus einem einzigen Zeilenende besteht, zwei Zeilen mit leeren Strings.

Ein Beispielaufruf:

```
new Lines("\nHello\nWorld").forEach(l->System.out.println(l))

Hello
World
```

□

Aufgabe 9.5

Schreiben Sie eine Klasse **Words**. Sie soll **Iterable<String>** so implementieren, dass nacheinander die Wörter eines im Konstruktor übergebenen Strings bei der Iteration durchlaufen werden. Wörter werden durch Leerzeichen, Zeilenenden und Tabulatorzeichen getrennt. Es soll keine leeren Wörter geben.

Ein Beispielaufruf:

```
new Words("words dont     come  easy\nto    me     ").
   forEach(w->System.out.print(w+" "))

words dont come easy to me
```

□

Aufgabe 9.6

Schreiben Sie eine generische Klasse **IndexIterable<A>**. Im Konstruktor soll ein Objekt des Typs **java.util.function.Function<Long,A>** übergeben werden. Beim i-ten Aufruf der Methode **next()** soll der erzeugte Iterator diese Funktion benutzen, um das nächste Element für den Index i zu erzeugen. Der erste Aufruf habe den Index 1.

Ein Beispielaufruf:

```
new IndexIterable<>(x->x*x).forEach(i->System.out.print(i+" "))
```

```
1 4 9 16 25 36 49 64 81 100 121 144 169 196 225 256 289 324 361 400 ...
```

□

Aufgabe 9.7

Schreiben Sie eine generische Klasse **GenerationIterable<A>**. Im Konstruktor soll ein Obejekt **f** des Typs **java.util.function.Function<A,A>** und ein Element **a** des Typs **A** übergeben werden. Beim Aufruf der Methode **next()** soll der erzeugte Iterator die folgende Folge generieren: $a, f(a), f(f(a)), f(f(f(a))), \dots$

Ein Beispielaufruf:

```
new GenerationIterable<>(5,x->-x).forEach(i->System.out.print(i+" "))
```

```
5 -5 5 -5 5 -5 5 -5 5 -5 5 -5 5 -5 5 -5 5 -5 5 -5 ...
```

□

Aufgabe 9.8

Verwenden Sie die Klasse **GenerationIterable**, um einen Iterator zu erzeugen, der über alle ungeraden Zahlen iteriert. Machen Sie hierzu den geeigneten Aufruf von **super** im Konstruktor.

Ein Beispielaufruf:

```
new OddIterable().forEach(i->System.out.print(i+" "))
```

```
1 3 5 7 9 11 13 15 17 19 21 23 25 27 29 31 33 35 37 39
```

□

Aufgabe 9.9

Schreiben Sie eine Klasse, die aus einem Iterable-Objekt und einer Zahl n ein neues Iterable-Objekt erzeugt, das nach n Iterationsschritten kein neues nächstes Element mehr liefert. Es limitiert das Iterable auf maximal n-Objekte.

Jetzt lassen sich potentiell unendlich lange Iterables auf endlich viele Elemente limitieren. Zum Beispiel die zuvor implementierten ungeraden Zahlen.

Ein Beispielaufruf:

```
new Limit<>(new OddIterable(),10).forEach(x->System.out.print(x+" "))
```
```
1 3 5 7 9 11 13 15 17 19
```

□

Aufgabe 9.10

Schreiben Sie eine Klasse, die aus einem Iterable-Objekt ein neues Iterable-Objekt erzeugt. Beim Iterieren soll das ursprüngliche Iterable-Objekt verwendet werden und jeweils auf das durch **next** erhaltene Objekt eine Funktion angewendet werden.

Ein Beispielaufruf:

```
new Maperable<>(new Words("words don't come easy"),x->x.length()).
  forEach(x->System.out.print(x+" "))
```
```
5 5 4 4
```

□

Aufgabe 9.11

Schreiben Sie eine Klasse, die aus einem Iterable-Objekt ein neues Iterable-Objekt erzeugt. Beim Iterieren soll das ursprüngliche Iterable-Objekt verwendet werden und jeweils auf das durch **next** erhaltene Objekt eine Funktion angewendet werden.

Die eigentliche Iteratorklasse braucht hierzu ein Feld, in dem es den nächsten Wert, der das Prädikat erfüllt, speichert. Ansonsten ist es nicht möglich, in **hasNext()** zu sagen, ob es noch einen weiteren Wert gibt.

Ein Beispielaufruf:

```
new Filterable<>(new IntRange(1,100),x->x%9==0).
  forEach(x-> System.out.print(x+" "))
```
```
9 18 27 36 45 54 63 72 81 90 99
```

□

9.2 Faltungen

Wir haben im letzten Abschnitt Iteratoren kennengelernt. Sie sind eine Abstraktion darüber, wie eine Schleife zum Iterieren über einen Iterationsbereich läuft. Statt Schleifen gibt es Objekte mit Methoden, die die Schleifenausführung ersetzen.

Wem Methoden höherer Ordnung nicht gefallen, kann aber ebenso als syntaktischen Zucker für Objekte, die die Schnittstelle **Iterable** umsetzen, die for-each-Schleife verwenden.

In diesem Kapitel gehen wir einen Schritt weiter und betrachten eine der häufigsten Arten von Schleifen, die verwendet werden, um mit den Elementen eines Iterationsbereiches ein Ergebnis zu berechnen.

Wir importieren zunächst die benötigten Schnittstellen:

Reduction.java

```
package name.panitz.util;
import java.util.function.Function;
import java.util.function.Predicate;
import java.util.function.BiFunction;
import java.util.*;
import java.util.stream.Collectors;
```

Wir entwickeln in einer Klasse **Reduction** eine Reihe von statischen Methoden, die mit iterierbaren Objekten arbeiten:

Reduction.java

```
public class Reduction{
```

9.2.1 Beispielfunktionen für Schleifen

Betrachten wir ein paar typische Funktionen, die mit den Elementen eines Iterationsbereiches ein Ergebnis errechnen:

Beispiel 9.2.1 Durchzählen der Elemente

Folgende einfach zu verstehende Funktion zählt die Anzahl der Elemente einer Iteration durch.

```
Reduction.java

    static public int count(Iterable<String> xs){
        int result = 0;
        for (String x : xs) {result = result + 1;}
        return result;
    }
```

Wir legen eine Ergebnisvariable an, initialisieren diese, iterieren über die Elemente, verändern die Ergebnisvariable bei jedem Schleifendurchlauf und geben diese
schließlich zurück.   □

Beispiel 9.2.2 Anzahl der Gesamtlänge aller String-Objekte

Eine andere Funktion soll die Gesamtzahl der Zeichen aller Strings eines Iterationsbereichs berechnen:

```
Reduction.java

    public static int chrNo(Iterable<String> xs){
        int result = 0;
        for (String x : xs) {result = result + x.length();}
        return result;
    }
```

Auch hier legen wir wieder eine Ergebnisvariable an, initialisieren diese, iterieren
über die Elemente, verändern die Ergebnisvariable bei jedem Schleifendurchlauf und
geben diese schließlich zurück.

Im Unterschied zur Funktion **count** wird die Ergebnisvariable in jedem Schleifendurchlauf auf andere Art und Weise verändert.   □

Beispiel 9.2.3 Konkatenation aller Strings mit Leerzeichen

Die beiden letzten Funktionen hatten eine Zahl als Ergebnis. Jetzt soll ein String
errechnet werden, indem alle Strings einer Iteration aneinander gehängt werden.

```
Reduction.java

    public static String ap(Iterable<String> xs){
        String result = " ";
        for (String x : xs) {result = result + " " + x;}
        return result;
    }
```

Ein weiteres Mal legen wir eine Ergebnisvariable an, initialisieren diese, iterieren
über die Elemente, verändern die Ergebnisvariable bei jedem Schleifendurchlauf und
geben diese schließlich zurück.

Jetzt ist die Ergebnisvariable ein String-Objekt. □

Beispiel 9.2.4 Suche nach dem längsten Strings

Eine recht andere Fragestellung ist die nach dem längsten String in einem Iterationsbereich:

```
Reduction.java

public static String lo(Iterable<String> xs){
  String result = "";
  for (String x : xs) {result= result.length() > x.length()?result:x;}
  return result;
}
```

Auch in dieser Funktion gehen wir ebenso wie bei den drei Vorgängern vor. Wir legen eine Ergebnisvariable an, initialisieren diese, iterieren über die Elemente, verändern die Ergebnisvariable bei jedem Schleifendurchlauf und geben diese schließlich zurück.

□

Beispiel 9.2.5 Test, ob ein String enthalten ist

Und als letztes Beispiel betrachten wir eine Funktion, die testet, ob ein bestimmter String in einem Iterationsbereich enthalten ist:

```
Reduction.java

public static boolean co(String y,Iterable<String> xs){
  boolean result = false;
  for (String x : xs) {result = result || x.equals(y);}
  return result;
}
```

Und auch diese Funktion ist gleich aufgebaut wie die Vorgänger. □

9.2.2 Faltungsfunktion

So unterschiedlich die Funktionen dieser Beispiele sind, haben sie doch alle die gleiche Struktur.

Werfen wir einen Blick darauf, was alle diese Funktionen gemeinsam haben. Sie bearbeiten zunächst alle die Elemente eines Iterationsbereichs. Wir können den Typ generisch halten und verwenden hierzu die Typvariable **E** für *Element*.

Alle Funktionen machen eine for-each-Scheife über den Iterationsbereich. Innerhalb dieser for-each-Schleife, wird eine Variable **result** neu gesetzt. Diese Variable bekommt zuvor einen initialen Startwert.

Versuchen wir das schrittweise in einer Methode zusammmen zu fassen, so bekommen wir zunächst folgendes Fragment:

Java-Fragment 1

```java
public static <E > ...  fold( Iterable<E> xs, ... result, ... ) {
   for (E x : xs) {result = ... }
   return   result;
}
```

Die Argumente sind das Iterable und die mit dem Startwert gesetzte Variable **result**. Die Methode ist generisch über die Elemente des **Iterable**-Objekts.

Jetzt fehlt noch das Ergebnis. Die Funktionen haben unterschiedliche Ergebnistypen, die unabhängig von den Elementtypen sein können. Daher führen wir eine zweite Typvariable ein, die für das Ergebnis steht. Wir fügen die Typvariable **R** für *Result* hinzu:

Java-Fragment 2

```java
public static <E, R> R fold( Iterable<E> xs, R  result, ... ) {
   for (E x : xs) {result = ...}
   return   result;
}
```

Es fehlt schließlich nur noch die Zuweisung an die Ergebnisvariable innerhalb der Schleife. Betrachtet man alle Beispiele, so stellt man fest, dass die rechte Seite dieser Zuweisung immer ein Ausdruck ist, der aus dem bisherigen Wert von **result** und dem aktuellen Schleifenelement **x** einen neuen Wert berechnet. **result** ist vom Typ **R**, die Variable **x** vom Typ **E**. Wir brauchen also eine Funktion, die ein bisheriges Ergebnis **R** und ein aktuelles Element **E** zu einem neuen Teilergebnis **E** verrechnet. Eine solche Funktion ist vom Typ **BiFunction<R,E,R>**:

Reduction.java

```java
public static<E,R> R fold(Iterable<E> xs,R result,BiFunction<R,E,R> o){
   for (E x : xs) {result = o.apply(result,x);}
   return result;
}
```

9.2.2.1 Anwendung der Faltungsfunktion

Wir können jetzt alle unsere Beispielfunktionen mit einem geschickten Aufruf der Funktion **fold** umsetzen. Dabei ist nur zu überlegen, was der initiale Wert von **result** ist und wie die Funktion aussieht, die ein Zwischenergebnis mit einem Element zu einem weiteren Zwischenergebnis verrechnet.

Beispiel 9.2.6 Durchzählen der Elemente

Beim Durchzählen der Elemente starten wir mit 0 für **result** und erhöhen für jedes Element **x** das Ergebnis um 1:

```
Reduction.java

public static int countF(Iterable<String> xs){
  return fold(xs, 0, (result,x) -> result + 1);
}
```

□

Beispiel 9.2.7 Anzahl der Gesamtlänge aller String-Objekte

Auch bei der Berechnung der Gesamtanzahl von Zeichen starten wir mit 0. Die Funktion addiert die Länge des aktuellen Elements zum Ergebnis:

```
Reduction.java

public static int chrNoF(Iterable<String> xs) {
  return fold(xs,0,(result,x) -> result + x.length());
}
```

□

Beispiel 9.2.8 Konkatenation aller Strings mit Leerzeichen

Sollen alle Strings in einem String aneinander gehängt werden, so starten wir mit dem leeren String. Die Funktion hängt jeweils das aktuelle Elemente mit einem Leerzeichen getrennt an das Ergebnis an:

```
Reduction.java

public static String apF(Iterable<String> xs) {
  return fold( xs, " ", (result,x) ->result + " " + x);
}
```

□

Beispiel 9.2.9 Suche nach dem längsten String

Bei der Suche nach dem längsten String starten wir auch mit einem leeren String. In der Funktion wird geschaut, ob das aktuelle Element länger als das bisherige Ergebnis ist. Das längere von beiden wird das neue Ergebnis:

```
Reduction.java

public static String loF(Iterable<String> xs) {
 return fold( xs, "", (result,x)->result.length()>x.length()?result:x);
}
```

□

Beispiel 9.2.10 Test, ob ein String enthalten ist

Bei dem Test, ob ein String im Iterationsbereich enthalten ist, starten wir mit **false** für
das Ergebnis. In der Funktion vergleichen wir das aktuelle Element mit dem gesuchten
und verodern das Ergebnis mit dem bisherigen Ergebnis:

```
Reduction.java

public static boolean coF(String y,Iterable<String> xs) {
    return fold( xs, false, (result,x)-> result || x.equals(y));
}
```

□

9.2.3 Aufgaben

Aufgabe 9.12

Schreiben Sie in dieser Aufgabe alle Funktionen, indem Sie einen Aufruf der Funktion
fold machen.

a) Schreiben Sie eine Funktion. die die Summe aller Elemente berechnet.

```
Reduction.java

public static int sum(Iterable<Integer> xs) {
    return 0;
}
```

Ein Beispielaufruf:

```
sum(List.of(1,2,3,4))

$2 ==> 10
```

b) Schreiben Sie eine Funktion, die das Produkt aller Elemente berechnet.

```
Reduction.java

    public static long product(Iterable<Long> xs) {
        return 0;
    }
```

Ein Beispielaufruf:

```
product(List.of(1L,2L,3L,4L))

$3 ==> 24
```

c) Schreiben Sie eine Funktion, die das größte Element berechnet.

```
Reduction.java

    public static long maximum(Iterable<Long> xs) {
        return 0;
    }
```

Ein Beispielaufruf:

```
maximum(List.of(1L,2L,33L,4L))

$4 ==> 33
```

□

Aufgabe 9.13

Schreiben Sie auch in dieser Aufgabe alle Funktionen, indem Sie einen Aufruf der Funktion **fold** machen.

a) Schreiben Sie eine Funktion, die wahr ist, wenn mindestens ein Element der Iteration das Prädikat erfüllt.

```
Reduction.java

    public static <E>
    boolean exists(Iterable<E> xs, Predicate<? super E> p) {
        return false;
    }
```

Ein Beispielaufruf:

```
exists(List.of(1L,2L,3L,4L),x->x==3L)
```

```
$5 ==> true
```

b) Schreiben Sie eine Funktion, die wahr ist, wenn alle Elemente der Iteration das
   Prädikat erfüllen.

```
Reduction.java

public static <E>
boolean all(Iterable<E> xs, Predicate<? super E> p) {
  return false;
}
```

Ein Beispielaufruf:

```
all(List.of(1L,2L,3L,4L),x->x<=4L)
```

```
$6 ==> true
```

c) Schreiben Sie eine Funktion, die alle Elemente, die das Prädikat erfüllen, in einer
   Menge sammeln.

```
Reduction.java

public static <E>
Set<E> collect(Iterable<E> xs, Predicate<? super E> p) {
  return Set.of();
}
```

Ein Beispielaufruf:

```
jshell> collect(List.of(1L,2L,3L,4L,4L,4L),x->x%2L==0)
$8 ==> [2, 4]
```

□

Aufgabe 9.14

Schreiben Sie auch in dieser Aufgabe alle Funktionen, indem Sie einen Aufruf der
Funktion **fold** machen.

a) Gegeben sei eine Funktion, die einen String als Liste von Character darstellt:

```
Reduction.java

    public static List<Character> toList(String str) {
      return str.chars()
          .mapToObj(c -> (char) c).collect(Collectors.toList());
    }
```

Schreiben Sie mit Hilfe von **fold** eine Funktion, die den String als Dualzahl einliest.

```
Reduction.java

    public static int readBinary(String str) {
      return readBinary(toList(str));
    }
    public static int readBinary(Iterable<Character> xs) {
      return 0;
    }
```

Ein Beispielaufruf:

```
readBinary("101010")

$2 ==> 42
```

b) Gegeben sei die Record-Klasse für Paare von Objekten:

```
Reduction.java

    public static record Pair<A,B>(A fst,B snd){}
```

Desweiteren sei gegeben eine Funktion, die Zeichen als Ziffer der römischen Zahlen erkennt:

```
Reduction.java

    public static int romanDigit(char c){
      return switch(c){
        case 'I' -> 1;
        case 'V' -> 5;
        case 'X' -> 10;
        case 'L' -> 50;
        case 'C' -> 100;
        case 'D' -> 500;
        case 'M' -> 1000;
        default ->
            throw new RuntimeException("Illegal roman digit: "+c);
      };
    }
```

Schreiben Sie mit Hilfe von **fold** eine Funktion, die den String als römische Zahl einliest. Dabei benötigen Sie den Kontext der zuletzt gelesenen Ziffer. Deshalb ist das Ergebnis der eigentlichen Funktion ein Paar, dessen erste Komponente das bisher gelesene Gesamtergebnis darstellt und deren zweite Komponente den Wert der zuletzt gelesenen römischen Ziffer darstellt.

Reduction.java

```
public static int readRoman(String str) {
  return readRoman(toList(str)).fst();
}
public static
Pair<Integer,Integer> readRoman(Iterable<Character> xs) {
  return 0; /* ToDo */
}
```

Ein Beispielaufruf:

```
readRoman("CMXCIX")

$2 ==> 999
```

```
readRoman(toList("CMXCIX"))

$3 ==> Pair[fst=999, snd=10]
```

□

Es folgt die schließende Klammer, die die Klasse **Reduction** dieses Kapitels beendet.

Reduction.java

```
}
```

9.2.4 Faltungen in anderen Programmiersprachen

Das Prinzip der Funktionen höherer Ordnung, die über Schleifen bzw. Rekursionen abstrahieren, hat Eingang in die Standard-APIs der unterschiedlichsten Sprachen gefunden. Wir werfen einen kurzen, nicht vollständigen Blick auf die relevanten Funktionen.

In den meisten Programmier-APIs finden sich keine allgemeinen Schleifenfunktionen, wie wir sie gerade entwickelt haben, sondern spezielle Funktionen, mit denen man über die Elemente einer speziellen Listenstruktur iterieren kann und die Elemente mit einer Operation verknüpft werden können.

9.2.4.1 Faltungen für Listen in Scala

Das API für Listen der Programmiersprache Scala stellt drei Methoden für Schleifen zur Verfügung. Diese haben alle einen Namen der **fold** enthält:

```scala
fold.scala

def fold[A1 >: A](z: A1)(op: (A1, A1) => A1): A1

def foldLeft[B](z: B)(op: (B, A) => B): B

def foldRight[B](z: B)(op: (A, B) => B): B
```

Wie man sieht, gibt es Versionen für Aufrufe zur linksassoziativen und rechtsassoziativen Verknüpfung der Elemente. Die allgemeine Version lässt offen, in welcher Klammerung die Operation angewendet wird.

Hier ein paar Beispielaufrufe:

```scala
scala> List(1,2,3,4).fold(0)((x,y)=>x+y)
res5: Int = 10
scala> List(1,2,3,4).fold(0)((x,y)=>x-y)
res6: Int = -10
scala> List(1,2,3,4).foldLeft(0)((x,y)=>x-y)
res7: Int = -10
scala> List(1,2,3,4).foldRight(0)((x,y)=>x-y)
res8: Int = -2
```

Die Methoden werfen eine Fehler für leere Listen:

```scala
scala> List().foldRight(0)((x,y)=>x+y)
<console>:12: error: value + is not a member of Nothing
       List().foldRight(0)((x,y)=>x+y)
```

9.2.4.2 Faltungen für Listen in Kotlin

Für Listen in der Programmiersprache Kotlin gibt es eine Methode **fold**:

```kotlin
fold.kt

abstract fun <R> fold(
    initial: R,
    operation: (R, Element) -> R
): R
```

Laut Dokumentation ist diese linksassoziativ geklammert.

Wir geben einen Beispielaufruf für das Produkt der Zahlen einer Liste:

```kotlin
listOf(1, 2, 3, 4).fold(1, {x,y->x*y})
```

9.2.4.3 Die reduce-Funktion auf Python Listen

Auch die dynamisch getypte Sprache Python bietet eine Funktion **reduce**, um die Elemente einer Liste mit einer Operation zu verbinden.

Hier zwei Beispielaufrufe dieser Funktion:

- einmal ein Aufruf, in dem die Elemente einer Liste aufaddiert werden:

```
>>> xs = [1,2,3,4,5,6,7,8]
>>> reduce(lambda x,y:x+y,xs,0)
36
```

- und ein Aufruf, der das Maximum einer Liste berechnet:

```
>>> xs=[1,2,3,2,3,2,43,4,4,3,2]
>>> reduce(lambda x, y: y if x is None else max(x,y),xs,None)
43
```

9.2.4.4 Die reduce-Funktion in Ruby

Auch das Ruby API bietet eine Funktion mit Namen **reduce** an.

Wir gehen nicht ins Detail und geben zwei Beispielaufrufe:

```
pry(main)> [1,2,3,4].reduce(0) { |sum, num| sum + num }
=> 10
[4] pry(main)> [1,2,3,4].reduce(1) { |sum, num| sum * num }
=> 24
```

9.2.4.5 Die reduce-Funktion in Javascript

Selbst Javscript bietet eine Funktion **reduce** an.

Wir geben nur einen kurzen Beispielaufruf:

```
 > [1,2,3,4].reduce( function(x,y){return x+y;})
10
```

Ein kleines Tutorial hierzu gibt es auf [19].

9.2.4.6 Faltungen in Haskell

In der Programiersprache Haskell waren ursprünglich die Faltungen nur für Listen implementiert. Das wurde verallgemeinert in eine Typklasse **Foldable**.

Wir geben einen Ausschnitt aus den Funktionen, die für **Foldable**-Typen definiert sind, Hier gibt es vioer Faltungsfunktionen folgender Typisierung:

```
Foldable.hs

class Foldable t where
  foldr  :: (a -> b -> b) -> b -> t a -> b
  foldl  :: (b -> a -> b) -> b -> t a -> b
  foldr1 :: (a -> a -> a) -> t a -> a
  foldl1 :: (a -> a -> a) -> t a -> a
```

Die ersten beiden Funktionen, sind Schleifenfunktionen, die über die Elemente einer Struktur iterieren. Dabei werden sie mit einem Operator verknüpft. Ein neutrales Element dieser Operation wird insbesondere bei einer leeren Struktur benötigt und dort als Ergebnis verwendet.

Die beiden Funktionen **foldr** und **foldl** unterscheiden sich darin, dass erstere die Operation rechtsassoziativ, letztere linksassoziativ geklammert auf die Elemente anwendet.

Die beiden Versionen mit der 1 im Funktionsnamen, gehen davon aus, das mindestens ein Element in der Struktur enthalten ist. Damit braucht es kein zusätzliches neutrales Element für die leere Liste. Für einelementige Listen übernimmt dieses eine Element dann die Rolle des Startwerts.

In der Dokumentation der Haskell Standard-Bibliothek sind Implementierungen der Listeninstanz dieser Funktionen gegeben.

Hier zum Beispiel die dort angegebene Implementierung der Funktion **foldr** für Listen:

```
foldr.hs

foldr _ z []     = z
foldr f z (x:xs) = f x (foldr f z xs)
```

Viele Listenfunktionen sind im Standard-Prelude mit diesen Faltungen implementiert. Beispielsweise die Funktion, die das Minimum einer Liste von Elementen mit einer Ordnung errechnet:

```
minimum.hs

minimum        :: (Ord a) => [a] -> a
minimum []     = errorEmptyList "minimum"
minimum xs     = foldl1 min xs
```

9.2.5 Faltungen in Java

Auch in Java gibt es Faltungsfunktionen im Standard-API. Für diese wurde aber mit Java 8 ein weiteres Konzept eingeführt, dass die Iteratoren erweitert, um viele weitere Funktionen und insbesondere um die Möglichkeit der einfachen Parallelisierung der Iteration.

9.3 Parallele Iteration mit Streams

Mit Java 8 wurde eine neue Art von Iteratoren eingeführt, die als Grundlage der Ströme (*Streams*) dienen. Die Grundfunktionalität ist dieselbe wie für Iteratoren. Es werden nach und nach Elemente geliefert. Die zusätzliche Funktionalität ist, dass es möglich sein soll, die Iteration, wenn möglich, zu verteilen auf mehrere nebenläufige Iterationen.

Dieses neue API findet sich im Paket **java.util.streams**[1]. Hier übernimmt die Rolle der Schnittstelle **Iterator** die neue Schnittstelle **Spliterator** und die Rolle der Schnittstelle **Iterable** die neue Schnittstelle **Stream**.

Anders als bei der Schnittstelle **java.util.Iterator** gibt es in **Spliterable** nicht zwei Methoden, die jeweils prüfen, ob es ein neues Element gibt (**hasNext**), bzw. dieses Element liefern (**next**), sondern nur eine Methode für beide Aufgaben. Diese Methode hat wie **hasNext** einen Wahrheitswert als Rückgabe, der angibt, ob es noch ein weiteres Element gegeben hat. Gleichzeitig führt diese Methode eine Aktion auf, falls es ein weiteres Element gegeben hat.

Die Ströme in Java 8 benutzen exzessiv Methoden höherer Ordnung, d.h. Methoden, die Parameter einer funktionalen Schnittstelle haben. Damit können diesen Methoden per Lambda-Ausdrücke die Argumente übergeben werden.

9.3.1 Die Schnittstelle java.util.Spliterator

Die zentrale neue Schnittstelle, die die Rolle von **Iterator** übernimmt, heißt **Spliterator**. In diesem Abschnitt soll diese Schnittstelle mit dem bekannten Beispiel eines Integerbereichs zum Iterieren veranschaulicht werden. Wir beginnen wie auch bei den **Iterator**-Beispielen mit einer Klasse **Range**, die einen Startwert, einen Endpunkt und einen Iterationsschritt enthält und damit wieder die klassischen drei Elemente einer for-Schleife hat. Statt der Schnittstelle **Iterator** soll jetzt die Schnittstelle **Spliterator** implementiert werden:

---

[1] Achtung, es hat nichts mit den *Streams* aus dem Paket **java.io** zu tun.

```
Range.java

package name.panitz.util.streams;

import java.util.Spliterator;
import java.util.function.Consumer;

public class Range implements Spliterator<Integer> {
  int i, to, step;

  public Range(int from, int to, int step) {
    this.i = from;
    this.to = to;
    this.step = step;
  }
```

9.3.1.1 tryAdvance

In der Schnittstelle **Spliterator** existiert nur eine Methode, die alle Teile einer klassischen Schleife übernimmt, die Method **tryAdvance** mit folgender Signatur:

```
Java-Fragment Signatur: tryAdvance

boolean tryAdvance(Consumer<? super Integer> action)
```

Die Methode hat einen Rückgabewert, der wie **hasNext** anzeigt, ob es noch ein weiteres Element für die Iteration gegeben hat. Wenn die Methode **true** als Ergebnis liefert, dann sind drei Dinge erfolgt:

- Das nächste Element der Iteration wurde erfragt.

- Mit diesem Element wurde die als Parameter übergebene Aktion ausgeführt. Dieses entspricht in einer klassischen Schleife dem Schleifenrumpf.

- Der Iterator wurde intern weiter geschaltet, um beim nächsten Aufruf ein Element weiter zu liefern.

Der Parameter dieser Methode entspricht also der Aktion, die in einer Schleife im Rumpf für das aktuelle Iterationsobjekt durchgeführt wird. Betrachten wir die ursprüngliche Schleife eines Iterators der Form:

```
Java-Fragment IteratorSchleife

for (Iterator<A> it = someIterator; it.hasNext();){
  A x = it.next();
  doSomethingSmartWithElement(x);
}
```

Diese würde mit einem Spliterator wie folgt funktionieren:

Java-Fragment SpliteratorSchleife

```
while (someSplitertor.tryAdvance(x->doSomethingSmartWithElement(x))){}
```

Kurioserweise kommt diese Schleife sogar mit einem leeren Schleifenrumpf aus. Der Aufruf von **tryAdvance** führt eine Aktion für das nächste Element aus. Sie zeigt aber auch mit dem Ergebnis an, ob überhaupt noch Elemente in der Iteration existieren.

Mit diesem Hintergrundwissen ergibt sich für den Spliterator eines Zahlenbereichs folgende Implementierung:

Range.java

```
@Override
public boolean tryAdvance(Consumer<? super Integer> action) {
  if (i<=to){
    action.accept(i);
    i += step;
    return true;
  }
  return false;
}
```

In diesem Fall sind also alle Komponenten einer Schleife in eine Methode gepackt. Die if-Bedingung prüft, ob es noch einen Schleifendurchgang gibt. Ansonsten wird direkt **false** zurückgegeben. Dann wird der Schleifenrumpf durch die Methode **accept** des übergebenen **Consumer**-Objekts auf die aktuelle Schleifenvariable **i** aufgerufen. Schließlich wird diese um den vorgegebenen Schritt weiter geschaltet. Da es noch ein weiteres Element gab, das verarbeitet wurde, gibt die Methode aus der if-Bedingung schließlich **true** zurück.

Damit können wir die Objekte der Klasse **Range** zum Iterieren verwenden:

```
import name.panitz.util.streams.Range;
var r=new Range(1,100,5);

while(r.tryAdvance(x->System.out.print(x*x+" ")));
```

```
1 36 121 256 441 676 961 1296 1681 2116 2601 3136 3721 4356
5041 5776 6561 7396 8281 9216
```

9.3.1.2 trySplit

Die Schnittstelle **Spliterator** hat aber noch drei weitere abstrakte Methoden. Diese beschäftigen sich damit, ob der Spliterator zur nebenläufigen Abarbeitung geteilt werden kann. Die wichtigste Methode ist dabei die Methode **trySplit** mit folgender Signatur:

Java-Fragment Signatur: trySplit

```java
public Spliterator<T> trySplit()
```

Gibt die Methode **null** zurück, so zeigt das an, dass der Spliterator nicht aufgeteilt werden kann und sequentiell abzuarbeiten ist.

Wird hingegen ein neues Spliteratorobjekt zurück gegeben, so gibt es dann zwei Spliteratoren, die jeweils eine Hälfte der Iteration übernehmen. Es gibt den ursprünglichen Spliterator und den durch **trySplit** erzeugten. Beide zusammen sollen über alle Elemente des ursprünglichen Spliterators iterieren. Es ändert sich also dann auch der Iterationsbereich des Originalspliterators.

Am deutlichsten wird dies sicher durch unser Standardbeispiel. Zunächst starten wir mit einer if-Bedingung, die prüft, ob sich ein Aufsplitten des Spliterators auf zwei Objekte noch lohnt. Wenn keine 4 Elemente mehr zu iterieren sind, geben wir einfach **null** zurück:

Range.java

```java
@Override
public Spliterator<Integer> trySplit() {
  if (to-i<4*step){
    return null;
  }
```

Wenn keine vier Elemente mehr im Iterationsbereich liegen, soll nicht mehr gesplittet werden.

Spannender ist es natürlich, tatsächlich zu splitten und einen neuen Spliterator zu erzeugen. Hierzu berechnen wir die Mitte des Iterationsbereichs. Setzen den Startwert **i** des aktuellen Spliterators auf diesen Mittelwert und geben einen neuen Spliterator zurück, der vom Startwert **i** bis zu diesen Mittelwert iteriert:

Range.java

```java
    int steps = (to-i)/step;
    int middle = (i+steps/2*step);
    int iOld = i;
    i=middle;
    return new Range(iOld, middle-1, step);
  }
```

Die Arbeit wurde also auf zwei Iteratorobjekte geteilt. Ein neues Objekt, das zur Iteration vom Anfang bis zur Mitte dient und das ursprüngliche, das die Iteration von der Mitte bis zum Ende darstellt.

Nicht immer lässt sich die Arbeit so gut aufteilen. Hierzu dient ein schönes Bild. Wenn ein Graben von 100m Länge, 1m Breite und 1m Tiefe auszuheben ist, lässt sich diese Arbeit wunderbar schnell mit 100 Menschen bewerkstelligen. Ist hingegen ein Loch von einem Quadratmeter und 100m Tiefe auszuheben, so ist zwar das gleiche Volumen auszuheben, aber 100 Menschen können dieses schwer effektiv gemeinsam bewerkstelligen. Wahrscheinlich würden wenige schuften und der Rest die ganze Aktion verwalten.

9.3.1.3 estimateSize

Eine weitere abstrakte Methode der Schnittstelle **Spliterator** soll dazu dienen, abzuschätzen, über wie viele Elemente iteriert wird. Diese Information ist hilfreich zur Planung, ob es sich lohnt, die Iteration zu parallelisieren. Es gibt Spliteratoren, die nicht genau wissen, wie viele Elemente sie haben. Es kann auch sein, dass zu berechnen, wie viele Elemente es gibt, zu aufwändig ist. Dann soll die Methode die größtmögliche Zahl zurückgeben. Ebenso, wenn der Spliterator über unendlich viele Elemente läuft. Dann ist der Wert **Long.MAX_VALUE** zurück zu geben.

In unserem Beispiel können wir die Größe leicht genau berechnen:

Range.java

```java
@Override
public long estimateSize() {
  return (to-i)/step;
}
```

9.3.1.4 characteristics

Die letzte abstrakte Methode heißt **characteristics**. Einige Charakteristiken werden hier in einer Zahl codiert. Die Menge der Charakteristika beinhaltet. **ORDERED**, **DISTINCT**, **SORTED**, **SIZED**, **NONNULL**, **IMMUTABLE**, **CONCURRENT**, **SUBSIZED**.

Viele dieser Charakteristiken erklären sich vom Namen her. Für die genaue Bedeutung verweisen wir hier auf die Java API Dokumentation.

Die Werte der einzelnen Charakteristiken können bitweise verodert werden. In unserem Beispiel können wir vier Charakteristiken setzen:

Range.java

```java
@Override
public int characteristics() {
  return ORDERED | SIZED | IMMUTABLE | SUBSIZED;
}
}
```

Wir haben einen ersten Spliterator implementiert. Wir können uns davon überzeugen, dass die Arbeit mit einem Aufruf von **trySplit** tatsächlich auf zwei Objekte verteilt wird:

```java
var r1=new Range(1,100,5);
var r2=r1.trySplit();
```

Der ursprüngliche Spliterator läuft nur noch über die Hälfte der Elemente:

```
while(r1.tryAdvance(x->System.out.print(x+" ")));

46 51 56 61 66 71 76 81 86 91 96
```

Der neu erzeugte Spliterator läuft über die andere Hälfte:

```
while(r2.tryAdvance(x->System.out.print(x+" ")));

1 6 11 16 21 26 31 36 41
```

Spliteratoren haben noch weitere default-Methoden, die bei Bedarf überschrieben werden können. Auch hier verweisen wir auf die Dokumentation.

9.3.2 Ströme

Spliteratoren sind die Grundlage für die Ströme in Java. Ströme kapseln noch einmal Spliteratoren und bieten eine Vielzahl von Operationen, um mit ihnen zu arbeiten. Ströme bieten einen Iterationsbereich. Sie sind zum einmaligen Gebrauch gemacht. Ein Strom hat drei Phasen seiner Lebenszeit:

- Zunächst muss ein Strom erzeugt werden. Oft wird ein Strom für einer Datenhaltungsklasse, meist Sammlungsklassen, erzeugt. Es gibt aber auch andere Möglichkeiten, Ströme zu erzeugen.
- Es können viele Transformationen auf einem Strom durchgeführt werden. Er kann gefiltert werden. Die Elemente können auf andere Elemente abgebildet werden. Aber auch komplexere Operationen wie eine Sortierung kann durchgeführt werden.
- Ein Strom muss erst zur Verarbeitung angestoßen werden. Hierzu dienen die terminierenden Methoden auf Strömen. Sie stoßen die eigentliche Iteration an, um ein Endergebnis zu erzielen.

Betrachten wir alle drei Phasen im Einzelnen:

9.3.2.1 Erzeugen von Strömen

Das Aufzählen von Stromelemente

Die vielleicht einfachste Form, einen Strom zu erzeugen, besteht darin, die Stromelemente einfach aufzuzählen. Hierzu gibt es in der Klasse **Stream** die statische Methode

of. Diese hat eine variable Parameteranzahl, es können also beliebig viele Parameter eines in diesem Fall generisch gehaltenen Typ übergeben werden:

```
Stream.of("Hallo", "Freunde", "Hallo", "Ilja").
    forEach(x->System.out.println(x.toUpperCase()))


HALLO
FREUNDE
HALLO
ILJA
```

In diesem Beispiel rufen wir testweise bereits die terminierende Methode **forEach** des Stroms auf.

Ströme für Spliteratoren

Eine Möglichkeit ist es, einen Strom für ein bereits existierendes Spliterator-Objekt zu erzeugen. Hierzu gibt es in der Hilfsklasse **StreamSupport** eine statische Methode **stream**, die einen Spliterator als Parameter erhält. So können wir für unsere Spliterator-Objekte der Klasse **Range** einen Strom erzeugen:

```
StreamSupport.stream(new Range(1,100,7),false).
    stream.forEach(x->System.out.print(x+" "))

 1 8 15 22 29 36 43 50 57 64 71 78 85 92 99
```

Wie man in diesem Beispiel sieht, hat die Methode **stream** einen zweiten Parameter. Er zeigt an, ob für den Strom eine nebenläufige Abarbeitung erlaubt ist. Übergeben wir in unserem Beispiel für den Parameter **true**, kommt die Ausgaben nicht mehr in aufsteigender sondern in einer zufälligen Reihenfolge:

```
StreamSupport.stream(new Range(1,100,7),true).
    forEach(x->System.out.print(x+" "))

 50 57 64 1 22 29 36 85 43 71 78 8 92 15 99
```

Ströme aus Generatorfunktionen

Es gibt zwei Möglichkeiten, unendliche Ströme mit Hilfe einer Generatormethode zu erzeugen:

- Eine Möglichkeit, unendliche Ströme zu erzeugen, besteht darin, das erste Element des Stroms zu geben und eine Funktion, die berechnet, wie das nächste Element aus dem aktuellen berechnet wird. Für einen Startwert *s* und eine Funktion *f* wird damit folgender Strom erzeugt:

$$s, f(s), f(f(s)), f(f(f(s))), f(f(f(f(s)))), \ldots$$

Die entsprechende Methode, auf diese Weise einen Strom zu erzeugen, befindet sich in der Klasse **Stream** und heißt: **iterate**.

So lässt sich zum Beispiel auf einfache Weise die Folge der natürlichen Zahlen als Strom erzeugen. Hierzu ist der Startwert die Zahl 1 und die Funktion addiert jeweils 1 auf den aktuellen Wert:

```
Stream.iterate(1l, x -> x+1l).forEach(x-> System.out.print(x+" "))

1 2 3 4 5 6 7 8 9 10 11 12 13 14 15 16 17 18 19 20 21 22 23
24 25 26 27 28 29 30 31 32 33 34 35 36 37 38 39 40 41 42 43
44 45 46 47 48 49 50 51 52 53 54 55 56 57 58 59 60 61 62 63
64 65 66 67 68 69 70 71 72 73 74...
```

Mit dieser Methode kann auch ein simpler Strom erzeugt werden, der immer wieder ein Element unendlich oft wiederholt. Hierzu ist die zu übergebene Funktion die Identität **(x) -> x**:

```
Stream.iterate("hallo", x -> x).
  forEach(x-> System.out.print(x+" "))

hallo hallo hallo hallo hallo hallo hallo hallo hallo hallo hallo
hallo hallo hallo hallo hallo hallo hallo hallo hallo hallo hallo ...
```

- Eine zwei Möglichkeit, mit Hilfe eines Generators einen Strom zu erzeugen, ist die Methode **generate**

```
static <T> Stream<T> generate(Supplier<T> s)
```

Das Supplier-Objekt liefert über die Methode **get** auf wiederholten Aufruf ein Objekt. So kann auch diese Methode dazu verwendet werden, eine unendliche Folge von aufsteigenden Zahlen zu liefern:

```
Stream.generate(
new Supplier<Long>(){
    long l = 1L;
    public Long get(){return l++;}
}).forEach(x->System.out.print(x+" "))

1 2 3 4 5 6 7 8 9 10 11 12 13 14 15 16 17 18 19 20 21 22 23 24
25 26 27 28 29 30 31 32 33 34 35 36 37 38 39 40 41 42 43 44 45
46 47 48 49 50 51 52 53 54 55 56 57 58 59 60 61 62 63 64 65 66
67 68 69...
```

Ströme aus Standardsammlungsklassen

Die in der Praxis am häufigsten vorkommende Methode, einen Strom zu erzeugen, dürfte über eine Standard-Sammlungsklasse sein. Alle Sammlungsklassen haben die Methode **stream**, die für die Elemente der Sammlung einen Strom erzeugen:

```
List.of("Freunde","Roemer","Landsleute").stream().
    forEach(x->System.out.println(x))

Freunde
Roemer
Landsleute
```

Die Sammlungsklassen haben eine zweite Methode, um einen Strom zu liefern. Diese gibt einen Strom, der nebenläufig abgearbeitet werden darf:

```
List.of("Freunde","Roemer","Landsleute").parallelStream().
    forEach(x->System.out.println(x))

Roemer
Landsleute
Freunde
```

Spezielle Ströme für primitive Typen

Da in Java generische Klassen nur Referenztypen als Elemente für Typvariablen erhalten können, müssen primitive Werte in die entsprechenden Wrapper-Klassen verpackt werden. So gibt es keinen Typ **Stream<int>** sondern nur einen Typ **Stream<Integer>**. Möchte man also mit Zahlen arbeiten, sind diese immer erst in einen Referenztypen zu verpacken und zum Rechnen mit den Zahlen wieder auszupacken. Das kann ineffizient sein. Wenn allein auf primitiven Werten mit einem Strom gearbeitet werden soll, bietet das Java-API drei spezialisierte Strom Schnittstellen an: **IntStream**, **LongStream** und **DoubleStream**. Diese haben fast dieselben Methoden wie die Schnittstelle **Stream**, nur spezialisiert auf die entsprechenden primitiven Typen als Elementtyp.

9.3.2.2 Terminierende Methoden auf Strömen

count

Die mit Sicherheit einfachste terminierende Methode für Ströme iteriert den Strom einmal durch und zählt die Elemente. Die entsprechende Methode heißt count:

long count()

Es ist zu beachten, dass diese Methode den Strom verbraucht. Einmal durchiteriert, um die Elemente zu zählen, bedeutet, dass der Strom verbraucht wurde. Deshalb werden diese Methoden als *terminierende* Methoden bezeichnet.

Auf einem Strom kann nur einmal eine terminierende Methode aufgerufen werden. Ein zweiter Aufruf führt zu einem Fehler:

```
jshell> var stream = List.of(1,2,3,4).parallelStream()
stream ==> java.util.stream.ReferencePipeline$Head@2e0fa5d3

jshell> stream.count()
$9 ==> 4

jshell> stream.count()
|  Exception java.lang.IllegalStateException: stream has already
|  been operated upon or closed
|     at AbstractPipeline.evaluate (AbstractPipeline.java:229)
|     at ReferencePipeline.count (ReferencePipeline.java:605)
|     at (#10:1)
```

Man könnte also auch nicht erst einmal mit **count** die Elemente eines Stroms durchzählen, um dann anschließend mit dem Strom zu iterieren und irgendetwas mit den Elementen zu machen.

foreach

Eine übliche Form, einen Strom zu verbrauchen, ist die Methode **forEach**, die wir in all den Beispielen bereits aufgerufen haben. Nach Aufruf der Methode **forEach** ist jedes Element des Stroms bereits iteriert worden. Die Methode **forEach** entspricht dem Aufruf einer Schleife, die über die Elemente der Iteration läuft und einen Code-Block für jedes Element im Rumpf der Schleife aufruft. Die genaue Signatur lautet:

void forEach(Consumer<? super T> action)

Der Parameter ist ein Objekt der funktionalen Schnittstelle **Consumer**, das die Elemente von Typ **T** konsumieren kann, sprich als Parameter der Methode **accept** erhalten kann. Das ist für alle Konsumenten vom Elementtyp **T** oder einem Obertyp von **T** der Fall. Deshalb ist der Parameter als **Consumer<? super T>** gesetzt. Der Parametertyp der Methode **accept** kann ein beliebiger Obertyp von **T** sein. Daher **? super T**.

In den vorangegangenen Beispielaufrufen haben wir bereits oft die Methode **foreach** aufgerufen.

allMatch **und** anyMatch

Diese beiden Funktionen entsprechen dem Allquantor ∀ und dem Existenzquantor ∃ der Prädikatenlogik. Die Elemente des Stroms werden mit einem Prädikat getestet und geschaut, ob dieses Prädikat für alle Elemente bzw. für mindestens ein Element erfüllt ist.

Faltungen

Ein Blick in die Schnittstelle **Stream** zeigt, dass sich hier mehrere überladene Versionen einer Methode **reduce** befinden, die die Faltung realisieren. Der Grund dafür, dass verschiedene überladene Versionen angeboten werden, liegt darin, dass auch die Methode **reduce** nach Möglichkeit die Iteration über die Elemente parallelisiert.

- Die einfachste Form der Faltung hat folgende Signatur:

> Java-Fragment Signatur: reduce
>
> ```
> T reduce(T identity, BinaryOperator<T> accumulator)
> ```

Anders als in unserer Methode **fold** gibt es nicht zwei unterschiedliche Typen für die Elemente des Iterationsbereichs und das Ergebnis der Faltung, sondern beide sind von demselben Typ **T**. Somit ist die Funktion eine Funktion, die zwei Elemente des Typs **T** zu einem neuen Element des Typs **T** verknüpft.

Der Parameter für den Startwert heißt ganz bewusst **identity**. Es soll ein neutrales Element bezüglich der Operation sein, mit der die Elemente verknüpft werden.

- Eine Version verzichtet auf einen Parameter für den Startwert:

> Java-Fragment Signatur: reduce
>
> ```
> Optional<T> reduce(BinaryOperator<T> accumulator)
> ```

Da es keinen Startwert gibt, mit dem das Ergebnis initialisiert ist, ist nicht klar, was das Ergebnis sein soll, wenn der Strom gar kein Element zum Iterieren enthält. Daher ist hier der Ergebnistyp nicht vom Typ **T**, sondern vom Typ **Optional<T>**. Dieser Typ enthält entweder ein Element vom Typ **T** oder zeigt an, dass es kein Element gibt.

- Die komplette Version benötigt drei Parameter:

> Java-Fragment Signatur: reduce
>
> ```
> <U> U reduce
>    (U id, BiFunction<U,? super T,U> acc, BinaryOperator<U> comb)
> ```

Diese Version entspricht am nächsten unserer Methode **fold**. Sie hat allerdings noch einen dritten Parameter. Dieser wird benötigt, damit die Abarbeitung der Methode auch parallelisiert werden kann.

Dass Faltungen eine mächtige Funktionalität sind, haben wir schon gesehen. So lassen sich mit einem geschickten Aufruf von **reduce** die Elemente eines Strom-Objektes in einer Liste sammeln:

```
List<Integer> xs = Stream.of(1,2,3,4)
  .reduce( new ArrayList<>()
         , (rs,e)->{rs.add(e);return rs;}
         , (rs1,rs2)->{rs1.addAll(rs2);return rs1;})

xs ==> [1, 2, 3, 4]
```

collect

Da es ein häufiger Anwendungsfall ist, dass schließlich Elemente eines Stroms in einem Sammlungsobjekt, zumeist einer Liste, aufgenommen werden, gibt es hierfür die darauf spezialisierten Funktionen **collect**.

Die Methode benötigt ein Objekt des Typs **Collector**.

Java-Fragment Signatur: collect

```
<R,A> R collect(Collector<? super T,A,R> collector)
```

Praktischerweise gibt es in der Klasse **Collectors** bereit gestellte Objekte, um die Stromelemente in Listen oder in Mengen zu sammeln.

Einmal für Listen:

```
Stream.of(3251,21,525,22,22,545,452).collect(Collectors.toList())

[3251, 21, 525, 22, 22, 545, 452]
```

Und entsprechend für Mengen:

```
Stream.of(3251,21,525,22,22,22,545,452).collect(Collectors.toSet())

[545, 3251, 452, 21, 22, 525]
```

9.3.2.3 Transformierende Methoden auf Strömen

Betrachten wir jetzt Funktionen, die einen Strom in einen neuen Strom transformieren. Diese Funktionen führen noch nicht zur eigentlichen Iteration, sondern sind erst bei einer eventuellen Iteration zu berücksichtigen.

`limit` und `skip`

Einen Strom zu limitieren, bedeutet, dass man eine maximale Anzahl von Elementen bei der Iteration haben möchte, nämlich die ersten n-Elemente. Falls es gar nicht so viele Elemente gibt, endet die Iteration bereits früher.

Hier ein kurzer Beispielaufruf der Methode:

```
Stream.iterate("hallo", x -> x).limit(10).
  forEach(x-> System.out.print(x+" "))

hallo hallo hallo hallo hallo hallo hallo hallo hallo hallo
```

Das Limit ist die maximale Anzahl der Elemente. Wenn es weniger Elemente gibt als das gesetzte Limit, werden im Ergebnisstrom alle Elemente genommen:

```
Stream.of(1).limit(10).forEach(x-> System.out.print(x+" "))

1
```

Von einem Strom die ersten n Elemente zu ignorieren und bei Iteration erst mit dem $n + 1$-ten Element beginnen, hierzu dient die Funktion **`skip`**.

Zur Illustration ein Beispielaufruf:

```
Stream.of(1,2,3,4,5,6,7,8,9,10).skip(4).
  forEach(x-> System.out.print(x+" "))

5 6 7 8 9 10
```

`filter`

Mit einem Prädikat über die Elemente einen Filter zu setzen, ist eine häufig benötigte Funktionalität:

```
Stream.iterate(1L, x -> x+1L).filter(x->x%3==0).limit(10).
  forEach(x-> System.out.print(x+" "))

3 6 9 12 15 18 21 24 27 30
```

`map`

Zum Anwenden einer Funktion auf jedes Element des Stroms dient die Funktion **`map`**.

```
Stream.iterate(1L, x -> x+1L).map(x->x*x).limit(10).
  forEach(x-> System.out.print(x+" "))
```

```
1 4 9 16 25 36 49 64 81 100
```

dropWhile **und** takeWhile

Diese beiden Funktionen nehmen Elemente oder lassen Elemente vom Anfang des Stroms fallen. Das Kriterium ist dabei ein Prädikat.

Ein Beispiel für das Fallenlassen:

```
Stream.iterate(1L, x -> x+1L).dropWhile(x->x<10).limit(10).
  forEach(x-> System.out.print(x+" "))
```

```
10 11 12 13 14 15 16 17 18 19
```

Ein Beispielaufruf für das Nehmen:

```
Stream.iterate(1L, x -> x+1L).takeWhile(x->x<10).
  forEach(x-> System.out.print(x+" "))
```

```
1 2 3 4 5 6 7 8 9
```

distinct

Strom-Objekte lassen sich durch Aufruf der Funktion **distinct** zu Strom-Objekten transformieren, in dem kein Element doppelt auftritt:

```
Stream.of(1,1,2,4,55,3,21,1,2,2,2,2,2,2,2,2).distinct().
  forEach(x-> System.out.print(x+" "))
```

```
1 2 4 55 3 21
```

sorted

Auch Sortierfunktionen sind für Strom-Objekte vorhanden:

```
Stream.of(1,321,42,2,65,85,432,65).sorted().
  forEach(x-> System.out.print(x+" "))
```

```
1 2 42 65 65 85 321 432
```

9.3.2.4 Aufgaben

In den Aufgaben soll das Arbeiten mit Strom-Objekten eingeübt, aber auch ein eigener kleiner Spliterator entwickelt werden.

Wir benötigen eine Reihe von Imports für die Lösung:

Strom.java

```java
package name.panitz.util;
import java.util.function.*;
import java.util.*;
import java.io.*;
import java.util.stream.*;
import java.math.BigInteger;
```

Wir schreiben eine Schnittstelle in der sich alle Lösungen als statische Eigenschaften befinden:

Strom.java

```java
public interface Strom{
```

Aufgabe 9.15

In dieser Aufgabe sollen Sie den Aufruf der Methode reduce üben. Es sind eine Reihe von Aufgaben zu lösen, die Sie bisher iterativ oder rekursiv gelöst haben. Ergänzen Sie die folgenden Methoden mit den passenden Parametern für reduce.

a) Es soll der Stringparameter als Binärzahl gelesen werden:

Strom.java

```java
static long readBinary(String x){
  return x.chars().reduce( /*TODO*/ );
}
```

Beispielaufruf:

```
jshell> readBinary("101010")
$2 ==> 42
```

b) Zur Berechnung der Quersumme einer Zahl:

```
Strom.java

    static long quersumme(long x){
      return LongStream
        .iterate(x,(y)->y/10)
        .takeWhile(y->y>0)
        .reduce( /*TODO*/ );
    }
```

Beispielaufruf:

```
quersumme(4242)

$3 ==> 12
```

c) Zur Berechnung der Fakultät:

```
Strom.java

    static long factorial(int x){
      return LongStream
        .iterate(1L,(y)->y+1L)
        .limit(x)
        .reduce( /*TODO*/ );
    }
```

Beispielaufruf:

```
factorial(10)

$4 ==> 3628800
```

d) Zur Erzeugung eines Strings, der die Zahl als Binärzahl darstellt:

```
Strom.java

    static String asBinary(long x){
      return (x==0) ? "0"
        :LongStream
        .iterate(x,(y)->y/2)
        .takeWhile(y->y>0)
        .mapToObj(y->y)
        .reduce( /*TODO*/ );
    }
```

Beispielaufruf:

```
jshell> asBinary(42)
$5 ==> "101010"
```

e) Verallgemeinern Sie hier die Methode toBinary, sodass die Zahl x in einen String im Stellenwertsystem mit der entsprechenden Basis $2 \leq b \leq 16$ konvertiert wird:

```
Strom.java

  static String convertToBase(int b,long x){
    return "" /*TODO*/ ;
  }
```

Dabei kann folgende Funktion hilfreich sein:

```
Strom.java

  static String digits="0123456789ABFDEFGHIJKLMNOPQRSTUVWXYZ";
  static char toDigit(int x){
    return digits.charAt(x);
  }
```

Beispielaufruf:

```
jshell> convertToBase(8,42)
$6 ==> "52"

jshell> convertToBase(16,42)
$7 ==> "2A"
```

f) Verallgemeinern Sie hier die Methode readBinary, sodass der String x als eine Zahl im Stellenwertsystem mit der entsprechenden Basis $2 \leq b \leq 16$ gelesen wird:

```
Strom.java

  static long readFromBase(int b,String x){
    return 0L /*TODO*/ ;
  }
```

Beispielaufruf:

```
jshell> readFromBase(16,"2A")
$8 ==> 42

jshell> readFromBase(8,"52")
$9 ==> 42
```

□

Aufgabe 9.16

Gegeben sei die zusätzliche Record-Klasse, die ein Paar aus zwei Zahlen des Typs **long** darstellt:

```
Strom.java

    public static record TwoLong(long i1, long i2){}
```

Schreiben Sie in dieser Aufgabe Methoden, die Stream-Objekte für die Fibonaccizahlen erzeugen.

a) Es soll der unendliche Stream erzeugt werden, aus Elementen der Klasse **TwoLong**, sodass in den Paaren immer zwei Fibonaccizahlen entsprechend der folgenden Auflistung stehen:

$$(0, 1), (1, 1), (1, 2), (2, 3), (3, 5), (5, 8), (8, 13), (13, 21), \ldots$$

```
Strom.java

    static public Stream<TwoLong> fibPairs(){
        //TODO
        return null;
    }
```

Verwenden Sie hierzu die Methode **Stream.iterate**.

Beispielaufruf:

```
    fibPairs().limit(10).collect(Collectors.toList())

    [TwoLong[i1=0, i2=1], TwoLong[i1=1, i2=1], TwoLong[i1=1, i2=2]
    , TwoLong[i1=2, i2=3], TwoLong[i1=3, i2=5], TwoLong[i1=5, i2=8]
    , TwoLong[i1=8, i2=13], TwoLong[i1=13, i2=21], TwoLong[i1=21, i2=34]
    , TwoLong[i1=34, i2=55]]
```

b) Erzeugen Sie nun daraus den unendlichen Strom aller Fibonaccizahlen. Die erste Zahl sei dabei die 0:

```
Strom.java

    static public Stream<Long> fibs(){
        //TODO
    }
```

Beispielaufruf:

```
    name.panitz.util.Strom.fibs().limit(10).forEach(System.out::println)
```

```
0
1
1
2
3
5
8
13
21
34
```

c) Erzeugen Sie daraus einen Stream, der über die ersten 100 Fibonaccizahlen iteriert:

Strom.java

```
static public Stream<Long> fibs100(){
    //TODO
    return null;
}
```

Beispielaufruf:

```
fibs100().limit(20).collect(Collectors.toList())
```

```
[0, 1, 1, 2, 3, 5, 8, 13, 21, 34, 55, 89, 144, 233, 377, 610, 987,
1597, 2584, 4181]
```

d) Und verwenden Sie die bisherigen Funktionen zur Realisierung der Funktion, die
die i-te Fibonaccizahl berechnet. Für $i = 1$ sei das Ergebnis die Zahl 0:

Strom.java

```
static public long fib(int n){
    //TODO
    return 0L;
}
```

Beispielaufruf:

```
fib(20)
```

```
4181
```

□

Aufgabe 9.17

Gegeben sei folgende Klasse um zwei **BigInteger**-Objekte zu speichern:

```
Strom.java

static public record TwoBig(BigInteger i1, BigInteger i2){}
```

Schreiben Sie in dieser Aufgabe Methoden, die Stream-Objekte für die Fakultäten erzeugen.

a) Schreiben Sie eine Funktion, die den unendlichen Stream aus Elementen der Klasse **TwoBig** erzeugt, sodass in den Paaren immer n und fac(n) entsprechend der folgenden Auflistung stehen:

$$(1, 1), (2, 2), (3, 6), (4, 24), (5, 120), \ldots$$

```
Strom.java

static public Stream<TwoBig> facPairs(){
    //TODO
    return null;
}
```

Beispielaufruf:

```
jshell> facPairs().limit(5).collect(Collectors.toList())

[TwoBig[i1=1, i2=1], TwoBig[i1=2, i2=2], TwoBig[i1=6, i2=3]
, TwoBig[i1=24, i2=4], TwoBig[i1=120, i2=5]]
```

b) Verwenden Sie die **facPairs**-Methode um einen Stream aller Fakultäten zu erzeugen. Die erste Fakultät sei dabei die 1:

```
Strom.java

static public Stream<BigInteger> facs(){
    //TODO
    return null;
}
```

Beispielaufruf:

```
facs().limit(20).collect(Collectors.toList())

[1, 2, 6, 24, 120, 720, 5040, 40320, 362880, 3628800, 39916800
, 479001600, 6227020800, 87178291200, 1307674368000, 20922789888000
, 355687428096000, 6402373705728000, 121645100408832000
, 2432902008176640000]
```

c) Verwenden Sie jetzt die zuletzt geschriebene Funktion, um die Fakultät zu errechnen:

Strom.java

```
static public BigInteger fac(int n){
    //TODO
    return null;
}
```

Beispielaufruf:

```
fac(42)
```

```
1405006117752879898543142606244511569936384000000000
```

Strom.java

```
}
```

□

Aufgabe 9.18

In dieser Aufgabe ist ein spezieller Spliterator zu entwickeln.

Schreiben Sie eine Klasse, die es erlaubt, über die Zeichen eines String zu iterieren. Sehen Sie vor, dass ein **trySplit** die Arbeit fair auf zwei Spliterator-Objekte verteilt. Setzen Sie auch **estimateSize** auf einen möglichst genauen Wert.

□

Kapitel 10
Eingabe und Ausgabe

Zusammenfassung Kommunikation ist eine der wichtigsten Merkmale für die meiste Software, die wir benutzen. Kommunikation bedeutet für ein Programm, dass es Eingaben aus externen Datenquellen bekommt und Ausgaben tätigen kann. Das kann sich auf Tastatureingaben beziehen, auf Dateien im Dateisystem beziehen oder über ein Netzwerk geschehen. Javas Standard-API für Ein-/Ausgabeoperationen basiert auf Datenströmen. Für textbasierte Operationen werden Texte aus Datenströmen mit einem Encoding zwischen Binärdaten und Textdaten konvertiert. Spezialisierte Datenströme können serialisierbare Objekte lesen und schreiben.

10.1 Datenströme zur Ein- und Ausgabe

Wir haben bisher nur die einfachste Form der Kommunikation verwendet. Wir haben nur Ausgaben auf der Kommandozeile gemacht. In den Paketen **java.io** und **java.nio** befinden sich eine Reihe von Klassen, die Ein- und Ausgabe von Daten auf externen Datenquellen erlauben. In den häufigsten Fällen handelt es sich hierbei um Dateien.

In diesem Kapitel sollen die Hauptmechanismen der Ein- und Ausgabe in Java erklärt werden. Wir werden dabei nicht in alle Details der entsprechenden Bibliothek gehen.

Ein- und Ausgabeoperationen werden in Java auf sogenannten Datenströmen ausgeführt. Datenströme verbinden das Programm mit einer externen Datenquelle bzw. Senke. Auf diesen Strömen stehen Methoden zum Senden (Schreiben) von Daten an

© Der/die Autor(en), exklusiv lizenziert an
Springer-Verlag GmbH, DE, ein Teil von Springer Nature 2024
S. E. Panitz, *Java für Teetrinker*, https://doi.org/10.1007/978-3-662-69321-6_10

die Senke bzw. zum Empfangen (Lesen) von Daten aus der Quelle. Typischerweise wird ein Datenstrom angelegt, geöffnet, dann werden darauf Daten gelesen und geschrieben und schließlich der Strom wieder geschlossen.

Ein Datenstrom charakterisiert sich dadurch, dass er streng sequentiell arbeitet. Daten werden also auf Strömen immer von vorne nach hinten gelesen und geschrieben.

Java unterscheidet zwei fundamental unterschiedliche Arten von Datenströmen:

- **Zeichenströme**: Die Grundeinheit der Datenkommunikation sind Buchstaben und andere Schriftzeichen. Hierbei kann es sich um beliebige Zeichen aus dem Unicode handeln, also Buchstaben aus so gut wie jeder bekannten Schrift, von lateinischer über kyrillische, griechische, arabische, chinesische bis hin zu exotischen Schriften wie der keltischen Keilschrift. Dabei ist entscheidend, in welcher Codierung die Buchstaben in der Datenquelle vorliegen. Die Codierung wird in der Regel beim Konstruieren eines Datenstroms festgelegt. Geschieht das nicht, so wird die Standardcodierung des Systems, auf dem das Programm läuft, verwendet.

- **Byteströme (Oktettströme)**: Hierbei ist die Grundeinheit immer ein Byte, das als Zahl verstanden wird.

Vier abstrakte Klassen sind die Grundlagen der strombasierten Ein-/Ausgabe in Java. Die Klassen **Reader** und **Writer** zum Lesen bzw. Schreiben von Textdaten und die Klassen **InputStreamReader** und **OutputStreamReader** zum Lesen und Schreiben von Binärdaten. Folgende kleine Tabelle stellt dieses noch einmal dar.

	Eingabe	Ausgabe
binär	InputStream	OutputStream
Texte	Reader	Writer

Alle vier Klassen haben entsprechend ihrer Funktion Methoden **read** und **write**, die sich auf die entsprechenden Daten beziehen, sprich, ob **byte**-Werte oder **char**-Werte gelesen und geschrieben werden.

10.2 Dateibasierte Ein-/Ausgabe

Die vier obigen Grundklassen sind abstrakt, d.h. es können keine Objekte dieser Klassen mit einem Konstruktor erzeugt werden. Wir benötigen Unterklassen dieser vier Klassen, die die abstrakten Methoden implementieren. Eine der üblichsten Ein-/Ausgabe-Operation bezieht sich auf Dateien. Für alle Grundklassen gibt es im API eine Klasse, die die entsprechende Operation für Dateien realisiert. Diese Unterklassen haben im Namen einfach das Wort **File** vorangestellt.

Die einfachste Art der Eingabe dürfte somit das Lesen aus einer Textdatei sein. Mit wenigen Zeilen können wir in der JShell interaktiv eine Textdatei einlesen.

Hierzu sei zunächst ein Dateiname definiert:

```
var dateiName = "TextLesen.java"
```

Wir wollen aus einer Datei lesen. Somit erzeugen wir ein Objekt der Klasse **FileReader** und speichern dieses als einen **Reader**.

```
Reader read = new FileReader(dateiName);
```

Den zu lesenden Text werden wir in einem Objekt der Klasse **StrinngBuffer** sammeln:

```
var result = new StringBuffer();
```

Anders als man zunächst erwarten würde, hat die Klasse **Reader** keine Methode **read()**, die ein einzelnes **char** Zeichen zurückgibt, sondern eine Methode **read** mit dem Ergebnistyp **int**. Diese Zahl ist entweder die Unicode-Nummer des gelesenen Zeichens oder ein negativer Wert. Ist es ein negativer Wert, wird damit angezeigt, dass kein weiteres Zeichen mehr gelesen werden kann. Wir sind am Ende des Zeichenstroms angelangt, weil die Datei kein weiteres Zeichen mehr enthält. Deshalb sehen wir zunächst eine lokale Variable vom Typ **int** vor.

Nun können wir nacheinander die Zeichen aus der Datei lesen. Mindestens einmal müssen wir lesen, um zu schauen, ob es überhaupt Zeichen in der Datei gibt. Dann lesen wir so lange, bis das Ergebnis des Lesens eine negative Zahl ist. Hierzu bietet sich eine Schleife an, die im Schleifentest jeweils das nächste Zeichen aus der Datei liest.

Wenn wir ein Zeichen gelesen haben und dieses Zeichen eine Unicode-Nummer ist, können wir diese Zahl als **char**-Wert interpretieren. So lässt sich mit folgender Zeile der gesamte Inhalt einlesen:

```
for(int i=0;(i=read.read()) >= 0;) result.append((char)i);
```

Wenn wir mit dem Lesen der Datei fertig sind, ist es sinnvoll, für das **Reader**-Objekt die Methode **close** aufzurufen, um dem Betriebssystem mitzuteilen, dass wir diese Ressource nicht weiter verwenden wollen:

```
read.close();
```

Somit haben wir den kompletten Inhalt einer Datei eingelesen:

```
var content= result.toString();
```

Wir können die Einzelschritte in einer Methode zusammenfassen, mit der der Inhalt einer Textdatei eingelesen werden kann.

Das Problem mit sämtlichen Ein-/Ausgabe-Operationen ist, dass die Kommunikation potentiell schief gehen kann. Die Datei kann nicht lesbar sein, weil die Rechte hierzu

nicht vorliegen. Sie kann auch gar nicht existieren. Das externe Betriebsmittel, in diesem Falle die Festplatte, kann nicht zugreifbar sein. Es könnte aber auch sein, dass eine
Netzwerkverbindung nicht mehr antwortet. Um koordiniert auf Fehlerfälle reagieren
zu können, kennt Java das Konzept der Ausnahmen, die auftreten können und mit
einer Fehlerbehandlung abgefangen werden können. Am einfachsten können wir jede
Methode, in der Ein-/Ausgabe-Operationen stattfinden, mit **throws IOException**
markieren. Damit geben wir an, dass es bei Ausführung dieser Methode zu Fehlern
kommen kann:

TextLesen.java

```java
package name.panitz.io;
import java.io.*;
public class TextLesen {
  public static String leseDatei(String dateiName) throws Exception{
    var result = new StringBuffer();
    Reader read = new FileReader(dateiName);
    for(int i=0;read.read()>=0;) result = result.append((char)i);
    read.close();
    return result.toString();
  }
}
```

10.2.1 Automatisches Schließen

Objekte, die mit einer Methode **close** nach Verwendung zu schließen sind, meist um
eine externen Zugriff zu sagen, dass die dazugehörige Ressource nicht mehr benötigt
wird, implementieren die Schnittstelle **AutoCloseable**. Das können Dateien sein
oder auch Verbindungen zu einer Datenbank. Das Problem, dass sich schnell stellt,
ist, dass Operationen auf solchen Objekte, die externe Ressourcen verwenden, eine
Exception werden können. Dann ist nicht sichergestellt, dass die Resosource in allen
Fällen auch geschlossen wird.

Aus diesem Grund gibt es in Java eine **try**-Anweisung mit Ressourcen. In runden
Klammern können hier nach dem Schlüsselwort **try** externe Ressourcen geöffnet
werden. Hier werden Objekte erzeugt, die die Schnittstelle **AutoClosable** implementieren. Im anschließenden Block können die Ressourcen verwendet und mit ihnen
gearbeitet werden.

Das Konstrukt garantiert, dass in jedem Fall die geöffneten Ressourcen mit **close()**
geschlossen werden. Egal ob eine Ausnahme geworfen wurde oder nicht. Auch dann
noch, wenn beim Schließen einer der Ressourcen eine Ausnahme geworfen wurde.

Das lässt sich in der Methode zum Einlesen eines Dateiinhalts entsprechend anwenden:

```
TextLesen2.java

package name.panitz.io;
import java.io.*;
public class TextLesen2 {
  public static String leseDatei(String dateiName) throws IOException{
    var result = new StringBuffer();
    try(Reader read = new FileReader(dateiName)){
      for(int i=0;read.read()>=0;) result = result.append((char)i);
      return result.toString();
    }
  }
}
```

Ganz analog geht das Schreiben von Textdateien, sodass sich mit beiden zusammen recht einfach ein kleines Programm zum Kopieren von Textdateien schreiben lässt. Hier gibt zwei zu schließende Objekte:

```
Copy.java

package name.panitz.io;
import java.io.*;
public class Copy {
  public static void main(String... args) throws IOException {
    try (Reader in = new FileReader(args[0]);
         Writer out = new FileWriter(args[1])){
      int c;
      while ((c = in.read()) >= 0) out.write((char)c);
    }
  }
}
```

10.3 Textcodierungen

Reader und **Writer** sind praktische Klassen zur Verarbeitung von Zeichenströmen. Primär sind aber auch Textdateien lediglich eine Folge von Bytes.

Mit den Klassen **InputStreamReader** und **OutputStreamWriter** lassen sich Objekte vom Typ **IntputStream** bzw. **OutputStream** zu **Reader**- bzw. **Writer**-Objekten machen.

Statt die vorgefertigte Klasse **FileWriter** zum Schreiben einer Textdatei zu benutzen, erzeugt die folgende Version zum Kopieren von Dateien einen über einen **FileOutputStream** erzeugten **Writer** bzw. einen über einen **FileInputStream** erzeugten **Reader**:

```
Copy2.java

import java.io.*;
class Copy2 {
 static public void main(String... args) throws IOException {
   try(
     var reader = new InputStreamReader(new FileInputStream(args[0]));
     var writer = new OutputStreamWriter(new FileOutputStream(args[1]));
   ){
     int c;
     while ((c = reader.read()) >= 0) writer.write((char)c);
   }
  }
}
```

Java-Strings sind Zeichenketten sind nicht auf eine Kultur mit einer bestimmten Schrift beschränkt, sondern in der Lage, alle im Unicode erfassten Zeichen darzustellen. Seien es Zeichen der lateinischen, kyrillischen, arabischen, chinesischen oder sonst einer Schrift bis hin zur keltischen Keilschrift. Jedes Zeichen eines Strings kann potentiell eines dieser mehreren zigtausend Zeichen einer der vielen Schriften sein. In der Regel benutzt ein Dokument insbesondere im amerikanischen und europäischen Bereich nur wenige, kaum 100 unterschiedliche Zeichen. Auch ein arabisches Dokument wird mit weniger als 100 verschiedenen Zeichen auskommen.

Wenn ein Dokument im Computer auf der Festplatte gespeichert wird, so werden auf der Festplatte keine Zeichen einer Schrift, sondern Zahlen abgespeichert. Diese Zahlen sind traditionell Zahlen, die acht Bit im Speicher belegen, ein sogenanntes Byte. Ein Byte ist in der Lage, 256 unterschiedliche Zahlen darzustellen. Damit würde ein Byte ausreichen, alle Buchstaben eines normalen westlichen Dokuments in lateinischer oder auch in arabischer Schrift darzustellen. Für ein chinesisches Dokument reicht es nicht aus, die Zeichen durch ein Byte allein auszudrücken, denn es gibt mehr als 10.000 verschiedene chinesische Zeichen. Es ist notwendig, zwei Byte im Speicher zu benutzen, um die vielen chinesischen Zeichen als Zahlen darzustellen.

Die *Zeichencodierung* (englisch: encoding) eines Dokuments gibt nun an, wie die Zahlen, die der Computer auf der Festplatte gespeichert hat, als Zeichen interpretiert werden sollen. Eine Zeichenkodierung für arabische Texte wird den Zahlen von 0 bis 255 bestimmte arabische Buchstaben zuordnen, eine Codierung für deutsche Dokumente wird den Zahlen 0 bis 255 lateinische Buchstaben inklusive deutscher Umlaute und dem ß zuordnen. Für ein chinesisches Dokument wird eine Zeichenkodierung benötigt, die den 65536 mit zwei Byte darstellbaren Zahlen jeweils chinesische Zeichen zuordnet. Man sieht, dass es *Codierungen* geben muss, die für ein Zeichen ein Byte im Speicher belegen, und solche, die zwei Byte im Speicher belegen. Es gibt darüber hinaus auch eine Reihe Mischformen. Manche Zeichen werden durch ein Byte, andere durch zwei oder sogar durch drei Byte dargestellt.

Die Klasse **OutputStreamWriter** sieht einen Konstruktor vor, dem man zusätzlich zum **OutputStream**, in den hineingeschrieben werden soll, als zweites Element auch die Zeichencodierung angeben kann, in der die Buchstaben abgespeichert werden sollen. Wenn diese Codierung nicht explizit angegeben wird, so benutzt Java die standardmäßig auf dem Betriebssystem benutzte Codierung.

Beispiel 10.3.1

In dieser Version der Kopierung einer Textdatei wird für den **Writer** ein Objekt der Klasse **OutputStreamWriter** benutzt, in der als Zeichenkodierung utf-16 benutzt wird:

```
EncodedCopy.java

import java.nio.charset.Charset;
import java.io.*;

class EncodedCopy {
  static public void main(String... args) throws Exception {
    var reader = new FileReader(args[0]);
    var writer = new OutputStreamWriter(new FileOutputStream(args[1])
                               ,Charset.forName("UTF-16"));
    int c;
    while ((c = reader.read()) >= 0)  writer.write((char)c);
    writer.close();
  }
}
```

Betrachtet man die Größe der geschriebenen Datei, wird man feststellen, dass sie mehr als doppelt so groß ist wie die Ursprungsdatei:

```
:~/> java EncodedCopy EncodedCopy.java EncodedCopyUTF16.java
~/> ls -l EncodedCopy.java
-rw-r--r--    1 sep    users   443 2004-01-07 19:12 EncodedCopy.java
:~/> ls -l EncodedCopyUTF16.java
-rw-r--r--    1 sep    users   888 2004-01-07 19:13
↪  EncodedCopyUTF16.java
```

□

Gängige Zeichencodierungen sind:

- *iso-8859-1*: Damit lassen sich westeuropäische Texte mit den entsprechenden Sonderzeichen und Akzenten, wie in westeuropäischen Sprachen benötigt, abspeichern. Jedes Zeichen wird mit einem Byte gespeichert. Andere Zeichen, seien es arabische, chinesische oder auch türkische Sonderzeichen, sind in dieser Zeichencodierung nicht abspeicherbar.

- *utf-16*: Hierbei hat jedes Zeichen genau zwei Bytes in der Darstellung. Diese beiden Byte codieren exakt die Unicode-Nummer des Zeichens. Somit lassen sich in dieser Zeichencodierung alle Unicode-Zeichen abspeichern. Allerdings, wenn man nur lateinische Schrift in einem Text hat, hat eines dieser beiden Bytes immer den Wert 0. Es wird also viel Platz verschwendet.

- *utf-8*: Hier werden die gängigen lateinischen Zeichen als ein Byte codiert. Alle anderen Sonderzeichen oder Zeichen aus anderen Schriften werden mit mehreren Bytes codiert. Dieses hat den Vorteil, dass man alle Zeichen codieren kann, für Texte in lateinischer Schrift aber nur ein Byte pro Zeichen benötigt. Es hat den Nachteil, dass unterschiedliche Zeichen unterschiedlich viel Platz auf der Festplatte benötigen. Man kann also einer Datei nicht ansehen, das wievielte Byte zum Beispiel das 1000. Zeichen des Textes ist.

10.4 Gepufferte Ströme

Die bisher betrachteten Ströme arbeiten immer exakt zeichenweise, bzw. byteweise. Damit wird bei jedem **read** und bei jedem **write** direkt von der Quelle bzw. an die Senke ein Zeichen übertragen. Für Dateien heißt das, es wird über das Betriebssystem auf die Datei auf der Festplatte zugegriffen. Handelt es sich bei Quelle/Senke um eine teure und aufwändige Netzwerkverbindung, so ist für jedes einzelne Zeichen über diese Netzwerkverbindung zu kommunizieren. Da in der Regel nicht nur einzelne Zeichen über einen Strom übertragen werden sollen, ist es effizienter, wenn technisch gleich eine Menge von Zeichen übertragen wird. Um dieses zu bewerkstelligen, bietet Java an, Ströme in gepufferte Ströme umzuwandeln.

Ein gepufferter Strom hat einen internen Speicher. Bei einer Datenübertragung wird für schreibende Ströme erst eine Anzahl von Zeichen in diesem Zwischenspeicher abgelegt, bis dieser seine Kapazität erreicht hat, um dann alle Zeichen aus dem Zwischenspeicher *en bloc* zu übertragen. Für lesende Ströme wird entsprechend für ein **read** gleich eine ganze Anzahl von Zeichen von der Datenquelle geholt und im Zwischenspeicher abgelegt. Weitere **read**-Operationen holen dann die Zeichen nicht mehr direkt aus der Datenquelle, sondern aus dem Zwischenspeicher, bis dieser komplett ausgelesen wurde und von der Datenquelle wieder zu füllen ist.

Die entsprechenden Klassen, die Ströme in gepufferte Ströme verpacken, heißen: **BufferedInputStream, BufferedOutputStream** und entsprechend **BufferedReader, BufferedWriter**.

Beispiel 10.4.2

Jetzt ergänzen wir zur Effizienzsteigerung noch das Kopierprogramm, sodass der benutzte **Writer** gepuffert ist:

```
BufferedCopy.java

import java.io.*;
import java.nio.charset.Charset;

class BufferedCopy{
  static public void main(String... args)throws Exception {
    try(
    Reader reader = new BufferedReader(new FileReader(args[0]));
    Writer writer = new BufferedWriter(new OutputStreamWriter
        (new FileOutputStream(args[1]),Charset.forName("UTF-16"))) ){
      int c;
      while ((c = reader.read()) >=0) writer.write((char)c);
```

```
        }
      }
    }
```

□

10.5 Lesen von einem Webserver

Bisher haben wir nur aus Dateien gelesen. IO-Ströme sind eine Abstraktion, bei der die Quelle aus der gelesen wird, recht unterschiedlich sein kann. In diesem Abschnitt zeigen wir, wie man statt aus einer Datei von einem Webserver Dokumente lesen kann. Auch dabei werden Ströme verwendet. Damit gibt es ein einheitliches API zum Lesen von Informationen aus ganz unterschiedlichen Quellen. Einstiegspunkt zum Lesen von einem Webserver ist die Klasse **java.net.URL**, mit der die Adresse des Webservers angegeben werden kann.

Für eine Webadresse, die als Stringobjekt vorliegt:

```
var website = "http://www.lempenfieber.de"
```

Lässt sich ein **URL**-Objekt erzeugen:

```
var url = new URI(website).toURL()
```

Die Klasse **URL** hat eine Methode **openConnection**, die es erlaubt, eine Verbindung über das Netzwerk aufzubauen.

```
var con = url.openConnection()
```

Von der damit erhaltenen Verbindung kann nun der Eingabestrom erfragt werden, also das Objekt, auf dem der Webserver uns Daten liefert.

```
var in = con.getInputStream()
```

Diesen verpacken wir mit einer Kodierung, um ein Objekt zum Lesen von Texten zu erhalten:

```
var read = new InputStreamReader(in, "utf-8")
```

Von nun an geht alles, wie bereits bei dem Einlesen aus einer Datei:

```
for(var i=0;(i = read.read())>=0;) System.out.print((char)i);
```

Schließlich wird der **Reader** geschlossen:

```
read.close();
```

10.6 Ströme für Objekte

Bisher haben wir uns darauf beschränkt, Zeichenketten über Ströme zu lesen und zu
schreiben. Java bietet darüber hinaus die Möglichkeit an, beliebige Objekte über Ströme zu schreiben und zu lesen. Hierzu können mit den Klassen **ObjectOutputStream**
und **ObjectInputStream** beliebige **OutputStream**- bzw. **InputStream**-Objekte zu
Strömen für Objekte gemacht werden. In diesen Klassen stehen Methoden zum Lesen
und Schreiben von Objekten zur Verfügung. Allerdings können über diese Ströme nur
Objekte von Klassen geschickt werden, die die Schnittstelle **java.io.Serializable**
implementieren. Die meisten Standardklassen implementieren diese Schnittstelle.
Serializable enthält keine Methoden, es reicht also zum Implementieren aus, die
Klausel **implements Serializable** für eine Klasse zu benutzen, damit Objekte der
Klasse über Objektströme geschickt werden können.

Schnittstellen, die gar keine Methode enthalten, werden auch als Marker-Schnittstellen
bezeichnet.

Objektströme haben zusätzlich Methoden zum Lesen und Schreiben von primitiven
Typen.

Beispiel 10.6.3

Folgendes Testprogramm schreibt eine Zahl und ein Listobjekt in eine Datei, um
diese anschließend wieder aus der Datei auszulesen.

Zunächst erzeugen wir einen Ausgabestrom:

```
var fos = new FileOutputStream("t.tmp")
```

Diesen verwenden wir nun, um einen Strom, in den Objekte verschickt werden können,
zu erzeugen:

```
ObjectOutputStream oos =  oos = new ObjectOutputStream(fos)
```

Wir brauchen irgendein beliebiges Objekt, dass wir nun speichern können. Hierzu
legen wir beispielsweise eine Liste an:

```
var xs = List.of("the","world","is","my","oyster")
```

Und nun können wir eine Zahl speichern:

```
oos.writeInt(12345)
```

Es lässt sich aber auch das ganze Listenobjekt in die Datei speichern:

```
oos.writeObject(xs)
```

Wir schließen das Objekt, um gleich die Informationen daraus wieder einzulesen.

```
oos.close()
```

Nun können wir die geschriebene Datei wieder lesen und das Objekt dadurch neu erhalten. Hierzu brauchen wir einen Eingabestrom:

```
var fis = new FileInputStream("t.tmp")
```

Diesen machen wir zu einem Strom, aus dem Objekte gelesen werden können:

```
ObjectInputStream ois = new ObjectInputStream(fis)
```

Jetzt können wir daraus lesen. Zunächst die gespeicherte Zahl:

```
ois.readInt()

12345
```

Und anschließend das Listenobjekt:

```
var ys = (List<String>)ois.readObject()

ys ==> [the, world, is, my, oyster]
```

Schließlich schließen wir das Eingabeobjekt:

```
ois.close()
```

□

Mit den Objekt-Strömen können nun alle serialisierbaren Objekte über die Zeit oder über den Raum transportiert werden. Der Unterschied liegt darin, was für **InputStream** und **OutputStream** verwendet werden. Beziehen diese sich auf Dateien, dann liegt ein Transport von Objekten über die Zeit vor. Ein Objekt wird in eine Datei gespeichert und irgendwann in der Zukunft kann es aus dieser Datei wieder ausgelesen werden. Beim Transport über den Raum gibt es in einem Netzwerk zwei unterschiedliche Instanzen der Java virtuellen Maschine. Zwei Java-Programme schicken sich dann über das Netzwerk mit Objektströmen gegenseitig Objekte zu.

Zusammenfassend kann man sagen, dass auf Betriebssystemebene nur mit Binärdatei gearbeitet wird und im Endeffekt immer mit einem **InputStream** bzw. **OutputStream** gearbeitet wird. Um mit Texten zu arbeiten, wird die Kodierung benötigt, die Zeichen auf Bytes abbildet. Um mit ganzen Objekte zu arbeiten, muss es eine Serialisierung der Objekte geben, die diese auf eine Folge von Bytes abbildet. Abbildung 10.1 stellt diesen Zusammenhang noch einmal graphisch dar.

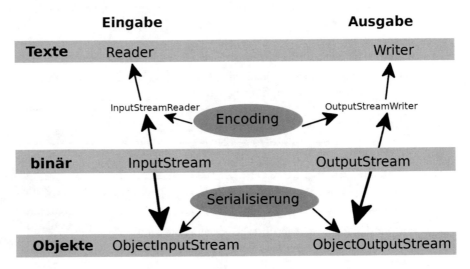

Abb. 10.1: Ein- und Ausgabe für Texte und Objekte mit Stream-Objekten.

10.7 Direkt verwendbare IO-Methoden

In der Klasse **java.nio.fils.Files** sind viele statische Methoden implementiert, die ähnlich wie die in diesem Abschnitt entwickelten Methoden direkt komplette Dateien einlesen, kopieren und anders bearbeiten lassen.

So gibt es beispielsweise die Methode **readString**, mit der direkt der komplette Inhalt einer Textdatei als Stringobjekt erhalten werden kann:

```
Files.readString(Path.of("ioSrc","TextLesen.java"))

"package name.panitz.io;\nimport java.io.*;\npublic class TextLesen {\n
public static String leseDatei(String dateiName) throws Exception{\n
var result = new StringBuffer();\n    Reader read = new FileReader(d
ateiName);\n    for(int i=0;read.read()>=0;) result = result.append(
(char)i);\nread.close();\n    return result.toString();\n  }\n}\n\n"
```

Bevor man anfängt, einfache I/O-Standardfunktionalität umzusetzen, empfiehlt sich ein Blick in die Klasse **java.nio.fils.Files**. Mit großer Wahrscheinlichkeit ist dort schon eine fertige und direkt zu verwendende Methode vorhanden.

Kapitel 11
Grafische Benutzeroberflächen mit Swing

Zusammenfassung Als Beispiel für die Programmierung graphischer Benutzeroberflächen wird die Swing Bibliothek vorgestellt. Grafische Objekte lassen sich ideal
in der Objektorientierung modellieren. Ihre Anordnung wird durch Layoutmanager
gesteuert. Ihre Interaktion basiert auf Events. Events können auch zeitgesteuert durch
Timer-Objekte ausgelöst werden. Die Behandlung von einfachen Events lässt sich
durch Lambda-Ausdrücke spezifizieren. Für komplexere Ereignisbehandlung können
innere Klassen verwendet werden. Als kleines Beispiel findet sich die Programmierung von Fraktalen, den sogenannten Apfelmännchen.

11.1 Grafische Benutzeroberflächen

Die meisten Programme auf heutigen Rechnersystemen haben eine graphische Benutzeroberfläche (GUI).

Java stellt Klassen zur Verfügung, mit denen graphische Objekte erzeugt und in ihrem
Verhalten instrumentalisiert werden können. Es gibt mehrere Bibliotheken in Java,
die Klassen bereitstellen, um GUIs zu implementieren. Ganz ursprünglich gab es
in Java die AWT Bibliothek. Ihre Klassen liegen im Paket `java.awt`. Doch schon
nach wenigen Jahren wurde eine neue Bibliothek entwickelt, die sogenannte Swing
GUI-Bibliothek. Ihre Klassen befinden sich im Paket `javax.swing`. Mittlerweile
soll langfristig Swing nicht mehr weiterentwickelt werden, sondern in Zukunft die
Bibliothek Java FX der Standard zur GUI Programmierung in Java sein. Es gibt aber

S. E. Panitz, *Java für Teetrinker*, https://doi.org/10.1007/978-3-662-69321-6_11

auch externe GUI-Bibliotheken. Hier ist insbesondere *http://www.eclipse.org/swt/* [`http://www.eclipse.org/swt/`] zu nennen. Auch das google web toolkit, das zur Entwicklung von Webapplikationen von der Firma Google zur Verfügung gestellt wird, enthält eine GUI-Bibliothek. Dort wird die entwickelte Benutzerschnittstelle so übersetzt, dass sie in einem Browser läuft.

Wir werden uns in diesem Kapitel als Beispiel der Swing Bibliothek widmen.

Leider kommt man bei der Swing Programmierung nicht darum herum, auch Klassen aus der AWT Bibliothek zu verwenden. Die beiden Pakete überschneiden sich in der Funktionalität.

- `java.awt`: Dieses ist das ältere Paket zur GUI-Programmierung. Es enthält Klassen für viele graphische Objekte (z.B. eine Klasse **Button**) und Unterpakete zur Programmierung der Funktionalität der einzelnen Komponenten.

- `javax.swing`: Dieses neuere Paket ist noch universeller und plattformunabhängiger als das `java.awt`-Paket. Auch hier finden sich Klassen für unterschiedliche GUI-Komponenten. Sie entsprechen den Klassen aus dem Paket `java.awt`. Die Klassen haben oft den gleichen Klassennamen wie in `java.awt` jedoch mit einem **J** vorangestellt. So gibt es z.B. eine Klasse **JButton**.

Man ist angehalten, sofern man sich für eine Implementierung seines GUIs mit dem Paket `javax.swing` entschieden hat, nur die graphischen Komponenten aus diesem Paket zu benutzen. Die Klassen leiten aber von Klassen des Pakets `java.awt` ab. Hinzu kommt, dass die Ereignisklassen, die die Funktionalität graphischer Objekte bestimmen, nur in `java.awt` existieren und nicht noch einmal für `javax.swing` extra umgesetzt wurden.

Sind Sie verwirrt? Sie werden es hoffentlich nicht mehr sein, nachdem Sie die Beispiele dieses Kapitels durchgespielt haben.

Zur Programmierung eines GUIs müssen drei fundamentale Fragestellungen gelöst werden:

- Welche graphischen Komponenten stehen zur Verfügung? Knöpfe, Textfelder, Baumdarstellungen, Tabellen....

- Wie können diese Komponenten angeordnet und gruppiert werden? Was gibt es für Layout-Möglichkeiten?

- Wie reagiert man auf Ereignisse? Zum Beispiel auf einen Mausklick?

Javas Swing Bibliothek kennt für die Aufgaben:

- Komponenten wie **JButton**, **JTextField**, **JLabel**,...

- Layout Manager und Komponenten, um andere Komponenten zu gruppieren, z.B. **JPanel**

- Event Handler, in denen implementiert wird, wie auf ein Ereignis reagiert werden soll.

In den folgenden Abschnitten, werden wir an ausgewählten Beispielen Klassen für diese drei wichtigen Schritte der GUI-Programmierung kennenlernen.[1].

11.1.1 Swings GUI-Komponenten

Javas **swing**-Paket kennt drei Arten von Komponenten.

- Top-Level Komponenten
- Zwischenkomponenten
- Atomare Komponenten

Leider spiegelt sich diese Unterscheidung nicht in der Ableitungshierarchie wider. Alle Komponenten leiten schließlich von der Klasse **java.awt.Component** ab. Es gibt keine Schnittmengen, die beschreiben, dass bestimmte Komponenten atomar oder top-level sind.

Komponenten können Unterkomponenten enthalten; ein Fenster kann z.B. verschiedene Knöpfe und Textflächen als Unterkomponenten enthalten.

11.1.2 Top-Level Komponenten

Eine top-level Komponente ist ein GUI-Objekt, das weitere graphische Objekte enthalten kann, selbst aber kein graphisches Objekt hat, in dem es enthalten ist. Somit sind top-level Komponenten in der Regel Fenster, die weitere Komponenten als Fensterinhalt haben. Swing top-level Komponenten sind Fenster und Dialogfenster. Hierfür stellt Swing entsprechende Klassen zur Verfügung: **JFrame**, **JDialog**.

Eine weitere top-level Komponente steht für *Applets* zur Verfügung: **JApplet**.

Grafische Komponenten haben Konstruktoren, mit denen sie erzeugt werden. Für die Klasse **JFrame** existiert ein parameterloser Konstruktor.

Beispiel 11.1.1

Das minimalste GUI-Programm ist wahrscheinlich folgendes Programm, das ein Fensterobjekt erzeugt und dieses sichtbar macht:

---

[1] GUI ist die Abkürzung für *graphical user interface*. Entsprechend wäre GRABO eine Abkürzung für die deutsche Bezeichnung *graphische Benutzeroberfläche*.

```
JF.java

package name.panitz.oose.swing.example;
import javax.swing.*;

class JF {
  public static void main(String [] args){
    new JFrame().setVisible(true);
  }
}
```

Dieses Programm erzeugt ein leeres Fenster und gibt das auf dem Bildschirm aus. □

Die Klasse **JFrame** hat einen zweiten Konstruktor, der noch ein Stringargument hat. Der übergebene String wird als Text für en Fenstertitel verwendet.

Beispiel 11.1.2

Ein Programm, kann auch mehrere Fensterobjekte erzeugen und sichtbar machen:

```
JF2.java

package name.panitz.oose.swing.example;
import javax.swing.*;

class JF2 {
  public static void main(String [] args){
    new JFrame("erster Rahmen").setVisible(true);
    new JFrame("zweiter Rahmen").setVisible(true);
  }
}
```

□

11.1.3 Zwischenkomponenten

Grafische Zwischenkomponenten haben primär die Aufgabe. andere Komponenten als Unterkomponenten zu haben und diese in einer bestimmten Weise anzuordnen. Zwischenkomponenten haben oft keine eigene visuelle Ausprägung. Sie sind dann unsichtbare Komponenten, die als Behälter weiterer Komponenten dienen.

Die gebräuchlichste Zwischenkomponente ist von der Klasse **JPanel**. Weitere Zwischenkomponenten sind **JScrollPane** und **JTabbedPane**. Diese haben auch eine eigene visuelle Ausprägung.

11.1.4 Atomare Komponenten

Die atomaren Komponenten sind schließlich Komponenten, die ein konkretes grafisches Objekt darstellen, das keine weiteren Unterkomponenten enthalten kann. Solche Komponenten sind z.B. **JButton**, **JTextField**, **JTable** und **JComBox**.

Diese Komponenten lassen sich über ihre Konstruktoren instanziieren, um sie dann einer Zwischenkomponenten über deren Methode **add** als Unterkomponente hinzuzufügen. Sind alle gewünschten grafischen Objekte einer Zwischenkomponente hinzugefügt worden, so kann auf der zugehörigen top-level Komponente die Methode **pack** aufgerufen werden. Diese berechnet die notwendige Größe und das Layout des Fensters, welches schließlich sichtbar gemacht wird.

Beispiel 11.1.3

Das folgende Programm erzeugt ein Fenster mit einer Textfläche:

```java
import javax.swing.*;
class JT {
  public static void main(String [] args){
    JFrame frame = new JFrame();
    JTextArea textArea = new JTextArea();
    textArea.setText("hallo da draußen");
    frame.add(textArea);
    frame.pack();
    frame.setVisible(true);
  }
}
```

□

In der Regel wird man die GUI-Komponente, die man schreibt, nicht nacheinander in der Hauptmethode, sondern als ein eigenes Objekt definieren, das die GUI Komponente darstellt. Hierzu leitet man eine spezifische GUI-Klasse von der Klasse **JPanel** ab und fügt bereits im Konstruktor die entsprechenden Unterkomponenten hinzu.

Beispiel 11.1.4

Die folgende Klasse definiert eine Komponente, die einen Knopf und eine Textfläche enthält. In der Hauptmethode wird das Objekt instanziiert:

```java
JTB.java

package name.panitz.simpleGui;
import javax.swing.*;

class JTB extends JPanel {
```

```
JTextArea textArea = new JTextArea();
JButton button = new JButton("ein knopf");

public JTB(){
  textArea.setText("hallo da draußen");
  add(textArea);
  add(button);
}

public void showInFrame(){
  JFrame f = new JFrame();
  f.add(this);
  f.pack();
  f.setVisible(true);
}

public static void main(String [] args){
  new JTB().showInFrame();
}
}
```

□

11.2 Gruppierungen

Bisher haben wir Unterkomponenten weitere Komponenten mit der Methode **add** hinzugefügt, ohne uns Gedanken über ihre Platzierung zu machen. Wir haben einfach auf das Standardverhalten zur Platzierung von Komponenten vertraut. Ob die Komponenten schließlich nebeneinander, übereinander oder irgendwie anders gruppiert im Fenster erschienen, haben wir nicht spezifiziert.

Um das Layout von grafischen Komponenten zu steuern, steht das Konzept der sogenannten *Layout-Manager* zur Verfügung. Ein Layout-Manager ist ein Objekt, das einer Komponente hinzugefügt wird. Der Layout-Manager steuert, in welcher Weise die Unterkomponenten gruppiert werden.

LayoutManager ist eine Schnittstelle. Es gibt mehrere Implementierungen dieser Schnittstelle. Wir werden in den nächsten Abschnitten drei davon kennenlernen. Es steht einem natürlich frei, eigene Layout-Manager durch Implementierung dieser Schnittstelle zu schreiben. Es wird aber davon abgeraten, weil es notorisch schwierig ist und die in Java bereits vorhandenen Layout-Manager bereits sehr mächtig und ausdrucksstark sind.

Zum Hinzufügen eines Layout-Manager gibt es die Methode **setLayout**.

11.2.1 Flow Layout

Der vielleicht einfachste Layout-Manager nennt sich **FlowLayout**. Hier werden die Unterkomponenten einfach der Reihe nach in einer Zeile angeordnet. Erst wenn das Fenster zu schmal ist, werden weitere Komponenten in eine neue Zeile gruppiert.

Beispiel 11.2.5

Die folgende Klasse definiert ein Fenster, dessen Layout über ein Objekt der Klasse **FlowLayout** gesteuert wird. Dem Fenster werden fünf Knöpfe hinzugefügt:

```java
FlowLayoutTest.java

package name.panitz.gui.layoutTest;

import java.awt.*;
import javax.swing.*;

class FlowLayoutTest extends JFrame {

  public FlowLayoutTest(){
    JPanel pane = new JPanel();
    pane.setLayout(new FlowLayout());
    pane.add(new JButton("eins"));
    pane.add(new JButton("zwei"));
    pane.add(new JButton("drei (ein langer Knopf)"));
    pane.add(new JButton("vier"));
    pane.add(new JButton("fuenf"));
    add(pane);
    pack();
    setVisible(true);
  }

  public static void main(String [] args){new FlowLayoutTest();}
}
```

Das Fenster hat die optische Ausprägung aus Abbildung 11.1 .

Abb. 11.1: Anordnung durch das Flow Layout.

Verändert man mit der Maus die Fenstergröße, macht es z.B. schmal und hoch, so werden die Knöpfe nicht mehr nebeneinander, sondern übereinander angeordnet. □

11.2.2 Border Layout

Die Klasse **BorderLayout** definiert einen Layout Manager, der fünf feste Positionen kennt. Eine Zentralposition und jeweils links/rechts und oberhalb/unterhalb der Zentralposition eine Position für Unterkomponenten. Die Methode **add** kann in diesem Layout auch noch mit einem zweiten Argument aufgerufen werden, das eine dieser fünf Positionen angibt. Hierzu bedient man sich der konstanten Felder der Klasse **BorderLayout**.

Beispiel 11.2.6

In dieser Klasse wird die Klasse **BorderLayout** zur Steuerung des Layouts benutzt. Die fünf Knöpfe werden an jeweils eine der fünf Positionen hinzugefügt:

```
BorderLayoutTest.java

package name.panitz.gui.layoutTest;
import java.awt.*;
import javax.swing.*;
class BorderLayoutTest extends JFrame {
  public BorderLayoutTest(){
    JPanel pane = new JPanel();
    pane.setLayout(new BorderLayout());
    pane.add(new JButton("eins"),BorderLayout.NORTH);
    pane.add(new JButton("zwei"),BorderLayout.SOUTH);
    pane.add(new JButton("drei (ein langer Knopf)"
                              ,BorderLayout.CENTER);
    pane.add(new JButton("vier"),BorderLayout.WEST);
    pane.add(new JButton("fuenf"),BorderLayout.EAST);
    add(pane);
    pack();
    setVisible(true);
  }
  public static void main(String [] args){new BorderLayoutTest();}
}
```

Die Klasse erzeugt das Fenster aus Abbildung 11.2 .

Abb. 11.2: Anordnung über das Border Layout

Das Layout ändert sich nicht, wenn man mit der Maus die Größe und das Format des Fensters verändert.   □

11.2.3 Grid Layout

Die Klasse **GridLayout** ordnet die Unterkomponenten tabellarisch an. Jede Komponente wird dabei gleich groß ausgerichtet. Die Größe richtet sich also nach dem größten Element.

Beispiel 11.2.7

Folgende Klasse benutzt ein Grid-Layout mit zwei Zeilen zu je drei Spalten:

```
GridLayoutTest.java

package name.panitz.gui.layoutTest;
import java.awt.*;
import javax.swing.*;
class GridLayoutTest extends JFrame {
  public GridLayoutTest(){
    JPanel pane = new JPanel();
    pane.setLayout(new GridLayout(2,3));
    pane.add(new JButton("eins"));
    pane.add(new JButton("zwei"));
    pane.add(new JButton("drei (ein langer Knopf)"));
    pane.add(new JButton("vier"));
    pane.add(new JButton("fünf"));
    add(pane);
    pack();
    setVisible(true);
  }
  public static void main(String [] args){new GridLayoutTest();}
}
```

Folgendes Fenster wird durch dieses Programm geöffnet.

Abb. 11.3: Anordnung im Grid Layout

Auch hier ändert sich das Layout nicht, wenn man mit der Maus die Größe und das Format des Fensters verändert.   □

11.3 Eigene GUI-Komponenten

Bisher haben wir grafische Komponenten unter Verwendung der fertigen GUI-Komponenten aus der Swing-Bibliothek zusammengesetzt. Oft will man grafische

Komponenten schreiben, für die es keine fertige GUI-Komponente in der Swing-Bibliothek gibt. Dann müssen wir eine entsprechende Komponente selbst schreiben.

Um eine eigene GUI-Komponente zu schreiben, schreibt man eine Klasse, die von der GUI-Klasse ableitet. Dies haben wir bereits in den letzten Beispielen getan, indem wir von der Klasse **JFrame** abgeleitet haben. Die dort geschriebenen Unterklassen der Klasse **JFrame** zeichneten sich dadurch aus, dass sie eine Menge von grafischen Objekten (Knöpfe, Textfelder...) in einer Komponente zusammengefasst haben. In diesem Abschnitt werden wir eine neue Komponente definieren, die keine der bestehenden fertigen Komponenten benutzt, sondern selbst alles zeichnet, was zu ihrer Darstellung notwendig ist.

Hierzu betrachten wir eine der entscheidenden Methoden der Klasse **JComponent**, die Methode **paintComponent**. In dieser Methode wird festgelegt, was zu zeichnen ist, wenn die grafische Komponente darzustellen ist. Die Methode **paintComponent** hat folgende Signatur:

```
public void paintComponent(java.awt.Graphics g)
```

Java ruft diese Methode immer auf, wenn die grafische Komponente aus irgendeinem Grund zu zeichnen ist. Dabei bekommt die Methode das Objekt übergeben, auf dem gezeichnet wird. Dieses Objekt ist vom Typ **java.awt.Graphics**. Es stellt ein zweidimensionales Koordinatensystem dar, in dem zweidimensionale Grafiken gezeichnet werden können. Der Nullpunkt dieses Koordinatensystems ist oben links und nicht unten links, wie wir es vielleicht aus der Mathematik erwartet hätten.

In der Klasse **Graphics** sind eine Reihe von Methoden definiert, die es erlauben, grafische Objekte zu zeichnen. Es gibt Methoden zum Zeichnen von Geraden, Vierecken, Ovalen, beliebigen Polygonzügen, Texten etc.

Wollen wir eine eigene grafische Komponente definieren, so können wir die Methode **paintComponent** überschreiben und auf dem übergebenen Objekt des Typs **Graphics** entsprechende Methoden zum Zeichnen aufrufen. Um eine eigene grafische Komponente zu definieren, wird empfohlen, die Klasse **JPanel** zu erweitern und in ihr die Methode **paintComponent** zu überschreiben.

Beispiel 11.3.8

Folgende Klasse definiert eine neue grafische Komponente, die zwei Linien, einen Text, ein Rechteck, ein Oval und ein gefülltes Kreissegment enthält:

```
SimpleGraphics.java

package name.panitz.gui.graficsTest;

import javax.swing.JPanel;
import javax.swing.JFrame;
import java.awt.Graphics;

class SimpleGraphics extends JPanel{
```

```
    public void paintComponent(Graphics g){
      g.drawLine(0,0,100,200);
      g.drawLine(0,50,100,50);
      g.drawString("hallo",10,20);
      g.drawRect(10, 10, 60,130);
      g.drawOval( 50,  100, 30, 80);
      g.fillArc(-20, 150, 80, 80, 0, 50);
    }
  }
```

Diese Komponente können wir wie jede andere Komponente auch einem Fenster hinzufügen, so dass sie auf dem Bildschirm angezeigt werden kann:

UseSimpleGraphics.java

```
package name.panitz.gui.graficsTest;

import javax.swing.JFrame;

class UseSimpleGraphics {
  public static void main(String [] args){
    JFrame frame = new JFrame();
    frame.getContentPane().add(new SimpleGraphics());

    frame.pack();
    frame.setVisible(true);
  }
}
```

□

Ärgerlich in unserem letzten Beispiel war, dass Java zunächst ein zu kleines Fenster für unsere Komponente geöffnet hat, und wir dieses Fenster mit der Maus erst größer ziehen mussten. Die Klasse **JComponent** enthält Methoden, in denen die Objekte angeben können, welche ihre bevorzugte Größe bei ihrer Darstellung ist. Wenn wir diese Methode überschreiben, so dass sie eine Dimension zurückgibt, in der das ganze zu zeichnende Bild passt, so wird von Java auch ein entsprechend großes Fenster geöffnet. Wir fügen der Klasse **SimpleGraphics** folgende zusätzliche Methode hinzu:

```
    public java.awt.Dimension getPreferredSize() {
      return new java.awt.Dimension(100,200);
    }
```

Jetzt öffnet Java ein Fenster, in dem das ganze Bild dargestellt werden kann.

11.3.1 Fraktale

Um noch ein wenig mit Farben zu spielen, zeichnen wir in diesem Abschnitt die berühmten Apfelmännchen. Apfelmännchen werden definiert über eine Funktion auf komplexen Zahlen. Die aus der Mathematik bekannten komplexen Zahlen sind Zahlen mit zwei reellen Zahlen als Bestandteil, dem sogenannten Imaginärteil und dem sogenannten Realteil. Wir schreiben zunächst eine rudimentäre Klasse zur Darstellung von komplexen Zahlen.

Diese Klasse braucht zwei Felder um Real- und Imaginärteil zu speichern:

Complex.java

```
package name.panitz.crempel.tool.apfel;

public record Complex(double re, double im){
```

Im Mathematikbuch schauen wir nach, wie Addition und Multiplikation für komplexe Zahlen definiert sind, und schreiben entsprechende Methoden:

Complex.java

```
public Complex add(Complex that){
  return new Complex(re+that.re,im+that.im);
}

public Complex mult(Complex that){
  return new Complex
    (re*that.re-im*that.im,re*that.im+im*that.re);
}
```

Zusätzlich finden wir in Mathematik noch die Definition der Norm einer komplexen Zahl und setzen auch diese Definition in eine Methode um. Zum Quadrat des Realteils wird das Quadrat des Imaginärteils addiert:

Complex.java

```
  public double norm(){return re*re+im*im;}
}
```

Soweit komplexe Zahlen, wie wir sie für Apfelmännchen brauchen.

Grundlage zum Zeichnen von Apfelmännchen ist folgende Iterationsgleichung auf komplexen Zahlen: $z_{n+1} = z_n^2 + c$. Wobei z_0 die komplexe Zahl $0 + 0i$ mit dem Real- und Imaginärteil 0 ist.

Zum Zeichnen der Apfelmännchen wird ein Koordinatensystem so interpretiert, dass die Achsen jeweils Real- und Imaginärteil von komplexen Zahlen darstellen. Jeder Punkt in diesem Koordinatensystem steht jetzt für die Konstante c in obiger Gleichung. Nun wird geprüft, ob und für welches n die Norm von z_n größer eines bestimmten Schwellwertes ist. Je nach der Größe von n wird der Punkt im Koordinatensystem mit einer anderen Farbe eingefärbt.

Mit diesem Wissen können wir nun versuchen, die Apfelmännchen zu zeichnen. Wir müssen nur geeignete Werte für die einzelnen Parameter finden. Wir schreiben eine eigene Klasse für das grafische Objekt, in dem ein Apfelmännchen gezeichnet wird. Wir deklarieren die Imports der benötigten Klassen:

```
Apfelmaennchen.java

package name.panitz.crempel.tool.apfel;

import java.awt.Graphics;
import java.awt.Color;
import java.awt.Dimension;
import javax.swing.JFrame;
import javax.swing.JPanel;

public class Apfelmaennchen extends JPanel {
```

Als erstes deklarieren wir Konstanten für die Größe des Apfelmännchens:

```
Apfelmaennchen.java

    final int width = 480;
    final int height = 430;
```

Eine weitere wichtige Konstante ist der Faktor, der angibt, welche reelle Zahl einem Pixel entspricht:

```
Apfelmaennchen.java

    double zelle=0.00625;
```

Eine weitere Konstante legt die Farbe fest, mit der die Punkte, die nicht über einen bestimmten Schwellwert konvergieren, eingefärbt werden sollen:

```
Apfelmaennchen.java

    final Color colAppleman = new Color(0,129,190);
```

Weitere Konstanten legen fest, welche komplexe Zahl den Nullpunkt des **Graphics**-Objekts darstellt:

```
Apfelmaennchen.java

    double startX = -2;
    double startY = -1.35;
```

Weitere Konstanten sind der Schwellwert und die maximale Rekursionstiefe n, für die wir jeweils z_n berechnen:

```
Apfelmaennchen.java

    final int recDepth = 50;
    final int schwellwert = 4;
```

Die wichtigste Methode berechnet die Werte für die Gleichung $z_{n+1} = z_n^2 + c$. Der Eingabeparameter ist die komplexe Zahl c. Das Ergebnis dieser Methode ist das n, für das z_n größer als der Schwellwert ist:

Apfelmaennchen.java

```java
//C-Werte checken nach zn+1 = zn*zn + c,
public int checkC(Complex c) {
  Complex zn = new Complex(0,0);

  for (int n=0;n<recDepth;n=n+1) {
    final Complex znp1 = zn.mult(zn).add(c);
    if (znp1.norm() > schwellwert) return n;
    zn=znp1;
  }
  return recDepth;
}
```

Jetzt gehen wir zum Zeichnen jedes Pixel unseres **Graphics**-Objekts durch. Wir berechnen, welche komplexe Zahl an dieser Stelle steht und benutzen dann die Methode *checkC*, um zu berechnen ob und nach wieviel Iterationen die Norm von z_n größer als der Schwellwert wird. Abhängig von dieser Zahl, färben wir den Punkt mit einer Farbe ein:

Apfelmaennchen.java

```java
public void paint(Graphics g) {
  for (int y=0;y<height;y=y+1) {
    for (int x=0;x<width;x=x+1) {

      final Complex current
        =new Complex(startX+x*zelle,startY+y*zelle);

      final int iterationenC = checkC(current);

      paintColorPoint(x,y,iterationenC,g);
    }
  }
}
```

Zur Auswahl der Farbe benutzen wir folgende kleine Methode, die abhängig von ihrem Parameter **it** an der Stelle **(x,y)** einen Punkt in einer bestimmten Farbe zeichnet:

Apfelmaennchen.java

```java
private void paintColorPoint
              (int x,int y,int it,Graphics g){
  final Color col
    = it==recDepth
      ?colAppleman
      :new Color(255-5*it%1,255-it%5*30,255-it%5* 50);
  g.setColor(col);
  g.drawLine(x,y,x,y);
}
```

Schließlich können wir noch die Größe festlegen und das Ganze in einer Hauptmethode starten:

```
Apfelmaennchen.java

  public Dimension getPreferredSize(){
    return new Dimension(width,height);
  }

  public static void main(String [] args){
    JFrame f = new JFrame();
    f.getContentPane().add(new Apfelmaennchen());
    f.pack();
    f.setVisible(true);
  }
}
```

Das Programm ergibt das Bild aus Abbildung 11.4 .

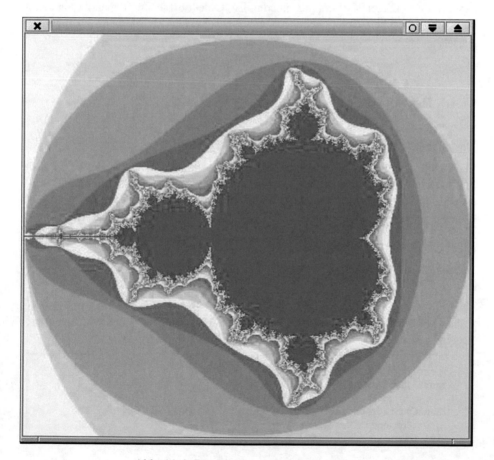

Abb. 11.4: Das berühmte Apfelmännchen.

11.4 Reaktion auf Ereignisse

Um den grafischen Komponenten eine Funktionalität hinzuzufügen, kennt Java das Konzept der Ereignisbehandlung. Grafische Objekte sollen in der Regel auf bestimmte Ereignisse auf eine definierte Weise reagieren. Solche Ereignisse können Mausbewegungen, Mausklicks, Ereignisse an einem Fenster sowie das Schließen des Fensters oder etwa Eingaben auf der Tastatur sein. Für die verschiedenen Arten von Ereignissen sind im Paket **java.awt.event** Schnittstellen definiert. In diesen Schnittstellen stehen Methoden, in denen die Reaktion auf bestimmte Ereignisse definiert werden kann. So gibt es z.B. eine Schnittstelle **MouseListener**, in der Methoden für verschiedene Ereignisse auf den Mausknöpfen bereitstehen.

Soll einer bestimmten grafischen Komponente eine bestimmte Reaktion auf bestimmte Ereignisse zugefügt werden, so ist die entsprechende Schnittstelle mit Methoden für das anvisierte Ereignis zu implementieren. Ein Objekt dieser Implementierung kann dann der grafischen Komponente mit einer entsprechenden Methode hinzugefügt werden.

11.4.1 Der ActionListener

Das allgemeinste Ereignis ist ein **ActionEvent**.

Die entsprechende Schnittstelle **ActionListener** enthält nur eine Methode, die auszuführen ist, wenn eine Aktion aufgetreten ist. Dieses Ereignis wird von einem Knopf-Objekt der Klasse **JButton** ausgelöst, wenn ein Anwender auf den Knopf mit der Maus klickt.

Beispiel 11.4.9

Wir implementieren die Schnittstelle **ActionListener** so, dass in einem internen Zähler vermerkt wird, wie oft ein Ereignis aufgetreten ist. Bei jedem Auftreten des Ereignisses wird die entsprechende Zahl auf einer Textfläche gesetzt:

```
import java.awt.event.*;
import javax.swing.text.*;

class CountActionListener implements ActionListener {
  JTextComponent textArea;
  int count;

  CountActionListener(JTextComponent textArea){
    this.textArea=textArea;
  }

  public void actionPerformed(ActionEvent e) {
    count = count+1;
```

```
      textArea.setText(""+count);
    }
}
```

In einer zweiten Klasse definieren wir eine Fensterkomponente mit zwei atomaren Komponenten. Ein Knopf und eine Textfläche. Dem Knopf fügen wir die oben geschriebene Ereignisbehandlung hinzu:

```
import java.awt.*;
import javax.swing.*;
import javax.swing.text.*;

class Count extends JFrame {

  public Count(){
    JTextComponent textArea = new JTextField(8);
    JButton button = new JButton("click");
    JPanel pane = new JPanel();
    pane.add(button);
    pane.add(textArea);

    add(pane);
    button.addActionListener(new CountActionListerner(textArea));
    pack();
  }

  public static void main(String [] args){
    JFrame f = new Count();
    f.setVisible(true);
  }
}
```

Wir erhalten ein Fenster, in dem die Anzahl der Mausklicks auf dem Knopf im Textfeld angezeigt wird. □

11.4.2 Innere und Anonyme Klassen

11.4.2.1 Innere Klassen

Eine innere Klasse wird geschrieben wie jede andere Klasse auch, nur dass sie eben im Rumpf einer äußeren Klasse auftauchen kann. Die innere Klasse hat das Privileg, auf die Eigenschaften der äußeren Klasse zugreifen zu können, sogar auf die privat markierten Eigenschaften. Das Attribut privat soll lediglich verhindern, dass eine Eigenschaft von außerhalb der Klasse benutzt wird. Innere Klassen befinden sich aber innerhalb der Klasse.

Beispiel 11.4.10

Unser erstes GUI mit einer Funktionalität lässt sich jetzt mit Hilfe einer inneren Klasse in einer Quelltextdatei schreiben. Das Feld **counter**, das wir in der vorherigen Implementierung als privates Feld der Klasse **CounterListener** definiert hatten, haben wir hier als Feld der GUI-Klasse modelliert. Trotzdem kann die Klasse **CounterListener** weiterhin darauf zugreifen. Ebenso braucht die Textfläche nicht der Klasse **CounterListener** im Konstruktor übergeben werden. Als innere Klasse kann in **CounterListener** auf dieses Feld der äußeren Klasse zugegriffen werden:

InnerCounter.java

```java
package name.panitz.simpleGui;
import javax.swing.*;
import java.awt.event.*;

class InnerCounter extends JTB {
  private int counter = 0;

  class CounterListener implements ActionListener{
    public void actionPerformed(ActionEvent ae){
      counter = counter+1;
      textArea.setText(counter+"");
    }
  }

  public InnerCounter(){
    button.addActionListener(new CounterListener());
  }

  public static void main(String [] args){
    new InnerCounter().showInFrame();
  }
}
```

Tatsächlich ist die Implementierung kürzer und etwas übersichtlicher geworden.   □

Beim Übersetzen einer Klasse mit inneren Klassen erzeugt der Javaübersetzer für jede innere Klasse eine eigene Klassendatei:

```
sep@linux:~/fh/ooseAI/classes/name/panitz/simpleGui> ll *.class
-rw-r--r-- 1 s u 1082 2014-03-29 11:36
↪  InnerCounter$CounterListener.class
-rw-r--r-- 1 s u  892 2014-03-29 11:36 InnerCounter.class
```

Der Javaübersetzer schreibt intern den Code um. Die inneren Klassen werden zu toplevel Klassen. Diese haben eine Referenz auf das Objekt der äußeren Klasse. Für die innere Klasse generiert der Javaübersetzer einen Namen, der sich aus äußeren und inneren Klassennamen durch ein Dollarzeichen getrennt zusammensetzt.

11.4.2.2 Anonyme Klassen

Im letzten Abschnitt hatten wir bereits das Beispiel einer inneren Klasse, für die wir genau einmal ein Objekt erzeugen. In diesem Fall wäre es eigentlich unnötig für eine solche Klasse einen Namen zu erfinden, wenn man an genau dieser Stelle, an der das Objekt erzeugt wird, die entsprechende Klasse spezifizieren könnte. Genau hierzu dienen anonyme Klassen in Java. Sie ermöglichen, Klassen ohne Namen zu instanziieren. Hierzu ist nach dem Schlüsselwort **new** anzugeben, von welcher Oberklasse die namenlose Klasse ableiten soll, oder welche Schnittstelle mit der namenlosen Klasse implementiert werden soll. Dann folgt nach dem leeren Klammerpaar für den Konstruktoraufruf in geschweiften Klammern der Rumpf der namenlosen Klasse.

Beispiel 11.4.11

Wir schreiben ein drittes Mal die Klasse **Counter**.

Diesmal wird statt der nur einmal instanziierten inneren Klasse eine anonyme Implementierung der Schnittstelle **ActionListener** instanziiert:

```
AnonymousCounter.java

package name.panitz.simpleGui;
import javax.swing.*;
import java.awt.event.*;

class AnonymousCounter extends JTB {
  private int counter = 0;

  public AnonymousCounter(){
    button.addActionListener(
      new ActionListener(){
        public void actionPerformed(ActionEvent e){
          counter = counter+1;
          textArea.setText(counter+"");
        }
      });
  }

  public static void main(String[] a){
    new AnonymousCounter().showInFrame();}
}
```

□

Auch für anonyme Klassen generiert der Javaübersetzer eigene Klassendateien. Mangels eines Namens numeriert der Javaübersetzer hierbei die anonymen Klassen einfach durch:

```
sep@linux:~simpleGui> ll *.class
-rw-r--r-- 1 sep  users  1106 2004-03-29 11:59
↪  AnonymousCounter$1.class
```

```
-rw-r--r-- 1 sep  users   887 2004-03-29 11:59
↪ AnonymousCounter.class
sep@linux:~/fh/prog2/examples/classes/name/panitz/simpleGui>
```

11.4.3 Lambda Ausdrücke

Seit Java 8 im Jahre 2014 gibt es eine kompakte Möglichkeit, um einem Knopf die gewünschte Aktion hinzuzufügen. Die Schnittstelle **ActionListener** enthält nur eine einzige Methode. Solche Schnittstellen werden als funktionale Schnittstellen bezeichnet, weil sie nur eine Funktion in Form einer Methode enthalten.

Mit Java 8 wurde eine neue Art von Ausdrücken eingeführt. Diese nennen sich Lambda-Ausdrücke. Sie bestehen aus einer Parameterliste in runden Klammern, gefolgt von einem Pfeil, der durch das Minussymbol und das Größersymbol gebildet wird, also ->. Nach dem Pfeil folgt ein Methodenrumpf oder direkt ein Ausdruck, der zu einem Ergebnis auswertet.

Ein solcher Lambda-Ausdruck ist die Kurzschreibweise für eine Implementierung einer funktionalen Schnittstelle. Es wird also nicht mehr angegeben, welche Schnittstelle implementiert wird, auch nicht mehr, wie die Methode heißt, die implementiert wird, sondern nur noch die Parameterliste und der Methodenrumpf. Alles andere erkennt der Javaübersetzer aus dem Kontext.

Damit wird die kleine Counteranwendung noch kompakter ausgedrückt:

LambdaCounter.java

```java
package name.panitz.simpleGui;
import javax.swing.*;
import java.awt.event.*;

class LambdaCounter extends JTB {
  private int counter = 0;

  public LambdaCounter(){
    button.addActionListener( (ev)->{
        counter = counter+1;
        textArea.setText(counter+"");
    });
  }
  public static void main(String [] args){
   new LambdaCounter().showInFrame();
  }
}
```

11.4.4 Mausereignisse

Die Schnittstelle **ActionListener** ist dazu geeignet, die Reaktionen einfachster Ereignisse zu programmieren wie das Drücken eines Knopfes.

Ein in modernen grafischen Oberflächen häufig benutztes Eingabemedium ist die Maus. Zwei verschiedene Ereignisarten sind für die Maus relevant:

- Mausereignisse, die sich auf das Drücken, Freilassen oder Klicken auf einen der Mausknöpfe beziehen. Hierfür gibt es eine Schnittstelle zur Behandlung solcher Ereignisse: **MouseListener**.

- Mausereignisse, die sich auf das Bewegen der Maus beziehen. Die Behandlung solcher Ereignisse kann über eine Implementierung der Schnittstelle **MouseMotionListener** spezifiziert werden.

Entsprechend gibt es für grafische Komponenten Methoden, um solche Mausereignisbehandler der Komponente hinzuzufügen:
addMouseListener und **addMouseMotionListener**.

Um die Arbeit mit Ereignisbehandlern zu vereinfachen, gibt es für die entsprechenden Schnittstellen im Paket **java.awt.event** prototypische Implementierungen, in denen die Methoden der Schnittstelle so implementiert sind, dass ohne Aktion auf die entsprechenden Ereignisse reagiert wird. Diese prototypischen Implementierungen sind Klassen, deren Namen mit *Adapter* enden. So gibt es zur Schnittstelle **MouseListener** die implementierende Klasse **MouseAdapter**. Will man eine bestimmte Mausbehandlung programmieren, reicht es aus, diesen Adapter zu erweitern und nur die Methoden zu überschreiben, für die bestimmte Aktionen vorgesehen sind. Es erübrigt sich, für alle sechs Methoden der Schnittstelle **MouseListener** Implementierungen vorzusehen.

Beispiel 11.4.12

Wir erweitern die Klasse **Apfelmaennchen** um eine Mausbehandlung. Der mit gedrückter Maus markierte Bereich soll vergrößert in dem Fenster dargestellt werden:

```
ApfelWithMouse.java

package name.panitz.crempel.tool.apfel;

import java.awt.Graphics;
import java.awt.event.*;
import javax.swing.JFrame;

public class ApfelWithMouse extends Apfelmaennchen{
  public ApfelWithMouse(){
```

Im Konstruktor fügen wir der Komponente eine Mausbehandlung hinzu. Der Mausbe-
handler merkt sich die Koordinaten, an denen die Maus gedrückt wird und berechnet
beim Loslassen des Mausknopfes den neuen darzustellenden Zahlenbereich:

ApfelWithMouse.java

```java
    addMouseListener(new MouseAdapter(){
      int mouseStartX=0;
      int mouseStartY=0;

      public void mousePressed(MouseEvent e) {
        mouseStartX=e.getX();
        mouseStartY=e.getY();
      }

      public void mouseReleased(MouseEvent e) {
        int endX = e.getX();
        int endY = e.getY();
        startX = startX+(mouseStartX*zelle);
        startY = startY+(mouseStartY*zelle);
        zelle  = zelle*(endX-mouseStartX)/width;
        repaint();
      }
    });
  }
```

Auch für diese Klasse sehen wir eine kleine Startmethode vor:

ApfelWithMouse.java

```java
  public static void main(String [] args){
    JFrame f = new JFrame();
    f.getContentPane().add(new ApfelWithMouse());
    f.pack();
    f.setVisible(true);
  }
}
```

□

11.4.5 Fensterereignisse

Auch für Fenster in einer grafischen Benutzeroberfläche existieren eine Reihe von
Ereignissen. Das Fenster kann minimiert oder maximiert werden, es kann das
aktive Fenster oder im Hintergrund sein und es kann schließlich auch geschlossen werden. Um die Reaktion auf solche Ereignisse zu spezifizieren, existiert die
Schnittstelle **WindowListener** mit entsprechender prototypischer Adapterklasse
WindowAdapter. Die Objekte der Fensterereignisbehandlung können mit der Methode **addWindowListener** Fensterkomponenten hinzugefügt werden.

Beispiel 11.4.13

In den bisher vorgestellten Programmen wird Java nicht beendet, wenn das einzige Fenster der Anwendung geschlossen wurde. Man kann an der Konsole sehen, dass der Javainterpreter weiterhin aktiv ist. Das liegt daran, dass wir bisher noch nicht spezifiziert haben, wie die Fensterkomponenten auf das Ereignis des Schließens des Fensters reagieren sollen. Dieses kann mit einem Objekt, das **WindowListener** implementiert, in der Methode **windowClosing** spezifiziert werden. Wir schreiben hier eine Version des Apfelmännchenprogramms, in dem das Schließen des Fensters den Abbruch des gesamten Programms bewirkt:

```
ClosingApfelFrame.java

package name.panitz.crempel.tool.apfel;

import javax.swing.JFrame;
import java.awt.event.*;

public class ClosingApfelFrame {
  public static void main(String [] args){
    JFrame f = new JFrame();
    f.add(new ApfelWithMouse());
    f.addWindowListener(new WindowAdapter(){
      public void windowClosing(WindowEvent e) {
        System.exit(0);
      }
    });
    f.pack();
    f.setVisible(true);
  }
}
```

□

11.5 Zeitgesteuerte Ereignisse

Um zeitlich immer wiederkehrende Ereignisse in GUIs zu programmieren, gibt es in Swing eine Hilfsklasse **Timer**. Objekte dieser Klasse können so instanziiert werden, dass sie in bestimmten Zeitabständen Ereignisse auslösen. Der **Timer** ist also so etwas wie ein Ereignisgenerator. Zusätzlich gibt man einem **Timer**-Objekt auch einen **ActionListener** mit, der spezifiziert, wie auf diese in Zeitintervallen auftretenden Ereignisse reagiert werden soll.

Beispiel 11.5.14

Folgende Klasse implementiert eine simple Uhr. In einem **JLabel** wird die aktuelle
Zeit angegeben. Die Komponente wird einem **Timer** übergeben, der jede Sekunde
ein neues Ereignis erzeugt. Diese Ereignisse sorgen dafür, dass die Zeit im Label
aktualisiert wird:

```
Uhr.java

package name.panitz.oose.swing.examples;

import javax.swing.*;
import java.util.Date;
import java.awt.event.*;
```

Die Klasse Uhr ist nicht nur ein **JPanel**, in dem ein **JLabel** benutzt wird, Datum und
Uhrzeit anzuzeigen, sondern implementiert gleichfalls auch einen **ActionListener**:

```
Uhr.java

public class Uhr extends JPanel implements ActionListener{
```

Zunächst sehen wir das Datumsfeld für diese Komponente vor:

```
Uhr.java

  JLabel l = new JLabel(new Date()+"");
```

Im Konstruktor erzeugen wir ein Objekt vom Typ **Timer**. Dieses Objekt soll jede
Sekunde (alle 1000 Millisekunden) ein Ereignis erzeugen. Dem **Timer** wird das
gerade im Konstruktor erzeugte Objekt vom Typ **Uhr** übergeben, das, da es ja einen
ActionListener implementiert, auf diese Ereignisse reagieren soll:

```
Uhr.java

  public Uhr (){
    new Timer(1000,this).start();
    add(l);
  }
```

Um die Schnittstelle **ActionListener** korrekt zu implementieren, muss die Methode
actionPerformed implementiert werden. In dieser setzen wir jeweils Datum und
Uhrzeit mit dem aktuellen Wert neu ins Label:

```
Uhr.java

  public void actionPerformed(ActionEvent ae){
    l.setText(""+new Date());
  }
```

Und natürlich sehen wir zum Testen eine kleine Hauptmethode vor, die die Uhr in einem Fensterrahmen anzeigt:

Uhr.java

```
public static void main(String [] args){
  JFrame f = new JFrame();
  f.getContentPane().add(new Uhr());
  f.pack();
  f.setVisible(true);
}
}
```

□

11.6 Weitere Swing Komponenten

Um einen kleinen Überblick der vorhandenen Swing Komponenten zu bekommen, können wir ein kleines Programm schreiben, das möglichst viele Komponenten einmal instanziiert. Hierzu schreiben wir eine kleine Testklasse:

ComponentOverview.java

```
package name.panitz.gui.example;

import javax.swing.*;
import java.awt.*;
import java.util.*;

public class ComponentOverview {
  public ComponentOverview(){
```

Darin definieren wir eine Reihung von einfachen Swing-Komponenten:

ComponentOverview.java

```
JComponent [] cs1 =
 {new JButton("knopf")
 ,new JCheckBox("check mich")
 ,new JRadioButton("drück mich")
 ,new JMenuItem("ins Menue mit mir")
 ,new JComboBox(combos)
 ,new JList(combos)
 ,new JSlider(0,350,79)
 ,new JSpinner(new SpinnerNumberModel(18,0.0,42.0,2.0))
 ,new JTextField(12)
 ,new JFormattedTextField("hallo")
 ,new JLabel("einfach nur ein Label")
 ,new JProgressBar(0,42)
 };
```

Sowie eine zweite Reihung von komplexeren Swing-Komponenten:

ComponentOverview.java

```
JComponent [] cs2 =
{new JColorChooser(Color.RED)
,new JFileChooser()
,new JTable(13,5)
,new JTree()
};
```

Diese beiden Reihungen sollen mit einer Hilfsmethode in einem Fenster angezeigt werden:

ComponentOverview.java

```
displayComponents(cs1,3);
displayComponents(cs2,2);
}
```

Für die Listen- und Auswahlkomponenten oben haben wir eine Reihung von Strings benutzt:

ComponentOverview.java

```
String [] combos = {"friends","romans","contrymen"};
```

Bleibt die Methode zu schreiben, die die Reihungen von Komponenten anzeigen kann. Als zweites Argument bekommt diese Methode übergeben, in wieviel Spalten die Komponenten angezeigt werden sollen.

ComponentOverview.java

```
public void displayComponents(JComponent [] cs,int col){
```

Ein Fenster wird definiert, für das eine Gridlayout-Zwischenkomponente mit genügend Zeilen erzeugt wird:

ComponentOverview.java

```
JFrame f = new JFrame();
JPanel panel = new JPanel();
panel.setLayout(
 new GridLayout(cs.length/col+(cs.length%col==0?0:1),col));
```

Für jede Komponente wird ein **Panel** mit Rahmen und den Klassennamen der Komponente als Titel erzeugt und der Zwischenkomponente hinzugefügt:

ComponentOverview.java

```
for (JComponent c:cs){
  JPanel p = new JPanel();
  p.add(c);
  p.setBorder(BorderFactory
             .createTitledBorder(c.getClass().getName()));
  panel.add(p);
}
```

Schließlich wird noch das Hauptfenster zusammengepackt:

ComponentOverview.java

```
  f.getContentPane().add(panel);
  f.pack();
  f.setVisible(true);
}
```

Und um alles zu starten, noch eine kleine Hauptmethode:

ComponentOverview.java

```
  public static void main(String [] args){
    new ComponentOverview();
  }
}
```

Wir erhalten einmal die Übersicht von Komponenten wie in Abbildung 11.5 und einmal wie in Abbildung 11.6 dargestellt.

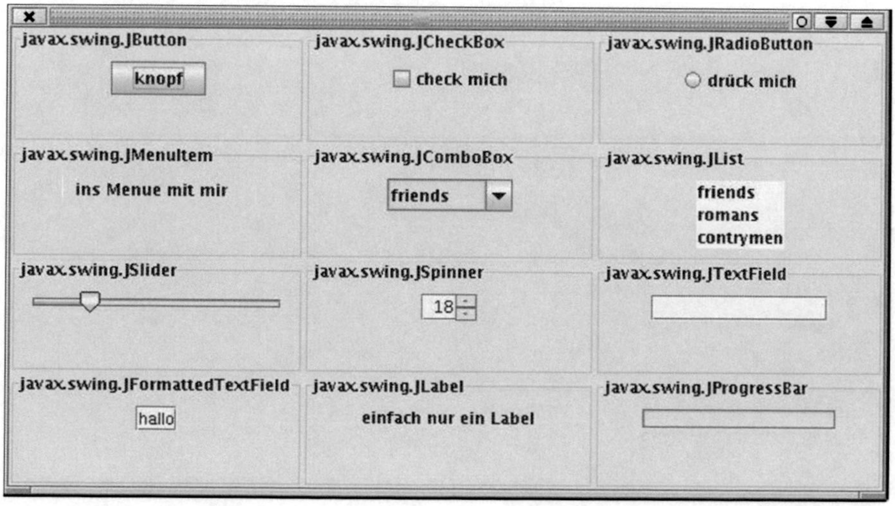

Abb. 11.5: Überblick über einfache Komponenten.

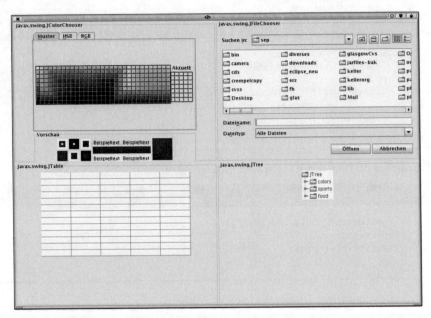

Abb. 11.6: Überblick über komplexere Komponenten.

Womit wir uns noch nicht im Einzelnen beschäftigt haben, ist das Datenmodell, das hinter den einzelnen komplexeren Komponenten steht.

Kapitel 12
Metaprogrammierung

Zusammenfassung In Java kann sowohl dynamisch während der Laufzeit allgemeiner Code für beliebige Klassen ausgeführt als auch statisch während der Kompilierung Code erzeugt werden. Dieses Kapitel behandelt, wie man in Java Bibliotheken und komplexe Frameworks umsetzen kann. Hierzu wenden wir zwei noch nicht verwendete Techniken an: das Java Reflection API und Annotationen. Ziel soll es sein, dass für Javaklassen dynamisch Code generiert wird, um Objekte in Datenbanken zu speichern. Für Annotationen wird ein Prozessor geschrieben, der statisch Code generiert, mit denen Objekte über einen Server zugegriffen werden können.

12.1 Reflexion und Annotation zur Laufzeit

Ziel dieses Abschnitts soll es sein, dass für Javaklassen automatisch Datenbanktabellen einer relationalen Datenbank generiert werden. Objekte dieser Klassen können dann direkt in der Datenbank persistiert und aus dieser wieder selektiert werden. Man bezeichnet das als objektrelationale Abbildung (›object-relational mapping‹, kurz ORM).

Die genannten Funktionalitäten existieren nicht in den Standardklassen des JDK. Es gibt hingegen Frameworks, die genau diese Funktionalität anbieten. In diesem Kapitel zeigen wir, wie solche Meta-Bibliotheken in Java entwickelt werden können.

Prinzipiell sind wir damit im Bereich einer Meta-Programmierung. Es soll für vom Anwendungsprogrammierer geschriebenen Datenhaltungsklassen automatisch zusätzli-

S. E. Panitz, *Java für Teetrinker*, https://doi.org/10.1007/978-3-662-69321-6_12

che Funktionalität erzeugt werden, sodass diese nicht mehr manuell codiert werden muss. Ziel ist es also, vielen Code, der für bestimmte Klassen immer wieder schematisch zu programmieren ist, automatisch bereitzustellen. In unserem Fall Code zur Persistierung von Objekten der Klasse. Andere typische Beispiele sind Code zum Serialisieren und Deserialisieren der Objekte als XML oder Json.

Auch bei diesem Code handelt es sich ›boiler plate code‹, der nach einem festen Muster zu entwickeln ist und deshalb besser automatisch generiert werden soll.

In Java gibt es zwei verschiedene Ansätze, wie man ein Framework entwickeln kann, das für bestimmte Klassen Funktionalitäten automatisch bereitstellt.

- *Reflexion*: Das Reflection-API ermöglicht es, in der Laufzeit über Objekte Meta-Informationen zu erfragen. Das betrifft die komplette Typinformation des Objektes, inklusive der Felder und Methoden und deren Typisierung, alle Attribute und so weiter. Zusätzlich ermöglicht das Reflection API dann auch dynamisch, Methoden auf dem Objekt oder einen Konstruktor für einen Typ aufzurufen. D.h. es ist möglich, in der Laufzeit Objekte von Klassen zu erzeugen, die während der Kompilierung noch nicht bekannt waren.

- *Annotation Processing im Kompilator*: Die zweite Möglichkeit ist, sich im Kompilator einzuhängen und weiteren Java Code bei der Kompilierung des Programms zu generieren.

Reflexion dient dazu, in der Laufzeit dynamisch Code in Abhängigkeit von den Meta-Informationen eines Objekts auszuführen, während der Annotation Processor während der Kompilierung weiteren Code erzeugt und übersetzt.

In diesem Abschnitt zeigen wir den Weg über das Reflection API. Dabei werden wir auch zeigen, wie man im Reflection API eigene Annotationen auswertet. Diese Annotationen werden dann aber nicht vom Kompilator ausgewertet.

Der Weg über einen Annotation Processor in der Kompilierzeit wird im anschließenden Kapitel gezeigt.

Beginnen wir mit den benötigten Importanweisungen. Wir benötigen Klassen der SQL-Programmierung und der Ein- und Ausgabe:

```
DataObject.java

package name.panitz.util;
import java.io.*;
import java.util.*;
import static java.util.Map.entry;
import java.sql.*;
```

Wir definieren eine zentrale Schnittstelle. Record-Klassen, die diese Schnittstelle implementieren, werden automatisch allen nötigen Code erhalten, um die Objekte in eine Datenbank zu speichern.

Wir nennen die Schnittstelle **DataObject**, weil es sich um hierarchische aber nicht zyklische Daten handeln soll, also um beliebige Baumstrukturen:

DataObject.java

```
public interface DataObject {
```

12.1.1 UID

Wenn unsere Daten in einer Datenbank persistiert werden, sollen sie dort eine eindeutige ID erhalten. Für diese ID halten wir eine Klasse **UID** bereit, die die ID als **long**-Zahl speichert. Solange ein Objekt noch nicht in der Datenbank gespeichert ist, hat es die **UID** mit Wert **-1**:

UID.java

```
package name.panitz.util;
public class UID {
  long uid = -1;
  public UID() {this(-1);}
  public UID(long uid){this.uid = uid;}
  public String toString() {return uid + "";}
  public boolean equals(Object o){
    return (o instanceof UID that)&&uid==that.uid;
  }
}
```

Jede Record-Klasse, die die Schnittstelle **DataObject** implementiert, soll eine Methode zum Erfragen der **uid** haben:

DataObject.java

```
UID uid();
```

Damit lässt sich für jedes Objekt eine Methode schreiben, mit der die **uid** neu gesetzt werden kann:

DataObject.java

```
default void setUID(long id) {
  uid().uid = id;
}
```

12.1.2 Beispielklassen

Bevor wir uns der eigentlichen Implementierung der gewünschten Funktionalitäten widmen, geben wir zwei Beispielklassen an.

Zunächst eine Klasse, die Werte für eine literarische Epoche speichern kann. Eine Epoche hat einen Namen und ein Jahrhundert, die die Epoche zeitlich verordnet:

Epoche.java

```
package name.panitz.util;
public record Epoche
        (UID uid, String name, int jahrhundert) implements DataObject {
```

Zusätzlich zu den zwei Feldern für den Namen und das Jahrhundert müssen wir in einer Record-Klasse, die **DataObject** implementiert, auch ein Feld für die **uid** vorsehen. Die **uid** soll allerdings erst von der Datenbank beim Persistieren vergeben werden. Wenn wir Objekte der Record-Klasse im Hauptspeicher anlegen, soll die **uid** keine Rolle spielen.

Hierfür sehen wir einen zweiten Konstruktor vor, der die **uid** auf den Wert **-1** setzt:

Epoche.java

```
        public Epoche(String name, int jahrhundert) {
          this(new UID(), name, jahrhundert);
        }
      }
```

Somit lassen sich auf einfache und natürliche Weise die Objekte dieser Record-Klasse erzeugen, ohne dass wir uns Gedanken um die **uid** machen müssen:

```
    var g = new Epoche("Romantik",19)

    g ==> Epoche[uid=-1, name=Romantik, jahrhundert=19]
```

Nun definieren wir eine zweite Klasse. Diese soll Schriftsteller speichern. Ein Schriftsteller hat einen Namen, einen Vornamen, ein Geburtsjahr und eine Epoche, für die der Autor steht:

Person.java

```
package name.panitz.util;
public record Person
        (UID uid, @VARCHAR(200) String name, String vorname
        , int gebJahr, Epoche epoche)
        implements DataObject {
```

Wir verwenden hier eine neue Annotation, die wir noch definieren werden. Die Annotation heißt **VARCHAR** und hat genau ein Argument. Sie soll dazu dienen, um zu spezifizieren, wie lang maximal ein String in der Datenbank werden darf.

Auch für diese Klasse wird ein zweiter Konstruktor definiert, der die **uid** auf den Standardwert von **-1** setzt:

```
Person.java

    public Person
        (String name, String vorname, int gebJahr, Epoche epoche) {
      this(new UID(), name, vorname, gebJahr, epoche);
    }
  }
```

Das Spannende an dieser Klasse ist, dass sie Objekte einer zweiten **DataObject**-Klasse referenziert.

Auch hier ein Beispiel der Objekterzeugung:

```
var p = new Person("Hoffmann","ETA",1776,g)

p ==> Person[uid=-1, name=Hoffmann, vorname=ETA, gebJah ...
             Romantik, jahrhundert=19]]
```

12.1.2.1 Beispielaufrufe

Bevor es an eine allgemeine Umsetzung der Funktionalität für beliebige Record-Klassen geht, die **DataObject** implementieren, zeigen wir diese bereits in Aktion.

Tabellen erzeugen

Für eine DataObject-Klasse soll es möglich sein, Datenbanktabellen zu erzeugen. Diese Erzeugung soll für jede korrekte **DataObject** Record-Klasse funktionieren. Dabei soll in einer Datenbank, die über eine **Connection** spezifiziert ist, die entsprechende Tabelle angelegt werden. Dabei sollen die Typen berücksichtigt und über **uid**s auch auf referenzierte Typen zugegriffen werden. Desweiteren ist die Annotation **VARCHAR** für die Datenbank auszuwerten:

```
jshell> createTable(getConnection(),Epoche.class)

jshell> createTable(getConnection(),Person.class)
```

Objekte speichern

Wenn die Tabellen erstellt wurden, soll es möglich sein, sie in der Datenbank abzulegen:

```
jshell> p.save(getConnection())

jshell> p
p ==> Person[uid=1, name=Hoffmann, vorname=ETA, gebJahr=1776
        , epoche=Epoche[uid=1, name=Romantik, jahrhundert=19]]
```

Hierzu soll für jedes Objekt die Methode **save** zur Verfügung stehen. Ist das Objekt noch nicht in der Datenbank, so hat es die **uid -1**. Wenn das Objekt gespeichert wurde, erhält es die **uid** aus der Datenbank.

Ist ein Objekt mit der entsprechenden **uid** bereits in der Datenbank gespeichert, so bewirkt der Aufruf von **save** ein Update.

Objekte selektieren

Und schließlich sollen Objekte wieder aus der Datenbank selektiert werden können. Hierzu gibt es die Funktion **select**. Sie bekommt neben der Datenbankverbindung ein **Class**-Objekt, das angibt, aus welcher Datenbanktabelle Objekte selektiert werden sollen:

```
jshell> select(getConnection(),Person.class)

$8 ==> [Person[uid=1, name=Hoffmann, vorname=ETA, gebJahr=1776
, epoche=Epoche[uid=1, name=Romantik, jahrhundert=19]]]
```

Das Speichern bewirkt, dass auch alle referenzierten Objekte gespeichert werden.

Als weiteres Beispiel wird ein neues Personenobjekt erzeugt, aber unter Verwendung desselben Epochenobjekts:

```
p = new Person("Hoffmann","ETA",1776,g)

p ==> Person[uid=-1, name=Hoffmann, vorname=ETA, gebJah ...
            Romantik, jahrhundert=19]]
```

Speichern wir nun dieses:

```
jshell> p.save(getConnection())
```

Dann haben wir weiterhin nur ein Epochenobjekt in der Datenbank:

```
select(getConnection(),Epoche.class)

x$11 ==> [Epoche[uid=1, name=Romantik, jahrhundert=19]]
```

Es existieren aber zwei unterschiedliche Personenobjekte:

```
xjshell> select(getConnection(),Person.class)

$12 ==> [ Person[uid=1, name=Hoffmann, vorname=ETA, gebJahr=1776
                , epoche=Epoche[uid=1, name=Romantik, jahrhundert=19]]
        , Person[uid=2, name=Hoffmann, vorname=ETA, gebJahr=1776
                , epoche=Epoche[uid=1, name=Romantik, jahrhundert=19]]]
```

12.1.3 Implementierung

Nun soll die Funktionalität implementiert werden, die es erlaubt, auf die gezeigte einfache Art und Weise beliebige Objekte von Datenklassen, die **DataObject** implementieren, in einer Datenbank zu speichern.

12.1.3.1 Annotationen

Wir beginnen mit der Annotation. Wir haben im Beispiel bereits exemplarisch ein Record-Feld mit einer Annotation versehen. Es war mit **VARCHAR(200)** annotiert. Hierzu müssen wir eine entsprechende Klasse implementieren. Es reicht, eine Schnittstelle zu definieren, die die entsprechende Annotation beschreibt.

Diese Annotationsschnittstelle ist zusätzlich mit einer **Retention** annotiert, die anzeigt, in welchen Phasen von Kompilierung und Ausführung in Java die Annotation gespeichert sein und zur Verfügung stehen soll. Wir benötigen die Information während der Laufzeit und setzen somit den **Retention**-Wert auf **RUNTIME**:

```
VARCHAR.java

package name.panitz.util;
import java.lang.annotation.*;

@Retention(value=RetentionPolicy.RUNTIME)
public @interface VARCHAR {
  int value();
}
```

Von nun an können wir die Annotation **VARCHAR** mit einem **int**-Wert in unserem Quelltext setzen. Zusätzlich können wir diese Information mit dem Reflection-API in der Laufzeit erfragen.

12.1.3.2 Tabellen erzeugen

Bevor wir die Objekte in einer relationalen Datenbank speichern, braucht die Datenbank eine entsprechende Tabelle, in der die Objekte gespeichert werden können.

Hierfür definieren wir zunächst eine Hilfsmethode, die eine Exception wirft, wenn für
die übergebene Klasse nicht die automatische Persistierung unterstützt wird.

Der Parameter ist dabei ein Objekt der Klasse **Class**. Das ist eine Standardklasse, die
interne Informationen für eine Klasse zur Laufzeit zur Verfügung stellt.

Zunächst testen wir, ob es sich bei der übergebenden Klasse um eine Record-Klasse
handelt:

```
DataObject.java

static void checkPersistanceCapable(Class<?> klasse) {
  if (!klasse.isRecord())
    throw new RuntimeException("class is not a record: " + klasse);
```

Dann schauen wir, ob diese Klasse auch die Schnittstelle **DataObject** implementiert:

```
DataObject.java

if (!DataObject.class.isAssignableFrom(klasse))
  throw new RuntimeException("class is not a DataObject: "+klasse);
```

Schließlich wird für generische Klassen die automatische Persistierung nicht unterstützt:

```
DataObject.java

if (klasse.getTypeParameters().length > 0)
  throw new RuntimeException
    ("Persistence of generic DataObject class is not supported: "
    + klasse);
}
```

Zunächst wird ein String erzeugt, der den SQL-Code zur Generierung der Tabellen
enthält. Als Argument bekommt die Funktion die Klasse, für die die *Create*-Anweisung
erzeugt werden soll:

```
DataObject.java

static String createStatement(Class<?> klasse) {
  checkPersistanceCapable(klasse);
```

Nachdem sichergestellt ist, dass für die übergebene **klasse** eine Datenbanktabelle
erzeugt werden kann, sammeln wir stückweise das Ergebnis in einem **StringBuffer**.
Die SQL-Anweisung beginnt mit einem **CREATE TABLE**:

```
DataObject.java

var r = new StringBuffer("CREATE TABLE ");
r.append( klasse.getSimpleName() + " (");
```

Jetzt betrachten wir die Record-Felder. Hier kommt nun das Reflection-API ins Spiel. Für **Class**-Objekte lassen sich alle Informationen für die Klasse erfragen und für Record-Klassen sind das die einzelnen Record-Felder, die mit der Methode **getRecordComponents** erfragt werden können:

```
DataObject.java

    var first = true;
    var rcs = klasse.getRecordComponents();
```

Jedes Record-Feld ergibt eine Datenbankspalte in der Tabelle. Wir iterieren dementsprechend über die Record-Felder:

```
DataObject.java

    for (var rc : rcs) {
```

Wenn es sich nicht um das erste Feld handelt, trennen wir in der *Create*-Anweisung von SQL das Feld von dem vorherigen mit einem Komma:

```
DataObject.java

    if (first) first = !first;
    else r.append(", ");
```

Dann folgt der Name des Feldes als Spaltenbezeichner der Datenbank. Auch den Namen des Feldes können wir mit dem Reflection-API erfragen:

```
DataObject.java

    r.append(rc.getName() + " ");
```

Nun geht es darum, für das Feld den richtigen Datenbanktyp zu finden.

Wir erfragen den Typ des Feldes:

```
DataObject.java

    var typ = rc.getType();
```

Handelt es sich hierbei um einen primitiven Typ, für den es direkt einen Datenbanktypen gibt, so lassen wir uns diesen direkt aus einer Abbildung geben[1]:

```
DataObject.java

    var dbt = dbTypes.get(typ.getName());
    if (null!=dbt) {
      r.append(dbt);
```

---

[1] Die Abbildung **dbTypes** ist weiter unten definiert.

Bei String-Feldern verwenden wir den Datenbanktyp **VARCHAR**[2].

Hierbei ist jetzt von Interesse, ob das Feld eine Annotation des Typs **VARCHAR** hat. Dieses lässt sich wieder durch das Reflection-API erfragen. Gibt es eine solche Annotation, hat die einen Wert, der für die Länge des **VARCHAR** genommen werden soll. Ansonsten nehmen wir den Standardwert 100:

DataObject.java
```
      } else if (typ == String.class) {
        var an = rc.getAnnotation(VARCHAR.class);
        r.append("VARCHAR("+(null == an? 100: an.value()) + ")");
```

Der interessanteste Punkt sind die Record-Felder, die wieder ganze Objekte enthalten. Auch diese sind zu persistieren. In der Datenbanktabelle ist hierfür nur eine Zahl der **uid** des anderen Objektes hinterlegt. Das ist ein Schlüssel in einer anderen (oder auch derselben) Tabelle:

DataObject.java
```
      } else if (DataObject.class.isAssignableFrom(typ)) {
        r.append("BIGINT");
```

Schließlich haben wir noch das Feld für die **uid**:

DataObject.java
```
      } else if (typ == UID.class) {
        r.append("BIGINT NOT NULL AUTO_INCREMENT");
```

Andere Typen werden nicht unterstützt und es kommt zu einem Laufzeitfehler:

DataObject.java
```
      } else {
       throw new RuntimeException("unsupported record field type: "+rc);
      }
    }
```

Zum Schluss bekommt die Tabelle noch die Information, dass die Spalte mit der **uid** der Primärschlüssel der Tabelle ist:

DataObject.java
```
    r.append(", PRIMARY KEY (uid));");
    return r.toString();
  }
```

Hier noch die verwendete Abbildung auf die Datenbanktypen:

---

[2] Durch weitere Annotation könnten wir auch den Typ BLOB unterstützen, der in Datenbanken beliebig lange Texte ausdrückt..

```
DataObject.java

    static Map<String,String> dbTypes = Map.ofEntries
    (entry("byte",  "TINYINT"),entry("Byte", "TINYINT")
    ,entry("short", "SMALLINT"),entry("Short", "SMALLINT")
    ,entry("int",   "INT"),entry("Integer", "INT")
    ,entry("long",  "BIGINT"),entry("Long", "BIGINT")
    ,entry("float", "REAL"),entry("Float", "REAL")
    ,entry("double", "DOUBLE"),entry("Double", "DOUBLE")
    ,entry("boolean", "BOOLEAN"),entry("Boolean", "BOOLEN")
    );
```

Für die beiden Beispielklassen lassen wir die entsprechende SQL-Anweisung einmal erzeugen.

Für die Klasse **Person**:

```
createStatement(Person.class)

$6 ==> "CREATE TABLE Person (uid BIGINT NOT NULL AUTO_INCREMENT
, name VARCHAR(200), vorname VARCHAR(100), gebJahr INT, epoche BIGINT
, PRIMARY KEY (uid));"
```

Dann für die Klasse **Epoche**:

```
createStatement(Epoche.class)

$7 ==> "CREATE TABLE Epoche (uid BIGINT NOT NULL AUTO_INCREMENT
, name VARCHAR(100), jahrhundert INT, PRIMARY KEY (uid));"
```

Eine weitere Funktion sieht vor, dass die *Create*-Anweisungen direkt auf einer Datenbank ausgeführt werden:

```
DataObject.java

    static void createTable(Connection con, Class<?> klasse) {
      try {
        con.createStatement().execute(createStatement(klasse));
      } catch (SQLException e) {
        e.printStackTrace();
      }
    }
```

12.1.3.3 Objekte Speichern

Nachdem nun die Datenbanktabellen erzeugt werden können, sollen Objekte in die Datenbank gespeichert werden. Hierzu definieren wir die Methode **save** als default-

Methode der Klasse **DataObject**, sodass sie allen implementierenden Klassen zur Verfügung steht.

Wir stellen zunächst erst einmal sicher, ob die Klasse nicht eine Eigenschaft verletzt, um persistiert zu werden:

DataObject.java

```
default void save(Connection con) {
  try {
    var klasse = this.getClass();
    checkPersistanceCapable(klasse);
```

Es geht jetzt darum, eine SQL *Insert*-Anweisung auszuführen. Wir sammeln dazu alle Feldnamen. Das sind die Spalten der Datenbank und alle konkreten Werte für das konkrete Objekt zur Erzeugung des SQL-Statements in **StringBuffer**-Objekten:

DataObject.java

```
var fieldNames = new StringBuffer(" (");
var fieldValues = new StringBuffer();
```

Wie bereits beim Erzeugen der Tabellen, iterieren wir über die Felder der Record-Klasse:

DataObject.java

```
var rcs = klasse.getRecordComponents();
var first = true;
boolean isUpdate = true;
for (var rc : rcs) {
```

Da wir es jetzt mit einem konkreten Objekt zu tun haben, können wir das in dem Feld gespeicherte Objekt mit dem Reflection-API erfragen. Hierzu lässt sich mit **getAccessor()** die Getter-Methode geben, auf die die Methode **invoke** für den Aufruf getätigt werden kann. Hier sieht man, wie im Reflection-API Methoden auf Objekten ausgeführt werden können, deren Klassen in der Kompilierung noch gar nicht bekannt waren:

DataObject.java

```
var recordData = rc.getAccessor().invoke(this);
```

Wir müssen unterscheiden, ob wir ein *Insert* oder ein *Update* auf der Datenbank machen. Das erkennen wir an den Wert des Feldes uid:

DataObject.java

```
if (rc.getName().equals("uid") && ((UID)recordData).uid == -1){
  isUpdate = false;
  continue;
}
```

Wie auch schon beim Erzeugen der Tabellen sind alle Felder nach dem ersten Feld durch ein Komma abzugrenzen:

```
DataObject.java

        if (first) first = !first;
        else {
          fieldNames.append(", ");
          fieldValues.append(", ");
        }
```

Der Feldnamen wird zu dem entsprechenden String-Buffer hinzugefügt:

```
DataObject.java

        fieldNames.append(rc.getName());
```

Bei einem Update sind Zuweisungen im SQL-Code zu erzeugen:

```
DataObject.java

        if (isUpdate) fieldValues.append(rc.getName() + " - ");
```

Jetzt geht es darum, in den Feld-Werten die Daten für SQL zu schreiben.

Dazu lassen wir uns den Typ der Daten, die in dem aktuellen Feld gespeichert sind, geben:

```
DataObject.java

        var typ = rc.getType();
```

Für die meisten Typen können wir die Daten direkt in ihrer String-Darstellung für die SQL-Query übernehmen:

```
DataObject.java

        if (dbTypes.get(typ.getName())!=null || typ == String.class) {
          fieldValues.append("\"" + recordData + "\"");
```

Für das Feld **uid** ist der eigentliche Wert der **UID** zu nehmen:

```
DataObject.java

        } else if (typ == UID.class) {
          fieldValues.append("\"" + ((UID) recordData).uid + "\"");
```

Interessant sind Felder von einem Typ, der ebenfalls persistierbar ist. Es sind Felder von einem Typ, der die Schnittstelle **DataObject** implementiert.

Hier speichern wir zunächst das referenzierte Objekt. Das bekommt dann von der Datenbank die korrekte **uid** gesetzt. Die verwenden wir dann als Fremdschlüssel in der entsprechenden Tabelle.

Auch null-Werte werden unterstützt und bekommen die **uid** -1 zugewiesen:

```
DataObject.java

      } else if (DataObject.class.isAssignableFrom(typ)) {
        if (null==recordData){
          fieldValues.append("\'-1\'");
        }else{
          var c = ((DataObject) recordData);
          c.save(con);
          fieldValues.append("\'" + c.uid().uid + "\'");
        }
```

Sollten weitere Typen für ein Feld aufgetreten sein, so handelt es sich um einen Fehler:

```
DataObject.java

      } else {
       throw new RuntimeException("unsupported field type: "+rc);
      }
    }
```

Die Schleife über alle Felder der Record-Klasse ist beendet. Den SQL-Code für die Feldnamen können wir mit einer schließenden Klammer beenden:

```
DataObject.java

    fieldNames.append(")");
```

Jetzt geht es darum, die eigentliche SQL-Anweisung zu schreiben:

```
DataObject.java

      var sql = new StringBuffer(isUpdate ? "UPDATE " : "INSERT INTO ");
      sql.append(klasse.getSimpleName());
      if (!isUpdate){
        sql.append(fieldNames);
        sql.append(" VALUES (");
      }else
        sql.append(" SET ");
      sql.append(fieldValues);
      if (!isUpdate)
        sql.append(");");
      else
        sql.append(" WHERE uid = " + uid().uid + ";");
```

Die so erhaltene Anweisung lässt sich auf der Datenbankverbindung ausführen. Wir sind an der **uid** interessiert:

```
DataObject.java

      var statement = con.prepareStatement
        (sql.toString(), Statement.RETURN_GENERATED_KEYS);
```

```
        statement.executeUpdate();
        var rs = statement.getGeneratedKeys();
```

Wurde eine neue **uid** erzeugt, weil es sich um ein *Insert* gehandelt hat, so setzen wir die neue **uid** für unser Objekt:

DataObject.java

```
        if (rs.next()) {
            setUID(rs.getLong(1));
        }
    } catch (Exception e) {
        throw new RuntimeException(e);
    }
}
```

12.1.3.4 Objekte selektieren

Nun können wir unsere Objekte, ohne weiteren Code zu schreiben, in eine Datenbank abspeichern. Natürlich soll es auch möglich sein, Objekte wieder aus der Datenbank zu extrahieren, also eine klassische SELECT-Anweisung auf die Datenbank zu machen.

Selektoren

Wir wollen nicht immer alle Objekte zu einer Klasse aus der Datenbank laden, sondern auch hier Selektionskriterien anwenden.

Zum Spezifizieren, dass wir nur Objekte haben wollen, in denen bestimmte Spalten feste Werte haben, dient die folgende Record-Klasse:

DataObject.java

```
    static record Selector(String column, String value) {  }
```

Es wird ausgedrückt, dass man nur Objekte selektieren will, die in einer bestimmten Spalte einen bestimmten Wert haben.

Selektion

Die eigentliche Selektionsmethode soll über eine Datenbankverbindung für eine Klasse Objekte selektieren und dabei eine beliebige Anzahl von Selektoren berücksichtigen. Das Ergebnis ist die Liste der selektierten Objekte:

DataObject.java

```
@SuppressWarnings("unchecked")
static <C>
List<C> select(Connection con,Class<C> klasse,Selector...sls){
  checkPersistanceCapable(klasse);
```

Die Selektanweisung an sich ist einfach. Ein SELECT * in SQL für die Tabelle, die die spezifizierte Klasse repräsentiert:

DataObject.java

```
    try {
      var sql=new StringBuffer("SELECT * FROM "+klasse.getSimpleName());
      if (sls.length > 0)
```

Sollten wir Selektoren haben, dann bekommt die SQL-Anfrage noch eine *Where*-Klausel:

DataObject.java

```
        sql.append(" WHERE ");
```

Wir arbeiten nacheinander die Selektoren ab, um die komplette WHERE-Klausel zu generieren:

DataObject.java

```
        var first = true;
        for (var sel : sls) {
          if (first)first = false;
          else  sql.append(", ");
          sql.append(sel.column);
          sql.append(" = '");
          sql.append(sel.value());
          sql.append("'");
        }
        sql.append(";");
```

Die erzeugte SQL-Anweisung wird nun über die Datenbankverbindung ausgeführt:

DataObject.java

```
        var stat = con.createStatement();
        var rs = stat.executeQuery(sql.toString());
```

Nun geht es darum, die Ergebnisliste zu erzeugen, in der die Objekte eingefügt werden. Hierzu wird eine Liste für das Ergebnis erstellt:

DataObject.java

```
        var result = new ArrayList<C>();
```

Wir iterieren über alle Ergebnisse der SQL-Anfrage. Jedes gibt einen Eintrag in der Ergebnisliste:

DataObject.java

```
while (rs.next()) {
```

Wir müssen die Objekte über das Reflection-API erzeugen. Hierzu brauchen wir die Argumente für den Konstruktor der Record-Klasse. Die Argumente werden in einer Reihung gesammelt:

DataObject.java

```
var rcs = klasse.getRecordComponents();
var args = new Object[rcs.length];
int i = 0;
```

Nun iterieren wir über die Felder der Record-Klasse. Diese repräsentieren ja die Argumente des Konstruktors.

Die Indexvariable **i** führt Buch über den Index des bearbeiteten Feldes:

DataObject.java

```
for (var rc : rcs) {
```

Um die Daten korrekt aus dem Datenbankobjekt zu extrahieren, betrachten wir den Typ des Feldes:

DataObject.java

```
var typ1 = rc.getType();
```

Für die primitiven Typen und deren Wrapper-Klassen gibt es Zugriffsmethoden:

DataObject.java

```
if (typ1 == boolean.class || typ1 == Boolean.class)
  args[i] = rs.getBoolean(rc.getName());
else if (typ1 == int.class || typ1 == Integer.class)
  args[i] = rs.getInt(rc.getName());
else if (typ1 == long.class || typ1 == Long.class)
  args[i] = rs.getLong(rc.getName());
else if (typ1 == float.class || typ1 == Float.class)
  args[i] = rs.getFloat(rc.getName());
else if (typ1 == double.class || typ1 == Double.class)
  args[i] = rs.getDouble(rc.getName());
else if (typ1 == byte.class || typ1 == Byte.class)
  args[i] = rs.getByte(rc.getName());
else if (typ1 == short.class || typ1 == Short.class)
  args[i] = rs.getShort(rc.getName());
```

Ebenso gibt es eine Methode, um ein String-Objekt aus dem Datenbankergebnis zu erhalten:

DataObject.java

```
else if (typ1 == String.class)
    args[i] = rs.getString(rc.getName());
```

Spannend sind jetzt referenzierte Objekte. Hier haben wir bisher nur die **uid**. Mit dieser bauen wir einen neuen Selektor, um das referenzierte Objekt mit einer weiteren Anfrage aus der Datenbank zu extrahieren. Es ist ein rekursiver Aufruf auf die **select**-Methode, analog dazu, dass wir einen rekursiven Aufruf bei der Methode **save** brauchten, um referenzierte Objekte zu speichern.

Wie beim Speichern der Objekte werden auch hier als Sonderfall die Null-Werte berücksichtigt, die in der Datenbank durch den Wert -1 ausgedrückt sind:

DataObject.java

```
else if (DataObject.class.isAssignableFrom(typ1)){
    var fid = rs.getLong(rc.getName());
    if (fid==-1){
        args[i] = null;
    }else{
        args[i]
            = select(con, typ1, new Selector("uid", fid+"")).get(0);
    }
}
```

Ein kleiner Sonderfall ist noch die **uid**. Diese ist als long-Wert in der Datenbank gespeichert:

DataObject.java

```
else if (typ1 == UID.class)
    args[i] = new UID(rs.getLong(rc.getName()));
```

Alle weiteren Typen sollten nicht vorkommen. Dann handelt es sich um einen Fehler:

DataObject.java

```
else
    throw new RuntimeException("unsupported type: " + typ1);
```

Zum Ende der foreach-Schleife ist der Index zu erhöhen:

DataObject.java

```
        i++;
    }
```

Im Array **args** sind jetzt die Objekte der Argumente für den Konstruktoraufruf der Recordklasse gespeichert. Nun brauchen wir den entsprechenden Konstruktor, um diesen über Reflection aufzurufen. Unsere Record-Klassen haben mehrere Konstruktoren. Wir benötigen den, mit der höchsten Parameteranzahl:

```
DataObject.java

        var constr = Arrays.stream(klasse.getConstructors())
          .reduce(
            (r, x)->r.getParameterCount()>x.getParameterCount() ? r : x);
```

Diesen Konstruktor können wir über die Reflection-Methode **newInstance** aufrufen. Wir erhalten ein Objekt des allgemeinen Typs **Object** und müssen diesem unseren Ergebnistyp zusichern:

```
DataObject.java

        C elem = (C) constr.get().newInstance(args);
        result.add(elem);
      }
      return result;
    } catch (Exception e) {
      throw new RuntimeException(e);
    }
  }
```

12.1.4 Rekursives Beispiel

Jetzt können wir für beliebige Record-Klassen, die **DataObject** implementieren direkt in einer Datenbank speichern. Das können auch rekursive Klassen sein. Hier ein Beispiel für eine Klasse von Binärbäumen:

```
Tree.java

package name.panitz.util;
public record Tree(UID uid,Tree left,int elem,Tree right)
                                    implements DataObject{
  public Tree(Tree left,int elem,Tree right){
    this(new UID(), left, elem, right);
  }
  public Tree(int elem){
    this(new UID(), null, elem, null);
  }
}
```

In einer interaktiven Session können wir das austesten.

Wir lassen die Datenbanktabelle erzeugen:

```
jshell> createTable(getConnection(),Tree.class)
```

Erzeugen einen kleinen Binärbaum:

```
jshell> var t = new Tree(new Tree(new Tree(7),14,new Tree(18)),21,
new Tree(new Tree(31),42,null))

t ==> Tree[uid=-1, left=Tree[uid=-1, left=Tree[uid=-1,  ... 1]],
elem=42, right=null]]
```

Speichern diesen in der Datenbank:

```
jshell> t.save(getConnection())
```

Dadurch erhalten die Baumknoten eine **uid** aus der Datenbank:

```
t

t ==> Tree[uid=6, left=Tree[uid=3, left=Tree[uid=1, left=null, elem=7,
right=null], elem=14, right=Tree[uid=2, left=null, elem=18,right=null]],
elem=21, right=Tree[uid=5, left=Tree[uid=4, left=null, elem=31,
right=null], elem=42, right=null]]
```

Durch Selektion des Baumes über die **uid** des Wurzelknotens erlangen wir wieder den kompletten Baum aus der Datenbank:

```
select(getConnection(),Tree.class,new Selector("uid","6"))

$7 ==> [Tree[uid=6, left=Tree[uid=3, left=Tree[uid=1, left=null, elem=7,
right=null], elem=14, right=Tree[uid=2, left=null, elem=18,right=null]],
elem=21, right=Tree[uid=5, left=Tree[uid=4, left=null, elem=31,
right=null], elem=42, right=null]]]
```

12.1.5 Persistence Frameworks

Ein Anwendungsentwickler wird in den seltensten Fällen ein eigenes Framework entwickeln, wie wir es in diesem Kapitel getan haben, sondern ein existierendes Framework zur Persistierung von Objekten in einer Datenbank verwenden. Eine allgemeine Schnittstelle zur Abbildung von Objekten auf relationale Datenbanken stellt das *Java Persistence API* dar. Es wurde durch die EJB 3.0 Software Expertgruppe als Teil des JSR 220[20] entwickelt. Die beiden verbreitetsten Frameworks, die dieses implementieren, sind Hibernate (**hibernate.org**) und das Spring Data JPA (**spring.io/projects/spring-data-jpa**).

12.1.6 Aufgaben

Aufgabe 12.1

Ergänzen Sie die Schnittstelle **DataObject** um eine Methode, mit deren Hilfe ein persistiertes Objekt wieder aus der Datenbank gelöscht werden kann. Es sollen referenzierte Objekte nicht gelöscht werden:

```
DataObject.java

    default void delete(Connection con){
        //TODO
    }
```

□

Aufgabe 12.2

Ergänzen Sie die Schnittstelle **DataObject** um eine Methode, mit deren Hilfe ein persistiertes Objekt wieder aus der Datenbank gelöscht werden kann. Es sollen jetzt aber auch alle referenzierten Objekte rekursiv gelöscht werden.

```
DataObject.java

    default void deepDelete(Connection con){
        //TODO
    }
```

□

12.1.7 Datenbankverbindung für schnelle Tests

Für einfache schnelle Tests können wir das Datenbanksystem H2 verwenden. Das hat den Vorteil, dass keine zusätzliche Administration oder Installation notwendig ist. Es muss lediglich die entsprechende Jar-Datei auf dem Klassenpfad liegen.

Die benötigte Jar-Datei befindet sich im Archiv, dass von folgender URL geladen werden kann: **h2database.com/h2-2019-10-14.zip**.

Standardmäßig lässt sich eine Datenbank mit folgenden Werten anlegen:

```
DataObject.java

    String JDBC_DRIVER = "org.h2.Driver";
    String DB_URL = "jdbc:h2:./userData/test1";
```

```
    String USER = "sa";
    String PASS = "";
```

Mit diesen Werten lässt sich eine Verbindung zur Datenbank erstellen:

```
DataObject.java

    static Connection getConnection() {
      try {
        Class.forName(JDBC_DRIVER);
        return DriverManager.getConnection(DB_URL, USER, PASS);
      } catch (Exception e) {
        e.printStackTrace();
        throw new RuntimeException(e);
      }
    }
}
```

12.2 Annotationen Prozessor in Kompilierung

Ziel dieses Kapitels ist es, zu zeigen, wie man mit dem Javakompilator über einen Prozessor für weitere Funktionalität generieren kann. Der Prozessor wertet dabei bei der Übersetzung im Quelltext gemachte Annotationen aus. Anders als im voran gegangenen Kapitel, in dem Annotationen genutzt wurden, um zur Laufzeit über Reflexion Informationen dynamisch auszuwerten, werden nun die Annotationen statisch während der Kompilierung ausgewertet.

Hier gibt es zwei unterschiedliche Arten von Funktionalitäten, um die man den Kompilator mit einem Prozessor für Annotationen erweitern kann:

- Weitere statische Überprüfungen, die zu weiteren Fehlermeldungen und Warnungen während der Kompilierung führen.
- Die Generierung von weiterem Quelltext, der dann direkt kompiliert wird.

Wir werden in diesem Kapitel beides zeigen und es exemplarisch anhand der Datenobjekte, wie sie im vorangegangenen Kapitel definiert wurden, durchführen.

Ein zweiter Aspekt dieses Kapitels beschäftigt sich mit einem Webdienst. Es geht darum, für einen Webserver Javaklassen zu schreiben, sogenannte Servlets, die für Http-Anfragen Antworten generieren.

Damit erhalten wir Einblick in die Programmierung eines weiteren Frameworks. Mit dem vorhergehenden Kapitel erhalten wir ein Framework, das für beliebige Record-Klassen mit der entsprechenden Annotationen eine Webapplikation erstellt, in der Objekte über eine URL von einem Server erfragt und auf einen gespeichert werden können.

12.2.1 Zu berücksichtigende Annotation

Als erstes benötigen wir eine Annotation, für die unser Prozessor im Kompilator weitere Checks durchführen und weiteren Quelltext generieren und kompilieren soll. Es reicht aus, eine leere Annotationsschnittstelle zu definieren:

CheckDataObject.java

```
package name.panitz.util;

public @interface CheckDataObject {}
```

Anders als die Annotation **VARCHAR** aus dem letzten Kapitel brauchen wir keine zusätzliche Angabe zur sogenannten **Retention** zu machen. Diese Annotation wird nur während der Kompilierung ausgewertet und steht zur Laufzeit nicht mehr zur Verfügung.

12.2.2 Beispielklassen

Als durchgehendes Beispiel nehmen wir wieder die beiden kleinen Beispielklassen aus dem letzten Kapitel. Jetzt sind sie allerdings zusätzlich mit der eben definierten Annotation **CheckDataObject** markiert.

Wir haben zum einen eine kleine Datenklasse für literarische Epochen:

Epoche.java

```
package name.panitz.util;
@CheckDataObject
public record Epoche(UID uid, String name, int jahrhundert)
                                          implements DataObject {
  public Epoche(String name, int jahrhundert){
    this(new UID(), name, jahrhundert);
  }
}
```

Und als zweites die Klasse, um Autoren als Personen zu speichern, wobei hier eine Referenz auf die Epoche in einem Feld existiert:

Person.java

```
package name.panitz.util;
@CheckDataObject
public record Person(UID uid, @VARCHAR(200) String name
                ,String vorname, int gebJahr,Epoche epoche)
                                          implements DataObject {
  public Person(String name,String vorname,int gebJahr,Epoche epoche){
    this(new UID(), name, vorname, gebJahr, epoche);
```

```
    }
  }
```

12.2.3 Prozessor

Jetzt schreiben wir einen Prozessor für Annotationen. Dieser Prozessor wird dann vom
Javakompilator aufgerufen. Hierzu ist beim Aufruf von **javac** auf der Kommandozeile
zusätzlich mit anzugeben, dass die Klassen zur Auswertung der Annotationen während
der Kompilierung zu verwenden sind:

```
javac -processor name.panitz.util.DataObjectProcessor Epoche.java
```

Beginnen wir mit den benötigten Importanweisungen:

DataObjectProcessor.java

```
package name.panitz.util;

import java.util.Set;
import javax.annotation.processing.*;
import javax.lang.model.SourceVersion;
import javax.lang.model.element.*;
import javax.tools.Diagnostic.Kind;

import javax.lang.model.type.*;
import java.io.*;
```

Ein Prozessor, der den Kompilator um weitere Auswertungen von Annotation erweitert, lässt sich am einfachsten als Unterklasse der Klasse **AbstractProcessor**
definieren. Als Annotationen können diesem wieder Informationen über die von dem
Prozessor ausgewerteten Annotationen und über die bearbeitete Quelltextversion mit-
gegeben werden:

DataObjectProcessor.java

```
@SupportedAnnotationTypes("name.panitz.util.CheckDataObject")
@SupportedSourceVersion(SourceVersion.RELEASE_21)
public class DataObjectProcessor extends AbstractProcessor {
```

12.2.3.1 Die eigentliche Prozessormethode

Die abstrakte Methode, die zu überschreiben ist, heißt **process**. Sie erhält als Argument eine Menge der gefundenen Annotationstypen und eine Umgebung:

```
DataObjectProcessor.java

@Override public boolean
process(Set<?extends TypeElement>as,RoundEnvironment env){
  try{
```

Wir lassen uns über die Umgebung alle Konstrukte des Quelltextes geben, die eine Annotation des Typs **CheckDataObject** haben und iterieren über diese:

```
DataObjectProcessor.java

    for (var element
        : env.getElementsAnnotatedWith(CheckDataObject.class)) {
```

Hier gehen wir vorerst davon aus, dass das annotierte Element ein Typelement ist, also eine Klassendefinition, eine Schnittstellendefinition oder eine Aufzählungs- oder Record-Klasse. Wir gehen davon aus, dass keine innere Klasse annotiert wurde, sprich das umschließende Element ein Paket und nicht eine äußere Klasse ist.[3]

```
DataObjectProcessor.java

        String packageName = ((PackageElement)element
            .getEnclosingElement())
            .getQualifiedName().toString();
        var cs = ((TypeElement)element);
```

Im Rahmen dieses Kapitels werden wir für die annotierten Record-Klassen drei zusätzliche Schritte im Kompilator vornehmen. Wir werden jeweils eine kleine Utility-Klasse mit statischen Methoden generieren, werden dann zusätzliche Checks vornehmen, ob die Record-Klassen alle Einschränkungen für Datenhaltungsklassen einhalten und schließlich in Aufgaben werden die Servlet-Klassen zum Verwalten der Objekte in einer Datenbank generiert:

```
DataObjectProcessor.java

        generateSetter(packageName,cs);
        checkArgumentTypes(packageName,cs);
        generateServlet(packageName,cs);
    }
```

Die Methode **process** verlangt einen Wahrheitswert als Ergebnis. Dieser gibt an, ob der Prozessor die annotierten Objekte exklusiv behandeln möchte oder auch anderen Prozessoren offen sein soll:

```
DataObjectProcessor.java

    return false;
  }catch (Exception e){throw new RuntimeException(e);}
}
```

---

[3] Alle diese Annahmen könnten wir auch erst noch überprüfen.

12.2.3.2 Generierung von Setter-Hilfsmethoden

Jetzt können wir loslegen und die im Prozessor verwendeten Methoden definieren, die dann bei der Kompilierung für die annotierten Klassen ausgeführt werden.

Als erstes soll gezeigt werden, wie weiterer Quelltext generiert werden kann, der dann direkt kompiliert wird. Für unsere Datenhaltungsklassen, die wir bearbeiten, sollen Hilfsfunktionen generiert werden, die ein neues Objekt erzeugen, in dem ein Wert neu gesetzt wurde. Wir wollen zum Beispiel für **Epoche** folgende Klasse automatisch generieren:

```
EpocheUtility.java

package name.panitz.util;
public class EpocheUtil{
  static public Epoche setuid(Epoche dies, name.panitz.util.UID v){
    return new Epoche(v, dies.name(), dies.jahrhundert());
  }
  static public Epoche setname(Epoche dies, java.lang.String v){
    return new Epoche(dies.uid(), v, dies.jahrhundert());
  }
  static public Epoche setjahrhundert(Epoche dies, int v){
    return new Epoche(dies.uid(), dies.name(), v);
  }
}
```

Für jedes Feld der Record-Klasse wird also eine statische Methode erzeugt, die ein Objekt der Record-Klasse erhält, einen neuen Wert für das Feld und damit ein neues Objekt aus den ursprünglichen Feldwerten und neuem Wert erzeugt. Es handelt sich also wieder um typischen *boiler plate code*, den wir nicht von Hand codieren, sondern automatisch generieren wollen.

Zunächst einmal betrachten wir den Klassennamen der annotierten Record-Klasse, erzeugen daraus den Namen der zu generierenden Klasse, indem wir das Wort **Util** dran hängen und errechnen den vollqualifizierten Namen der zu generierenden Klasse:

```
DataObjectProcessor.java

private void generateSetter(String packageName,TypeElement cs)
                                                throws Exception{
  var simpleName = cs.getSimpleName();
  var name = simpleName+"Util";
  var fqn = packageName != null?packageName+"."+name:name;
```

Für den vollqualifizierten Klassennamen lässt sich aus der Umgebung des Prozessors ein **Writer** für die zu generierende Quelltextdatei erzeugen:

```
DataObjectProcessor.java

var  builderFile = processingEnv.getFiler().createSourceFile(fqn);
var out = new PrintWriter(builderFile.openWriter());
```

Und nun können wir damit beginnen, den Quelltext zu erzeugen. Zunächst einmal die Paketdeklaration:

```
DataObjectProcessor.java

    if (packageName != null) {
        out.append("package ").append(packageName).append(";\n");
    }
```

Dann folgt die Klassendeklaration:

```
DataObjectProcessor.java

    out.append("public class ").append(name).append("{");
```

Und schließlich wird für jedes Feld der Record-Klasse eine statische Methode generiert, die ein neues Objekt der Record-Klasse erzeugt:

```
DataObjectProcessor.java

    for (var rc:cs.getRecordComponents()){
        out.write(STR."""

static public \{simpleName} set\{rc.getSimpleName()}
                    (\{simpleName} dies, \{rc.asType()} v){
    return new \{simpleName}(""");
```

Die Argumente des neuen Objektes werden entweder aus dem übergebenen Objekt **dies** übernommen oder sind für das zu setzende Feld der übergebene Wert:

```
DataObjectProcessor.java

    var first=true;
    for (var rc2:cs.getRecordComponents()){
        if (first) first=false; else out.write(", ");
        if (rc2.getSimpleName().equals(rc.getSimpleName()))
            out.write("v");
        else out.write("dies."+rc2.getSimpleName()+"()");
    }
    out.append(");").append("\n  }");
    }
```

Und damit ist die Generierung der Klasse schon beendet:

```
DataObjectProcessor.java

    out.write("\n}");
    out.close();
}
```

12.2.3.3 Check auf korrekte Feldtypen

Nachdem wir gesehen haben, wie wir neuen Quelltext generieren und gleichzeitig wieder kompilieren lassen können, soll jetzt noch gezeigt werden, wie man zusätzliche Checks in der Kompilierung vornehmen kann. Hierzu kann hat man in der Umgebung des Prozessors Zugriff auf die Meldungen des Kompilators bekommen. Wir gehen durch die Felder der Record-Klasse und checken deren Typen. Wenn die sich nicht mit den erlaubten Typen einer **DataObject**-Klasse vertragen, so meldet der Compiler nun einen Fehler:

```
DataObjectProcessor.java

    private void checkArgumentTypes(String packageName,TypeElement cs)
                                                     throws Exception{
      for (var rc:cs.getRecordComponents()){
        if (!isAllowedFieldType(rc.asType()))
          processingEnv.getMessager().printMessage
            (Kind.ERROR, "illegal field type in DataObject "
            + rc.asType()+ " for field "+rc, cs);
      }
    }
```

Die folgende Methode checkt, ob der Feldtyp einer Record-Klasse für **DataObject**-Klassen erlaubt ist. Erlaubt sind alle primitiven Typen außer **char**, der Standardtyp **String**, der spezielle Typ **UID** und alle Typen, die **DataObject** implementieren:

```
DataObjectProcessor.java

    public static boolean isAllowedFieldType(TypeMirror type) {
      if (type instanceof DeclaredType dt) {
        if (dt.asElement() instanceof TypeElement ce) {
          return
            ce.toString().equals("name.panitz.util.UID")
            ||ce.toString().equals("java.lang.String")
            ||ce.getInterfaces().stream()
            .anyMatch(i->(""+i).equals("name.panitz.util.DataObject"));
        }
      }else if (type instanceof PrimitiveType){
        return !type.toString().equals("char");
      }
      return false;
    }
```

12.2.4 Generierung eines Webservices mit Java Servlets

In diesem Abschnitt betrachten wir die Möglichkeit, mit Javaprogrammen die Funktionalität eines Webservers zu erweitern. Damit lassen sich dynamische Webseiten erzeugen oder Webdienste realisieren. Eine Webadresse wird vom Server umgeleitet auf ein Javaprogramm, das die entsprechende Antwortseite erzeugt.

12.2.4.1 Servlet Container

Standardmäßig unterstützt ein Webserver nicht die Fähigkeit Javaprogramme für bestimmte URLs aufzurufen. Hierzu ist der Webserver zunächst um eine Komponente zu erweitern, die ihn dazu befähigt. Eine solche Komponente wird *servlet container* bezeichnet. Einer der gebräuchlichsten *servlet container* ist *tomcat*[4].

Servletkonfiguration

Die wichtigste Konfigurationsdatei für eine Webapplikation ist die Datei **web.xml**:

```
<web-app
  xmlns="http://xmlns.jcp.org/xml/ns/javaee"
  xmlns:xsi="http://www.w3.org/2001/XMLSchema-instance"
  xsi:schemaLocation="http://xmlns.jcp.org/xml/ns/javaee
    http://xmlns.jcp.org/xml/ns/javaee/web-app_3_1.xsd"
  version="3.1">
</web-app>
```

Jetzt sind die entsprechenden Klassen zu schreiben, d.h. in unserem Beispiel die Klassen **EpocheServlet** und **PersonServlet**.

Als erstes Beispiel geben wir eine minimale Implementierung einer Servletklasse. Hierzu schreiben wir eine Unterklasse der abstrakten Klasse **HttpServlet**:

```
ExampleEpocheServlet.java

package name.panitz.util;
import java.io.*;
import javax.servlet.*;
import javax.servlet.http.*;

@WebServlet("/EpocheTest")
public class ExampleEpocheServlet extends HttpServlet{
```

Nun lässt sich durch Überschreiben von Methoden definieren, wie auf die unterschiedlichen HTTP-Anfragetypen reagiert wird. Dazu können die Methoden **doGet**, **doPost**, **doPut** und **doDelete** überschrieben werden. Die letzten beiden werden seltener verwendet.

---

[4] http://tomcat.apache.org/. Dieser kann genutzt werden, um z.B. einen Webserver zu erweitern, sodass auf ihm Servlets laufen können. Der *tomcat* selbst ist jedoch auch bereits ein eigener Webserver und kann, so wie wir es in diesem Kapitel tun, auch als eigenständig betrieben werden.

Überschreiben wir zunächst einmal die häufig verwendete Methode **doGet**. Sie erhält zwei Argumente, die Objekte mit Informationen über die Anfrage und die zu gebende Antwort enthalten:

```
ExampleEpocheServlet.java

@Override
public void doGet
        (HttpServletRequest request,HttpServletResponse response)
                            throws IOException,ServletException{
```

Mit dem **HttpServletRequest** Objekt lassen sich viele Informationen über die Anfrage ermitteln. Zum Beispiel mit **getParameter**, ob in der Anfrage für einen Parameter ein Wert gesetzt wurde. Auch die URI und URL der Anfrage lassen sich hier abfragen. Wir lassen uns exemplarisch die URI geben:

```
ExampleEpocheServlet.java

String requestUrl = request.getRequestURI();
```

Für das Antwortobjekt lässt sich zum Beispiel der Typ für die Antwortdaten und ein Encoding setzen. Am wichtigsten ist aber, dass hier für das Schreiben der Antwortdaten mit **getOutputStream** ein Ausgabestrom und mit **getWriter** ein **Writer**-Objekt erhalten werden kann:

```
ExampleEpocheServlet.java

response.setContentType("text/html");
response.setCharacterEncoding("UTF-8");
response.getWriter()
    .println("<info>request url was: "+requestUrl+" "
            +request.getRequestURL()+" "
            +request.getContextPath()+"</info>");
}
```

Häufig soll es keinen Unterschied machen, ob das Servlet per HTTP GET oder per HTTP POST angesprochen wurden und die Antwort auf ein POST verweist auf die Antwort auf einem GET:

```
ExampleEpocheServlet.java

@Override
public void doPost
        (HttpServletRequest request,HttpServletResponse response)
                                throws IOException, ServletException{
    doGet(request,response);
    }
}
```

Einrichten eines Servlets auf dem *tomcat*

Jetzt kommen wir zu dem etwas kniffligeren Part. Die kleine Webapplikation muss auf dem *tomcat* bereitgestellt werden. Hierzu muss man wissen, wo die eigene *tomcat*-Installation die Webseiten verwaltet. Dazu legt der *tomcat* einen Ordner an. Im Falle von Linux ist das standardmäßig der Ordner:

/var/lib/tomcat9/webapps.

Hier kann man jetzt einen Ordner für die eigene Webapplikation erzeugen. Dieser soll dann Anwendername und Gruppenname **tomcat** haben:

```
panitz@px1:~$ sudo -u tomcat mkdir /var/lib/tomcat9/webapps/myApp
[sudo] password for panitz:
panitz@px1:~$ ls -l /var/lib/tomcat9/webapps/
total 7356
drwxr-xr-x 3 tomcat tomcat    4096 Mai  31  2020 ROOT
drwxrwxr-x 2 tomcat tomcat    4096 Mai  30 12:13 myApp
```

In diesem Ordner sind folgende drei Unterordner zu erzeugen:

- **WEB-INF**
- **WEB-INF/classes**
- **WEB-INF/lib**

```
sudo -u tomcat mkdir /var/lib/tomcat9/webapps/myApp/WEB-INF
sudo -u tomcat mkdir /var/lib/tomcat9/webapps/myApp/WEB-INF/classes
sudo -u tomcat mkdir /var/lib/tomcat9/webapps/myApp/WEB-INF/lib
```

Die Datei **web.xml**, die wir oben vorgestellt haben, kommt in den **WEB-INF** Ordner.

Die class-Dateien unserer Applikation kommen in den **classes**-Ordner und eventuelle weitere verwendete Javabibliohteken können als jar-Datei in den **lib**-Ordner abgelegt werden:

```
panitz@px1:~$ sudo -u tomcat cp -r classes/*
↪ /var/lib/tomcat9/webapps/myApp/WEB-INF/classes/
```

Eine letzte Falle sind die Javaversionen. Der *tomcat* wird meistens für eine JDK Version installiert, die das Installationsskript auf dem Rechner findet. Da wir mit JDK 21 Features arbeiten wollen, ist dies auch dem *tomcat* bekannt zu machen.

Der *tomcat* installiert auf Linux seine Startskripte auf **/usr/share/tomcat9/bin/**.

Hier kann man ein Skript **setenv.sh** schreiben, das die gewünschte Javaversion setzt. In diesem Fall hat es folgenden Inhalt:

```
CATALINA_OPTS=--enable-preview

JAVA_HOME=/home/panitz/jdk-21/
```

Damit der *tomcat* diese Umgebung korrekt berücksichtigt, sollte er neu gestartet werden:

```
panitz@px1:~$ sudo service tomcat9 restart
```

Wenn jetzt alles gut gegangen ist, haben wir einen lokalen Webserver, der für die URI **myApp/Epoche**, das Servlet für die Antwort verwendet.

12.2.4.2 Aufgaben

In dieser Aufgabe geht es jetzt darum, die Servletklassen für die Datenobjekte generieren zu lassen. Damit erhalten wir für jede Record-Klasse, die mit der Annotation versehen ist, einen Webdienst, um die Daten in eine Datenbank zu speichern, aufzulisten, anzuzeigen und zu löschen.

Aufgabe 12.3

In dieser Aufgabe ist die Funktion **generateServlet**, die für jede **DataObject** Record-Klasse ein Servlet erzeugt, zu vervollständigen.

Wir erzeugen den Kopf der Klasse:

DataObjectProcessor.java

```java
    private void generateServlet(String packageName,TypeElement cs)
                                                    throws Exception{
        var simpleName = cs.getSimpleName();
        var name = simpleName+"Servlet";
        var builderFile = processingEnv.getFiler().createSourceFile(name);

        var out = new PrintWriter(builderFile.openWriter()) ;
        if (packageName != null) {
            out.append("package ").append(packageName).append(";\n");
        }
        out.write(
STR."""
import java.io.*;
import javax.servlet.*;
import javax.servlet.http.*;
import javax.servlet.annotation.*;
import java.sql.*;
import static name.panitz.util.DataObject.*;
```

```
@WebServlet("/\{simpleName}/*")
public class  \{name} extends HttpServlet{
  @Override public void
  doGet(HttpServletRequest request,HttpServletResponse response)
                                  throws IOException, ServletException{
    response.setContentType("text/html");
    response.setCharacterEncoding("UTF-8");
    String requestUri = request.getRequestURI();
    String rest = requestUri.substring((request.getContextPath()
                                  +"/\{simpleName}/").length());
""");
```

Jetzt geht es darum, für den Rest **rest** der angesprochenen URI die passende Antwort
zu verschicken.

a) Schreiben Sie den zu generierenden Code, der alle in der Datenbank auf dem Server gespeicherten Objekte der Klasse, für die das Servlet generiert wird, anzeigt:

DataObjectProcessor.java

```
    out.write(
STR."""
 if (rest.startsWith("list")){
   //TODO
""");
```

b) Schreiben Sie den zu generierenden Code, der ein Objekt mit einer bestimmten
   UID aus der Datenbank selektiert und anzeigt:

DataObjectProcessor.java

```
    out.write(
STR."""
    }else if (rest.startsWith("get")){
      var num = rest.substring("get/".length());
        //TODO
""");
```

c) Schreiben Sie den zu generierenden Code, der Datenbanktabellen für die Klasse
   erzeugt:

DataObjectProcessor.java

```
    out.write(
STR."""
    }else if (rest.startsWith("createTable")){
        //TODO
""");
```

d) Schreiben Sie den zu generierenden Code, der das Objekt mit der übergebenen **uid** aus der Datenbank löscht:

```
DataObjectProcessor.java

    out.write(
STR."""
    }else if (rest.startsWith("delete")){
       var uid = rest.substring("delete/".length());
       //TODO
""");
```

        □

Wenn andere Anfragen an das Servlet gestellt werden, so wird eine Information über den Fehler zur Anzeige erzeugt:

```
DataObjectProcessor.java

    out.write(
STR."""
    }else {
      response
        .getOutputStream()
        .println
          ("<div>no match "+rest+" in "+requestUri+"</div>");
    }
  }
```

Die Methode **doPost** verweist direkt auf die Methode **doGet**:

```
DataObjectProcessor.java

  @Override
  public void doPost(HttpServletRequest rq,HttpServletResponse rp)
                                 throws IOException,ServletException{
    doGet(rq,rp);
  }
}

""");
    out.close();
  }
}
```

Teil V
Projekte

Kapitel 13
Zweidimensionale Spieleanwendung

Zusammenfassung In diesem Kapitel wird eine kleine Bibliothek zum Entwickeln von zweidimensionalen Spieleanwendungen entwickelt. Ein erstes kleines Spiel wird mit dieser Bibliothek gezeigt und schließlich eine Simulation für die Ausbreitung Infektionskrankheit implementiert.

13.1 Punkte im 2-Dimensionalen Raum

Eine sehr einfache Klasse für Punkte im zweidimensionalen Raum macht den Anfang:

```
Vertex.java

class Vertex{
  double x;  double y;
  Vertex(double x,double y){this.x=x;this.y=y;}
  void add(Vertex that){x+=that.x;y+=that.y;}
  void moveTo(Vertex that){x=that.x;y=that.y;}
}
```

Es gibt zwei Koordinaten, die in einem Konstruktor übergeben werden. Diese Koordinaten können modifiziert werden. Entweder dadurch, dass sie mit **moveTo** auf neue Werte gesetzt werden, oder dass sie mit **add** um Werte erhöht werden.

13.2 Spielobjekte

Mit der Klasse **Vertex** lassen sich Punkte im zweidimensionalen Raum beschreiben.
Nun sollen Objekte definiert werden, die in diesem Raum verortet sind.

13.2.1 Allgemeine Schnittstelle

Hierfür wird zunächst eine geeignete Schnittstelle definiert.

```
GameObj.java

interface GameObj{
```

13.2.1.1 Abstrakte Methoden

Jedes Spieleobjekt soll eine Position auf dem Spielfeld haben. Dabei ist zu beachten,
dass das Koordinatensystem auf dem Bildschirm für einen Fensterinhalt in der Ecke
links oben den Ursprung hat. Die x-Koordinate geht von dort nach rechts, die y-
Koordinate geht nach unten.

Ein Spielobjekt soll eine Bewegungsrichtung in beiden Koordinaten haben. Diese
wird in einem weiteren **Vertex**-Objekt ausgedrückt.

Schließlich soll ein Spielobjekt eine Weite und eine Höhe haben. Dieses entspricht
bei Objekten, die selbst kein Rechteck sind, dem kleinsten das Objekt umschließende
Rechteck.

Alle diese Eigenschaften sollen durch Methoden erfragt werden können.

```
GameObj.java

    Vertex pos();
    Vertex velocity();
    double width();
    double height();
```

Wir beschränken uns darauf, die Spiele im Swing Gui-Framework zu spielen. Jedes
Spieleobjekt soll somit eine Methode enthalten, in der definiert ist, wie es sich auf
einem **java.awt.Graphics** Objekt visualisiert.

```
GameObj.java

    void paintTo(java.awt.Graphics g);
```

13.2.1.2 Standardmethoden

Eine ganze Reihe von Eigenschaften für Spieleobjekte lassen sich als Standardmethoden der Schnittstelle umsetzen.

Das Objekt bewegt sich um die gespeicherte Bewegungsgeschwindigkeit. Damit ist die Geschwindigkeit auf die Position aufzuaddieren:

```
GameObj.java

  default void move(){pos().add(velocity());}
```

Die Spielobjekte sollen sich in ihrer Lage zueinander testen lassen. Eine einfache Methode kann testen, ob ein Objekt komplett oberhalb einer Linie im Koordinatensystem liegt, prüft die folgende Methode:

```
GameObj.java

  default boolean isAbove(double y){return pos().y+height()<y;}
```

Damit lässt sich ausdrücken, ob das Objekt komplett oberhalb eines anderen Objekts liegt.

```
GameObj.java

  default boolean isAbove(GameObj that){return isAbove(that.pos().y);}
```

Die Frage, ob ein Objekt komplett unterhalb eines anderen Objekts liegt, kann durch Vertauschen der Objekte **this** und **that** mit der zuvor gelösten Frage, es ein Objekt oberhalb liegt, beantwortet werden:

```
GameObj.java

  default boolean isUnderneath(GameObj that){return that.isAbove(this);}
```

Auf analoge Weise lässt sich prüfen, ob zwei Objekte links oder rechts zueinander liegen. Hierzu ist lediglich die Weite durch die Höhe und die y-Koordinate durch die x-Koordinate zu ersetzen:

```
GameObj.java

  default boolean isLeftOf(double x){return pos().x+width()<x;}
  default boolean isLeftOf(GameObj that){return isLeftOf(that.pos().x);}
  default boolean isRightOf(GameObj that){return that.isLeftOf(this);}
```

Ein wichtiges Konzept für Spiele ist die Frage, ob zwei Spielobjekte miteinander kollidieren. Mit den obigen Methoden ist diese Frage so gut wie beantwortet. Der Trick ist, sich zu überlegen, wann sich zwei Objekte nicht berühren. Das ist der Fall, wenn sie über oder untereinander oder eben rechts oder links voneinander liegen.

Wir sind für die Kollision an dem Negat interessiert. Zwei Objekte Kollidieren im
zweidimensionalen Raum, wenn sie nicht links/rechts oder oberhalb/unterhalb zueinander liegen:

```
GameObj.java

    default boolean touches(GameObj that){
      return
      ! (    isAbove(that)   || isUnderneath(that)
          || isLeftOf(that) || isRightOf(that)    );
    }
}
```

13.2.1.3 Bildobjekte

Am schnellsten kommt man zu einem bunten Spiel, wenn man als Spielobjekte Bild-
dateien nimmt.

Am einfachsten können die in der Schnittstelle verlangten Methoden durch eine Datenklasse implementiert werden. In der Datenklasse werden die benötigten Felder
definiert. Die vier Felder definieren Position, Geschwindigkeit und Größe. Zusätzlich
soll ein Bildobjekt einen Dateinamen der Bilddatei enthalten. Ebenso ein Objekt für
das Bild, sodass es auf einem **Graphics**-Objekt angezeigt werden kann.

Wir erhalten folgende Datenklasse:

```
ImageObject.java

    import java.awt.*;
    import javax.swing.ImageIcon;
    record ImageObject( Vertex pos, Vertex velocity
                      , double width, double height
                      , String fileName, Image image)
        implements GameObj{
```

Der kanonische Konstruktor benötigt viele Objekte, die zueinander passen müssen.
Man muss nicht nur die Bilddatei kennen, sondern schon das passende **Image**-Objekt
und die korrekte Weiten- und Höhenangabe für das Bild. Die letzten drei lassen
sich aber errechnen, wenn man das Bild aus einer Datei liest. Deshalb bekommt der
kanonische Konstruktor zusätzlichen Code, in dem **width**, **height** und **image** nicht
aus den Argumenten initialisiert werden, sondern der Bilddatei entnommen werden.

Zum Laden der Bilddatei nehmen wir die Standardklasse **ImageIcon**. Diese nimmt
uns die meiste Arbeit ab. Sie stellt Größe, Weit eund Bildobjekt bereit.

Hier der zusätzliche Code für den kanonischen Konstruktor:

```
ImageObject.java

  public ImageObject{
    var iIcon
      = new ImageIcon(getClass().getClassLoader().getResource(fileName));
    width = iIcon.getIconWidth();
    height=iIcon.getIconHeight();
    image = iIcon.getImage();
  }
```

Da drei Felder nun bei der Initialisierung errechnet werden und nicht aus den Argumenten des Konstruktors übernommen werden, ist es hilfreich einen Konstruktor so zu überladen, dass er die Argumente nicht benötigt:

```
ImageObject.java

  public ImageObject(Vertex pos,Vertex velocity, String fileName){
    this(pos,velocity,0,0,fileName,null);
  }
```

Spielobjekte, die direkt im Ursprung liegen und sich nicht bewegen, können über einen noch einfacheren Konstruktor erzeugt werden. Dabei genügt die Angabe der Bilddatei. Dies ist meistens bei einem Hintergrundbild sinnvoll:

```
ImageObject.java

  public ImageObject(String fileName){
    this(new Vertex(0,0),new Vertex(0,0),fileName);
  }
```

Eine abstrakte Methode ist noch zu implementieren. Die Methode, die das Objekt auf dem **Graphics**-Objekt anzeigt. In der Klasse **Graphics** gibt es eine Methode, die Bildobjekte auf dem Bildschirm anzeigt:

```
ImageObject.java

  public void paintTo(Graphics g){
    g.drawImage(image, (int)pos.x, (int)pos.y, null);
  }
}
```

13.2.1.4 Textobjekte

Ein weiteres Spielobjekt soll hauptsächlich dazu dienen, Textinformationen innerhalb des Spiels zu platzieren.

Zu den durch die Schnittstelle festgelegten Feldern kommen noch Felder über Schriftart und Größe, sowie den zu platzierenden Text:

```
TextObject.java

import java.awt.*;
record TextObject( Vertex pos, Vertex velocity
                 , double width, double height
                 , int fontSize, String fontName, String text)
     implements GameObj{
```

Auch dieser kanonische Konstruktor wird in einem überladenen Konstruktor für die meisten Argumente mit Standardwerten belegt:

```
TextObject.java

   TextObject( Vertex pos, String text){
     this(pos,new Vertex(0,0),0,0,20,"Helvetica",text);
   }
```

Für **Graphics**-Objekte gibt es eine Methode, um Texte darzustellen, die für **paintTo** verwendet werden kann:

```
TextObject.java

   public void paintTo(Graphics g){
      g.setFont(new Font(fontName, Font.PLAIN, fontSize));
      g.drawString(text, (int)pos().x, (int)pos().y);
   }
}
```

13.3 Allgemeine Spielschnittstelle

In einem nächsten Schritt überlegen wir, wie man das Zusammenspiel der einzelnen Spielobjekte für ein Spiel ausdrücken kann. Auch das lässt sich gut allgemein über eine Schnittstelle ausdrücken:

```
Game.java

import java.util.List;
import java.awt.event.*;
import java.awt.*;

interface Game{
```

13.3.1 Abstrakte Methoden

Wir gehen von Spielfeldern mit einer festen Größe und Höhe aus. Diese müssen erfragt werden können:

```
Game.java

    int width();
    int height();
```

Des weiteren erwarten wir einen Spieler, der über die Tastatur steuerbar ist:

```
Game.java

    GameObj player();
```

Alle anderen Spielfiguren sind in Listen zusammengefasst. Es soll mehrere Listen von Spielfiguren geben. So lassen sich unterschiedliche Figuren in unterschiedlichen Listen sammeln. Wir erwarten eine Liste von weiteren Listen, in denen die Spielfiguren gespeichert sind:

```
Game.java

    List<List<? extends GameObj>> goss();
```

Dabei ist festgelegt, dass Spielfiguren aus späteren Listen die Figuren aus früheren Listen übermalen. In der Liste **goss()** sollten also Hintergrundobjekte als erstes erscheinen.

Es ist sinnvoll, für ein Spiel eine definierte Funktion zur Initialisierung bereitzustellen. Diese kann auch bei einem eventuellen **reset** verwendet werden:

```
Game.java

    void init();
```

Die wahrscheinlich zentralste Methode soll Checks für allen Spielobjekten vorsehen und so ins Spielgeschehen eingreifen, beispielsweise wenn eine Spielfigur den Rand des Spiels berührt:

```
Game.java

    void doChecks();
```

Eine letzte abstrakte Methode für ein Spiel betrifft die Interaktion mit dem Anwender.

In einem konkreten Spiel ist zu implementieren, wie auf Tastatureingaben reagiert werden soll:

Game.java

```
void keyPressedReaction(KeyEvent keyEvent);
```

13.3.2 Standardmethoden

Auch in dieser Schnittstelle lassen sich bereits eine Reihe von Standardmethoden
definieren. Wenn das Spiel einen Tick in einem globalen Zeitgeber weitergeht, sollen
sich alle Objekte einen Schritt weiter bewegen. Hierzu ist durch alle Listen zu iterieren
und in jeder Liste jedes Objekt zu bewegen.

Ebenso soll auch die Spielfigur einen Bewegungsschritt machen:

Game.java

```
default void move(){
  for (var gos:goss()) gos.forEach(go -> go.move());
  player().move();
}
```

Auf ähnliche Weise ist dafür zu sorgen, dass alle am Spiel beteiligten Spielfiguren
sich auf dem Spielfeld visuell darstellen. Es ist für alle Spielobjekte inklusive der
Spielfigur die Methode **paintTo** aufzurufen:

Game.java

```
default void paintTo(Graphics g){
  for (var gos:goss()) gos.forEach( go -> go.paintTo(g));
  player().paintTo(g);
}
```

In einer letzten Standardmethode wird umgesetzt, wie das Spiel auf dem Bildschirm
gestartet wird. Das Spiel wird hierzu neu initialisiert und es wird ein Fensterrahmen.
In diesem wird das Spiel in eine Spielfläche eingefügt. Die dazu verwendete Klasse
wird im nachfolgenden Abschnitt entwickelt:

Game.java

```
default void play(){
  init();
  var f = new javax.swing.JFrame();
  f.setDefaultCloseOperation(javax.swing.JFrame.EXIT_ON_CLOSE);
  f.add(new SwingScreen(this));
  f.pack();
  f.setVisible(true);
}
}
```

13.3.3 Spiel in Swing spielen

Als nächstes soll unser Spiel visualisiert und mit einem Zeitgeber gestartet werden. Der Zeitgeber gibt Ticks ab. Zu jedem Tick werden die Checks des Spiels durchgeführt und der neue Spielzustand dann wieder auf dem Bildschirm angezeigt.

Wir schreiben eine Unterklasse von **JPanel**. Auf der können wir die Methode **paintComponent** überschreiben.

Die Klasse braucht zwei Dinge: die Spiellogik und den Zeitgeber:

```
SwingScreen.java

import javax.swing.*;
import java.awt.event.*;
import java.awt.*;
public class SwingScreen extends JPanel{
  Game logic;
  Timer t;
```

Die Spiellogik wird im Konstruktor übergeben:

```
SwingScreen.java

  public SwingScreen(Game gl) {
    this.logic = gl;
```

Dann wird der Zeitgeber erzeugt, der bei jedem Tick das Spiel einen Schritt weiter bewegt, die Checks macht und schließlich veranlasst, dass der so geänderte Spielzustand neu dargestellt wird:

```
SwingScreen.java

    t = new Timer(13, (ev)->{
        logic.move();
        logic.doChecks();
        repaint();
        getToolkit().sync();
        requestFocus();
    });
```

Anschließend wird der Zeitgeber gestartet.

```
SwingScreen.java

    t.start();
```

Für die Tastatursteuerung wird eine Tastaturereignisbehandlung zugefügt, die die Tastaturbehandlung des Spiels übernimmt:

```
SwingScreen.java

    addKeyListener(new KeyAdapter() {
        @Override public void keyPressed(KeyEvent e) {
            logic.keyPressedReaction(e);
        }
    });
    setFocusable(true);
    requestFocus();
    }
```

Die Grafikkomponente bekommt die für das Spiel erforderliche Größe:

```
SwingScreen.java

    @Override public Dimension getPreferredSize() {
        return new Dimension((int)logic.width(),(int)logic.height());
    }
```

Zum Zeichnen des Spielfeldes wird die entsprechende Methode des Spielobjekts verwendet:

```
SwingScreen.java

    @Override protected void paintComponent(Graphics g) {
        super.paintComponent(g);
        logic.paintTo(g);
    }
}
```

13.4 Kleines Beispiel-Spiel

Mit den abstrakt entworfenen Klassen soll ein erstes kleines Spiel umgesetzt werden.

Die einfachste Art, ein Spiel zu implementieren, ist, eine Datenklasse mit den Feldern, die von der Schnittstelle **Game** vorgegeben sind, zu schreiben. Zusätzliche Felder beinhalten spezifische Informationen für das Spiel.

Das sind die einzelnen Listen mit den Spielobjekten. In einer Liste sind Hintergrundobjekte gespeichert, eine enthält Gegner der Spielfigur, eine soll ein paar athmosphärische Wolken enthalten und in einer letzten werden Textinformationen gesammelt:

```
SimpleGame.java

import java.util.List;
import java.util.ArrayList;
import java.awt.*;
import java.awt.event.*;
import static java.awt.event.KeyEvent.*;
```

```
record SimpleGame
 ( GameObj player, List<List<? extends GameObj>> goss
 , int width, int height, int[] schaden
 , List<GameObj> hintergrund, List<GameObj> gegner
 , List<GameObj> wolken, List<GameObj> texte)
   implements Game{
```

Es ist praktisch, auf diese Weise die wichtigsten Felder und Zugriffsmethoden zu definieren und damit schon einmal große Teile der Schnittstelle umzusetzen. Allerdings ist von einem Anwendungsprogrammierer nicht zu erwarten, den kanonische Konstruktor aufzurufen. Wir definieren einen Konstruktor ohne Argumente, der alle Werte als Standardwerte erzeugt:

SimpleGame.java

```
SimpleGame(){
  this
  ( new ImageObject(new Vertex(200,200),new Vertex(1,1),"hexe.png")
  , new ArrayList<>(), 800, 600, new int[]{0}
  , new ArrayList<>(), new ArrayList<>()
  , new ArrayList<>(), new ArrayList<>());
}
```

Zur Initialisierung werden alle Listen mit den für sie vorgesehenen Spielobjekten gefüllt:

SimpleGame.java

```
public void init(){
  goss().clear();
  goss().add(hintergrund());
  goss().add(gegner());
  goss().add(wolken());
  goss().add(texte());
  hintergrund().clear();
  gegner().clear();
  wolken().clear();
  texte().clear();
```

Für den Hintergrund setzen wir ein Bild einer Wiese in den Ursprung mit den Koordinaten $(0, 0)$:

SimpleGame.java

```
  hintergrund().add(new ImageObject("wiese.jpg"));
```

Vier Bildern von Wolken wehen mit leicht unterschiedlichen Geschwindigkeiten durch den oberen Bildausschnitt:

```
SimpleGame.java

    wolken().add(new ImageObject(
             new Vertex(800,10),new Vertex(-1,0),"wolke.png"));
    wolken().add(new ImageObject(
             new Vertex(880,90),new Vertex(-1.2,0),"wolke.png"));
    wolken().add(new ImageObject(
             new Vertex(1080,60),new Vertex(-1.1,0),"wolke.png"));
    wolken().add(new ImageObject(
             new Vertex(980,110),new Vertex(-0.9,0),"wolke.png"));
```

Und zwei Bienen sind die Gegner der Spielfigur:

```
SimpleGame.java

    gegner().add(new ImageObject(
             new Vertex(800,100),new Vertex(-1,0),"biene.png"));
    gegner().add(new ImageObject(
             new Vertex(800,300),new Vertex(-1.5,0),"biene.png"));

    texte().add(new TextObject(new Vertex(10,30)
                         ,"Bienenstiche: 0"));
    }
```

Es folgen die Checks, die für jeden Spieltick gemacht werden:

```
SimpleGame.java

    public void doChecks(){
```

Die Wolken werden, wenn sie aus dem linken Bildschirmrand geweht wurden, wieder ganz an den rechten Rand gesetzt:

```
SimpleGame.java

    for (var w:wolken()) if (w.isLeftOf(0)) {w.pos().x = width();}
```

Ebenso wird mit den zwei Gegnern, den Bienen, verfahren:

```
SimpleGame.java

    for (var g:gegner()){
     if (g.isLeftOf(0))      {g.pos().x = width();}
```

Zusätzlich ist für jeden Gegner zu testen, ob er die Spielfigur berührt. Wenn das der Fall ist, setzen wir den Gegner hinter den rechten Bildschirmrand, erhöhen den Schaden und legen ein neues Textobjekt mit dem neuen Schaden an:

```
SimpleGame.java

        if (player.touches(g)) {
          g.pos().moveTo(new Vertex(width()+10,g.pos().y));
          schaden[0]++;
          texte().clear();
          texte().add(new TextObject(new Vertex(10,30)
                                ,"Bienenstiche: "+schaden[0]));
        }
      }
    }
```

Es verbleibt die Tastatureingabe. Die Spielfigur wird über die Pfeiltasten gesteuert. Dabei verändert man die Geschwindigkeit in die entsprechende Richtung:

```
SimpleGame.java

    public void keyPressedReaction(KeyEvent keyEvent){
      switch (keyEvent.getKeyCode()){
        case VK_RIGHT -> player().velocity().add(new Vertex(1,0));
        case VK_LEFT  -> player().velocity().add(new Vertex(-1,0));
        case VK_DOWN  -> player().velocity().add(new Vertex(0,1));
        case VK_UP    -> player().velocity().add(new Vertex(0,-1));
      }
    }
```

Das Spiel kann entweder direkt in der JShell oder kompiliert über folgende Hauptmethode gestartet werden:

```
SimpleGame.java

    public static void main(String... args){
      new SimpleGame().play();
    }
}
```

Ein erstes kleines Spiel ist entstanden. Eine Spielfigur muss anderen ausweichen und der Schaden durch Kollisionen wird angezeigt. Das ganze Spiel ist in Abbildung 13.1 zu sehen.

13.5 Simulationsspiel Pandemie

Schon mit diesen einfachen Klassen lassen sich ganz unterschiedliche Spielideen realisieren. Wir machen als zweites Beispiel ein kleines Spiel, das die Ausbreitung einer Infektionskrankheit simuliert.

Abb. 13.1: Ein erstes einfaches Spiel.

13.5.1 Spielobjekt

Wir implementieren dieses Mal die Schnittstelle **GameObj** nicht über eine Datenklasse, sondern mit einer Klasse, die modifizierbare Felder hat. So müssen wir die Informationen, die von der Schnittstelle verlangt werden, manuell umsetzen. Wir machen das allgemein in einer abstrakten Klasse. So unterstützen wir weitere unterschiedliche Implementierungen von **GameObj**, die sich nicht einfach durch Datenklassen realisieren lassen, weil sie viele veränderliche Informationen tragen Die abstrakte Klasse stellt Felder für Position, Geschwindigkeit sowie Weite und Höhe mit den entsprechenden Selektionsmethoden zur Verfügung:

```
AbstractGameObj.java

abstract class AbstractGameObj implements GameObj{
  protected Vertex pos;
  protected Vertex velocity;
  protected double width;
  protected double height;

  public Vertex pos(){return pos;}
  public Vertex velocity(){return velocity;}
  public double width(){return width;}
  public double height(){return height;}

  public AbstractGameObj(Vertex p, Vertex v, double w, double h){
    pos=p; velocity=v; width=w; height=h;
  }
}
```

Die Spielobjekte sind die Personen einer Population:

```
Person.java

import java.awt.*;
class Person extends AbstractGameObj{
```

Für die Personen ist in der Simulation der Infektionsstatus von Belang. Wir unterscheiden davon fünf verschiedene. Alle sind mit einer Farbe assoziiert. Hierzu eignet sich eine Aufzählungsklasse, die als innere Klasse der Klasse **Person** realisiert wird:

```
Person.java

static enum Status {
  ungeimpft(Color.BLUE), geimpft(Color.GREEN), infiziert(Color.RED),
  genesen(Color.ORANGE), gestorben(Color.BLACK);

  Color c;
  Status(Color c){this.c=c;}
}
```

Eine Person hat einen solchen Infektionsstatus:

```
Person.java

public Status status = Status.ungeimpft;
```

Ein weiteres Feld soll bei infizierten Personen ein Zähler sein, der nach einer Infektion bei jedem Tick eins herunter gezählt wird. Wenn dieser Zähler dann 0 erreicht hat, gilt eine Person als genesen:

```
Person.java

public int restInfektionnsDauer;
```

Im Konstruktor wird eine zufällige Bewegung gesetzt und mit einer Wahrscheinlichkeit von 10% ist eine Person initial infiziert:

```
Person.java

Person(Vertex pos) {
  super(pos, new Vertex(Math.random()-0.7, Math.random()-0.7),10 ,10);
  if (Math.random()<0.03) infizieren();
}
```

Die Personen werden nur als kleine Quadrate in der Farbe, die den Infektionsstatus darstellt, gezeichnet:

```
Person.java

public void paintTo(Graphics g){
  g.setColor(status.c);
  g.fillRect((int)pos().x,(int)pos().y,(int)width(),(int)height());
}
```

Es folgen nun Methoden, die sich mit dem Infektionsstatus beschäftigen.

Personen können geimpft werden. Mehrfachimpfungen und sogenannte Booster sind noch nicht vorgesehen:

```
Person.java

void impfen() {
  if (status==Status.ungeimpft) status=Status.geimpft;
  }
```

Personen können sich infizieren. In unserem Fall schützt die Impfung vollständig vor einer Infektion. Eine Infektion zieht eine Infektionsdauer nach sich. Während dieser ist die Person ansteckend für andere:

```
Person.java

void infizieren() {
  if (status==Status.ungeimpft) {
    status=Status.infiziert;
    restInfektionnsDauer=800;
  }
}
```

Personen können genesen, wobei beim Genesen eine Wahrscheinlichkeit von 2% besteht, dass die Person verstirbt:

```
Person.java

void genesen() {
  if (status==Status.infiziert) {
    if (Math.random()<0.02) {
      status=Status.gestorben;
      velocity = new Vertex(0, 0);
    }else status=Status.genesen;

    restInfektionnsDauer=0;
  }
}
```

13.5.2 Simulation

Für das Simulationsspiel können wir zur Umsetzung wie bereits bei **SimpleGame** eine Datenklasse verwenden. Diese hat für die Spielobjekte eine Liste von Personen. Die Spielfigur ist ein Bildobjekt mit der Darstellung einer Spritze:

```
Corona.java

import java.util.List;
import java.util.ArrayList;
import java.awt.*;
import java.awt.event.*;
import static java.awt.event.KeyEvent.*;

record Corona( GameObj player, List<List<? extends GameObj>> goss
             , int width, int height, List<Person> personen)
   implements Game{
```

Die Felder des kanonischen Konstruktors werden durch einen überladenen Konstruktor gesetzt:

```
Corona.java

Corona(){
  this
  ( new ImageObject(new Vertex(200,200),new Vertex(0,0),"spritze.png")
  , new ArrayList<>(), 1200, 700, new ArrayList<>());
}
```

Bei der Initialisierung werden 500 Personen mit zufälliger Position in der Simulation erzeugt:

```
Corona.java

public void init() {
  goss().clear();
  personen().clear();
  goss.add(personen());
  for (int i = 0; i < 500; i++) {
    personen().add(new Person
      (new Vertex( Math.random()*(width()-20)
                 , Math.random()*(height()-20))));
  }
}
```

Die Spielfigur, die mit einer Spritze die Personen impfen kann, steuern wir wie bereits die Hexe im ersten Spiel:

```
Corona.java

public void keyPressedReaction(KeyEvent keyEvent){
  switch (keyEvent.getKeyCode()){
    case VK_RIGHT -> player().velocity().add(new Vertex(0.2,0));
    case VK_LEFT  -> player().velocity().add(new Vertex(-0.2,0));
    case VK_DOWN  -> player().velocity().add(new Vertex(0,0.2));
    case VK_UP    -> player().velocity().add(new Vertex(0,-0.2));
  }
}
```

Wir schauen in den Checks auf jede Person im Spiel:

Corona.java

```java
public void doChecks() {
  for (var m1 : personen()) {
```

Zunächst wird verhindert, dass die Personen aus dem Spielfeld fliegen:

Corona.java

```java
if (m1.pos().x<0||m1.pos().x+m1.width()>width()) {
  m1.velocity().x *= -1;
}
if (m1.pos().y<0||m1.pos().y+m1.height()>height()) {
  m1.velocity().y *= -1;
}
```

Personen die die Spielfigur berühren, werden geimpft:

Corona.java

```java
if (m1.touches(player())) m1.impfen();
```

Für infizierte Personen wird die Restinfektionsdauer verringert. Hat diese 0 erreicht, dann genesen die Personen:

Corona.java

```java
if(m1.status==Person.Status.infiziert) {
  m1.restInfektionnsDauer--;
  if (m1.restInfektionnsDauer==0) m1.genesen();
}
```

Und schließlich sollen alle Personen die sich begegnen, sprich berühren, sich gegenseitig anstecken können:

Corona.java

```java
    for (var m2 : personen())
      if(m1.touches(m2) && m1.status==Person.Status.infiziert)
        m2.infizieren();
  }
}
```

Jetzt können wir die Simulation einmal spielen. Ein Bildschirmfoto findet sich in Abbildung 13.2 .

Interessant zu beobachten ist in dieser kleinen Simulation, wie schnell sich das Geschehen ändert, wenn man ein paar der Parameter verändert:

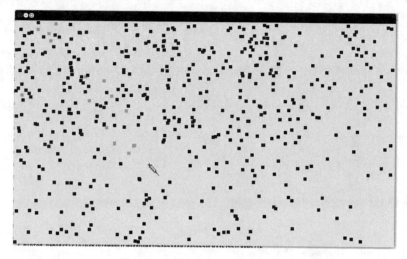

Abb. 13.2: Eine kleine Simulation eines Infektionsgeschehens.

Aufgabe 13.1

Verändern Sie ein paar Parameter der Simulation. Insbesondere überschreiben Sie die Methode **move** für die Klasse **Person**, sodass sich infizierte Personen, solange sie infektiös sind, nicht mehr bewegen, sodass sie mit anderen Personen nur in Kontakt kommen, wenn diese bei ihnen vorbeikommen.

□

```
Corona.java

    public static void main(String[] args) {
      new Corona().play();
    }
}
```

Kapitel 14
Strategiespiele

Zusammenfassung In diesem Kapitel werden einfache klassische Strategiespiele umgesetzt. Es wird eine minimale grafische Anwenderschnittstelle geben, sowie einen allgemeinen Algorithmus für einen möglichst guten Zug, sodass man gegen den Computer spielen kann. Wir werden nicht nur ein konkretes Spiel umsetzen, sondern eine kleine Rahmenbibliothek erstellen, mit der weitere Spiele umgesetzt werden können. Wir setzen in diesem Kapitel nicht darauf, eine möglichst optimierte Version zu entwickeln, sondern eine möglichst allgemeingültige, die mit möglichst wenig Code auskommt. Wem insbesondere der Computer als Gegner zu langsam ist, kann ausgehend von unserer Lösung eine optimierte Lösung ableiten.

14.1 Spieler

Wir beschränken uns auf Spiele für zwei Spieler, die abwechselnd gegeneinander ihre Spielzüge ausführen.

Für die Spieler verwenden wir eine kleine Aufzählungsklasse. Diese Klasse bekommt drei Aufzählungswerte. Je einen für einen Spieler und einen dafür, dass kein Spieler gesetzt ist. Letzteres ist hilfreich, wenn auf einem Spielbrett an einer Position noch kein Spieler einen Stein gesetzt hat.

Die Aufzählungswerte haben eine mit ihnen assoziierte Farbe und einen Wert, der es einfacher machen soll, Spielstände zu bewerten:

```
Player.java

import java.awt.Color;
enum Player{One(Color.RED,10),Two(Color.BLUE,100),None(Color.BLACK,1);
  Color c;
  int v;
  Player(Color c, int v){this.c=c;this.v=v;}
  Player next(){
    return switch(this){
      case One -> Two;
      case Two -> One;
      case None-> None;
    };
  }
}
```

Wir beschränken uns damit allerdings auf Spiele, in denen die Spieler nur eine Art Spielstein haben. Das ist bei vielen Spielen der Fall, wie z.B. Vier-Gewinnt, Mühle, Go, Othello. Für Spiele, in denen es unterschiedliche Spielfiguren gibt, wie zum Beispiel Dame und erst Recht bei Schach, reicht die Identifikation eines Spielsteins über den Spieler nicht aus.

14.2 Spielschnittstellen

14.2.1 Allgemeine Spiele

Die allgemeinste Schnittstelle für Spiele formuliert, was man minimal für Eigenschaften an ein entsprechendes Spiel stellt. Sie ist generisch über den Typ, der einen Spielzug beschreibt. In vielen Spielen ist dieser Spielzug einfach nur eine Zahl, die zum Beispiel die Spalte in einem Vier-Gewinnt-Spiel ausdrückt, in die der Spielstein geworfen wird. Oft ist es auch das Paar von zwei Zahlen, das die Zeile und Spalte ausdrückt, in der ein Spielstein gesetzt wird. Für Spiele wie Mühle oder Dame kann es aber schon ein sehr komplexer eigener strukturierter Typ sein, der ausdrücken muss, von wo nach wo ein Stein verschoben wird und eventuell auch noch welcher gegnerische Stein dabei geschlagen oder genommen wird:

```
StratGame.java

import java.util.List;
interface StratGame<M> {
```

Jedes Spiel sollte alle gültigen Züge, die gerade möglich sind, kennen und in der Lage sein, einen Spielzug auszuführen und den neuen Spielzustand zurückzugeben:

```
StratGame.java

    List<M> legalMoves();
    StratGame<M> doMove(M m);
```

Ein Spiel soll sagen können, welcher Spieler gerade am Zug ist. Davon leitet sich in der Regel ab, wer zuvor gezogen hat und wer als nächstes zieht:

```
StratGame.java

    Player currentPlayer();
    default Player nextPlayer() { return currentPlayer().next();}
    default Player lastPlayer() { return currentPlayer().next();}
```

Eine wichtige Frage, die ein Spiel beantworten muss, ist, ob ein Sieger vorliegt:

```
StratGame.java

    boolean wins(Player player);
    default boolean wins() {
      return wins(lastPlayer());
    }
```

Es ist auch wichtig, zu wissen, ob das Spiel beendet ist. Das ist der Fall, wenn es keinen gültigen Zug mehr gibt oder jemand gewonnen hat:

```
StratGame.java

    default boolean noMoreMove(){return legalMoves().isEmpty();}
    default boolean ended() {
      return noMoreMove() || wins();
    }
```

Der zuletzt durchgeführte Spielzug soll erfragt werden können:

```
StratGame.java

    M lastMove();
```

Entscheidend ist für eine KI, die einen Gegner realisiert, die Möglichkeit, den Spielzustand für einen Spieler zu bewerten. Je höher die Bewertung, desto besser wird der Spielzustand für den entsprechenden Spieler eingeschätzt.

Die Bewertung eines Spielzustands können wir bei kleinen Spielen allein über den Sieger ermitteln. Wenn der in Frage stehende Spieler gewonnen hat, bekommt er die höchstw Bewertung. Hat er verloren, die schlechteste Bewertung. Ansonsten wird mit 0 bewertet:

```
StratGame.java

    default int evalState(Player p){
    if (wins())
      return
        (lastPlayer()==p)?Integer.MAX_VALUE:-Integer.MAX_VALUE;
    return 0;
  }
}
```

Bei komplexeren Spielen reicht diese Bewertungsfunktion nicht aus, denn man kann dann nicht alle Spielverläufe so weit vorausberechnen, bis einer der Spieler gewonnen hat. Dann muss diese Funktion überschrieben werden.

14.2.2 Reguläre Spiele

Wir konzentrieren von nun an auf Spiele, die auf einem rechteckigen Spielfeld mit einem Raster gespielt werden, so dass jede Spielposition sich aus einer Zeilen- und Spaltenangabe ergibt. Wir nennen diese Spiele *reguläre Spiele*. TicTacToe, Dame, Othello, Vier-Gewinnt gehören in diese Kategorie. Mühle ist leider draußen.

Das Spielfeld eines regulären Spiels wird durch eine zweidimensionale Reihung ausgedrückt. Der erste Index selektiert dabei eine Spalte, der zweite eine Zeile. Für das Paar der beiden Indizes werden wir eine einfache allgemeine Datenklasse verwenden:

```
Pair.java

record Pair<A,B>(A fst, B snd){}
```

Damit können wir die Schnittstelle für reguläre Spiele definieren. Zentral ist die zweidimensionale Reihung. Aus den Längen der äußeren und der inneren Reihungen ergibt sich die Anzahl von Spalten und Reihen:

```
RegularGame.java

import java.util.function.*;
import java.util.*;
interface RegularGame<M> extends StratGame<M> {
  Player[][] board();
  default int columns(){return board().length;}
  default int rows(){return board()[0].length;}
```

Wir sehen zwei Varianten vor, einen Zug durchzuführen. Einmal durch Angabe der Spalten- und Zeilennummer und einmal durch Übergabe eines Objektes, das den Zug darstellt:

```
RegularGame.java

  RegularGame<M> doMove(M m);
  M mkMove(int c, int r);
  default RegularGame<M> setAtPosition(int column,int row){
    return doMove(mkMove(column,row));
  }
```

14.2.2.1 Methoden höherer Ordnung zu Iteration

Jetzt folgen für diese Schnittstelle eine Reihe von Standardmethoden, die es ermöglichen sollen, über alle oder bestimmte Feldpositionen des Spielfeldes zu iterieren.

Für alle Spielpositionen etwas Durchführen

Als erste Funktion höherer Ordnung, sei eine Funktion definiert, die alle Felder über den Index durchläuft. Für den Index kann ein Verbraucherobjekt übergeben werden:

```
RegularGame.java

  default void foreachindex(Consumer<Pair<Integer,Integer>> cons){
    for  (int c=0;c<columns();c++)
      for  (int r =0;r<rows();r++)
        cons.accept(new Pair<>(c,r));
  }
```

Für alle Spielpositionen Werte errechnen und verknüpfen

Als nächstes eine eigene kleine Faltungsfunktion. Wir übergeben eine Funktion, die für jede Spielposition einen Wert eines generischen Typs **R** auswertet. Diese Ergebnisse sollen dann mit einer binären Operation verknüpft werden:

```
RegularGame.java

  default <R> R reduce
       ( R result, BinaryOperator<R> op
       , Function<Pair<Integer,Integer>,R> f){
    for  (int c=0;c<columns();c++)
      for  (int r =0;r<rows();r++)
        result=op.apply(result,f.apply(new Pair<>(c,r)));
    return result;
  }
```

Will man zum Beispiel wissen, wie viele Felder von einem bestimmten Spieler besetzt sind, kann man dieses mit einem Aufruf der Funktion **reduce** auswerten:

```
RegularGame.java

    default int fieldsOf(Player p){
      return reduce(0,(x,y)->x+y,cr->board()[cr.fst()][cr.snd()]==p?1:0);
    }
```

Achsen für eine Spielposition

Für viele reguläre Spiele sind die Achsen auf dem Spielfeld entscheidend. Oft geht es darum, die Achsen mit den eigenen Spielsteinen zu besetzen. Auf einem rechteckigen Spielfeld gibt es vier Richtungen, auf denen Achsen verlaufen können. Horizontal und vertikal sowie in zwei diagonale Richtungen. Ausgehend von einem Feld auf dem Spielbrett werden die Achsen von diesem Punkt als Startpunkt berechnet:

```
RegularGame.java

    default List<List<Player>> axes(int c,int r){
      return List.of(right(c,r),down(c,r),rightDown(c,r),rightUp(c,r));
    }
```

Die horizontale Achse nach rechts beinhaltet die Punkte mit aufsteigender Spaltennummer:

```
RegularGame.java

    default List<Player> right(int c, int r){
      var rs = new ArrayList<Player>();
      for (var i=0; i+c<columns() ; i++)
        rs.add(board()[c+i][r]);
      return rs;
    }
```

Die vertikale Achse nach unten beinhaltet die Punkte mit aufsteigender Zeilennummer:

```
RegularGame.java

    default List<Player> down(int c, int r){
      var rs = new ArrayList<Player>();
      for (var i=0; i+r<rows() ; i++)
        rs.add(board()[c][r+i]);
      return rs;
    }
```

Die diagonale Achse nach rechts unten beinhaltet die Punkte mit aufsteigender Zeilen- und Spaltennummer:

```
RegularGame.java

  default List<Player> rightDown(int c, int r){
    var rs = new ArrayList<Player>();
    for (var i=0; i+r<rows() && i+c<columns(); i++)
      rs.add(board()[c+i][r+i]);
    return rs;
  }
```

Die diagonale Achse nach rechts oben beinhaltet die Punkte mit aufsteigender Spalten- und absteigender Zeilennummer:

```
RegularGame.java

  default List<Player> rightUp(int c, int r){
    var rs = new ArrayList<Player>();
    for (var i=0; r-i>=0 && i+c<columns(); i++)
      rs.add(board()[c+i][r-i]);
    return rs;
  }
}
```

14.2.2.2 Abstrakte Klasse für reguläre Spiele

Ein paar Felder wird jedes reguläre Spiel in gleicher Weise benötigen. Deshalb bietet sich an, diese bereits in einer abstrakten Klasse umzusetzen.

Es wird ein rechteckiges Spielfeld als zweidimensionale Reihung benötigt. Dieses lässt sich aus der Zeilen- und Spaltenanzahl im Konstruktor erzeugen und mit der Methode **foreachindex** komplett mit dem Spieler **None** belegen:

```
AbstractRegularGame.java

  abstract class AbstractRegularGame<M> implements RegularGame<M> {
    Player[][] board;
    @Override public Player[][] board(){return board;}

    AbstractRegularGame(int columns, int rows){
      board = new Player[columns][rows];
      foreachindex( p-> board[p.fst()][p.snd()] = Player.None);
    }
```

Zusätzlich braucht es noch ein Feld für den aktuellen Spieler und den zuletzt durch-geführten Zug. Wir sehen auch ein Feld vor mit der absoluten Anzahl der Spielzüge, die bis zu diesem Spielstand durchgeführt wurden:

```
AbstractRegularGame.java

    Player player = Player.One;
    @Override public Player currentPlayer(){return player;}

    int movesDone = 0;
    M lastMove;
    public M lastMove(){return lastMove;}
}
```

14.2.3 Swing Darstellung

Reguläre Spiele sind besonders einfach visuell darzustellen. Hierzu kann eine Unterklasse von **JPanel** definiert werden. Dessen Größe ergibt sich aus der Zeilen-und
Spaltenanzahl des Spiels. Eine Konstante gibt die Größe eines einzelnen Spielfeldes
für einen Spielstein an:

```
RegularBoard.java

import javax.swing.*;
import java.awt.*;

public class RegularBoard<M> extends JPanel{
  public int UNIT=50;

  protected RegularGame<M> game;
  RegularBoard(RegularGame<M> g){game=g;}
  @Override public Dimension getPreferredSize(){
    return new Dimension(game.columns()*UNIT,game.rows()*UNIT);
  }
```

Zum Zeichnen der einzelnen Spielsteine auf dem Spielfeld können wir uns der Methode **foreachindex** bedienen. Es wird geschaut, welcher Spielstein an der entsprechenden Spielbrettposition zu setzen ist. Dessen Farbe wird gewählt, um einen Kreis
zu zeichnen:

```
RegularBoard.java

    @Override public void paintComponent(Graphics g){
      super.paintComponent(g);
      game.foreachindex( p -> {
        g.setColor(game.board()[p.fst()][p.snd()].c);
        g.fillOval(p.fst()*UNIT,(game.rows()-p.snd()-1)*UNIT,UNIT,UNIT);
      });
    }
```

Wird das Spiel neu gesetzt, weil ein Zug gemacht wurde, so ist das Spielfeld neu zu
zeichnen. Dabei werden eventuell alte Spielsteine übermalt:

RegularBoard.java

```
public void setGame(RegularGame<M> g){game=g;repaint();}
```

Für eine Position auf dem gezeichneten Spielfeld, soll der Spalten- und Zeilenindex errechnet werden. Dieses wird in Unterklassen, die auf das Drücken des Mausknopf reagieren sollen, hilfreich:

RegularBoard.java

```
Pair<Integer,Integer> getBoardPosition(int x,int y){
  return new Pair<>((x/UNIT),(game.rows()-y/UNIT-1));
}
```

Die Spieldarstellung bekommt zum leichten Start eine Methode, die sie in einem Fenster anzeigt:

RegularBoard.java

```
void showInFrame(){
  var f = new JFrame();
  f.add(this);
  f.setDefaultCloseOperation(JFrame.EXIT_ON_CLOSE);
  f.pack();
  f.setVisible(true);
}
}
```

Wir benötigen nur eine Mausinteraktion, um auch ein Spiel in dieser Visualisierung spielen zu können. In einer Unterklasse lässt sich eine entsprechende Mausaktion hinzufügen:

HumanVsHuman.java

```
import java.awt.*;
import java.awt.event.*;

public class HumanVsHuman<M> extends RegularBoard<M>{
  HumanVsHuman(RegularGame<M> g){
    super(g);
    addMouseListener(new MouseAdapter(){
      @Override public void mousePressed(MouseEvent ev){
        var cr = getBoardPosition((int)ev.getPoint().getX()
                                 ,(int)ev.getPoint().getY());
        if (!game.ended())
          setGame(game.setAtPosition(cr.fst(),cr.snd()));
      }
    });
  }
}
```

14.2.4 Tic Tac Toe

Wir haben noch kein konkretes Spiel. Als erstes Spiel nehmen wir das denkbar einfachste Spiel, das als Tic Tac Toe bekannt ist. Auf einem drei mal drei Felder großen Spielfeld setzen die Spieler ihre Steine. Wer drei Steine in einer Reihe setzen konnte, hat gewonnen.

Es ist ein reguläres Spiel, dessen Spielzüge als Paare des Spalten- und Zeilenindex dargestellt werden können:

TicTacToe.java

```
import java.util.*;

public class TicTacToe
           extends AbstractRegularGame<Pair<Integer,Integer>>{
  TicTacToe(){super(3,3);}

  public Pair<Integer,Integer> mkMove(int column,int row){
    return new Pair<>(column,row);
  }
```

Gültige Züge sind die Felder, die noch mit keinem Stein belegt sind:

TicTacToe.java

```
  public List<Pair<Integer,Integer>> moves(){
    var result= new LinkedList<Pair<Integer,Integer>>();
    foreachindex(cr-> {
      if (board()[cr.fst()][cr.snd()]==Player.None)
        result.add(cr);
    });
    return result;
  }

  public List<Pair<Integer,Integer>> legalMoves() {
    return moves();
  }
```

Wenn alle Felder belegt sind, dann gibt es keine Züge mehr. Das ist nach genau 9 Zügen der Fall:

TicTacToe.java

```
  public boolean noMoreMove(){
    return rows()*columns()==movesDone;
  }
```

Wenn ein Zug durchgeführt wird, passiert das nicht modifizierend, sondern es wird ein neuer Spielzustand erzeugt. Hierzu wird das Spielfeld kopiert, der neue Stein gesetzt und die übrigen Felder entsprechend belegt:

```
TicTacToe.java

    public TicTacToe doMove(Pair<Integer,Integer> m){
      var result = new TicTacToe();
      foreachindex( cr ->
        result.board()[cr.fst()][cr.snd()]
          = board()[cr.fst()][cr.snd()]);

      result.player=nextPlayer();
      result.board()[m.fst()][m.snd()]=player;
      result.movesDone=(movesDone+1);
      result.lastMove = m;
      return result;
    }
```

Gewonnen hat derjenige, der drei Steine in einer Linie hat. Hierzu können wir uns
von allen Punkten die Achsen anschauen. Wenn in einer Achse drei Steine eines
bestimmten Spielers zu finden sind, hat dieser Spieler gewonnen. Es gibt keine Achse,
die mehr als drei Felder beinhaltet. Somit ist auch kein zusätzlicher Check notwendig:

```
TicTacToe.java

    public boolean wins(Player p){
      return reduce
        ( false
        , (x,y)->x||y
        , cr ->
          axes(cr.fst(),cr.snd())
            .stream().anyMatch(ax->ax.stream().filter(x->x==p).count()==3)
        ) ;
    }
```

Wir können nun das Spiel spielen, in dem wir es der GUI Klasse für reguläre Spiele
übergeben:

```
TicTacToe.java

    public static void main(String... args){
      new HumanVsHuman<>(new TicTacToe()).showInFrame();
    }

}
```

14.3 KI Agent als Gegner

14.3.1 Der Spielbaum

Für ein Spiel kann man alle möglichen Spielverläufe in einer Baumstruktur darstellen. An der Wurzel des Baums steht dabei das leere Spielfeld zu Beginn eines Spiels. Die Kinder sind dann die Spiele, die entstehen, wenn der erste Spieler einen Zug getätigt hat. Es gibt so viele Kinder, wie der Spieler gültige Züge hat.

So ein Spielbaum wächst meist exponentiell mit jeder Baumebene. Er wird also schnell groß. So groß, dass wir ihn nicht vollständig aufbauen können. Für manche Spiele ist der Spielbaum sogar unendlich tief, denn es kann sein, dass man zum Beispiel beim Schieben der Steine im Spiel Mühle wieder zyklisch zu einem vorherigen Spielstand kommt.

Wir werden den Spielbaum deshalb als nicht strikten Baum aufstellen, d.h. die Kinder sollen nur auf Bedarf durch einen **Supplier** berechnet werden.

Hierzu verwenden wir eine Klasse, die einen **Supplier** so implementiert, dass es das Ergebnis in einem Feld speichert. Wenn also mehrfach auf ein Objekt die Methode **get** aufgerufen wird, dann wird nur einmal der Wert errechnet und von da an aus der internen Variablen übernommen:

```
CAF.java

import java.util.function.*;
class CAF<E> implements Supplier<E>{
  private E e = null;
  private Supplier<E> supplier;
  CAF(Supplier<E> supplier){this.supplier=supplier;}
  public E get(){
    if (e==null) e=supplier.get();
    return e;
  }
}
```

Wir haben die Klasse als Abkürzung für *constant applicative form* **CAF** genannt, auf deutsch also konstante Anwendungsform. Damit sind nullstellige Funktionen gemeint.

Diese nutzen wir jetzt dafür, um einen nicht-strikten Baum auszudrücken. Dieses soll ein Baum sein, der an den Knoten Elemente eines variablen Typs **E** gespeichert hat. Die Kinder eines Baumknotens sind als **CAF** Objekt gespeichert und werden so nur nach Bedarf ausgewertet:

```
LazyTree.java

import java.util.function.*;
import java.util.*;
class LazyTree<E> {
  E e;
  List<CAF<LazyTree<E>>> childNodes;
```

```
  LazyTree(E e,  List<CAF<LazyTree<E>>> childNodes){
    this.e = e;
    this.childNodes = childNodes;
  }
```

Für ein Spiel lässt sich nun der komplette Spielbaum definieren, indem an der Wurzel der Ausgangszustand steht und die Kinder durch alle gültigen Züge entstehen:

```
LazyTree.java

  static <M> LazyTree<RegularGame<M>> mkGameTree(RegularGame<M> g){
    return new LazyTree<RegularGame<M>>
      ( g
      , g.legalMoves().stream()
        .map(m-> new CAF<>(()->mkGameTree(g.doMove(m))))
        .collect(java.util.stream.Collectors.toList() )
      );
  }
}
```

Hier kann man recht gut sehen, was man unter einem deklarativen Programmierstil versteht. Es wird definiert, wie der komplette Spielbaum aussieht. Er wird jedoch noch nicht durchlaufen.

14.3.2 Min-Max Suche

Mit dem Wissen über Spielbäume lässt sich ein naheliegender Algorithmus für einen KI-Agenten entwickeln, der sich für einen der möglichen Züge entscheidet. Hierzu ist der Spielbaum zu betrachten, sprich, es werden alle Spielverläufe vom aktuellen Spielzustand aus betrachtet. Das ist natürlich für halbwegs interessante Spiele nicht komplett möglich. Deshalb beschränkt man sich darauf, die Spielverläufe nur für eine bestimmte Anzahl von Spielzügen nachzuverfolgen. Die Länge n der Spielverläufe, die verfolgt werden, wird als Suchtiefe bezeichnet.

Nun wird verfolgt, wie die unterschiedlichen Spielzustände nach n Zügen aussehen. Diese Spielzustände werden bewertet. Für diese Bewertung haben wir bereits die Methode **evalState** in der Schnittstelle **StratGame** vorgesehen. Jetzt werden alle Knoten oberhalb der Spielzustände der Ebene n auf Grund der Bewertung ihrer Nachfolgezustände bewertet. Dabei kommt es jetzt darauf an, für welchen Spieler die Bewertung des Spielbaums vorgenommen wird.

- Wenn der Spieler am Zug war, für den die Bewertung vorgenommen wird, um die Kinder des Spielbaums zu erzeugen, so hat dieser Spieler es in der Hand, den für ihn besten Zug auszuwählen. Deshalb kann er die Bewertung des besten Kindes als Bewertung seiner Spielsituation annehmen. Er wählt also das Maximum der Bewertungen seiner Kinder.

- Handelt es sich allerdings um einen Zug des gegnerischen Spielers, so ist davon auszugehen, dass dieser Spieler den Zug vornimmt, der uns am meisten schadet.

Deshalb nehmen wir das Schlechtestmögliche an und bewerten unsere Spielsituation mit der schlechtesten Bewertung der Kinder. Es wird also das Minimum gewählt.

Abwechselnd wird in den Ebenen des Baumes also der minimale und der maximale Wert der Kinder vom Elternknoten übernommen. Daher wird dieses Verfahren als Min-Max-Suche bezeichnet.

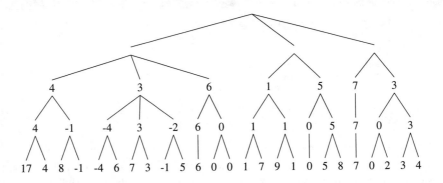

Abb. 14.1: Ein Beispiel für einen Min-Max-Baum.

Abbildung 14.1 verdeutlicht es an einem Beispiel. Es ist ein Baum dargestellt. Der Baum hat eine maximale Suchtiefe von 4. Der Baum soll bewertet werden für den Spieler 1. Hierzu werden die Blätter des Baumes für Spieler 1 bewertet mit der Methode **evalState** für Spieler 1. Dieses sind die Bewertungen der Blätter mit den Werten 17, 4, 8, -1. . . .

Nun kann der Baum von unten nach oben die Bewertungen jeweils an die Eltern weiterreichen. Der vierte Zug war vom gegnerischen Spieler 2. Daher erhalten die Elternknoten der Blätter das Minimum der Bewertungen der Kinder. Es kommt auf der dritten Ebene des Baumes zu den Bewertung: 4, -1, -4, ...

Eine Ebene weiter oben wird, da hier der Baum einen Zug des eigenen Spielers repräsentiert, jeweils das Maximum der Bewertungen der Kinderknoten gewählt. Also 4, 3, 6, 1. . . .

Aufgabe 14.1

Vervollständigen Sie die oberen zwei Ebenen in der Abbildung 14.1 mit den Bewertungen der Knoten. Welcher der vier Züge, die an der Wurzel möglich sind, stellt sich als der beste Zug heraus?

□

14.3.3 Alpha-Beta Suche

Abbildung 14.2 zeigt eine Situation, in der ein ganzer Teilbaum zur Berechnung der Wurzelbewertung nach dem Min-Max-Verfahren nicht berücksichtigt zu werden braucht. Durch Bewertung des Teilbaums **A** hat das erste Kind der Wurzel die Bewertung 5 bekommen. Nun ist das zweite Kind der Wurzel zu bewerten. Im Zuge der Maximierung wird dann von beiden Kindern der größere Wert genommen. Zur Berechnung der Bewertung des zweiten Kindes wird minimiert. Im Zuge der Minimierung ist bereits als Zwischenergebnis die Bewertung 4 gefunden worden. Egal wie die Bewertung des Teilbaums **B** ausfällt, das zweite Kind wird mit einem Wert kleiner oder gleich 4 bewertet. Im Maximierungsprozess eine Ebene weiter höher wird dieser Wert dann nicht berücksichtigt, da er auf jeden Fall kleiner als 5 ist. Es kann also darauf verzichtet werden, den Teilbaum **B** zu betrachten. Dieses wird als Alpha-Beta-Schnitt bezeichnet.[1]

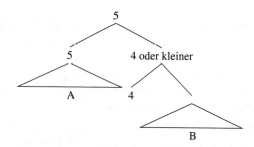

Abb. 14.2: Beispiel für den Alpha-Beta Schnitt.

Auf der Minimierungsebene gilt:

Bist du auf einer Minimierungsebene, so führe Buch darüber, was bei der darüber liegenden Maximierungsebene bereits für ein maximaler Wert gefunden wurde. Findest du einen kleineren Wert im Zuge der Minimierung als diesen bereits gefundenen bisherigen Maximalwert der darüber liegenden Maximierungsebene, so kann der Minimierungsprozess abgebrochen werden.

Ebenso ergeht es beim Maximieren:

Bist du auf einer Maximierungsebene, so führe Buch darüber, was bei der darüber liegenden Minimierungsebene bereits für ein minimaler Wert gefunden wurde. Findest du einen größeren Wert im Zuge der Maximierung als diesen bereits gefundenen bisherigen Minimalwert der darüber liegenden Minimierungsebene, so kann der Maximierungsprozess abgebrochen werden.

---

[1] Zur Erfindung dieser Methode lässt sich anscheinend keine alleinige Urheberschaft benennen. Newell und Simon schreiben hierzu in [16]: »Chess programs were generally wedded, for reasons of economy of memory, to depth-first search, supplemented after about 1958 by the powerful alpha beta pruning procedure. Each of these techniques appears to have been reinvented a number of times, and it is hard to find general, task-independent theoretical discussions of problem solving in terms of these concepts until the middle or late 1960's.«

Es ist also für diese Art der Optimierung notwendig, zusätzlich Informationen der darüber liegenden Ebene mitzugeben. Diese Informationen sind die bisher gefundenen Maxima und Minima der darüber liegenden Ebenen. Diese Information wird klassischerweise in Variablen *alpha* und *beta* übergeben, woher dieses optimierte Verfahren seinen Namen hat.

Betrachtet man die Spielbäume genauer, so stellt man fest, dass diese Optimierung nicht nur auf zwei benachbarte Ebenen bezogen durchgeführt wird, sondern global über den gesamten Baum. Es lässt sich also global in der Variablen *alpha* der bisher beste Wert in der Maximierung und in der Variablen *beta* der bisher schlechteste Wert in der Minimierung betrachten.

Die obigen Beschreibungen des Algorithmus jeweils für die Minimierungsebenen und für die Maximierungseben sind sehr ähnlich. Sie unterscheiden sich nur darin, dass jeweils *Min* und *Max* vertauscht sind, und darin, dass *größer* und *kleiner* vertauscht sind. Mit einem simplen aber raffinierten Trick lassen sich die beiden Fälle zusammenfassen. Von Ebene zu Ebene werden die Variablen *alpha* und *beta* vertauscht und negiert.

Mit diesem Trick lässt sich so agieren, als sei man immer auf der Maximierungsebene. Im Wert *beta* steht das bisherige Minimum auf einer höher liegenden Minimierungsebene. Im Wert *alpha* ist der bisher beste Maximierungswert gespeichert. Wird im Zuge dieser angenommenen Maximierung ein Wert gefunden, der höher ist als *beta*, so kann die Maximierung abgebrochen werden. Die darüber liegende Minimierungsebene wird den Maximalwert weg minimieren.

Für die rekursiven Aufrufe der nächsten Ebene werden nun *alpha* und *beta* vertauscht und negiert. Damit wird auf der nächsten Ebene ein Wert gesucht, der größer als das alte negierte *beta* ist. Unter Berücksichtigung der Negation bedeutet das aber: kleiner als das bisherige unnegierte *beta*.

14.3.4 Implementierung

Es wird Zeit den Algorithmus in Java zu implementieren. Die Methode enthält neben dem Spielbaum mit dem aktuell zu bewertenden Spielstand, eine Suchtiefe soweit die Werte für *alpha* und *beta* als Parameter. Die Methode endet, wenn die Suchtiefe 0 ist oder das Spiel beendet. Für die Kinder wird ein rekursiver Aufruf gemacht:

```
GameAI.java

class GameAI{
  static <M> int negaMax( LazyTree<? extends StratGame<M>> tree
                        , int tiefe, int alpha, int beta){
    var a = alpha;
    var g = tree.e;
    if (tiefe == 0 || g.ended()){
      var res = g.evalState(g.currentPlayer());
      return res;
    }
    for (var i : tree.childNodes) {
```

```
            var wert = -negaMax(i.get(), tiefe - 1, -beta, -a);
            if (wert >= beta) return beta;
            if (wert > a) a = wert;
        }
        return a;
    }
```

Zur Auswahl des optimalen Zuges machen wir einen parallelen Strom über die Kinder des Spielstandes. Die Kinder werden somit parallel mit dem Alpha-Beta-Verfahren evaluiert und das mit der optimalen Bewertung als bester Zug genommen. Das trifft sich recht gut, da wir einen Gewinn von der Parallelisierung haben, wenn wir optimal die Prozessorkerne ausnutzen:

GameAI.java

```
    static <M> M bestMove( LazyTree<? extends StratGame<M>> tree
                         , int depth){
        var res =
          tree.childNodes
            .parallelStream()
            .reduce
              (new Pair<>((M)null,-Integer.MAX_VALUE)
              ,(r,x)->{
                var v= -negaMax(x.get(),depth,-Integer.MAX_VALUE,-r.snd());
                return  v>r.snd() || r.fst()==null
                        ? new Pair<>(x.get().e.lastMove(),v)
                        : r;
              }
              ,(p1,p2)->p1.snd()>p2.snd()?p1:p2
              )
            .fst();

        return res;
    }
}
```

14.3.5 Graphische KI Anwendung

Jetzt lässt sich eine Unterklasse von **RegularBoard** definieren, mit deren Maussteuerung dafür gesorgt wird, dass abwechselnd ein menschlicher Spieler gegen die KI zieht. Der menschliche Spieler ist dabei der Spieler **One**.

Zunächst die entsprechenden Importanweisungen:

HumanVsAI.java

```
import java.awt.*;
import java.awt.event.*;
import javax.swing.*;
```

Die Klasse ist wine Unterklasse von **RegularBoard**.

```
HumanVsAI.java

public class HumanVsAI<M> extends RegularBoard<M>{
  LazyTree<RegularGame<M>> gameTree;
  HumanVsAI(RegularGame<M> g){
    super(g);
    gameTree = LazyTree.mkGameTree(g);

    addMouseListener(new MouseAdapter(){
```

Nur wenn dieser am Zug ist, wird auf die Mauseingabe reagiert. Es zunächst der Zug entsprechend der Mauseingabe gemacht:

```
HumanVsAI.java

        @Override public void mousePressed(MouseEvent ev){
          if (game.ended()) return;
          if(game.currentPlayer()==Player.One){
            var cr = getBoardPosition((int)ev.getPoint().getX()
                                    ,(int)ev.getPoint().getY());
            var m = game.mkMove(cr.fst(),cr.snd());
            for (var child:gameTree.childNodes){
              if(child.get().e.lastMove().equals(m)){
                gameTree=child.get();
                setGame(game=gameTree.e);
                break;
              }
            }
```

Anschließend wird die Berechnung des Zuges der KI angestoßen und dieser durchgeführt.

Damit während der vielleicht etwas längeren Zeit der Berechnung von der KI die Anwendung nicht einfriert, wird ein **SwingWorker**-Objekt erzeugt, dass die Berechnung im Hintergrund durchführt:

```
HumanVsAI.java

            if (!game.ended())
              new SwingWorker<Void, Void>(){
                protected Void doInBackground(){
                  var m = GameAI.bestMove(gameTree,8);
                  for (var child:gameTree.childNodes){
                    if(child.get().e.lastMove().equals(m)){
                      gameTree=child.get();
                      setGame(game=gameTree.e);
                      break;
                    }
                  }

                  return null;
                }
                protected void done(){}
```

```
            }.execute();
        }
      }
    });
  }
}
```

14.4 Vier Gewinnt

Tic Tac Toe ist als Spiel nicht interessant genug, um zu zeigen, dass unsere KI ein starker Gegner sein kann. Deshalb implementieren wir das Spiel Vier-Gewinnt, bei dem es darum geht, eine Achse von vier eigenen Steinen zu bilden. Das Spielfeld ist in sieben Spalten und 6 Zeilen eingeteilt. Ein Spielzug besteht aus der Auswahl einer Spalte, in die der eigene Spielstein gesetzt wird. Der Spielstein landet dann in der Zeile mit dem kleinsten Index, in der noch kein Spielstein liegt.

Damit lässt sich ein Spielzug durch eine Zahl für die Spalte ausdrücken. Wir brauchen ein **AbstractRegularGame<Integer>** mit der entsprechenden Zeilen- und Spaltenanzahl:

Vier.java

```java
import java.util.*;

class Vier extends AbstractRegularGame<Integer>{
  Vier(){ super(COLUMNS,ROWS); }
  static final int ROWS = 6;
  static final int COLUMNS = 7;
```

Ein Spielzug benötigt nur die Spalte, in die ein Spielstein gesetzt wird:

Vier.java

```java
  public Integer mkMove(int c, int r){return c;}
```

Wir definieren zwei Listen, um die Suche bei Spielzügen zu optimieren. Im ersten Zug ist das Spiel noch symmetrisch, da reicht es nur die Hälfte der Felder zu betrachten.

Ansonsten sollen die mittleren Spalten bevorzugt werden, da diese meist zu einem besseren Ergebnis führen:

Vier.java

```java
  final static List<Integer> possibleMoves = List.of(3,2,4,1,5,0,6);
  final static List<Integer> startMoves = List.of(3,2,1,0);
```

Aus diesen möglichen Zugpositionen filtern wir die gültige Züge heraus, die in der obersten Zeile noch keinen Stein liegen haben. Das sind die Spalten, die noch nicht komplett gefüllt sind:

```
Vier.java

  public List<Integer> moves(){
    var pms
      =   (movesDone==0|| (movesDone==1&&lastMove==3))
        ? startMoves
        : possibleMoves;
    return pms.stream()
             .filter(m->board()[m][rows() - 1] == Player.None)
             .collect(java.util.stream.Collectors.toList());
  }
```

Für einen Zug legen wir ein neues Spielobjekt an, kopieren das Spielfeld und setzen den Spielstein in der korrekten Zeile.

```
Vier.java

  public Vier doMove(Integer c){
    var result = new Vier();
    foreachindex( cr ->
      result.board()[cr.fst()][cr.snd()]
        = board()[cr.fst()][cr.snd()]);

    for (int r = 0;r<rows();r++){
      if (result.board()[c][r]==Player.None){
        result.board()[c][r]=player;
        result.player = nextPlayer();
        result.lastMove=c;
        result.movesDone=movesDone+1;
        break;
      }
    }
    return result;
  }
```

Wenn 42 Spielzüge durchgeführt wurden, kann man keinen weiteren Stein mehr setzen.

```
Vier.java

  public boolean noMoreMove(){
    return movesDone==rows()*columns();
  }
```

Gewonnen hat ein Spieler, wenn er eine Achse mit vier seiner Steine in Folge hat. Wir schauen uns für jeden Punkt alle Vorwärtsachsen an und limitieren diese auf die Länge vier. Anschließend filtern wir sie auf Felder, in der der Spieler seine Steine hat. Es wird geprüft ob dann eine Achse noch die Länge vier hat:

Vier.java

```java
public boolean wins(Player p){
  if (movesDone<7)  return false;
  if (p==currentPlayer()) return false;

  return reduce
    ( false
    , (x,y)->x||y
    , cr ->
      axes(cr.fst(),cr.snd())
      .stream()
      .anyMatch(ax->ax.stream().limit(4).filter(x->x==p).count()==4)
    ) ;
}
```

In dieser Funktion können wir einige Optimierungen durchführen. Es brauchen ja nur Achsen betrachtet werden, die das Feld beinhalten, in denen der letzte Spieler seinen Stein gesetzt hat.

Es bleibt zu implementieren, wie ein Spielzustand bewertet wird, wenn die Suchtiefe erreicht wird. Hierzu ist die Methode **evalState** umzusetzen. Falls ein Spieler bereits gewonnen hat, wird eine maximale bzw. minimale Bewertung vorgenommen. Abhängig davon, welcher Spieler gewonnen hat. Der Spieler, für den die Bewertung durchgeführt wird, oder dessen Gegner.

Vier.java

```java
public int evalState(Player player){
  return
    wins()
    ? ((lastPlayer()==player)?Integer.MAX_VALUE:-Integer.MAX_VALUE)
    : state(player)-10*state(player.next());
}
```

Ansonsten wird in einer Funktion **state** der Spielzustand bewertet:

Vier.java

```java
int state(Player p){
  int[]  result={0};
  foreachindex(cr -> result[0]+=sum(p,cr.fst(),cr.snd()));
  return result[0];
}
```

In dieser Funktion wird aufsummiert, wie viele potentielle Achse der Spieler hat, in denen schon seine Steine liegen und die zu einer Viererkette vervollständigt werden können:

```
Vier.java

int sum(Player p,int c,int r){
  return axes(c,r)
    .stream()
    .map(ax -> ax.stream().limit(4).mapToInt(pl->pl.v).sum())
    .mapToInt(rV->ps(p,rV))
    .sum();
}
```

Dabei werden 100 Punkte vergeben, wenn schon drei eigene Steine in der Achse liegen und 10 Punkte, wenn zwei der vier Felder sind:

```
Vier.java

int ps(Player player,int rV){
  return rV==3*player.v + 1*Player.None.v ? 100:
         rV==2*player.v + 2*Player.None.v ? 10
                                          : 0;
}
```

Offen ist noch die Definition der gültigen Züge. Das sind die Züge in Spalten, die noch nicht bis oben mit Steinen gefüllt sind:

```
Vier.java

public List<Integer> legalMoves() {
  return possibleMoves.stream()
          .filter(m->board()[m][rows() - 1] == Player.None)
          .collect(java.util.stream.Collectors.toList());
}
```

Jetzt lässt sich das Spiel gegen die KI spielen:

```
Vier.java

public static void main(String...args){
  new HumanVsAI<>(new Vier()).showInFrame();
}
}
```

Aufgabe 14.2

Es interessiert Sie, wie viele neue Spielzüge bei einem Zug der KI ausprobiert werden. Dieses möchten Sie protokollieren. Wie könnten Sie vorgehen?

□

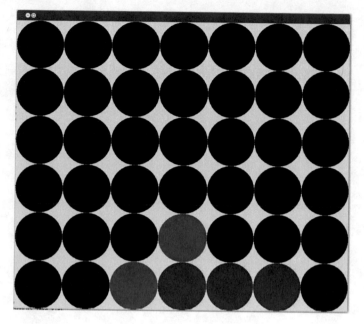

Abb. 14.3: Das Vier-Gewinnt Spiel in Aktion.

Aufgabe 14.3

Versuchen Sie, mit Hilfe der KI ein weiteres Spiel umzusetzen. Ein Beispiel wäre das Spiel Alquerque[15].

□

Kapitel 15
Ein Kompilator

Zusammenfassung In diesem Projekt wird ein Kompilator für eine kleine Programmiersprache entwickelt. Ein Kompilator ist ein Computerprogramm, das andere Programme als Eingabe erhält und wiederum Computerprogramme als Ausgabe erzeugt. Es gibt also bei einem Kompilator drei beteiligte Programmiersprachen. Die Quellsprache des Programms, das der Kompilator als Eingabe erhält. Die Zielsprache, in die das Eingabeprogramm übersetzt wird. Dies ist oft eine Maschinensprache in Form von Assembler. Die Implementierungssprache, in der der Kompilator entwickelt wurde. Für dieses Beispielprojekt nutzen wir als Implementierungssprache Java und als Quellsprache eine einfache Sprache mit Bedingungen, Schleifen und Funktionsaufrufen. Zielsprache ist Gnu Assembler (GAS) für x86-64-Architekturen.

15.1 Phasen eines Kompilators

Ein Kompilator besteht aus mehreren Phasen:

- Die lexikographische Analyse: Hier werden aus einem String die einzelnen Wörter der Sprache erzeugt. Diese werden auch als Token bezeichnet. Wörter sind z.B. Schlüsselwörter, Literale und Symbole der Sprache. Dieser Teil des Kompilators wird als Lexer oder auch als Tokenizer bezeichnet. Das Ergebnis der lexikographischen Analyse ist eine Folge von Token.

S. E. Panitz, *Java für Teetrinker*, https://doi.org/10.1007/978-3-662-69321-6_15

- Die syntaktische Analyse: Dieser Teil des Kompilators wird als Parser bezeichnet. Das Ergebnis ist ein abstrakter Syntaxbaum (kurz AST), der die Struktur des gelesenen Programms darstellt.

- Statische Analysen: In dieser Phase prüft der Kompilator den Quelltext auf Konsistenz. Das ist bei statisch getypten Sprachen zunächst der Typcheck. Bei einer Sprache wie Java fallen hier eine Vielzahl von Prüfungen an, beispielsweise:

  - Sind alle Exceptions gefangen oder im **throws** deklariert?
  - Werden Sichtbarkeiten beim Verwenden von Eigenschaften beachtet?
  - Gibt es garantiert eine **return**-Anweisung bei Methoden mit Rückgabewert?
  - Werden alle abstrakten Methoden implementiert?
  - Gibt es keine zyklische Vererbung?
  - etc etc.

- Code-Generierung: In dieser Phase wird nun der eigentliche Code der Zielsprache generiert.

Viele Kompilatoren haben noch weitere Phasen, wie die Übersetzung des Quelltextes in eine kleinere Kernsprache, den sogenannten Entzuckern von Konstrukten, die den Quelltext bequemer machen, einen abstrakten Zwischencode und unterschiedlichen Optimierungsphasen.

In diesem Projekt definieren wir als zentrale Datenstruktur den abstrakten Syntaxbaum. Einen Lexer und einen Parser, die schließlich den Baum erzeugen, werden wir dann in einem zweiten Schritt entwickeln.

Auf dem Syntaxbaum werden drei Algorithmen realisiert:

- Ein Pretty-Printer, der das Programm, das durch den AST dargestellt wird, wieder als Text formatiert darstellt.

- Ein Interpreter, der Ausdrücke direkt auswertet.

- Eine Code-Generierung, die Assembler generiert, der mit dem gcc zusammen mit anderen C-Programmen zu einem ausführbaren Programm gelinkt werden kann.

Als Hilfsalgorithmus werden in einer Funktion alle lokalen Variablen einer Funktion ermittelt.

15.2 Importierte Klassen

Wir benötigen ein rudimentäres IO, eine Reihe von Container-Klassen und ein paar funktionale Schnittstellen.

Wir werden folgende Standardklassen verwenden.

Zunächst einige Klassen des Pakets **java.io**:

```
AST.java

package name.panitz.longStack;

import java.io.IOException;
import java.io.StringWriter;
import java.io.Writer;
import java.io.FileWriter;
import java.io.FileReader;
import java.io.InputStreamReader;
import java.io.BufferedReader;
```

Dann ein paar Sammlungsklassen des Pakets **java.util**:

```
AST.java

import java.util.HashMap;
import java.util.Iterator;
import java.util.List;
import java.util.Map;
import java.util.Set;
import java.util.TreeSet;
```

Und ein paar funktionale Schnittstellen des Pakets **java.util.function**:

```
AST.java

import java.util.function.BinaryOperator;
import java.util.function.Function;
import java.util.function.Consumer;
```

15.3 Abstrakter Syntaxbaum

Die Umsetzung des AST und der drei Algorithmen des AST bündeln wir in einer einzigen Java Schnittstelle. Alle Klassen sind innere statische Klassen dieser Schnittstelle. Funktionalitäten sind als **default**-Methoden der Schnittstelle realisiert.

```
AST.java

public sealed interface AST
    permits AST.IntLiteral, AST.Var, AST.Assign,
            AST.OpExpr, AST.IfExpr, AST.WhileExpr,
            AST.Sequence, AST.FunCall {
```

15.4 Operatoren der Sprache

Bevor wir die eigentlichen Baumknoten des AST definieren, definieren wir die Operatoren der Quellsprache[1] in Form einer Aufzählungsklasse:

```
AST.java

public static enum BinOP{
    add ((x,y)->x+y,"+"),
    sub ((x,y)->x-y,"-"),
    mult((x,y)->x*y,"*"),
    eq  ((x,y)->x==y?1L:0L,"=");

    BinOP(BinaryOperator<Long> op,String name){
        this.op = op;
        this.name = name;
    }
    BinaryOperator<Long> op;
    String name;
}
```

Die vier Werte dieser Aufzählungsklasse beinhalten den textuellen Namen des Operators und die Funktion, die der Operator ausdrückt.

15.5 Baumknoten

Nun definieren wir Klassen, die die Schnittstelle **AST** implementieren. Diese Klassen beschreiben als Baumknoten jeweils bestimmte Konstrukte unserer Quellsprache. Anweisungen, die aus mehreren anderen Ausdrücken oder Anweisungen zusammengesetzt sind, haben diese als Kindknoten.

Zusammen mit den Baumknoten geben wir jeweils ein Beispiel für das Sprachkonstrukt im Quelltext an.

15.5.1 Zahlenliterale

Der einfachste Ausdruck unserer Quellsprache sind Zahlenliterale. Wir verarbeiten als einzigen Datentyp ganze Zahlen des Typs **long**, also 64 Bit lange Zahlen.

Der Baumknoten für Zahlenliterale hat keine Kinder und enthält den Wert des Zahlenliterals:

---

[1] Wir haben keinen Namen für die Quellsprache. Das Javapaket, in der sie definiert ist heißt `longStack`, da nur mit dem Datentyp `long` auf dem Stack gearbeitet wird.

```
AST.java

    public static record IntLiteral(long n) implements AST{}
```

15.5.2 Variablen

Unsere Quellsprache kennt Variablen. Solche Variablen können lokale Variablen einer
Funktion sein, oder Parameter der Funktion. Der Baumknoten für Variablen hat keine
Kinder und enthält den Variablennamen:

```
AST.java

    public static record Var(String name) implements AST{}
```

15.5.3 Zuweisung

In der Quellsprache können einer Variablen neue Werte zugewiesen werden. Als
Zuweisungsoperator dient der Operator :=. Auf der rechten Seite kann ein beliebiger
Ausdruck unserer Quellsprache stehen:

```
    x := 42
```

Die Baumknoten der Zuweisung enthalten zwei Kinder. Einen Variablenknoten und
einen beliebigen AST für die rechte Seite der Zuweisung.

```
AST.java

    public static record Assign(Var v, AST right) implements AST{}
```

15.5.4 Operator-Ausdrücke

Die binären Operatoren haben wir bereits in einer Aufzählungsklasse definiert. Es
gibt im Quelltext die Operatoren +, -, * und =. Auf weitere Operatoren haben
wir der Einfachheit halber verzichtet. Insbesondere die Divisionsoperationen sind im
Assembler ein klein wenig komplexer umzusetzen.

Im Quelltext gilt die übliche Operatorpräzendenz und es können Ausdrücke geklammert sein, sodass der folgende Ausdruck ein gültiger Ausdruck ist:

```
(17+4)*2=26*2-10
```

Ein Baumknoten für einen Operatorausdruck hat als Kinder den linken und den rechten Operanden und ein Objekt für den Operator:

AST.java

```
public static record OpExpr(AST left, BinOP op,AST right)
    implements AST{}
```

15.5.5 Bedingungsausdrücke

Die Quellsprache kennt if-Bedingungen. Diese haben immer auch den else-Fall zu spezifizieren. Syntaktisch werden die drei Schlüsselwörter **if**, **then** und **else** verwendet, um die Bedingung und die beiden Alternativen zu trennen:

```
if 17+4*2=x-1 then 1 else 42
```

Die Bedingung wird als wahr bezeichnet, wenn sie nicht den Wert **0** hat.

Der Baumknoten hat entsprechend drei Kinder: die Bedingung und die beiden Alternativen:

AST.java

```
public static record IfExpr(AST cond, AST alt1, AST alt2)
    implements AST{}
```

15.5.6 Schleifen

Die Quellsprache kennt eine typische **while**-Schleife aus einer Bedingung und einem Schleifenrumpf. Zur Trennung werden syntaktisch die Schlüsselwörter **while** und **do** verwendet:

```
while x+y=8 do x:=x-1
```

Entsprechend hat der Baumknoten für Schleifen zwei Kinder. In einem Kind steht der AST für die Bedingung, im anderen Kind der AST für den Schleifenrumpf.

AST.java

```
public static record WhileExpr(AST cond, AST body) implements AST{}
```

15.5.7 Code-Blöcke

Ein Code-Block ist die Sequenz von mehreren Ausdrücken.

Syntaktisch sind Code-Blöcke in geschweiften Klammern eingeschlossen und die
Ausdrücke des Code-Blocks durch Semikolons getrennt. Das ist anders als in Java.
Die Semikolons stehen nur zwischen zwei Ausdrücken, nicht noch nach dem letzten
Ausdruck. Sie markieren also nicht das Ende eines Ausdrucks.

Der Wert eines Code-Blocks soll der Wert des letzten Ausdrucks in der Folge von
Ausdrücken sein:

```
{x:=5
;r:=1
;while x do
  {r := r*x
  ;x := x -1
  }
;r
}
```

Der Baumknoten für Code-Blöcke kann eine beliebige Anzahl von Kindern haben.
Daher enthält er eine Liste von Kindern:

AST.java

```
public static record Sequence(List<AST> sts) implements AST{}
```

15.5.8 Funktionsaufrufe

Unsere Quellsprache kennt auch Funktionen, die in herkömmlicher Weise aufgerufen
werden können:

```
if x=0 then 1 else x*f(x-1)
```

Der Baumknoten enthält den Namen der aufgerufenen Funktion und eine Liste von
Argumenten.

AST.java

```
public static record FunCall(String name, List<AST> args)
    implements AST{}
```

15.5.9 Funktionsdefinitionen

In der Quellsprache ist es auch möglich, Funktionen zu definieren. Hierzu dient das
Schlüsselwort **fun**. Eine Funktion hat dann einen Namen und eine Parameterliste. Ein
Gleichheitszeichen läutet den Funktionsrumpf ein:

```
fun fac(x) = if x=0 then 1 else x*f(x-1)
```

Der Name der Funktion und der Name der Argumente sind im Knoten als Strings
gespeichert. Der Rumpf ist ein Kindknoten im Baum. Die Klasse, die Funktionsdefinitionen beschreibt, ist kein Teil des AST. Es gibt also vorerst auch keine lokalen
Funktionsdefinitionen:

```
AST.java

static record Fun(String name, List<String> args, AST body){}
```

15.6 Beispielprogramme

Um ein besseres Gefühl für die Sprache und den AST zu bekommen, betrachten wir
ein paar Beispielprogramme.

15.6.1 Iterative Fakultät

Zunächst eine Umsetzung der Fakultätsfunktion mit Hilfe einer Schleife. Es gibt eine
Ergebnisvariable **r** und es wird auf dem Parameter **x** gerechnet:

```
fun fac(x) =
  {r := 1
  ;while x
   do
      {r := r*x
      ;x := x-1
      }
  ;r
  }
```

Folgendes ist der AST dieses Programms:

```
AST.java

    static Fun factorial= new Fun("fac",List.of("x"),
      new Sequence(List.of
        (new Assign(new Var("r"), new IntLiteral(1))
        ,new WhileExpr
          (new Var("x")
          ,new Sequence(List.of
            (new Assign
              (new Var("r")
              ,new OpExpr(new Var("r"), BinOP.mult,new Var("x")))
            ,new Assign
              (new Var("x")
              ,new OpExpr(new Var("x"), BinOP.sub, new IntLiteral(1)))
            ))
          )
        ,new Var("r")
        ))
      );
```

15.6.2 Rekursive Fakultät

Die rekursive Version der Fakultätsfunktion lässt sich elegant in einer Zeile schreiben:

```
fun f(x) = if x = 0 then 1 else x*f(x-1)
```

Entsprechend ist auch der AST für dieses Programm etwas kürzer:

```
AST.java

    static Fun factorialRek = new Fun("f",List.of("x"),
      new IfExpr(new OpExpr(new Var("x"),BinOP.eq,new IntLiteral(0))
        , new IntLiteral(1)
        , new OpExpr(new Var("x"),BinOP.mult
          ,new FunCall("f"
            , List.of(new OpExpr(new Var("x")
              , BinOP.sub, new IntLiteral(1)))))));
```

15.6.3 Zwei Parameter

Die folgende Funktion soll dazu dienen, zu testen, ob die Parameter nicht vertauscht werden. Dieses passiert gerne einmal bei der Code-Generierung:

```
fun minus(x,y) = x-y
```

Hier noch der AST für diese Funktion:

```
AST.java

  static Fun minus =
    new Fun("minus"
           ,List.of("x","y")
           ,new OpExpr(new Var("x"), BinOP.sub, new Var("y")));
```

15.6.4 Fibonaccizahlen

Als letztes darf die Funktion der Fibonaccizahlen nicht fehlen. Auch diese kommt ganz ohne einen längeren Code-Block aus:

```
  fun fib(x) = if x=0 then 0 else if x = 1 then 1 else fib(x-2)+fib(x-1)
```

Und auch hierzu sei der AST in Java definiert:

```
AST.java

  static Fun fib
    = new Fun("fib",List.of("x")
      ,new IfExpr(new OpExpr(new IntLiteral(0),BinOP.eq,new Var("x"))
        ,new IntLiteral(0)
        ,new IfExpr(new OpExpr(new IntLiteral(1),BinOP.eq,new Var("x"))
        ,new IntLiteral(1)
        ,new OpExpr
          (new FunCall("fib"
          ,List.of
            (new OpExpr(new Var("x"),BinOP.sub, new IntLiteral(2))))
            ,BinOP.add
            ,new FunCall("fib"
            ,List.of
              (new OpExpr(new Var("x"),BinOP.sub, new IntLiteral(1))))
      ))));
```

15.7 Pattern Matching für Baumknoten

Im Folgenden sollen mehrere Algorithmen für den AST geschrieben werden. In einer rein objektorientierten Lösung würde man hierzu in der Schnittstelle AST jeweils eine abstrakte Methode definieren und diese in jeder Baumklasse implementieren.

Eine solche Umsetzung hat den Nachteil, dass es keinen einheitlichen Blick auf einen komplexen Algorithmus gibt. Die Code-Generierung ist ein Algorithmus, den man lieber gebündelt aufschreibt, um einen kompletten Überblick über sie zu bekommen.

In einer funktionalen Lösung für Algorithmen wird nur eine Methode geschrieben. Diese wird als default Methode in der Schnittstelle formuliert. Diese Methode muss eine Fallunterscheidung treffen. Von welcher Klasse, die die Schnittstelle **AST** implementiert, ist das Objekt, auf dem die Methode aufgerufen wird?

15.7.1 Einfaches erstes Beispiel

Wir geben ein einfaches Beispiel für eine default Methode in der Schnittstelle **AST**, die mit einem **switch**-Ausdruck auf die Baumknotenklassen unterscheidet und einen String erzeugt:

```
AST.java

  default String whatAreYou() {
    return switch(this){
      case Var(var name)        -> "Variable mit Namen "+name+"";
      case IntLiteral(var n)     -> "Literal mit Wert "+n;
      case FunCall(var n, _)     -> "Aufruf der Funktion: "+n;
      default                    -> "Irgend ein anderer Baumknoten";
    };
  }
```

15.8 Pretty Printing

In diesem Abschnitt wird in Form einer Aufgabe nun der erste Algorithmus für den AST geschrieben. Die erste Aufgabe wird sein, aus dem AST wieder den Quelltext unserer Quellsprache zu schreiben.

15.8.1 Exception freier Rahmen für Writer

Hierzu schreiben wir uns eine Hilfsklasse, die es vereinfachen soll, einen Text in einen **Writer** zu schreiben. Diese Klasse bietet einen kleinen Rahmen, um einen **Writer** herum. Beim Schreiben werden eventuelle Exceptions gefangen und wieder als **RuntimeException** geworfen. Dies ist notwendig, weil die Funktionen, die im Pattern-Matching verwendet werden, keine allgemeinen Ausnahmen werfen dürfen.

Zusätzlich bietet die Hilfsklasse die Möglichkeit, eine neue Zeile mit einer Einrückung zu schreiben. Die Einrückung kann erhöht und wieder verringert werden.

Als dritte Zusatzfunktion generiert die Klasse die Folge der natürlichen Zahlen. Diese werden wir bei der Code-Generierung verwenden, um dort unterschiedliche Labelnamen zu generieren.

```
AST.java

    static class ExWriter{
      Writer w;
      String indent = "";
      void addIndent(){indent=indent+"  ";}
      void subIndent(){indent=indent.substring(2);}
      void nl(){write("\n"+indent);}

      int lbl=0;
      int next(){return lbl++;}

      public ExWriter(Writer w) {
        this.w = w;
      }
      void lnwrite(Object o) {
        nl();
        write(o);
      }
      void write(Object o) {
        try {
          w.write(o+"");
        } catch (IOException e) {
          throw new RuntimeException(e);
        }
      }
    }
```

15.8.2 Stringdarstellung

Die Hilfsklasse **ExWriter** kommt bei unserem ersten Algorithmus für den AST zum
Einsatz. Für einfache Tests wird ein **StringWriter** in die Klasse **ExWriter** gesteckt.

```
AST.java

    default String show() {
      var r = new ExWriter(new StringWriter());
      show(r);
      return r.w.toString();
    }
```

Die folgende Methode schreibt ein Funktionsdefinition:

```
AST.java

    static String show(Fun fd) {
      var w = new ExWriter(new StringWriter());
      w.write("fun ");
      w.write(fd.name);
      w.write("(");
      var first=true;
```

```
    for (var arg:fd.args){
      if (first) first=false;else w.write(", ");
      w.write(arg);
    }
    w.write(") = ");
    w.addIndent();
    w.nl();
    fd.body.show(w);
    return w.w.toString();
  }
```

15.8.3 Schreiben des Programms mit Einrückungen

Jetzt können wir alle Knoten des AST mit Einrückungen schön schreiben.

Aufgabe 15.1

Vervollständigen Sie die Methode **show**, sodass das durch den AST dargestellte Programm vollständig als Quelltext geschrieben wird. Nutzen Sie dabei die Syntax, wie sie informell mit den Baumklassen vorgestellt wurde.

Berücksichtigen Sie, dass bei Operatorausdrücken wegen der Operatorpräzedenzen eventuell Klammern gesetzt werden müssen.

AST.java

```
default void show(ExWriter w) {
  return switch(this){
    case Var(var n)      -> {w.write(n);}
    case IntLiteral(var v) -> {w.write(n+"");}

    default -> {w.write("not yet implemented. Show: "+this);}
  };
}
```

☐

Zum Ausprobieren der Lösung kann die **main**-Methode verwendet werden. Hier eine Beispielsitzung:

```
$ java -cp classes/ name.panitz.longStack.AST -i t1.ls
TUGS (Tiny Usable Great System) :? for help
> :s fac
fun fac(x) =
  if x=0
    then 1
    else x*fac(x-1)
```

```
> :s facIt
fun facIt(x) =
  {r := 1
  ;while not(x=0)
    do
       {r := r*x
       ;x := x-1
       }
  ;r
  }
> :q
```

15.9 Interpreter

Als nächstes soll ein Programm unserer Quellsprache direkt ausgewertet werden. Der einzige Datentyp, der verarbeitet wird, sind dabei ganze 64-Bit Zahlen. Wir überladen die default-Methode **ev** (für *evaluate*).

Die erste Version wertet einen Ausdruck aus, ohne dabei auf Funktionsdefinitionen zuzugreifen. Das Ergebnis ist dann die Zahl, die der Ausdruck berechnet:

```
AST.java

    default long ev() {return ev(List.of());}
```

Diese ruft die überladenen Version auf, die als zusätzlichen Parameter eine Abbildung von Strings auf Funktionsdefinitionen enthält:

```
AST.java

    default long ev(List<Fun> funs) {
      HashMap<String, Fun> fs = new HashMap<>();
      funs.forEach(fun->fs.put(fun.name, fun));
      return ev(fs,new HashMap<>());
    }
```

Und diese ruft schließlich die Version auf, die zusätzlich eine Umgebung (*environment*) enthält, in der für Variablennamen aktuell Werte gespeichert sind. Aus dieser Umgebung können die aktuellen Werte für Variablen während der Auswertung gelesen werden und bei einer Zuweisung können dort neue Werte abgespeichert werden.

Aufgabe 15.2

Ergänzen Sie die fehlenden Fälle zur Auswertung eines Ausdrucks:

```
AST.java

    default long ev(Map<String,Fun> fs, Map<String, Long> env) {
      return switch(this){
        case IntLiteral(var i)            -> i;
        case Var(var v)                   -> env.get(v);
        case OpExpr(var l, var op, var r) -> 42L;
        case IfExpr(var c, var a1, var a2)-> 42L;
        case Assign(var v, var rhs)       -> 42L;
        case WhileExpr(var c, var body)   -> 0L;
        case Sequence(var sts)            -> {
          var r = 42L;
          /*TO DO*/;
          yield r;
        }
        case FunCall(var name, var args) -> {
          yield 42L;
        }
      };
    }
```

□

Mit Hilfe der **main**-Methode sollten Sie jetzt in der Lage sein, beliebige Ausdrücke auswerten zu lassen. Hier ein Beispielsitzung:

```
$ java -cp classes/ name/panitz/longStack/AST -i src/t1.ls
TUGS (Tiny Usable Great System) :? for help
> 17+4*2
25
> (17+4)*2
42
> fac(5)
120
> fib(10)
55
> :q
$
```

15.10 X86 Code Generierung

Wir werden in diesem Kapitel nun Assembler Code generieren. Der generierte Assembler ist in der Syntax für den Gnu Assembler. Er ist für eine 64-Bit Maschine mit X86 Befehlssatz. Der generierte Assembler kann von C-Programmen aus aufgerufen werden. Er hält sich also insbesondere an die Aufrufkonvention (engl. calling convention) des gcc.

Der Assembler arbeitet mit Registern und mit einem Stack. Gerechnet wird in der Regel mit Werten, die in Registern gespeichert sind. Zwischenergebnisse und ebenso lokale Variablen und Funktionsargumente werden auf dem Stack gespeichert.

15.10.1 Register

Wir betrachten zunächst die relevanten Register des Assemblers.

15.10.1.1 Register für Stackzeiger

Die beiden Register **%rsp** (Stackpointer) und **%rbp** (Basepointer) werden ausschließlich dafür verwendet, um auf Adressen des Stacks zu verweisen.

Im Register **%rsp** steht die aktuelle Adresse des ersten freien Platzes auf dem Stack. Dabei ist übrigens zu beachten, dass der Stack nach unten wächst.

Im Register **%rbp** steht eine Adresse im Stack, zu der relativ die Argumente und lokalen Variablen der Funktion zu finden sind, die aktuell ausgeführt wird. Es ist quasi der Zeiger auf die Basis des gerade ausgeführten Funktionsaufrufs auf dem Stack.

Zum Lösen der Aufgabe werden Sie diese beiden Register nicht manuell verändern. Sie werden aber über den Basepointer auf die Argumente und lokalen Variablen einer Funktion auf dem Stack zugreifen.

15.10.1.2 Rechenregister

Wir werden ausschließlich Rechenoperationen auf den beiden Registern **%rax** und **%rbx** ausführen. Dem Register **%rax** kommt dabei die besondere Rolle zu, dass es immer das zuletzt berechnete Ergebnis enthalten wird. Insbesondere nach Ende der Ausführung einer Funktion steht das Ergebnis der Funktion in diesem Register.

15.10.1.3 Argumentregister

Sechs weitere Register werden verwendet, um Argumente an eine Funktion zu übergeben. Hat eine Funktion mehr als 6 Argumente, so werden weitere Argumente auf den Stack gespeichert. Funktionen, die ihrerseits im Rumpf andere Funktionen aufrufen, benötigen die sechs Register, um deren Argumente dort zu übergeben. Daher werden wir zu Beginn einer Funktion alle die Argumente, die in einem Register übergeben wurden, auch direkt auf dem Stack ablegen.

Die sechs Register für die Argumentübergabe sind namentlich in folgender Reihung genannt:

```
AST.java

    String[] rs = {"%rdi","%rsi","%rdx","%rcx","%r8","%r9"};
```

15.10.2 Instruktionen

Nun betrachten wir die relevanten Assembler-Anweisungen für diese Aufgabe und
deren Argumente.

15.10.2.1 Argumente

Die Anweisungen des Assemblers, die wir verwenden, haben 0, 1, oder 2 Argumente.
Diese werden in vier verschiedenen Formen auftreten.

Zahlenkonstanten

Zahlenkonstanten können direkt als Literale geschrieben werden. Ihnen wird das
Dollarzeichen vorangestellt. So bezeichnet also **\$42** die Zahl 42.

Registerwerte

Register sind Speicherzellen, in denen Zahlen stehen. Soll in einer Anweisung direkt
mit einer solchen Speicherstelle gearbeitet werden, um dort eine Zahl hineinzuschrei-
ben oder herauszulesen, so wird direkt der Name des Registers notiert, zum Beispiel
%rax.

Man nennt es die direkte Adressierung.

Registeradressen

Wenn die Zahl, die in einem Register gespeichert ist, erst die Adresse einer weiteren
Speicherzelle ist, mit der gearbeitet werden soll, so schreibt man das Register in
Klammern, also z.B. **(%rax)**. Dies entspricht der Pointer-Dereferenzierung in der
Programmiersprache C. Man nennt das indirekte Adressierung.

Man kann sogar noch einen Schritt weiter gehen. Dem geklammerten Register kann
noch eine Zahl vorangestellt werden, also z.B. **8(%rax)**. Dies bedeutet, dass die Zahl
aus Register **%rax** als Adresse im Hauptspeicher genommen wird. Auf diese Adresse
wird noch die acht drauf addiert. Man geht also 8 Byte weiter im Hauptspeicher und
arbeitet mit dieser Speicherzelle.

Label

Es gibt Sprungbefehle, die zu einem im Assemblercode gesetzten Label springen.
Dann ist das Argument der Anweisung ein Label. Label beginnen bei uns mit einem
Punkt. Sie können einen beliebigen Bezeichner haben. Wir werden für Label den
Buchstaben **L** benutzen und dann durchnummerieren, also **.L1**, **.L2**, **.L3**. ...

15.10.2.2 Stack Instruktionen

pushq

Mit der Anweisung **pushq** können neue Daten auf den Stack gelegt werden. Es bewirkt,
dass dabei auch das Register **%rsp** geändert wird. Die Anweisung hat ein Argument,
mit dem spezifiziert wird, welche Daten auf den Stack gelegt werden sollen.

Wir geben ein paar Beispiele:

- Um zum Beispiel die Konstante 42 auf den Stack zu legen, verwendet man:

  pushq $42

- Um den Wert, der im Register **%rax** steht, auf den Stack zu legen, verwendet man:

  pushq %rax

- Um den Wert, der im Stack zwei Plätze oberhalb der Adresse in **%rbp** gespeichert
  ist, auf den Stack zu legen, verwendet man:

  pusq 16(%rbp)

  Die 16, weil wir ausschließlich mit 8-Byte Daten operieren.

popq

Um Daten, die direkt als oberstes auf dem Stack liegen, wieder vom Stack zu nehmen
und woanders zu speichern, dient die Anweisung **popq**. Das Argument ist dann das
Ziel, in dem die Daten gespeichert werden. So wird mit **popq %rax** das oberste
Stackelement in das Register **%rax** gespeichert.

15.10.2.3 Daten verschieben

Die beiden Stackbefehle verschieben bereits Daten, allerdings immer vom Stack oder
auf den Stack. Um zwischen beliebigen Speicherstellen Daten zu verschieben, gibt es
die Anweisung **movq**. Sie hat zwei Argumente: die Quelle und das Ziel der Daten. Die
beiden Argumente werden durch ein Komma getrennt.

Wir geben cin paar Beispiele:

- **movq %rax, %rbx** schreibt die in Register **%rax** gespeicherte Zahl in das Register **%rbx**.

- **movq (%rax), %rbx** schreibt die Zahl, die in der Speicherzelle gespeichert ist, deren Adresse in Register **%rax** steht, in das Register **%rbx**.

15.10.2.4 Rechnen

Arithmetische Operationen

Für die drei arithmetischen Operatoren unserer Sprache gibt es die direkten drei Anweisungen, die jeweils zwei Parameter haben: **imulq**, **subq** und **addq**. Sie verrechnen die Daten der beiden Argumente und speichern das Ergebnis in das Register des zweiten Arguments. So addiert z.B. **addq %rbx, %rax** die Zahlen in den Registern **%rbx** und **%rax** und speichert das Ergebnis in Register **%rax**.

Vergleichsoperatoren

Zwei Werte können mit mit der Anweisung **cmpq** verglichen werden. Das Ergebnis ist in Form eine Subtraktion. Für zum Beispiel **cmpq %rax, %rbx** gilt: wenn die Zahl in **%rax** größer ist, ist das Ergebnis positiv, wenn sie kleiner ist negativ und bei zwei gleichen Zahlen ist es 0.

15.10.2.5 Sprünge

Bedingte Sprünge

Für bedingte Sprünge verwenden wir ausschließlich die Anweisung **jne**. Sie hat einen Parameter. Dieser ist ein Label. Wenn die vorhergehende **cmpq**-Anweisung nicht die Gleichheit ergeben hat, dann wird als nächste Anweisung zum angegebenen Label gesprungen.

Unbedingte Sprünge

Wenn man unter jeder Bedingung zu einem bestimmten Label springen will, kann man die Anweisung **jmp** verwenden, die das entsprechende Label als Argument hat.

15.10.2.6 Berechnung der lokalen Variablen

Bevor wir beginnen, Assembler zu generieren, benötigen wir die Menge aller lokalen
Variablen innerhalb einer Funktion. Hierfür ist eine eigene Methode zu schreiben, die
diese aus einem AST extrahiert:

```
AST.java

    default Set<String> getVars(){
      var r = new TreeSet<String>();
      getVars(r);
      return r;
    }
```

Lokale Variablen brauchen mindestens eine Zuweisung innerhalb der Funktions-
rumpfs. Somit wird bei jeder Zuweisung eine potentielle weitere lokale Variable
auf der linken Seite gefunden. Ansonsten ist der ganze AST zu traversieren, um nach
weiteren Zuweisungen zu suchen.

Aufgabe 15.3 ·

Ergänzen Sie die fehlenden Fälle, um die Menge der Variablen eines Programms zu
berechnen.

```
AST.java

    default void getVars(TreeSet<String> r) {
      switch(this){
      case Assign(Var(var n),var rhs) -> {r.add(n);rhs.getVars(r);}
      default                         -> {}
      };
    }
```

□

15.10.2.7 X86 Code für Funktionen

Wir können nun beginnen, Assembler zu schreiben. Da Funktionen mit der Parameterübergabe für den Anfänger etwas zu komplex sind, ist die Code-Generierung für
Funktionsdefinitionen und Funktionsaufrufe bereits umgesetzt. Alle anderen Sprach-
konstrukte unserer Quellsprache sind als Aufgabe umzusetzen.

Dieser Abschnitt beschreibt die Code-Generierung für Funktionsdefinitionen. Für
eine Funktionsdefinition ist Assembler-Code zu generieren und in ein Writer-Objekt
zu schreiben.

```
AST.java

    static void asm(Fun f,ExWriter r) {
```

Funktionskopf

Den Beginn einer Funktion beschreiben im Assembler ein paar globale Labels, in
denen der Funktionsname gesetzt wird:

```
AST.java

        r.nl();
        r.lnwrite(".globl   "+f.name);
        r.lnwrite(".type   "+f.name+", @function");
        r.lnwrite(f.name+":");
        r.addIndent();
```

Stackpointer verwalten

Die erste Aufgabe ist es, die Stackpointer zu verwalten. Hierzu wird der Wert des
aktuellen Basepointers auf den Stack geschrieben. Der aktuelle Stackpointer wird
dann während der Ausführung der Funktion zum Basepointer:

```
AST.java

        r.lnwrite("pushq %rbp");
        r.lnwrite("movq %rsp, %rbp");
```

Am Ende, beim Verlassen der Funktion, wird wieder der alte Zustand der beiden
Register hergestellt.

15.10.2.8 Parameter von Registern auf den Stack

Die Aufrufkonvention lädt die ersten 6 Argumente in die Register, die in der Reihung
rs benannt sind. Die weiteren Argumente befinden sich auf dem Stack. Das ist eine
effizientere Aufrufvariante, als alle Argumente auf den Stack zu legen. Allerdings
funktioniert diese Variante nur, wenn unsere Funktion selbst keine andere Funktion
aufruft. Um hier einheitlich arbeiten zu können, legen wir somit als erstes auch die
Argumente, die in Registern übergeben werden, auf den Stack.

Dabei bauen wir eine Abbildung von Variablen und Parameternamen zu Zahlen auf.
Diese Abbildung sagt für eine Variable, wie viele Schritte sie sich vom Basepointer
entfernt auf dem Stack gespeichert befindet.

Als erstes schauen wir, wie viele Argumente über Register übergeben wurden und legen die Abbildung an:

```
AST.java

        var registerArgs = Math.min(rs.length, f.args.size());
        var env = new HashMap<String,Integer>();
```

Nun werden nacheinander die Argumente aus den Registern auf den Stack gelegt und es wird in der Abbildung vermerkt, wie viele Speicherplätze vom Basepointer sie entfernt liegen. Das erste Argument liegt direkt über dem Basepointer. Deshalb beginnen wir mit -8. 8 weil wir auf einem 64 Bit System sind und immer Zahlen vom Typ **long** abspeichern. Auch die Adreeße sind 64 Bit Zahlen:

```
AST.java

        var sp=-8;
        for (var i=0;i<registerArgs;i++) {
          r.lnwrite("movq "+rs[i]+", "+sp+"(%rbp)");
          env.put(f.args.get(i), sp);
          sp = sp-8;
        }
```

15.10.2.9 Lokale Variablen in Umgebung vermerken

Nun sind die per Register übergebenen Argumente auf dem Stack und in der Umgebung vermerkt. Als nächstes sind Stackpositionen der lokalen Variablen zu vermerken. Dies sind die Variablen, denen etwas im Funktionsrumpf zugewiesen wird, ohne die Argumente.

Wir haben zwar noch keine initialen Werte, für diese Variablen, aber müssen der Stackpointer entsprechend weiter setzen, damit dieser Platz auf dem Stack nicht durch weitere push-Befehle überschrieben wird:

```
AST.java

        var vs = f.body.getVars();
        vs.removeAll(f.args);
        for (var v:vs) {
          env.put(v, sp);
          sp = sp-8;
        }
        r.lnwrite("subq $"+(-sp)+", %rsp");
```

15.10.2.10 Stackparameter in Umgebung vermerken

Gibt es mehr Argumente, als in den Registern übergeben werden kann, liegen die
weiteren Argumente bereits auf dem Stack. Auch das ist noch in der Umgebung zu
vermerken:

AST.java

```
sp = 16;
for (var i=registerArgs;i<f.args.size();i++) {
  env.put(f.args.get(i), sp);
  sp+=8;
}
```

15.10.2.11 Code für Funktionsrumpf

Jetzt kann der eigentliche Assembler-Code für den Funktionsrumpf generiert werden:

AST.java

```
f.body.asm(Map.of(),env,r);
```

15.10.2.12 Stackpointer beim Verlassen Zurücksetzen

Beim Verlassen der Funktion wird der alte Zustand des Stackpointers und des Base-
poitners wieder hergestellt. Die Funktion schließt mit der Anweisung **ret**, die dafür
sorgt, dass zurück zur Aufrufstelle des Funktionsaufrufs gesprungen wird:

AST.java

```
r.lnwrite("movq %rbp, %rsp");
r.lnwrite("popq %rbp");
r.lnwrite("ret");
r.subIndent();
}
```

15.10.2.13 Code für Ausdrücke

Jetzt kommt der spannende Teil. Für alle Ausdrücke der Quellsprache ist Assembler
zu generieren.

Für einfache Tests ohne Funktionsaufrufe und Variablen ist die folgende Methode
vorgesehen.

```
AST.java

    default String asm() {
    var r = new ExWriter(new StringWriter());
    asm(new HashMap<>(),new HashMap<>(),r);
    return r.w.toString();
    }
```

Eine statische Methode ist für ein ganzes Programm, das aus einer Liste von Funktionsdefinitionen besteht, gegeben:

```
AST.java

    static String asm(List<Fun> fs) {
    var r = new ExWriter(new StringWriter());
    fs.forEach(f->asm(f,r));
    return r.w.toString();
    }
```

Die eigentliche Funktion zur Codegenerierung hat drei Argumente:

- Der Abbildung, die für Funktionsnamen die Funktionsdefinition bereithält.[2]

- Die Umgebung: Das ist die Abbildung von Variablennamen auf Positionen relativ zum Basepointer.

- Das Objekt, in das der Assembler-Code textuell geschrieben wird.

```
AST.java

    default void asm(Map<String,Fun> fs,Map<String, Integer> e,ExWriter r){
    switch(this){
```

Der Code, der für einen Ausdruck generiert wird, soll immer Code sein, der das Ergebnis für den Ausdruck berechnet. Das Ergebnis soll anschließend im Register **%rax** gespeichert sein.

15.10.2.14 Zahlenkonstanten

Der Assembler-Code für Zahlenkonstanten ist dann denkbar einfach. Die entsprechende Konstante wird in das Register **%rax** gespeichert:

```
AST.java

    case IntLiteral(var i) -> {r.lnwrite("movq $"+i+", %rax");}
```

---

[2] Diese wird derzeit nicht verwendet.

15.10.2.15 Variablenzugriff

Bei einem Variablenzugriff wird in der Umgebung **e** die relative Stack-Adresse ausgehend vom Basepointer nachgeschlagen. Aus dieser wird dann vom Stack der Wert der Variablen in das Register **%rax** geladen:

AST.java

```
case Var(var n)     -> {r.lnwrite("movq "+e.get(n)+"(%rbp), %rax");}
```

Soweit die ersten beiden Fälle für Ausdrücke. Die weiteren Fälle werden jetzt als Aufgaben formuliert. Um Hinweise für bestimmte Fälle zu bekommen, kann man eine C-Funktion schreiben, die ein äquivalentes Konstrukt enthält, und sich mit dem Kompilator **gcc** durch die Option **-S** den Assembler generieren lassen. Dort lässt sich dann analog betrachten, was für ein Code zu generieren ist.

15.10.2.16 Zuweisungen

Bei einer Zuweisung ist der Code für die linke Seite der Zuweisung zu generieren. Dieser Code wird dafür sorgen, dass im Register **%rax** das Ergebnis der linken Seite steht. Dieses ist dann auf dem Stack an der Position zu speichern, die für die Variable auf der linken Seite der Zuweisung in der Umgebung vermerkt ist.

Aufgabe 15.4

Schreiben Sie in der Code-Generierung das Pattern-Case für die Zuweisung.

AST.java

```
case Assign(Var(var n), var rhs) -> {}
```

□

15.10.2.17 Operator-Ausdrücke

Für einen Operatorausdruck müssen wir für die beiden Operanden Code erzeugen.
Es empfiehlt sich wie folgt vorzugehen:

- Erzeuge Code für den rechten Operanden.
- Push das Ergebnis des rechten Operanden auf den Stack.
- Erzeuge Code für den linken Operanden.

- Hole das Ergebnis des rechten Operanden vom Stack und lade es in Register **%rbx**.
- Generiere die Anweisung für den Operator. Für den Operator = ist dabei folgende Anweisungsfolge zu generieren:

```
cmpq %rax, %rbx
sete %al
movzbl %al, %eax
```

Aufgabe 15.5

Schreiben Sie in der Code-Generierung das Pattern-Case für Operatorausdrücke.

AST.java

```
    case OpExpr(var lhs, var op, var rhs) -> {}
```

□

15.10.2.18 Code-Blöcke

Bei einer Sequenz von Ausdrücken in Form eines Code-Blocks ist für diese nacheinander Code zu generieren. Damit steht abschließend das Ergebnis des letzten Ausdrucks der Sequenz im Register **%rax**.

Aufgabe 15.6

Schreiben Sie in der Code-Generierung das Pattern-Case für Code-Blöcke.

AST.java

```
    case Sequence(var sts)-> {}
```

□

15.10.2.19 While-Schleifen

Bei der Codegenerierung für Schleifen sind zwei Label zu generieren. Eines für den Beginn des Schleifenrumpfs und eines für den Beginn des Bedingungstests.

Es empfiehlt sich folgendes Vorgehen:

- Erzeuge zwei neue Label **l1** und **l2**.

- Generiere den Befehl der zu Label **l1** springt.

- Generiere im Assembler das Label **l2**.

- Generiere Code für den Schleifenrumpf.

- Generiere im Assembler das Label **l1**.

- Generiere Code für die Schleifenbedingung.

- Generiere den Code, der prüft, ob die Schleifenbedingung 0 als Ergebnis hat: **cmpq $0, %rax**.

- Generiere den bedingten Sprung zum Label **l2**, wenn der Test zuvor nicht wahr war.

Aufgabe 15.7

Schreiben Sie in der Code-Generierung das Pattern-Case für Schleifen.

```
AST.java

    case WhileExpr(var cond, var body) -> {}
```

□

15.10.2.20 If-Bedingungen

Auch für die Realisierung der Bedingungsausdrücke sind zwei Sprunglabel **l1** und **l2** zu erzeugen. Label **l1** steht zu Beginn der then-Alternative, das Label **l2** am Ende des Gesamtausdrucks.

Gehen Sie wie folgt vor:

- Generieren Sie Code für die Bedingung.

- Generieren Sie die Anweisung, die das Ergebnis der Bedingung mit 0 vergleicht.

- Generieren Sie einen bedingten Sprung zu Label **l1**, wenn das letzte Ergebnis nicht gleich ergab.

- Generieren Sie Code für die else-Alternative.

- Generieren Sie einen Sprung zu Label **l2**.

- Schreiben Sie das Label **l1**.

- Generieren Sie Code für die then-Alternative.

- Schreiben Sie das Label **l2**.

Aufgabe 15.8

Schreiben Sie in der Code-Generierung das Pattern-Case für Bedingungen.

```
AST.java

    case IfExpr(var cond, var a1, var a2) -> {}
```

□

15.10.2.21 Funktionsaufrufe

Nicht als Aufgabe zu realisieren sind Funktionsaufrufe. Hierbei wird Code für die Argumente generiert. Diese werden in die Argumentregister geladen. Wenn es weitere Argumente gibt, werden sie auf den Stack gelegt. Als letztes wird die Anweisung **call** mit dem entsprechenden Funktionsnamen generiert:

```
AST.java

    case FunCall(var name, var args) ->
      {for (int i=0;i<Math.min(5, args.size());i++) {
        args.get(i).asm(fs, e, r);
        r.lnwrite("movq %rax, "+rs[i]);
      }
      ;args.stream().skip(rs.length).forEach(arg -> {
        arg.asm(fs, e, r);
        r.lnwrite("pushq %rax");
      });
      ;r.lnwrite("call "+name)
      ;}
    };
  }
```

15.11 Eine main-Methode für Kompilator oder Interpreter

Um alles zu testen, den Kompilator, den Pretty-Printer und den Interpreter, dient eine **main**-Methode.

15.11.1 Hilfestellungen

Es gibt in der Interpreterschleife eine Hilfestellung:

```
AST.java

  static String[] help =
  {"<expr>          evaluate <expr>"
  ,"':q'            quits the interpreter"
  ,"':defs'         shows defined function names"
  ,"':s <funname>' prints function definition of <funname>"
  ,"':?             this help"};

  static void printHelp(){
    for (var h:help)System.out.println(h);
  }
```

15.11.2 Anwender-Frontend des Systems

Die Methode kennt zwei Modi. Die Kompilierung und die Interpreterschleife. Beide lesen eine Datei mit Funktionsdefinitionen ein:

```
AST.java

  public static void main(String... args) throws Exception {
    if (args.length==0){
      System.out.println
        ("usage: java name.panitz.longStack.AST [-i] filename");
      System.out.println
        (" where -i starts interpreter "
        +"otherwise assembler code is generated");
      return;
    }
```

Zunächst wird geprüft, ob Assembler generiert oder eine Interpreter-Session gestartet werden soll:

```
AST.java

  var interpreter = args[0].equals("-i");
  var funDefs = LongStackParser.parseFunDefs
                (args[0].equals("-i")?args[1]:args[0]);
```

Zum Start des Interpreters wird auf die Hilfe verwiesen:

```
AST.java

  if (interpreter){
    var in = new BufferedReader(new InputStreamReader(System.in));
    System.out.println("TUGS (Tiny Usable Great System) :? for help");
```

Es folgt die eigentliche Lesen-Evaluieren-Drucken-Schleife (*read eval print loop* kurz *REPL*).

Die nächste Zeile wird gelesen:

```
AST.java

      while (true){
        System.out.print("> ");
        var ln = in.readLine();
```

Soll das Programm beendet werden?

```
AST.java

      if (ln.equals(":q")) break;
```

Braucht jemand Hilfe?

```
AST.java

      if (ln.equals(":?")){printHelp();continue;}
```

Sollen die Funktionsdefinitionen aufgelistet werden?

```
AST.java

      if (ln.equals(":defs")){
        funDefs.parallelStream()
        .forEach(fd->System.out.println(fd.name));
        continue;
      }
      var showFunction = ln.startsWith(":s ");
      try{
```

Soll eine Funktion angezeigt werden?

```
AST.java

        if (showFunction){
          var funname = ln.substring(2).trim();
          Fun fundef = funDefs.stream()
            .reduce
              (null
              ,(r,fd)->(r==null&&fd.name.equals(funname))?fd:r
              ,(fd1,fd2)->fd1==null?fd2:fd1);
          if (fundef!=null)
            System.out.println(show(fundef));
          else System.out.println("unknown function: "+funname);
```

Es soll also schließlich ein Ausdruck ausgewertet werden:

```
AST.java

        }else{
          System.out.println
            (LongStackParser.parseExpr(ln).ev(funDefs));
        }
      }catch(Exception e){
        System.out.println(e);
        e.printStackTrace();
      }
    }
```

Wenn keine REPL gestartet wurde, sondern Assembler generiert werden soll:

```
AST.java

      }else{
        var out = new FileWriter
            (args[0].substring(0,args[0].lastIndexOf('.'))+".s");
        var o = new ExWriter(out);
        for (var fun:funDefs) asm(fun,o);
        o.nl();
        out.close();
      }
    }
  }
```

15.12 Syntaktische Analyse

15.12.1 Parser

15.12.1.1 Parser Kombinator Bibliothek

Wir entwickeln ein kleine Bibliothek, mit deren Hilfe einfache Parser zu komplexeren Parsern kombiniert werden können. Eine solche Bibliothek wird als Parser Kombinator Bibliothek bezeichnet. Ein frühes Papier, das diese Art Parser zu kombinieren beschreibt, findet sich in [8].

Wir werden die Grammatik für unsere Sprache nicht textuell beschreiben, sondern grafisch mit Syntaxdiagrammen, wie sie auch schon für die Pragrammiersprache Pascal [24] verwendet wurden. Damit wird ein Verständnis für die Grammatik vermittelt, ohne kontextfreie Grammatiken in voller Tiefe zu betrachten.

Zunächst definieren wir, was die Funktionalität eines Parser ausmacht. Hierzu brauchen wir ein paar Importanweisungen:

```
Parser.java

package name.panitz.parser;

import java.util.*;
import java.util.function.*;
import java.util.stream.Collectors;
```

Einen Parser modellieren wir als eine generische Schnittstelle. Sie ist generisch über
zwei Typen:

- Ein beliebiger aber fester Typ **T** der Token, die zu parsen sind und

- ein beliebiger aber fester Typ **R** für das Ergebnis, das der Parser erzielt. Dieses ist
  meistens ein abstrakter Syntaxbaum:

```
Parser.java

@FunctionalInterface public interface Parser<T, R> {
```

Als innere Hilfsklasse sind beliebige Paare definiert:

```
Parser.java

  record Pair<A,B>(A fst,B snd){
    @Override
    public String toString() {return "("+fst+","+snd+")";}
  }
```

Parserfunktion

Die eigentliche Funktion eines Parsers bekommt eine Liste von Token als Eingabe.
Das Ergebnis ist auch eine Liste. Die Elemente der Ergebnisliste sind Paare, bestehend
aus einem Parsergebnis des variablen Typs **R** und einer Liste der Token, die von dem
erfolgreichen Parsvorgang noch nicht benötigt wurden.

Ist die Ergebnisliste leer, so konnte der Parsvorgang nicht erfolgreich die Tokenliste
verarbeiten.

Hat die Ergebnisliste mehr als ein Paar, so konnten verschiedene Parsvorgänge mit
dem Parser durchgeführt werden. Dann war die Grammatik nicht eindeutig:

```
Parser.java

  List<Pair<List<T>, R>> parse(List<T> toks);
```

Token

Eine kleine Datenhaltungsklasse kapselt die eigentlichen Token eines variablen Typs **T** mit einer Zeilen- und Spaltenangabe innerhalb des Programmtextes und einem aktuellen Abbild des Token:

```
Parser.java

  public static record Token<T>(int l, int c, String image, T token) {
    @Override public String toString(){
      return "("+l+","+c+") "+token+" \""+image+"\"";
    }
    @Override
    public boolean equals(Object obj) {
      return obj instanceof Token && ((Token<T>)obj).token==token;
    }
  }
```

Terminale

Ein einfacher Parser ist der, der ein bestimmtes Token erkennt. Da es sich bei der Schnittstelle **Parser** um eine funktionale Schnittstelle handelt, können wir den entsprechenden Parser mit einem Lambda-Ausdruck erzeugen. Für eine nicht leere Liste von Token wird getestet, ob das erste Token gleich dem erwarteten Token ist. Wenn das der Fall ist, dann wird eine einelementige Liste erzeugt. Diese enthält genau ein Paar-Objekt. Ansonsten wird als Zeichen, dass das Token nicht als erstes erkannt werden konnte, eine leere Liste als Ergebnis zurückgegeben:

```
Parser.java

  static<T> Parser<Token<T>, Token<T>> token(T t) {
    return (toks) -> {
      List<Pair<List<Token<T>>, Token<T>>> result = new ArrayList<>();
      if (!toks.isEmpty()&&toks.get(0).token()==t) {
        var tok= toks.get(0);
        result.add(new Pair<>(toks.subList(1,toks.size()), tok));
      }
      return result;
    };
  }
```

Wir können uns in einer kleinen Session der JShell von der Wirkungsweise überzeugen. Wir erzeugen einen Parser, der den Buchstaben **'a'** als Zeichen erkennen soll. Dann erzeugen wir eine Liste von Token, deren erstes Token ein Objekt der Klasse **Character** ist, das den Buchstaben **'a'** darstellt. Der Parser ist für diese Token-Liste erfolgreich und erzielt genau ein Ergebnis als Element der Ergebnisliste:

```
:~/compilerSrc$ jshell --enable-preview -class-path .
|  Welcome to JShell -- Version 19-internal
|  For an introduction type: /help intro

jshell> import static name.panitz.parser.Parser.*

jshell> var p1 = token('a')
p1 ==> name.panitz.parser.Parser$$Lambda$45/0x00000008000c9750@6d7b4f4c

jshell> var ts = "abc".
   chars().
   mapToObj((c) -> new Token<Character>(0,0,""+((char)c),(char)c)).
   collect(Collectors.toList())
ts ==> [(0,0) a "a", (0,0) b "b", (0,0) c "c"]

jshell> p1.parse(ts)
$4 ==> [([(0,0) b "b", (0,0) c "c"],(0,0) a "a")]
```

Epsilon-Parser

Ein noch einfacherer Parser als der, der ein ganz bestimmtes Token erkennt, ist ein Parser, der immer mit einem Ergebnis erfolgreich ist. In einer Grammatik spricht man davon, dass so ein Parser das leere Wort, das mit ϵ bezeichnet wird, erkennt. Wir nennen die Funktion, die einen solchen Parser erzeugt, einfach **result**, denn es wird ja immer garantiert ein Ergebnis erzielt:

Parser.java

```
static<T,R> Parser<T, R> result(R r) {
    return (toks) -> List.of(new Pair<>(toks, r));
}
```

Alternative

Die erste Möglichkeit, zwei Parser zu kombinieren, stellt die Alternative aus zwei Parser dar. Entweder ist der erste oder der zweite der beiden Parser erfolgreich.

Als Syntaxdiagramm kann man es durch eine Verzweigung in zwei Alternativen darstellen:

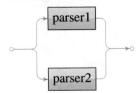

In unserer Javaimplementierung ist *parser1* das **this**-Objekt. Der *parser2* wird als
Argument übergeben, aber nicht direkt, sondern durch eine **Supplier**-Funktion. Wir
werden in Kürze sehen, was uns das ermöglicht.

```
Parser.java

  default Parser<T, R> alt(Supplier<Parser<T, R>> that) {
    return (toks) -> {
      List<Pair<List<T>, R>> result = parse(toks);
      if (result.isEmpty())
        result.addAll(that.get().parse(toks));
      return result;
    };
  }
```

Wir können nun zwei Parser alternativ kombinieren. In einer kleinen interaktiven
Sitzung können wir uns davon vergewissern. Es wird ein Parser zweiter definiert, der
das Zeichen **'b'** erkennt. Die beiden Parser lassen sich zu einem Parser kombinieren,
der entweder **'a'** oder **'b'** erkennt.

```
jshell> var p2 = token('b')
p2 ==> name.panitz.parser.Parser$$Lambda$45/0x00000008000c9750@1efed156

jshell> p2.parse(ts)
$6 ==> []

jshell> var p3 = p1.alt(() -> p2)
p3 ==> name.panitz.parser.Parser$$Lambda$51/0x00000008000c9d90@7494e528

jshell> p3.parse(ts)
$8 ==> [([(0,0) b "b", (0,0) c "c"],(0,0) a "a")]

jshell> var t2s = "bcd".chars().mapToObj((c) ->
  new Token<Character>(0,0,""+((char)c),(char)c))
    .collect(Collectors.toList())
t2s ==> [(0,0) b "b", (0,0) c "c", (0,0) d "d"]

jshell> p3.parse(t2s)
$11 ==> [([(0,0) c "c", (0,0) d "d"],(0,0) b "b")]
```

Um zwei Parser alternativ zu kombinieren, müssen beide nicht nur denselben To-
kentyp sondern auch denselben Ergebnistyp haben. Die Ergebnisse werden in einer
gemeinsamen Liste gesammelt.

Sequenz

Die zweite fundamentale Möglichkeit, zwei Parser zu kombinieren, ist die Sequenz
der beiden Parser. Der erste Parser soll dabei auf die Tokenliste angewendet werden.
War das erfolgreich, so ist der zweite Parser auf die noch nicht verarbeiteten Token
anzuwenden. Erst wenn auch das gelingt, ist die Sequenz beider Parser erfolgreich.

Folgendes Syntaxdiagramm stellt die Sequenz zweier Parser dar:

Anders als bei der Alternativkombination müssen wir uns Gedanken um den Ergebnistyp machen. Die beiden in Sequenz kombinierten Parser können unterschiedliche Ergebnistypen haben. Die beiden Einzelergebnisse sind zusammenzuführen. Hierzu nutzen wir die Klasse der Paarbildung. Der Ergebnistyp der Sequenz ist ein Paar aus den beiden Einzelergebnissen.

So erhalten wir folgende Signatur für die Sequenzbildung:

```
Parser.java

  default <R2> Parser<T, Pair<R,R2>> seq(Supplier<Parser<T, R2>> that) {
```

Das Ergebnis lässt sich wieder als ein Lambda-Ausdruck definieren. Es ist eine Parserfunktion, die eine Tokenliste verarbeitet:

```
Parser.java

  return (toks)->{
```

Zunächst wird der erste Parser, das **this**-Objekt, auf die Tokenliste angewendet. Wenn das erfolgreich war, erhalten wir eine nichtleere Liste von Parsergebnissen. Über diese können wir iterieren, um jeweils den zweiten Parser (das Argument **that**) auf die noch nicht verarbeiteten Resttoken anzuwenden. Auch hier erhalten wir wieder eine Ergebnisliste. Die Paare der Ergebnisse beider Ergebnislisten sind dem Gesamtergebnis zuzufügen:

```
Parser.java

        List<Pair<List<T>, R>> result1s = parse(toks);
        List<Pair<List<T>, Pair<R,R2>>> result = new ArrayList<>();
        for (Pair<List<T>, R> r1:result1s){
          List<Pair<List<T>, R2>> result2 = that.get().parse(r1.fst());
          for (var r2:result2) {
            result.add(new Pair<>(r2.fst(),new Pair<>(r1.snd(),r2.snd())));
          }
        }
        return result;
      };
    }
```

Ergebnis berechnen

Wenn wir mehrfach Parser mit der Sequenz kombinieren, erhalten wir verschachtelte Objekte der Klasse **Pair**. Das ist nicht nur unübersichtlich, sondern widerspricht auch der Idee, dass wir Parser schreiben wollen, die einen Syntaxbaum erzeugen. Deshalb bieten wir eine Funktion an, mit der das Ergebnis des Parsers über eine Funktion auf ein anderes Ergebnis abgebildet wird:

```
Parser.java

  default <R2> Parser<T, R2> map(Function<R,R2> f) {
    return (toks) -> {
      List<Pair<List<T>, R>> result = parse(toks);
      return result.stream()
        .map(p->new Pair<>(p.fst(), f.apply(p.snd())))
        .collect(Collectors.toList());
    };
  }
```

Rekursive Parser

Jetzt können wir bereits einen rekursiven Parser definieren. Hierzu schreiben wir eine Funktion **as**, die einen Parser generiert, der eine maximale Anzahl des Buchstabens **'a'** aus der Tokenliste erkennt und als Ergebnis die Anzahl der gefundenen **'a'** hat.

Hierzu schreiben wir die Sequenz aus dem Parser, der ein **'a'** parst, gefolgt von dem rekursiven Aufruf der Funktion, die den Parser erkennt, den wir gerade schreiben. Als Ergebnis wird das Ergebnis des rekursiven Parser um 1 erhöht. Alternativ kann auch ein Epsilon-Parser angewendet werden, der als Ergebnis 0 hat, da ja kein Zeichen **'a'** gefunden wurde.

Insgesamt also folgende Funktion:

```
Parser<Token<Character>,Integer> as() {
  return
      token('a')
        .seq(()->as())
        .map(p-> p.snd()+1)
    .alt(()->result(0));
}
```

Zum Test wird der Parser angewendet auf eine Tokenliste, die mit 6 zeichen **'a'** beginnt:

```
as().parse(ts)

[([[(0,0) b "b", (0,0) c "c"],6)]
```

Jetzt erkennt man, weshalb wir den beiden Kombinatoren **alt** und **seq** nicht einen zweiten Parser als Argument gegeben haben, sondern einen **Supplier** für den zweiten Parser. Ansonsten würde die obige rekursive Funktion nicht terminieren, weil sie ohne erkennbare Abbruchbedingung sich selbst wieder aufruft. Das **Supplier**-Objekt macht diesen Aufruf nicht-strikt. Er wird nur bei Bedarf gemacht.

Wiederholung

Der letzte Abschnitt hat bereits gezeigt, dass wir mit den Parserkombinatoren eine
Wiederholung durch eine Rekursion ausdrücken können. Da eine Wiederholung häufig
benötigt wird, stellen wir eine eigene Methode zur Verfügung, die für einen Parser
den Parser erzeugt, der den Ausgangsparser maximal oft wiederholt.

Das entsprechende Syntaxdiagramm sieht wie folgt aus:

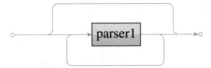

Für die Implementierung versuchen wir zunächst den Parser einmal anzuwenden:

```
Parser.java

    default Parser<T, List<R>> zeroToN() {
      return (toks)->{
        List<Pair<List<T>, R>> result1s = parse(toks);
```

Wenn das einmalige Anwenden kein Ergebnis erzielt, ist das Gesamtergebnis ein
erfolgreich, mit der leeren Liste als Ergebnis:

```
Parser.java

        if (result1s.isEmpty())
          return List.of(new Pair<>(toks,new LinkedList<>()));
```

Ansonsten war die einmalige Anwendung erfolgreich. Jetzt können wir für jede Rest-
tokenliste der Ergebnisse die Funktion rekursiv aufrufen, um den Parser weitere Male
aufzurufen:

```
Parser.java

        List<Pair<List<T>, List<R>>> result = new ArrayList<>();
        for (Pair<List<T>, R> r1:result1s){
          result.addAll(
            zeroToN()
            .map( (List<R> xs) -> {xs.add(0,r1.snd()); return xs;} )
            .parse(r1.fst())
          );
        }
        return result;
      };
    }
  }
```

15.12.1.2 LongStack Parser

Mit der Parser-Kombinatorbibiothek können wir jetzt für unsere kleine Programmiersprache den Parser definieren, der den abstrakten Syntaxbaum erzeugt, für den wir schon eine Auswertungsfunktion und die Assembler-Code Generierung geschrieben haben:

LongStackParser.java

```java
package name.panitz.longStack;

import java.util.List;
import java.util.function.*;
import java.util.stream.Stream;

import name.panitz.parser.*;

import static name.panitz.longStack.AST.*;
import static name.panitz.parser.Parser.*;
import static name.panitz.longStack.LongStackParser.Tok.*;

public class LongStackParser {
```

Tokenizer

Zunächst geht es um die Symbole, Schlüsselwörter, Literale und Bezeichner unserer Sprache. Diese sind in einer Aufzählung gesammelt:

LongStackParser.java

```java
public static enum Tok {
    ifT("if\\W"),elseT("else\\W"),thenT("then\\W")
    ,whileT("while\\W")
    ,funT("fun\\W"),doT("do\\W")
    ,lparT("\\(."),rparT("\\).")
    ,lbraceT("\\{."),rbraceT("\\}.")
    ,commaT(",."),semicolonT(";.")
    ,assignT(":=."), eqT("=.")
    ,plusT("\\+."),minusT("-."),multT("\\*.")
    ,identT("[\\_a-zA-Z]\\w*\\W")
    ,intConstantT("\\d+[^\\d]")
    ;
    public String regEx;

    private Tok(String regEx) {
      this.regEx = regEx;
    }
}
```

In jedem Token ist der reguläre Ausdruck gespeichert, mit dem das Wort erkannt wird.

Terminalsymbole

Unsere Sprache kennt zwei Terminalsymbole, für die der abstrakte Syntaxbaum jeweils einen eigenen Knoten hat. Für diese können wir Parser schreiben.

Es gibt Bezeichnernamen für Variablen, Argumente und Funktionsnamen:

```
LongStackParser.java

static Supplier<Parser<Token<Tok>,AST>> ident(){
  return
    () -> token(identT).map(x->new AST.Var(x.image()));
}
```

Und es gibt Zahlenliterale:

```
LongStackParser.java

static Supplier<Parser<Token<Tok>,AST>> number(){
  return
    () -> token(intConstantT)
      .map(x->new AST.IntLiteral(Integer.parseInt(x.image())));
}
```

Funktionsdefinitionen

Ein Programm unserer Sprache besteht aus einer Folge von Funktionsdefinitionen. Das drückt das folgende Syntaxdiagramm aus:

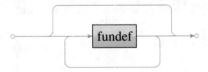

Mit der Kombinatorfunktion **zeroToN** lässt sich das direkt in Java ausdrücken:

```
LongStackParser.java

public static Supplier<Parser<Token<Tok>,List<Fun>>> fundefs() {
  return ()->fundef().get().zeroToN();
}
```

Eine einzelne Funktionsdefinition beginnt mit dem Schlüsselwort **fun**. Es folgen der Funktionsname, die Parameter, ein Gleichheitszeichen und der Ausdruck für den Funktionsrumpf.

Das wird durch das folgende Syntaxdiagramm ausgedrückt:

In der Javaformulierung dieser Regel braucht man nur den Sequenzkombinator, muss
dann aus den verschachtelten Paaren sorgfältig die korrekten Komponenten selektieren, um ein Objekt der Klasse **Fun** zu bilden. Zum Glück hilft hier der Typchecker:

```
LongStackParser.java

    static Supplier<Parser<Token<Tok>,Fun>> fundef() {
     return ()->
      token(funT)
       .seq(()->token(identT).map(x->x.image()))
      .seq(()->token(lparT))
      .seq(params())
      .seq(()->token(rparT))
      .seq(()->token(eqT))
      .seq(expr())
      .map(x->new Fun( x.fst().fst().fst().fst().fst().snd()
                     , x.fst().fst().fst().snd()
                     , x.snd()));
    }
```

Es wird noch die Definition für die Parameter benötigt.

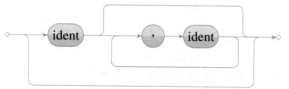

Die Parameter sind eine durch Komma separierte Liste, die auch leer sein kann:

```
LongStackParser.java

    static Supplier<Parser<Token<Tok>,List<String>>> params(){return ()->
       ident().get()
      .seq(()->
         token(commaT)
        .seq(ident()).map(x->((Var)x.snd()).name())
        .zeroToN())
      .map(x->{var r=x.snd();r.add(0,((Var)x.fst()).name());return r;})
      .alt(()->result(new java.util.LinkedList<String>())) ;
    }
```

Ausdrücke

Wir kommen zur Definition der Ausdrücke unserer Sprache:

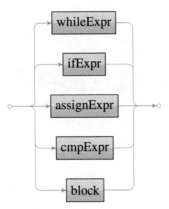

Es gibt also fünf verschiedene Arten von Ausdrücken, die wir mit dem Alternativ-kombinator verknüpfen:

```
LongStackParser.java

static Supplier<Parser<Token<Tok>,AST>> expr() {
  return ()->  whileExpr().get()
      .alt(ifExpr())
      .alt(assignExpr())
      .alt(cmpExpr())
      .alt(block())        ;
}
```

Zuweisung

Als Zuweisungsoperator haben wir **:=** gewählt:

Einer Variablen wird das Ergebnis eines Ausdrucks zugewiesen:

```
LongStackParser.java

static Supplier<Parser<Token<Tok>,AST>> assignExpr(){
  return
    () -> ident().get()
        .seq(()->token(assignT))
        .seq(expr())
      .map(x->(AST)new Assign(((Var)x.fst().fst()),x.snd()));
}
```

Vergleiche

Die Operatorausdrücke unserer Sprache werden syntaktisch hierarchisch definiert. Erst die Vergleichsausdrücke, dann die Strichrechnung und schließlich die Punktrechnung. Damit erzielt man automatisch die korrekte Operatorpräzedenz.

Zunächst die Vergleichsausdrücke:

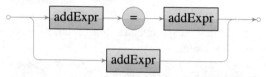

Wir haben nur die Gleichheit vorgesehen. Die Javaimplementierung erzeugt den entsprechenden Operatorausdruck des abstrakten Syntaxbaums:

```
LongStackParser.java

static Supplier<Parser<Token<Tok>,AST>> cmpExpr(){
   return
     ()-> addExpr().get()
          .seq(()->token(eqT))
          .seq(addExpr())
        .map(x->(AST)new OpExpr(x.fst().fst(),BinOP.eq,x.snd()))
        .alt(addExpr());
   }
```

Additive Ausdrücke

Es folgt die Strichrechnung:

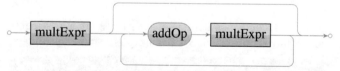

Entsprechend die Javaimplementierung des Parsers:

```
LongStackParser.java

static Supplier<Parser<Token<Tok>,AST>> addExpr(){return ()->
        multExpr().get()
     .seq(()->addOp().get().seq(multExpr()).zeroToN())
     .map(x->{
       AST r = x.fst();
       for (var snd:x.snd()) {
         r = snd.fst().apply(r, snd.snd());
       }
       return r;
     });
   }
```

Es gibt zwei Operatoren der Strichrechnung, die durch das entsprechende Token dargestellt werden:

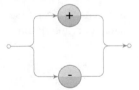

Das Ergebnis des Parsers ist die Funktion, die den entsprechenden abstrakten Syntaxbaum aus den Syntaxbäumen der Operanden erzeugt:

```
LongStackParser.java

    static Supplier<Parser<Token<Tok>, BinaryOperator<AST>>> addOp(){
      BinaryOperator<AST> aop = (l,r)->(AST)new OpExpr(l, BinOP.add, r);
      BinaryOperator<AST> sop = (l,r)->(AST)new OpExpr(l, BinOP.sub, r);
      return ()-> token(plusT ).map(x-> aop)
        .alt(()-> token(minusT).map(x->sop));
    }
```

Multiplikative Ausdrücke

Auf die gleiche Weise ist die Punktrechnung definiert, allerdings sehen wir vorerst nur die Multiplikation als Operation vor und haben auf Division und Modulorechnung verzichtet:

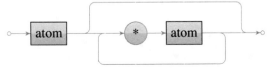

In der Implementierung wird die Sequenz aus der Parser für Atome mit der Wiederholung von weiteren mit dem Multiplikationssymbol angehängten Atomen gebildet:

```
LongStackParser.java

    static Supplier<Parser<Token<Tok>,AST>> multExpr(){return ()->
        atom().get()
      .seq(()->token(multT).seq(atom()).zeroToN())
```

Aus dem Ergebnis wird der Syntaxbaum von Operatorausdrücken gebildet:

```
LongStackParser.java

        .map(x->{
          AST r = x.fst();
          for (var snd:x.snd()) {
            r = new OpExpr(r, BinOP.mult, snd.snd());
          }
          return r;
```

```
        });
    }
```

Atomare Ausdrücke

Nach den Operatorausdrücken folgen hier die vier verschiedenen atomaren Ausdrücke:

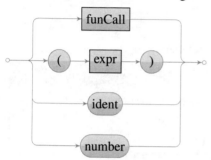

Wir identifizieren einen Funktionsaufruf, einen Variablenzugriff, ein Zahlenliteral und einen beliebigen geklammerten Ausdruck als atomare Ausdrücke:

```
LongStackParser.java

    static Supplier<Parser<Token<Tok>,AST>> atom(){return   ()->
            funCall().get()
      .alt(ident())
      .alt(number())
      .alt(()->token(lparT).seq(expr()).seq(()->token(rparT))
              .map(x->x.fst().snd()))
      ;
    }
```

Funktionsaufrufe

Ein Funktionsaufruf benötigt einen Funktionsnamen und in Klammern die Argumente des Aufrufs:

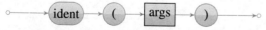

Das mündet in Java in folgender Definition des Parsers:

```
LongStackParser.java

    static Supplier<Parser<Token<Tok>,AST>> funCall(){return   ()->
        ident().get()
        .seq(()->token(lparT))
        .seq(args())
        .seq(()->token(rparT))
```

```
    .map(x->new FunCall(((Var)x.fst().fst().fst()).name()
                    ,x.fst().snd()));
  }
```

Es verbleiben die Argumente eines Funktionsaufrufs:

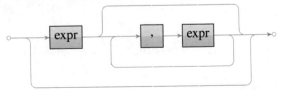

Es sind durch Kommata getrennte beliebige Ausdrücke:

```
LongStackParser.java

  static Supplier<Parser<Token<Tok>,List<AST>>> args(){return ()->
      expr().get()
      .seq(()->token(commaT)
        .seq(expr()).map(x->x.snd()).zeroToN())
      .map(x->{var r=x.snd();r.add(0,x.fst());return r;})
      .alt(()->result(List.of()))           ;
  }
```

Schleifen

Ein weitere Form von Ausdrücken sind die Schleifen unserer Sprache:

Hier verwenden wir die Schlüsselwörter **while** und **do**:

```
LongStackParser.java

  static Supplier<Parser<Token<Tok>,AST>> whileExpr(){return ()->
        token(whileT)
    .seq(expr())
    .seq(()->token(doT))
    .seq(expr())
    .map(x -> new WhileExpr(x.fst().fst().snd(), x.snd()));
  }
```

Bedingungen

Die zweite Form strukturierter Ausdrücke sind die Bedingungen mit den Schlüsselwörtern **if**, **then** und **else**:

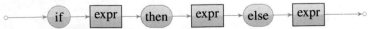

Dieses führt zu einer Sequenz von 5 Parsern. Es gilt wieder aus den verschachtelten
Paar-Objekten die korrekten Teile zu selektieren, um den abstrakten Syntaxbaum für
das Ergebnis zu erzeugen:

```
LongStackParser.java

static Supplier<Parser<Token<Tok>,AST>> ifExpr(){return ()->
    token(ifT)
    .seq(expr())
    .seq(()->token(thenT))
    .seq(expr())
    .seq(()->token(elseT))
    .seq(expr())
    .map(x->new IfExpr( x.fst().fst().fst().fst().snd()
                      , x.fst().fst().snd()
                      , x.snd()));
}
```

Blöcke von Anweisungen

Der letzte noch fehlende Ausdruck ist ein Block, der aus mehreren Ausdrücken besteht.
Solche Blöcke strukturieren wir mit geschweiften Klammern:

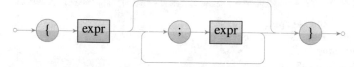

Die Ausdrücke sind durch ein Semikolon getrennt:

```
LongStackParser.java

static Supplier<Parser<Token<Tok>,AST>> block(){return ()->
    token(lbraceT)
    .seq(
    ()->expr().get().seq(
    ()->token(semicolonT).seq(expr()).map(x->x.snd()).zeroToN())
    .map(x->{var r=x.snd();r.add(0,x.fst());return r;})
    ).seq(()->token(rbraceT)).map(x->new Sequence(x.fst().snd()));
}
```

Programm mit Funktionsdefinitionen

Nachdem so für alle Konstrukte der kleinen Programmiersprache Parser definiert
wurden, können wir eine Methode schreiben, die aus einer Datei alle dort enthaltenen
Funktionsdefinitionen parst:

```
LongStackParser.java

  public static List<Fun> parseFunDefs(String fn) throws Exception{
    var tokenizer = new LSTokenizer();
    tokenizer.setReader(new java.io.FileReader(fn));
    var ts = tokenizer.asList();
    var parse = fundefs().get().parse(ts);
    if (parse.isEmpty()) throw new Exception("cannot parse: "+ts);
    if (parse.size()>1)
      throw new Exception("multiple parses for: "+ts);
    if (!parse.get(0).fst().isEmpty())
      throw new Exception
        ("cannot parse complete: "+fn+" unused token: "
          +parse.get(0).fst());
    return parse.get(0).snd();
  }
```

Ein einzelner Ausdruck

Die folgende Funktion parst aus einem Eingabestring einen Ausdruck gibt dessen
abstrakten Syntaxbaum als Ergebnis zurück:

```
LongStackParser.java

  public static AST parseExpr(String s){
    var tokenizer = new LSTokenizer();
    tokenizer.setInputString(s+" "+"\n");
    var ts = tokenizer.asList();
    List<Pair<List<Token<Tok>>, AST>> parse
      = (expr().get()).parse(ts);
    if (parse.isEmpty())
      throw new RuntimeException("cannot parse: "+s);
    if (parse.size()>1)
      throw new RuntimeException("multiple parses for: "+s);
    if (!parse.get(0).fst().isEmpty())
      throw new RuntimeException
        ("cannot parse complete: "
          +s+" unused token: "+parse.get(0).fst());
    return parse.get(0).snd();
  }
```

15.12.1.3 Tokenizer

Die Umsetzung eines Tokenizers ist nicht besonders interessant, sodass auf den Ab-
druck verzichtet wurde. Die Allgemeine Klasse **Tokenizer** und die spezielle Unterklasse **LSTokenizer**, die den Tokenizer unserer eigenen Programmiersprache umsetzt, finden sich auf der Webseite **teetrinker.sveneric.de**.

Kapitel 16
Die Zukunft von Java

Zusammenfassung Es ist vermessen, die Zukunft vorherzusagen. In diesem abschlie-ßenden Kapitel sollen ein paar Merkmale, die Java derzeit nicht hat, aufgelistet wer-den. Es handelt sich um Merkmale, die in anderen Sprachen etabliert sind. Bei der derzeitigen agilen Weiterentwicklung von Java ist wahrscheinlich, dass einige davon irgendwann auch Einzug in die Sprache Java finden werden.

16.1 Operatorüberladung

In Java sind Operatoren allein primitiven Typen vorbehalten. Lediglich das Additi-onssymbol stellt eine Ausnahme dar, da es auch für Stringobjekte überladen ist.

Es ist nicht möglich, die existierenden Operatoren für eigene Klassen zu überladen. Noch weniger ist es möglich, neue Operatoren zu erfinden.

Besonders nützlich wäre die Möglichkeit, die gängigen Operatoren zu überladen, für numerische Klassen wie unsere Klasse für komplexe Zahlen.

Die Methoden, die unsere Parserkombinatoren umsetzen, könnten sinnvoll als eigene Operatoren definiert werden.

16.2 Tupelsyntax

In diesem Buch haben wir mehrmals eine Klasse **Pair** oder **Paar** deklariert, um zwei Objekte zusammen zu speichern. Allgemein nennt man solche allgemeinen Klassen, die Objekte zusammenfassen *Tupelklassen*. Im Standard-API von Java finden sich keine Tupelklassen. Deshalb waren wir gezwungen uns diese jeweils selbst zu definieren.

Sprachen, die Tupelklassen haben, haben häufig auch eine einfache Syntax, um Objekte einer Tupelklassen zu erzeugen. Meistens können diese dann einfach in runden Klammern eingeschlossen notiert werden.

Für eine Klasse der folgenden Form:

```
record Pair<A,B>(A e1, B b2){}
```

Können wir derzeit in Java nur über den Konstruktoraufruf ein Objekt erzeugen:

```
var p1 = new Pair<>("hallo",42)

p1 ==> Pair[e1=hallo, b2=42]
```

Eine typische Tupelsyntax würde die beiden Elemente des Paars nur geklammert auflisten:

```
var p1 = ("hallo",42)
```

16.3 Listensyntax

Da in fast jeder Anwendung an der einen oder anderen Stelle Listen benötigt werden, haben viele Programmiersprachen eine eingebaute Syntax für Listen. Java hat keine solche Syntax.

Man kann in Java auf einfache Art und Weise über eine statische Methode Listen erzeugen:

```
var xs = List.of(1,2,3,4)

xs ==> [1, 2, 3, 4]
```

Die so erzeugte Listen sind allerdings unveränderlich:

```
xs.add(5)
```

```
| Exception java.lang.UnsupportedOperationException
|       at ImmutableCollections.uoe (ImmutableCollections.java:142)
|       at ImmutableCollections$AbstractImmutableCollection.add
|                           (ImmutableCollections.java:147)
|       at (#5:1)
```

Wünschenswert wäre auch in Java eine Syntax um veränderbare Liste zu notieren. In der Regel wäre so eine Syntax die, die der textuellen Darstellung von Listen mit **toString** entspricht:

```
var xs = [1,2,3,4]

xs ==> [1, 2, 3, 4]
```

16.4 Schleifen mit Generatoren und Filtern

Die foreach-Schleife in Java ist ein bequemer Weg, um über alle Elemente eines Iterators zu laufen. Oft hat man mehrdimensionale Räume, indem man verschachtelt über mehrere Iteratoren geht.

Machen wir uns hierzu eine Liste für die Ergebniselemente einer zweidimensionalen Iteration:

```
var ps = new LinkedList<Pair<Integer,Integer>>()
```

Mit zwei verschachtelten Schleifen und einer If-Bedingung, lassen sich Paare in diese Liste einfügen:

```
for (var x:List.of(1,2,3,4))
  for (var y:List.of(1,2,3,4))
    if (x!=y) ps.add( new Pair<>(x,y) )
```

Wir erhalten die Paare aus den beiden Listenelementen, ohne zwei gleiche Elemente in einem Paar:

```
ps

ps ==> [Pair[e1=1, b2=2], Pair[e1=1, b2=3], Pair[e1=1, b2=4],
Pair[e1=2, b2=1], Pair[e1=2, b2=3], Pair[e1=2, b2=4], Pair[e1=3, b2=1],
Pair[e1=3, b2=2], Pair[e1=3, b2=4], Pair[e1=4, b2=1], Pair[e1=4, b2=2],
Pair[e1=4, b2=3]]
```

Die for-Schleifen generieren jeweils Elemente und die if-Anweisung filtert aus diesen bestimmte heraus. Eine Vereinigung dieser Konzepte ist in einer Schleife denkbar, die mehrere Generatoren und Filter vereinigt. Zusätzlich ist eine **yield** Anweisung für Schleifen denkbar, die den Wert eines Elements in einem Ergebnisiterator definiert.

Mit so einem Konstrukt könnte der obige Code wie folgt aussehen:

```
var ps = for (var x:List.of(1,2,3,4), var y:List.of(1,2,3,4)), (x!=y))
   yield (x,y)
```

Derart verallgemeinerte Schleifen sind in Scala möglich. Der entsprechende Scala Code:

```
For.scala

var ps = for (x<-List(1,2,3,4);y<-List(1,2,3,4);if x!=y) yield (x,y)
```

Solche Schleifen entsprechen den sogenannten *List Comprehensions* aus der Programmiersprache Haskell. In Haskell schreibt man den entsprechenden Ausdruck als:

```
ListComprehension.hs

ps = [(x,y)| x<-[1,2,3,4], y<-[1,2,3,4], x/=y]
```

16.5 Null-Absicherung

Java bietet sehr detaillierte Möglichkeiten an, über mögliche Ausnahmen statisch Buch zu führen. Während der Übersetzung wird sichergestellt, dass alle Ausnahmen abgefangen oder im Methodenkopf vermerkt sind. Es ist jedoch nicht möglich, auszudrücken, ob eine Variable eine Null-Referenz enthält.

Es ist in Java ein normales Programmierparadigma, dass Funktionen Null-Referenzen als Ergebnis zurückgeben. Es liegt dann in der Verantwortung des Programmierers, sicherzustellen, dass das erhaltene Objekt nicht **null** ist, bevor auf ihm Operationen ausgeführt werden. Wird das nicht überprüft, so kann es in der Laufzeit zu einer **NullpointerException** kommen.

Viele Sprachen bieten an, im Typsystem zu markieren, ob eine Variable auch mit dem Wert **null** belegt sein kann, oder nicht. Dart und Scala bieten das beispielsweise an. Für einen Referenztypen wie **String** können Variablen zwei Typen haben. Sie können von Typ **String** ohne den Wert **null** und vom Typ **String** mit dem Wert **null** sein.

Bei der Zuweisung einer Variablen, die auch **null** sein kann, auf eine ohne den Wert **null** ist ein Standardwert anzugeben, der zu verwenden ist, wenn es sich um eine **null**-Referenz handelt. Damit wird statisch Buch darüber geführt, an welchen Stellen noch **null**-Werte stehen können. Es lassen sich **NullpointerException** zur Laufzeit vermeiden.

In Kotlin wird im Typsystem einem Typ das Fragezeichensymbol angehängt, um zu markieren, dass der Wert **null** auftreten kann. In Javas Syntax wäre das wie folgt denkbar:

```
String? x = null;
String y = "hallo";
```

Eine Zuweisung **y = x** gibt in Kotlin dann den statischen Fehler:
type mismatch: inferred type is String? but String was expected

Es muss bei einer solchen Zuweisung ein Standardwert angegeben werden, wenn die Variable **x** den Wert **null** enthält. In Kotlin dient hierzu ein Operator **?:**:

```
y = x ?: ""
```

16.6 Allgemeiner Funktionstyp

Funktionen können mit Lambda-Ausdrücken in Java einfach erzeugt und als Argumente übergeben werden. Was es allerdings nicht gibt, ist ein allgemeiner Typ für Funktionen. Ein lambda-Ausdruck ist immer vom Typ einer funktionalen Schnittstelle.

Betrachten wir eine funktionale Schnittstellen:

```
@FunctionalInterface interface A {
  int f(int x, int y);
}
```

Und eine zweite funktionale Schnittstelle:

```
@FunctionalInterface interface B {
  int berechne(int a, int b);
}
```

Der Lambda-Ausdruck **(a1, a2) -> a1+a2** kann vom Typ **A**, aber auch vom Typ **B** sein. Im ersten Fall wird die Methode **f** implementiert im zweiten Fall die Methode **berechne**:

```
A f1 = (a1, a2) -> a1+a2;
B f2 = (a1, a2) -> a1+a2;
```

Die beiden Variablen **f1** und **xf2** sind von unterschiedlichen Typen, obwohl sie beide die gleiche Funktion enthalten. Die beiden Variablen können nicht gegenseitig zugewiesen werden. Eine entsprechende Zuweisung führt zu einen statischen Typfehler:

```
f1 = f2

| Error:
| incompatible types: B cannot be converted to A
| f1 = f2
```

Funktionen sind nicht komplett Bürger erster Klasse. Sie existieren erst durch die Definition einer funktionalen Schnittstelle. Sie sind kein eigenes Konzept.

Ein Typsystem höherer Ordnung kennt das allgemeine Konzept eines Funktionstyps und hat eine Notation hierfür. In vielen Sprachen ist die entsprechende Syntax ähnlich wie die der Lambda-Ausdrücke mit der Pfeilnotation ->. Vor dem Pfeil stehen die Typen der Argumente, hinter dem Pfeil der Typ des Funktionsergebnisses. Mit einer entsprechenden Syntax könnte obige Beispiel wie folgt notiert sein:

```
(int, int)->int f1 = (a1, a2) -> a1+a2;
(int, int)->int f2 = (a1, a2) -> a1+a2;
```

16.7 Standardparameter

Wir können in Java Funktionen überladen. Oft passiert das, indem für manche Argumente ein Standardwert verwendet wird. Dann ruft die Version mit weniger Parametern eine Version mit mehr Parametern auf und setzt für die fehlenden Argumente in diesem Aufruf Standardwerte. Betrachten wir hierzu eine Funktion zur Addition zweier Zahlen:

```
int add(int x, int y){return x+y;}
```

Eine zweite Version soll so überladen sein, dass für den zweiten Parameter der Wert 5 verwendet wird:

```
int add(int x){return add(x,5);}
```

Einige Sprachen bieten an, in so einer Situation nur eine Funktionsdefinition zu schreiben und dann Parameter mit einem Standardwert zu ergänzen. Diese Parameter dürfen dann bei einem Aufruf weggelassen werden. In dem speziellen Fall kann dann eine definition der folgenden Art geschrieben werden:

```
int add(int x, int y = 5){return x+y;}
```

16.8 Typsynonyme

Mit Instanzen generischer Typen können in Java sehr lange und schwer zu lesende Typnamen entstehen:

```
Map<List<? extends Pair<Integer,String>>,Set<Map<Vertex,Complex>>>
```

So ein Typ ist kaum für einen Programmierer zu erfassen. Viele Sprachen, selbst die Sprache C, bieten an, synonyme Namen für Typen anzugeben. Man kann definieren, dass ein Typ einen kurzen, prägnanten und inhaltlich sprechenden Namen bekommt. Dieser ist dann synonym zu dem eigentlichen Typ zu verwenden. Das Programm wird lesbarer und abstrahiert besser über Details.

Wortliste

In diesem Buch habe ich mich bemüht, soweit existent oder naheliegend, deutsche Ausdrücke für die vielen in der Informatik auftretenden englischen Fachbegriffe zu benutzen. Dieses ist nicht aus einem nationalen Chauvinismus heraus, sondern für eine flüssige Lesbarkeit des Textes geschehen. Ein mit sehr vielen englischen Wörtern durchsetzter Text ist schwerer zu lesen, insbesondere auch für Menschen, deren Muttersprache nicht deutsch ist.

Es folgen hier Tabellen der verwendeten deutschen Ausdrücke mit ihrer englischen Entsprechung.

Deutsch	Englisch
Abbildung	map
Alltagsausnahme	runtime exception
Anweisung	statement
Anwender	user
Attribut	modifier
Aufrufkeller	stack trace
Ausdruck	expression
Ausnahme	exception
Auswertung	evaluation
Bedingung	condition
Behälter	container
Behälterklassen	container classes
Bezeichner	identifier
Blubbersortierung	bubble sort
Datei	file
Datenklasse	record
Deklaration	declaration
Eigenschaft	feature
endrekursiv	tail recursive
Erreichbarkeit	visibility
Fabrikmethode	factory method

S. E. Panitz, *Java für Teetrinker*, https://doi.org/10.1007/978-3-662-69321-6

faul	lazy
Feld	field
Flucht-Sequenzen	escape sequence
geschützt	protected
Hauruckverfahren	bruteforce
Implementierung	implementation
Interpreter	interpreter
Karonotation	diamond notation
Keller	stack
Klasse	class
Kommandozeile	command line
Kompilator	compiler
Menge	set
Methode	method
Modellierung	design
Muster	pattern
nebenläufig	concurrent
Oberklasse	superclass
öffentlich	public
Ordner	folder
Paket	package
privat	private
Puffer	buffer
Reihung	array
Rückgabetyp	return type
Rumpf	body
Sammlung	collection
Schleife	loop
Schnittstelle	interface
Sichtbarkeit	visibility
Standardcodefragmente	boiler plate code
Standardfall	default
Steuerfaden	thread
strikt	strict
Strom	stream
Syntaxdiagramm	railroad diagram
Teile-und-herrsche-Verfahren	divide-and-conquer algorithm
Typ	type
Typkonvertierung	cast
Typzusicherung	down cast
überladen	overload
überschreiben	override
Unterklasse	subclass
Verklemmung	dead lock
Verzeichnis	directory

vollqualifizierter Name	fully qualified name
Vorabkonstrukt	preview feature
Zeichen	character
Zeichenkette	string
Zeitgeber	timer
Zuweisung	assignment

Englisch	Deutsch
array	Reihung
assignment	Zuweisung
body	Rumpf
boiler plate code	Standardcodefragmente
bruteforce	Hauruckverfahren
bubble sort	Blubbersortierung
buffer	Puffer
cast	Typkonvertierung
character	Zeichen
class	Klasse
collection	Sammlung
command line	Kommandozeile
compiler	Kompilator
concurrent	nebenläufig
condition	Bedingung
container	Behälter
container classes	Behälterklassen
dead lock	Verklemmung
declaration	Deklaration
default	Standardfall
design	Modellierung
diamond notation	Karonotation
directory	Verzeichnis
divide-and-conquer algorithm	Teile-und-herrsche-Verfahren
down cast	Typzusicherung
escape sequence	Flucht-Sequenzen
evaluation	Auswertung
exception	Ausnahme
expression	Ausdruck
factory method	Fabrikmethode
feature	Eigenschaft
field	Feld
file	Datei
folder	Ordner
fully qualified name	vollqualifizierter Name
identifier	Bezeichner
implementation	Implementierung
interface	Schnittstelle
interpreter	Interpreter
lazy	faul
loop	Schleife
map	Abbildung
method	Methode
modifier	Attribut

overload	überladen
override	überschreiben
package	Paket
pattern	Muster
preview feature	Vorabkonstrukt
private	privat
protected	geschützt
public	öffentlich
railroad diagram	Syntaxdiagramm
record	Datenklasse
return type	Rückgabetyp
runtime exception	Alltagsausnahme
set	Menge
stack	Keller
stack trace	Aufrufkeller
statement	Anweisung
stream	Strom
strict	strikt
string	Zeichenkette
subclass	Unterklasse
superclass	Oberklasse
tail recursive	endrekursiv
thread	Steuerfaden
timer	Zeitgeber
type	Typ
user	Anwender
visibility	Erreichbarkeit
visibility	Sichtbarkeit

Literaturverzeichnis

1. Abelson, H., Sussman, G., Sussman, J.: Structure and Interpretation of Computer Programs. Electrical engineering and computer science series. MIT Press (1996). URL https://books.google.de/books?id=1DrQngEACAAJ
2. Abelson, H., Sussman, G.J., Sussman, J.: Struktur und Interpretation von Computerprogrammen - eine Informatik-Einführung (3. Aufl.). Springer (1998)
3. Bracha, G., Odersky, M., Stoutamire, D., Wadler, P.: Gj: Extending the java programming language with type parameters (1998)
4. Church, A.: An Unsolvable Problem of Elementary Number Theory. American Journal of Mathematics **58**(2), 345–363 (1936). DOI 10.2307/2371045. URL http://dx.doi.org/10.2307/2371045
5. Dijkstra, W.: Goto statement Considered Harmful. CACM **11**, 125–133 (1968)
6. Informationsverarbeitung; Sinnbilder und ihre Anwendung (1983)
7. Sinnbilder für Struktogramme nach Nassi-Shneiderman (1985)
8. Frost, R., Launchbury, J.: Constructing natural language interpreters in a lazy functional language. The Computer Journal **32**(2), 108–121 (1989)
9. Games, M.: The fantastic combinations of john conway's new solitaire game "life" by martin gardner. Scientific American **223**, 120–123 (1970)
10. Goetz, B.: Jep draft: Concise method bodies. https://openjdk.org/jeps/8209434 (2018)
11. Jecan, A.: Java 9 Modularity Revealed Project Jigsaw and Scalable Java Applications, 1st ed. 2017. edn. Apress, Berkeley, CA (2017)
12. Jones, M.P.: The implementation of the gofer functional programming system. Tech. Rep. YALEU/DCS/RR-1030, Yale University, New Haven, Connecticut, USA (1994)
13. Jr., G.L.S.: Growing a language. High. Order Symb. Comput. **12**(3), 221–236 (1999). DOI 10.1023/A:1010085415024. URL https://doi.org/10.1023/A:1010085415024
14. Laskey, J.: JEP draft: String Templates (Preview). https://openjdk.java.net/jeps/8273943 (2022)
15. Merkel, O.: Alquerque. omerkel.github.io/Alquerque/html5/src/ (2022)
16. Newell, A., Simon, H.A.: Computer science as empirical inquiry: Symbols and search. Commun. ACM **19**(3), 113–126 (1976). DOI 10.1145/360018.360022. URL https://doi.org/10.1145/360018.360022
17. Odersky, M., al.: An overview of the scala programming language. Tech. Rep. IC/2004/64, EPFL Lausanne, Switzerland (2004)
18. Odersky, M., Wadler, P.: Pizza into java: Translating theory into practice. In: P. Lee, F. Henglein, N.D. Jones (eds.) Conference Record of POPL'97: The 24th ACM SIGPLAN-SIGACT Symposium on Principles of Programming Languages, Papers Presented at the Symposium, Paris, France, 15-17 January 1997, pp. 146–159. ACM Press (1997). DOI 10.1145/263699.263715. URL https://doi.org/10.1145/263699.263715
19. Pitzalis, J.: How JavaScript's Reduce method works, when to use it, and some of the cool things it can do. https://medium.freecodecamp.org/reduce-f47a7da511a9 (2017). Accessed: 2019-03-08

© Der/die Herausgeber bzw. der/die Autor(en), exklusiv lizenziert an
Springer-Verlag GmbH, DE, ein Teil von Springer Nature 2024
S. E. Panitz, *Java für Teetrinker*, https://doi.org/10.1007/978-3-662-69321-6

20. Sun Microsystems: JSR 220: Enterprise JavaBeans, Version 3.0 – EJB Core Contracts and Requirements (2006)
21. Turing, A.: On Computable Numbers, With an Application to the Entscheidungsproblem. In: Proceedings of the London Mathematical Society, 2, vol. 42 (1936)
22. Turing, A.: Computability and λ-Definability. The Journal of Symbolic Logic **4** (1937)
23. Weizenbaum, J.: ELIZA—a computer program for the study of natural language communication between man and machine. Communications of the ACM **9**(1), 36–45 (1966). DOI 10.1145/365153.365168
24. Wirth, N.: The programming language pascal. Acta Informatica **1**, 35–63 (1971). DOI 10.1007/BF00264291. URL https://doi.org/10.1007/BF00264291

Sachverzeichnis

Printed in the United States
by Baker & Taylor Publisher Services